이해하기 쉽고, 명확한

성공하는 이름 짓는 법

청암 곽동훈 지음

도서 선영사

성공하는 이름 짓는 법

1판 1쇄 인쇄 2011년 01월 03일
1판 1쇄 발행 2011년 01월 13일
2판 1쇄 발행 2018년 04월 20일
2판 4쇄 발행 2025년 02월 10일

저　　자　청암 곽동훈
감　　수　박준현
편집주간　유종무, 김범석
편집기획　김범석
디 자 인　정은영

발 행 인　김영길
펴 낸 곳　도서출판 선영사
주　　소　서울시 마포구 서교동 485-14 선영사
Tel 02-338-8231~2　Fax 02-338-8233
E-mail　sunyoungsa@hanmail.net

등　　록　1983년 6월 29일 (제02-01-51호)
ISBN 978-89-7558-298-1　　03150

ⓒ 이 책은 도서출판 선영시기 지작건지와의 계약에 따라 발행된 깃이므로 본사의
　 서면 허락 없이는 어떠한 형태나 수단으로도 이 책의 내용을 이용하지 못합니다.

·잘못된 책은 바꾸어 드립니다.

이해하기 쉽고, 명확한

성공하는
이름 짓는 법

청암 곽동훈 지음

머리말

아기가 고고의 소리를 울리며 이 세상에 태어나는 것은 엄마와 아기 모두에게 성스러운 축복이다. 그리고 이 순간부터 부모들은 온갖 정성을 기울이면서 건강하게 무럭무럭 자라 앞으로 훌륭한 사람이 되어 줄 것을 정성스럽게 염원하며 부모된 첫번째 도리로서 하루라도 빨리 좋은 이름을 지어 불러 주고 싶은 것이 인지상정이다. 그러나 막상 좋은 이름을 지으려고 할 때는 어떻게 해야 좋을지를 몰라 결정을 하지 못하고 머뭇거릴 때가 많다. 그래서 저자는 귀엽고 예쁜 아기의 이름을 짓고자 하는 부모들을 위해 수십 성상의 경험을 바탕으로 보다 이해하기 쉽고 명확한 《성공하는 이름 짓는 법》을 출간하게 되었다.

사실 우리 인간들처럼 우연에 지배받고 있는 것도 드물다. 수많은 생물 가운데 지구상의 인간으로 점지되어, 위로는 고관대작의 맏아들로부터 밑으로는 죽 한술 얻어 먹기 힘든 비천한 집안의 막둥이로 태어나 기구한 인생 행로를 거쳐 흙으로 돌아간다. 이러한 우연이라는 가정을 인간사회에서는 숙명과 운명이라고 한다.
　그렇다면 이 거대한 우연의 작용력에 대해 인간은 대항조차 할 수 없는 것인가! 숙명과 운명을 우연으로만 체념하고 그에 순응해야 할

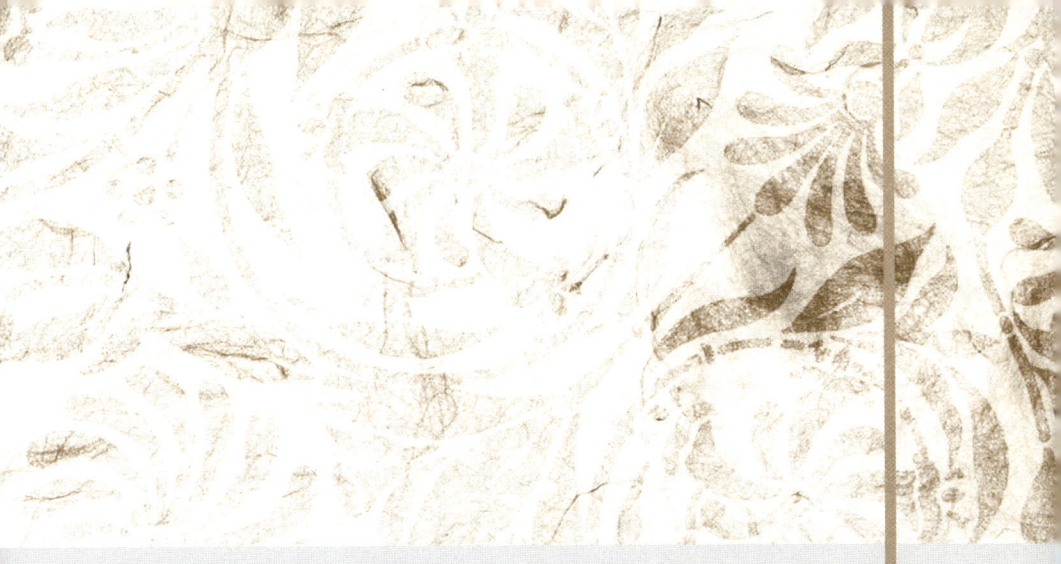

것인가! 이것은 참으로 견디어 내기 힘든 인간에 대한 압박이다. 이 압박으로부터 벗어나려는 인간의 투지는 숙명과 운명의 실재에 대하여 원리적인 체계가 세워져 있는 심미적 방법으로 감지하고 이를 처리할 수 있는 방도가 필연성 너머에 있는 우연성에 있음을 인지하여 이를 변환시키지는 못할지언정 이와 같은 우연을 낳게 한 유인력을 수단과 방법을 가리지 않고 규명하여 이후에 다가올 우연성을 인간 생활에 이용하려고 노력하였다.

  작명도 이와 같은 일환의 하나로서 점진적으로 발전을 하였으며 특히 물질 문명이 발달한 현대 사회에서 문화수준이 높을수록 이름에 대한 관심도 높아져 가고 있고 또 아기에게 거는 기대와 그 기대를 달성하게끔 기원하는 부모의 철학이 이름 두 글자 속에 담겨지기도 한다.

  타고난 사주는 선천명이고 인위적으로 만든 이름은 후천명에 해당한다. 그러므로 첫째는 사주를 잘 타고나야 하고, 둘째는 잘 타고난 사주를 잘 활용해야 한다.

  사람이 성공하는 요소는 크게 세 가지로 구분할 수 있는데 그 첫째는 숙명을 잘 타고난 것이고, 둘째는 주위 환경 및 입지적 조건이며 셋

째는 노력이다. 이 세 가지를 다 갖춘 사람은 최상격 인물이며, 숙명과 환경을 잘 타고났어도 노력을 하지 않아 실력을 갖추지 못했거나 하늘이 돕지는 않을지라도 환경과 시기를 잘 만나고 노력을 다한 자는 중등 인물이고, 자격은 충분하나 시기를 만나지 못하고 세 가지 성공 요소가 모두 결핍된 자는 하등 인물이다. 제아무리 날고 기는 재주를 지녔다 할지라도 하늘의 도움이 없거나 시기를 만나지 못하면 허상에 불과한 것이며 비록 하늘이 돕고 환경이 좋을지라도 운만 바라보고 가만히 앉아 있으면 되는 일은 하나도 없다.

   이와 같은 이치에 의하여 한 개인의 운명을 결정 짓는 것은 어느 한 부분 즉 이름 등에 의해 결정되는 것은 아니다. 한나라의 수반과 똑같은 이름이라 할지라도 타고난 선천 운명이 다르고, 그 사람의 자격과 처신 그리고 주위 환경 및 노력에 의한 변화의 차이가 판이한 이상 이름이 같다고 해서 그 사람과 운의 행로까지 동일할 수는 없다.

   그러나 우리가 몸을 단정히 하고 예쁜 옷을 입는 등의 자신을 치장하고 꾸미고 하는 것은 그것이 잘 살고 못 사는데 직접적인 영향이 있는 것이 아니라 대중의 사람들에게 한층 돋보이게 하고자 하는 목적에

있듯이, 작명법에 맞으면서 부르기 좋고 듣기 좋은 이름을 지어 주고 계속 불러 준다면, 아무렇게나 기분 내키는 대로 이름을 지어 부르는 것 보다는 훨씬 더 좋을 것이다.

　아울러 본서가 귀여운 아기의 이름을 어떻게 지을까 하고 망설이는 사람이나 좋은 이름을 직접 잘 지어 주겠다는 의욕을 가진 부모들에게 귀중한 참고가 되길 바라며 또 그렇게 해서 좋은 이름이 지어진 귀여운 아기들의 앞날에 무궁한 행복이 가득하기를 기원하는 바이다.

청암주역원에서
곽동훈 적음

성명학의 변천

원시사회가 존재하던 시기에는 사람의 이름이나 모든 동·식물의 이름은 물론이고 언어의 소통마저도 하기 어려웠을 것이나 세월의 흐름에 따라 인간들은 서서히 진화하면서 언어가 통하고 더 나아가서는 서로를 지칭하는 습관적인 표현 방법이 이름을 대신하였으며, 그 후 문자를 사용하면서부터는 이름을 지어 이용하였다.

지금으로부터 약 4천 년 전만 해도 사람들간의 부르는 이름이 있었다고는 하나 지금과 같이 문자로 구성된 이름이 아니고 서로를 지목하기 위한 언어 교환의 수단으로 이용되었으며 이 시기만 해도 이름이 없는 사람이 더 많았다. 그러나 사람이 늘어나면서 씨족사회를 형성하고 나아가 부족국가의 형태를 이루면서 비로소 문자가 만들어져 이용함으로써 기초적인 이름이 개개인에 붙여져 부르게 되었다.

우리의 조상도 이름을 지어 부르기 시작한 때는 고조선 시대부터이나 오직 특별한 위치에 있는 사람에 한해서 성씨와 비슷한 명칭을 지어 사용하였으며, 역사적으로 유추해 볼때 성씨와 이름이 같이 불리워진 시기는 삼국시대의 초기이다. 그러나 이 시기도 역시 왕족이나 벼슬한 사람만이 성씨가 있었을 뿐 일반 서민층에 있어서는 성씨를 부여받거나 만들어 사용하는 사람은 극히 드물었다. 따라서 일반 서민들까지 성씨를 창조하여 사용하기 시작한 때는 통일 신라 말부터 고려 초 무렵이다.

한편으로 우리의 선조들이 이름을 지어 사용하는 데 간접적인 영향을 받은 것은 중원의 한족 문화가 흘러 들어오기 시작한 때이다. 한의 민족인 진나라가 멸망하고 그 유랑민들이 지금의 랴오둥(요동)성 부근에 이주해 오면서 서로의 문화가 자연스럽게 융화되어 이름을 갖는 사람이 늘어났으며, 이후 고구려는 물론 백제, 신라의 시대까지 그 문화가 파급되어 풍속·학문 등의 영향을 받아 오다 신라가 삼국을 통일한 뒤에도 당나라의 문물 제도를 지속적으로 받아들여 보급하였으므로 작명도 당나라의 제도를 참고하여 만들어졌다.

그러므로 현재 우리나라에 있는 성씨의 수가 무려 250여 종이 되는 그 가운데는 중국 민족의 성씨를 그대로 받아들여 사용한 성씨도 적지 않으며, 또 중국 민족의 혈통과 아무런 연고가 없으나 그들의 성씨와 같아서 혹 중국 민족의 후손이 아닌가 하는 의혹을 받는 성씨도 많다. 이것은 중국 문화의 미치는 영향력이 얼마나 컸던가를 쉽게 알 수 있는 부분이다.

한글 이름의 역사

우리나라는 원래 한자 이름이 아닌 우리말 이름을 사용했고 조선 시대 말까지 계속 이어져 왔다. 한자식 이름 짓기가 시작된 때는 삼국 시대에 한자가 들어오면서 부터였으나 상류층에만 국한된 것이었고, 대부분의 사람들은 우리말을 이용한 이름을 썼다.

한자가 널리 퍼져 있지 않은 삼국 시대에는 토속적인 우리말 이름을 많이 사용하였으며 왕이나 일부 귀족이 중국에서 들어온 성씨와 결합하여 이름을 한자로 지었다. 그러나 서민들은 조선 시대 말엽까지도 성씨 없이 한글 이름만 이용했으며 글자 수도 주로 세 자나 네 자 였다. 그리고 이러한 이름은 생활하는 데 크게 무리가 없었으며 불편하지도 않았다. 일제 시대에 와서는 일본이 문서에 기록하기 위해 성씨와 이름을 한자로 바꾸었고 그 뒤로는 한글 이름이 사라지게 되었다가 해방 이후 한글 이름 짓기 운동이 시작되면서 활성화되었다. 한글 이름 짓는 방법은 마지막 장의 한글 이름 짓기 편에서 상세히 설명했으므로 참고하길 바란다.

성명의 구성

근본적으로 성씨와 이름은 그 성질이 다르면서도 떼어 놓을 수 없는 불가분의 상관 관계에 있는 것이 우리의 성명이다. 성씨가 있으면 이름이 있어야 하고 이름이 있는 사람이라면 반드시 성이 있기 마련이다. 따라서 성씨는 이름과 같이 개개인에게 지어 지는 게 아니고 수백 년 혹은 그보다 훨씬 먼저부터 부계의 혈통을 거슬러 올라가 자신의 옛 조상 때부터 물려받은 것이지 창시가 되는 것이 아니며, 이름은 자기를 낳아 주고 키워 주신 부모로부터 지어 받는다. 그러므로 성씨는 모태에서 떨어져 세상 밖으로 나오는 순간부터 그 가문의 씨를 부여받게 되고 이름은 항렬에 의해 제한 받는 예도 있으나 어찌됐든 부모의 의사에 의하여 아기에게 창작되는 것이므로 예로부터 이름자에 있어서는 가능하면 부르기 좋고 글자의 의미가 좋은 이름자를 선정하여 귀여운 아기에게 고유의 이름을 지어 주었던 것이다.

따라서 하나의 생명이 탄생하면 반드시 하나의 이름이 붙게 마련이므로 그 이름 즉 성명이 운명상으로나 사회적으로 미치는 영향력의 비중은 이루 말할 수 없다.

성명의 중요성

한 사람이 이 세상에 태어나면 하나의 이름이 만들어진다. 그러므로 하나의 인간과 하나의 이름은 태어나서 죽을 때까지 절대 불가분의 관계를 형성한다. 그러나 한사람의 육신은 생명이 살아 숨 쉬고 있는 동안에 한하여 존재하지만 이름은 육신이 소멸된 뒤에도 영원토록 사라지지 않는다. 옛 속담에 "호랑이는 죽어서 가죽을 남기고 사람은 죽어서 이름을 남긴다."는 말이 있다. 그러나 사람은 죽어서 이름을 남긴다는 속담은 아무에게

나 해당되는 말이 아니고 그 사람이 생전에 훌륭한 업적을 쌓았거나 크게 성공해서 만인이 우러러보는 위치에 오른 이에게 쓰이는 말이지 아무런 값어치 없는 사람에게는 전혀 해당이 되지 않는다.

　성명을 옷에 비유해 보았다. 아무리 인격이 높고 학식이 풍부하고 재물이 풍족한 사람일지라도 더럽고 남루한 옷을 입고 모르는 사람과 상대한다면 대부분의 사름들로부터 업신여김을 받기 때문에 그 사람의 진면목을 알기 전까지는 대인관계에서 그만큼 손해를 본다. 만일 훌륭한 사람이 좋은 옷을 입고 활동한다면 더욱 돋보여 웬만한 사람은 굽신거리며 그 사람의 뜻을 거역하려 하지 않기 때문에 대인관계 등의 모든 면에서 순조로울 것이다. 이는 우리 인간 사회에서 흔히 볼 수 있는 한 단면으로서 대개의 사람들이 겉모습만 보고 그 사람을 평가하는 경향이 있으므로 뭇사람들은 가능하면 차림새를 갖추고 외출을 하게 된다.

　그러면 왜 성명을 옷차림에 비유하느냐 하면 가령 영화 또는 드라마 등에서 등장하는 못나고 어리석은 사람의 이름을 보면 영구·맹구·삼순이·삼룡이·칠덕이·만복이 등의 이름으로 불리워진다. 이 이름들의 글자의 뜻을 풀이해 보면 그리 나쁘지 않은데도 보통 바보나 하인 등의 명칭으로 불리워져 감각적으로 받아들일 때 천한 이름같이 들린다. 그러므로 아무리 똑똑하고 훌륭한 사람일지언정 이런 이름으로 불리우면 듣는 상대방은 자기 나름대로의 못생긴 환상을 그려 실제로 그 사람을 상대할 때도 선입견 때문에 업신여기기 십상이다. 또 저 사람의 가문은 별 수 없구나 집안이 무식하고 가난해서 그저 덕이나 많으라고 만복이·칠덕이라고 지었구나 이렇게 속으로 생각하여 실제상의 가치보다 훨씬 낮게 상대방을 평가함으로써 그 주인공은 원인도 모르는 사이에 피해를 입게 되는 경우가 있다.

　이와 같이 성명을 학술적인 판단에 의해 분석하기보다는 발음상의 감각으로 볼 때 먼저 손해를 보는 경우도 많으므로 자녀들의 이름에 대한 부모들의 생각을 다시 한번 점검해 보고 신중한 자세를 가져야 한다.

작명의 방법론

옛 고대인들의 이름 짓는 방법을 살펴보면 그 동기가 매우 다양하였다. 예를 들면 태몽에 의해 이름을 짓거나 문자의 뜻에 의미를 두거나 고을의 지명에 의하거나 또는 단순하게 부모들의 소원에 의하는 등 어떤 일정한 틀에 얽매이지 않고 자유롭게 이름을 지었다. 그러다 조선 시대에 와서는 학문이 발달하고 생존경쟁이 치열해지면서 운명학에 대한 관심이 높아지고 아울러 이름 짓는 방법에도 많은 관심을 기울여 발전을 이루게 된 것이다. 이무렵 작명의 방식으로는 이름 석 자의 획수를 합하여 팔로 나눈 후 나머지 수를 가지고 길흉을 정하는 육효식 작명법, 또는 제갈공명식 작명법, 주작 작명법, 파자 작명법 등을 학자의 취향에 따라 이용하였으며, 근래에 와서는 이름에 괘를 달아 육신을 붙여 길흉을 보는 역점식 작명법과 태극도식 작명법이 유행하였고, 최근에 와서는 다소의 차이는 있지만 음양·음령오행·수리의 구성을 위주로 하여 천인지 삼재와 원·형·이·정격으로 분류하여 작명을 하는 방식이 보편적으로 이용되고 있다.

본서에서 논할 작명법의 방향은 위와 같은 기존의 작명법에서 한 걸음 더 나아가 타고난 선천운명을 토대로 하는 음양·음령오행·수리의 구성을 중점적으로 다룰 방침이다. 따라서 저자는 신 성명학이라고 해서 다른 재래식 작명법보다 월등하다고 볼 수 없겠으나 학문의 이치에 맞는 이론이라면 구태어 어렵고 혼란스러운 학술을 인용하기보다는 일반 대중이 이해하기 쉽고 귀여운 아기에게도 도움이 되는 학설을 소개하는 것이 옳다고 생각한다.

끝으로 공사다망 하신 중에도 《성공하는 이름 짓는 법》의 감수에 도움을 주신 성명학의 대가 청호靑湖 박준현朴準炫 사형께 감사의 말씀을 드린다.

목차

머리말 4 / 서론 9

이름을 짓기 위한 기초 지식 ········ 17
음양오행 17 / 음양(陰陽) 18 / 음양의 조화 18
음양의 배합 19 / 오행(五行) 22 / 오행의 상생과 상극 22

십간 십이지 ···················· 25

오행의 정리 ···················· 28
오행의 생극과 왕쇠 28 / 간지의 성격 29

사주의 산출 ···················· 33
연주 정하는 법 33 / 월주 정하는 법 34
일주 정하는 법 36 / 시주 정하는 법 36

음령오행(音靈五行) ··············· 40
주음과 종음의 관계 43 / 음령 오행의 배열 45

오행의 수(數) ··················· 58
오행 기본수의 구성 58 / 정격(貞格)과 총격(總格) 59
정격과 총격의 수리 구성 59 / 원·형·이·정격의 영도력 63
삼원오행(三元五行)과 삼재(三才) 64

81수의 길흉(吉凶) ········· 67
수의 작용력 73

상호와 제품, 외국어, 아호(雅號) ···· 76
상호와 제품명 76 / 외국어 78 / 아호(雅號) 79

한글의 오행 배열 ············· 81

좋은 이름을 짓기 위한 수리 구성 ···· 85

이름을 짓는 순서 ············ 107
사주의 이해 107 / 사주의 산출 108 / 사주의 오행 분류 108
오행의 음양 구성 109 / 일간의 환경 분석 110
일간의 환경 분석과 작명법의 실습 113

이름자의 선택 ············· 126
글자의 형체 126 / 특별히 관념적인 문자 128 / 이름의 어감 133

문자의 획수 산정 ············ 135

인명용 한자(人名用漢字) ········ 138

한글 이름 짓기 ············· 393
순수한 토박이 말로 짓는 방법 387

음양오행의 이론에 부합하는
한글 이름 짓는 방법 ············ 393
음양오행에 바탕을 둔 기(氣)란 무엇인가 393

상 받은 이름 ·············· 404

이름을 짓기 위한 기초 지식

음양오행

하늘과 땅의 정기를 받은 아기가 고고의 탄성을 울리며 이 땅에 태어나면 이때부터 부모와 자식으로서의 숙명적인 관계가 시작되며, 부모는 아기에게 부모로서의 첫 선물을 준비한다. 이것이 바로 평생 동안 자신을 대신하게 될 고유명사인 이름인 것이다. 이와 같이 어느 누구든 사람으로 이 땅에 태어난 이상 이름을 갖게 된다.

이름은 문자로서 구성이 되는데 그 문자의 정도와 암시력은 아기의 심리에 반응되어 인격을 형성하고 그 형성된 인격은 후천적으로 운로를 조성하게 된다.

이처럼 인생항로에 큰 영향을 미치는 후천적 운명인 이름을 어찌 소홀하게 지을 수 있으며, 섣불리 지어 줄 수 있겠는가. 그러므로 옛부터 우리의 부모들은 귀여운 자녀에게 좋은 이름을 지어 주면서 아기에게 거는 기대와 또 그 기대가 달성할 수 있도록 기원하는 부모의 첫번째 도리로서 아기에게 알맞은 이름을 선사하는 것이다. 그러면 이름 짓기의 기초 지식인 음양·오행부터 논하기로 한다.

음양 陰陽

음양이란 음과 양 두 개의 개체가 서로 결합하여 이루어진 헤어질 수 없는 하나의 조직체로서 상대적인 개념으로 분석한다.

동적인 것과 정적인 것, 양지와 음지, 위와 아래, 맑음과 흐림, 강함과 약함, 시작과 끝, 짝수와 홀수 등으로 구분할 수 있다. 그리고 물질적으로는 하늘과 땅, 해와 달, 여름과 겨울, 남자와 여자, 임금과 신하, 소년과 노인 등으로 구분할 수 있는데, 세상의 모든 것들을 음과 양으로 갈라서 나눌 수 있으며, 이 모든 것이 곧 우주를 이루는 기본 요소들로서 우주의 변화와 자연, 그리고 인간 만사의 실상을 파악하는 데 필요한 것들이다. 즉 시간과 공간 속에서 한없이 변화하는 우주와 만물의 원리를 탐구하는 원천이 곧 음양이다.

음양의 조화

이 세상에서 음양의 이치에 해당하지 않는 것은 없다. 사람에서부터 동물·곤충·식물 또 미세한 박테리아까지도 음양의 조화에 의하여 번식하고 인류의 과학 문명, 기상 변화 등 모든 만물의 생장 성쇠가 음양의 조화에 의해 이루어진다.

음양의 구분은 양은 강하고 억세고 빠르고 높고 밝고 거칠고 단순한 특성이 있으며, 음은 약하고 부드럽고 느리고 낮고 어둡고 여리고 복잡한 특성이 있다. 그러나 음과 양의 구분을 음양 양단론으로만 구분지어서는 안 된다. 이를테면 남자는 양이므로 대부분 양의 특성을 가지고 태어나며, 여자는 음이므로 대부분 음의 특성을 가지고 태어나지만, 우주의 천지 조화는 남자의 특성과 여자의 특성을 보완하여, 단점은 보충하고 장점은 더욱 살려서 세상을 함께 살아가도록 한 것이 음양 조화의 이치이기 때문이다.

음과 양의 구분은 딱 잘라서 어느 한쪽으로만 규정 지을 수 없다. 왜냐하면 여름의 경우 날씨는 덥지만 습도가 높으므로 양이 음을 내포하고 있으며 겨울은 날씨는 춥지만 건조하므로 음이 양을 내포하고 있는 것이다. 또 불자체는 양이지만 불이 붙어서 탈 때 불 속의 내부는 탁하고 어둑하므로 음의 성질이 내포되어 있으며, 물 자체는 음이나 물 속은 맑고 투명하니 양의 성질도 내포하고 있다.

이렇듯 음이 있으면 양도 있다는 상대성으로, 서로 상극과 화합을 반복하고 융화하면서 우리의 모든 일상사에 무한대적으로 영향을 미치는 것이 음양의 원리이며 이름을 짓는 원초적인 근본이 되는 것이다.

음양의 배합

좋은 이름은 음양의 조화를 이루어야 한다. 이것은 다른 역리학의 원리와 같은 이치로 이름도 음양이 적절하게 조화를 이루도록 배합하는 것이 중요하다. 만일 음양의 배합을 이루지 못하고 이름자가 모두 양이거나 모두 음일 경우에는 음양의 구성이 이롭지 못하다. 이는 한 울타리 안에서 동성끼리 동거하는 격이 되어 생성의 조화를 이루지 못함으로써 불량한 이름이 되는 것이다.

1) 음양의 구분

음양의 구분은 이름자의 획수에 의해 정하는데 글자의 획수가 짝수이면 음이 되고, 홀수이면 양이 된다.

짝 수	음	●	2 · 4 · 6 · 8 · 0
홀 수	양	○	1 · 3 · 5 · 7 · 9

단 글자의 획수가 10수 이상일 경우에는 10을 공제하고 나머지 수만으로 음양을 구분한다. 가령 글자의 획수가 16일 경우 10은 제하고 6이 남으므로

짝수 즉 음이 되고, 글자의 획수가 19일 경우 10은 제하고 9가 남으므로 홀수 즉 양이 된다.

2) 이름의 음양 배열

세상 만사가 음양의 조화에 의해 돌아가듯이 이름자에도 음양이 적절한 조화를 이루도록 배치하는 것이 중요하다.

(1) 이름이 두 자일 경우

〈좋은 음양 배열〉

● ○   ○ ●

〈나쁜 음양 배열〉

○ ○   ● ●

나쁜 음양 배열의 경우 양 또는 음만으로 이루어져 불길하다. 그러나 이름을 두 자로 지을 경우 타고난 사주팔자가 모두 음이나 양의 간지로 이루어졌을 때에는 나쁜 음양 배열을 적용하여 이름 글자를 모두 음이나 양으로 배치할 수도 있다. 까닭은 음양의 조화를 이루기 위해서이다.

(2) 이름이 석 자일 경우

〈좋은 음양 배열〉

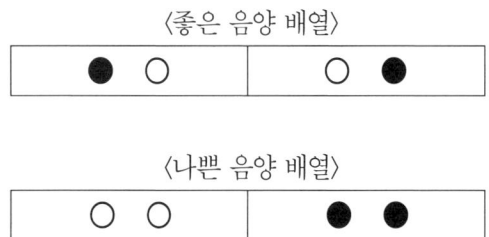

⟨나쁜 음양 배열⟩

○ ○ ○ ● ● ●

위 예는 성씨가 한 자일 경우에는 이름자가 두 자가 될 것이고, 성씨가 두 자일 경우에는 이름자가 한 자가 될 것이며, 이름자가 두 자 이상일 경우에도 같은 이치이므로 새겨 두기 바란다.

위와 같이 나쁜 음양 배열은 이름이 모두 양 또는 음으로 배치되는 경우로서 음양의 조화를 이루지 못해 불길하다.

(3) 이름이 넉 자일 경우

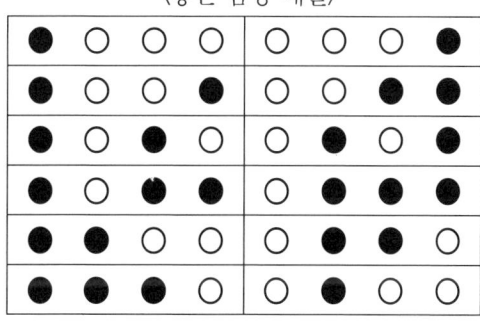

⟨좋은 음양 배열⟩

⟨나쁜 음양 배열⟩

● ● ● ● ○ ○ ○ ○

위의 나쁜 음양 배열의 경우도 이름이 모두 음 또는 양으로 배치되는 경우이므로 불길하며, 이름이 석 자 이상일 경우에는 타고난 사주 팔자가 모두 양이나 음의 간지로 이루어졌다 해도 이름을 모두 음 또는 양으로 배치해서는 안 된다. 이런 경우는 좋은 음양 배열을 참고하여 이름을 짓는 것이 현명한 방법이다. 까닭은 음양이 극하게 편고됨을 해소하기 위함이다.

오행 五行

우주 삼라 만상의 변화하는 원리를 나무·불·흙·쇠·물로 함축시켜 놓은 것이다. 이것은 춘·하·추·동의 사계절과 시간·방위·공간·인간·우주의 원초적인 법칙을 다섯 종류의 상으로 설명한 것으로써 복합적인 개념을 가지고 연속적으로 변화하고 있는 것이 곧 오행이다.

木 火 土 金 水
목 화 토 금 수

목·화·토·금·수를 오행이라 칭한다. 오행은 나무·불·흙·쇠·물을 대변하는 기호로서 순환하는 개념을 내포하고 있으며, 돌고 도는 오행의 이치 속에서 우주 변화의 원리와 세상 만사의 흐름을 말할 수 있다.

오행의 상생과 상극

햇빛이 너무 강하면 만물이 말라붙고, 너무 추우면 만물이 얼어붙어서 모든 생물이 살아갈 수 없다. 따라서 물과 불이 잘 소화되고 적당한 온도가 되어야 모든 생물체가 성장할 수 있듯이, 오행의 조화는 상생과 상극으로 인해 무궁한 변화가 이루어진다.

1) 오행의 상생

오행 간의 상관관계에서 한 오행이 다른 오행을 도와주는 것을 상생이라 한다. 상생관계에는 木은 火를 생하고, 火는 土를 생하고, 土는 金을 생하고, 金은 水를 생하고, 水는 木을 생한다.

木生火, 火生土, 土生金, 金生水, 水生木
목생화, 화생토, 토생금, 금생수, 수생목

나무가 있어야 불이 열과 빛을 내며 타므로 목생화, 불이 타고 남은 재는 흙으로 돌아가서 화생토, 흙 속에서 광석을 채취하므로 토생금, 차가운 쇠에는 물이 맺히고 금속은 물로 씻어야 광채가 나므로 금생수, 물이 있어야 나무가 자랄 수 있으니 수생목이다. 일단 상생관계에 있는 오행은 바로 뒤에 있는 오행을 생한다는 것을 기억하면 된다.

2) 오행의 상극

오행 간의 상관관계에서 한 오행이 다른 오행을 이기는 것을 상극이라고 한다. 상극관계는 木은 土를 극하고, 土는 水를 극하고, 水는 火를 극하고, 火는 金을 극하고, 金은 木을 극한다.

木剋土, 土剋水, 水剋火, 火剋金, 金剋木
목극토, 토극수, 수극화, 화극금, 금극목

나무 뿌리가 흙을 헤집고 들어가서 자리를 잡으니 목극토, 흙으로 댐을 만들어 물을 가두거나 매립하므로 토극수, 물이 불을 제압하니 수극화, 불로 쇠를 달구어 녹이므로 화극금, 쇠로 만든 도끼·톱 등으로 나무를 자를 수 있으니 금극목이다.

3) 상생·상극의 작용

오행의 상생과 상극을 생각할 때 상생은 좋고 상극은 나쁘다고 생각할 수 있겠으나 그것은 어떻게 사용하느냐에 따라서 좋을 수도 나쁠 수도 있는 법이다. 일반적으로 어느 한 오행이 힘이 넘쳐서 강하면 극하는 오행을 만나야 좋고, 힘이 부족해서 약하면 생하는 오행을 만나야 좋다.

그러나 너무 많이 극하거나 생하여서 과잉 보호가 된다면 오히려 나쁜 결과를 가져올 수 있다. 예를 들면 나무는 물이 부족하면 말라 죽는데, 반대로 물이 너무 많아도 뿌리가 썩어 버려 더 나쁜 결과를 초래하고, 또 도끼

로 나무를 쳐내므로 자라는 어린 나무에게는 치명적이지만 나무로 집을 지을 때는 톱과 대패로 다듬어서 반듯한 목재를 만들어 주니 극하는 금의 힘이 유용하지 않을 수 없다. 나무를 키워서 재목을 만들기 위해 가지치기를 하는데 적당히 잘라 내면 나무의 모양이 똑바로 자라서 쓸모있는 목재가 되지만 가지를 너무 많이 쳐내거나 전혀 가지치기를 하지 않아 나무가 제멋대로 자란다면 훌륭한 재목이 될 수 없다. 따라서 상극도 적당히 작용하면 좋은 결과를 가져오고 상생도 너무 과하면 오히려 해가 된다. 이와 같이 오행의 상생·상극은 어떻게 처한 상황에 대해 어떤 작용을 하느냐에 따라서 도움이 되기도 하고 해가 되기도 한다.

인간이 세상에 태어난 순간, 태양은 어디에 있고, 달은 어디에 있으며, 기후는 어떠한가 등의 우주 공간에 흐르는 음양오행의 기를 파악하여 많아 넘치는 오행은 극하거나 설하고, 부족한 오행은 생하거나 조함으로써 인간이 평생 살아가는 데 필요한 운로를 조성하고 개척하여 행복을 추구하기 위한 방법의 일환이 작명作名이며, 그 작명의 중심은 오행의 상생·상극의 작용이므로 이를 충분히 이해해야 한다.

십간 십이지

앞에서 말한 음양오행의 기운은 다시 열 개의 천간과 열두 개의 지지로 세분되면서 서로 분열과 확장을 거듭하며 우주의 근간을 이룬다. 따라서 십간·십이지는 음양오행의 기운을 표시하는 가장 대표적인 기호이다.

간干은 천간天干을 말하고 열 개로 이루어져 십간이라 하며, 지支는 지지地支를 말하고, 열두 개로 이루어져 십이지라 하며, 천간과 지지를 일컬어 간지라 칭한다.

1) 천간天干

갑 을 병 정 무 기 경 신 임 계
甲 乙 丙 丁 戊 己 庚 辛 壬 癸

2) 지지地支

子 丑 寅 卯 辰 巳 午 未 申 酉 戌 亥
자 축 인 묘 진 사 오 미 신 유 술 해
쥐 소 범 토끼 용 뱀 말 양 원숭이 닭 개 돼지

중국 고대의 황제 헌원씨가 나라의 어려움을 바로잡고 백성들의 평안을 위해 하늘에 축원 기도를 하여 계시를 받아, 천간은 십간으로 하늘 모양을 본떠 만들었고, 지지는 십이지지로 땅의 모양을 본떠 만들었으며 열두 마리의 동물을 상징하고 있다.

3) 간지의 음양오행

음양이 오행으로 오행은 다시 십간·십이지로 세분화되었으므로 십간과 십이지는 근본적으로 음양 오행의 기운을 내포하고 있다.

〈간지의 음양오행 조견표早見表〉

오행	목		화		토		금		수	
	양	음	양	음	양	음	양	음	양	음
천간	甲	乙	丙	丁	戊	己	庚	辛	壬	癸
지지	寅	卯	午	巳	辰	戌	丑	未	申	酉	子	亥

음양과 오행, 천간과 지지는 서로 조화를 잘 이루어야 한다. 뿌리가 있는 싹은 강하고 뿌리가 없는 싹은 약하고 불안한 법이다. 즉 배우자가 있는 사람은 행복하고 즐거우며, 짝이 없는 사람은 인생의 참맛을 모르는 것과 같은 이치이다. 따라서 작명의 원리도 태어날 때 부여받지 못한 우주의 기운을 이름으로 보충하여 음양오행의 조화를 이룸으로써 인간본체에 생기의 활력소를 불어 넣기 위함이다.

천간은 하늘을 상징하므로 하늘 천天자를 붙여 천간天干이 되었고, 지지는 땅을 상징하므로 땅 지地자를 붙여 지지地支가 되었다.
천간 甲·丙·戊·庚·壬은 양에 속하므로 양간陽干이라 하고, 乙·丁·己·辛·癸는 음에 속하므로 음간陰干이라 한다.
지지 子·寅·辰·午·申·戌은 양에 속하므로 양지陽支라 하고, 丑·卯·巳·未·酉·亥는 음에 속하므로 음지陰支라 한다.

지지의 음양 구분은 해당하는 지지 동물의 발가락 숫자에 의하여 구분하는데 예를 들면 동물들의 발가락 숫자가 홀수 1·3·5·7·9이면 양이고, 짝수 2·4·6·8·10이면 음이다.

4) 육십갑자六十甲子

천간과 지지를 나란히 배열한 것을 육십갑자라 칭한다. 천간과 지지를 순서대로 결합하는데 양간은 양지와 음간은 음지와 서로 결합한다.

〈육십갑자 조견표〉

甲子	乙丑	丙寅	丁卯	戊辰	己巳	庚午	辛未	壬申	癸酉
甲戌	乙亥	丙子	丁丑	戊寅	己卯	庚辰	辛巳	壬午	癸未
甲申	乙酉	丙戌	丁亥	戊子	己丑	庚寅	辛卯	壬辰	癸巳
甲午	乙未	丙申	丁酉	戊戌	己亥	庚子	辛丑	壬寅	癸卯
甲辰	乙巳	丙午	丁未	戊申	己酉	庚戌	辛亥	壬子	癸丑
甲寅	乙卯	丙辰	丁巳	戊午	己未	庚申	辛酉	壬戌	癸亥

천간은 10자이고 지지는 12자 이므로 골고루 한 번씩 순환하여 돌리면 여섯 번씩 돌아가므로 이것을 육갑六甲이라고 부르기도 한다.

따라서 모든 사람들의 생년월시는 이 육십갑자의 어느 것에 해당하며, 하늘을 상징하는 천간은 움직이지 않고, 땅을 상징하는 지지만 계속 돌아가므로 지동설과 일치하는 이치이기도 하다.

오행의 정리

앞 장에서 오행의 성질이 무엇인가 밝혔는데, 이것은 10종의 천간과 12종의 지지를 음양 및 오행으로 분류하여 그 상호관계에 의해 이름을 짓기 위한 기초지식에 해당하므로 새겨 두기 바란다.

오행의 생극과 왕쇠
오행 간에는 그 작용이 서로 화합하고 친목하는 것을 상생이라 하고, 서로 배반하고 불목하는 것을 상극이라 한다.

상생 : 목이 화를, 화가 토를, 토가 금을, 금이 수를, 수가 목을 생生한다.
상극 : 목이 토를, 토가 수를, 수가 화를, 화가 금을, 금이 목을 극剋한다.

오행설에 대하여 《역경》에서 말하기를, 오행의 유래는 태양太陽에서 화가, 소양小陽에서 목이, 태음太陰에서 수가, 소음小陰에서 금이 유래되었고, 토는 이 모든 것을 포함한 것이라 한다. 오행설을 정리하면 다음과 같다.

목 : 방각方角은 동東에 해당하고, 계절로 보면 봄에 해당하며, 하루로 치

면 아침에 해당한다. 기氣는 생기生氣이고, 색은 청색靑色이며, 성질은 인仁이다.

화 : 방각은 남南에 해당하고, 계절은 여름이며, 하루로 치면 낮에 해당한다. 기는 왕기旺氣이고, 색은 적색赤色이며, 성질은 예禮이다.

토 : 방각은 목화금수 사방의 중앙이고, 계절도 각 계절의 중앙이며, 하루로 치면 해가 중천에 떠 있는 대낮을 말한다. 기는 둔하고, 색은 황색黃色이며, 성질은 신信이다.

금 : 방각은 서西에 해당하고, 계절은 가을이며, 하루로 치면 저녁에 해당한다. 기는 숙살지기肅殺之氣이고, 색은 백색白色이며, 성질은 의義이다.

수 : 방각은 북北에 해당하고, 계절은 겨울이며, 하루로 치면 밤에 해당한다. 기는 사기死氣이고, 색은 흑색黑色이며, 성질은 지智이다.

 간지의 성격

천간과 지지가 내포하고 있는 우주의 원리를 정리한 것으로써 작명의 근본적인 바탕이 된다.

1) 천간

하늘의 조화를 표현한 것으로써,

甲 : 양목陽木으로서, 하늘이 처음 열리는 개벽이고, 땅에서는 큰 나무를 상징하며, 봄철에 나무의 껍질이 터져 새싹이 돋아나는 시기이다.

乙 : 음목陰木으로서, 하늘에서는 바람의 작용을 상징하고, 땅에서는 화초·넝쿨을 의미하며, 모든 생물체가 처음 그 형상을 드러내는 어린 시절이다.

丙 : 양화陽火로서, 하늘에서는 태양을 상징하고, 땅에서는 큰불을 의미하며 양의 기운이 가장 왕성하고 만물이 완연하게 그 모습을 드러내는 시기이다.

- 丁 : 음화陰火로서, 하늘에서는 달과 별이고, 땅에서는 촛불·호롱불, 또는 희미한 빛을 의미하며 만물이 성장하고 있는 상태를 말한다.
- 戊 : 양토陽土로서, 하늘에서는 원석이나 먼지이고, 땅에서는 큰 산을 의미하며, 모두 생물체가 왕성하게 성장하는 것을 뜻한다.
- 己 : 음토陰土로서, 하늘에서는 구름이요, 땅에서는 밭·정원 또는 작은 동산을 의미하며, 만물의 성장이 완성 단계에 이르렀음을 뜻한다.
- 庚 : 양금陽金으로서, 하늘에서는 서리·이슬을 의미하고, 땅에서는 철광석이나 큰 쇳덩이를 상징하며, 모든 생물체가 자라서 거의 완성된 것을 뜻한다.
- 辛 : 음금陰金으로서, 하늘에서는 옅은 서리이고, 땅에서는 금·은·보화, 또는 작은 쇳덩이를 의미하며, 만물이 성장을 완전히 끝내고 수확의 결실을 맺는 시기이다.
- 壬 : 양수陽水로서, 하늘에서는 큰비나 우레이고, 땅에서는 바다를 의미하며, 모든 성장이 한 시대를 마치고, 다음 세대로 가기 위한 마치 폭풍이 불어닥치기 직전의 고요함을 뜻한다.
- 癸 : 음수陰水로서, 하늘에서는 습기·눈·안개이고, 땅에서는 시냇물·연못·이슬이다. 겨울이 얼마 남지 않았으며, 다음의 새로운 세계가 시작되기 위해 서서히 움직이는 시기이다.

2) 지지

땅이 가지고 있는 자연의 이치를 표현한 것으로써,

- 子 : 양수陽水로서, 양기가 서서히 움트는 것을 말하며, 씨앗을 잉태한 것과 같다.
- 丑 : 음토陰土로서, 한기가 스스로 물러나기 시작한 것이다.
- 寅 : 양목陽木으로서, 따스한 기운이 들어와 모든 생물체가 활동을 시작하기 위해 준비 중이다.
- 卯 : 음목陰木으로서, 모든 생물체가 드디어 땅 위로 솟아 오르는 것을 의

미한다.
- 辰 : 양토陽土로서, 생물체가 힘을 얻어 발전할 기운을 지니고 있음을 뜻한다.
- 巳 : 음화陰火로서, 양기가 충만함을 말한다.
- 午 : 양화陽火로서, 음양이 서로 부딪치고 어우러지면서 활발히 교제하는 것을 의미한다.
- 未 : 음토陰土로서, 양의 쇠퇴가 시작된 것이다.
- 申 : 양금陽金으로서, 모든 만물의 형체가 완성되었음을 의미한다.
- 酉 : 음금陰金으로서, 그 결실을 얻기 위해 수확하는 시기이다.
- 戌 : 양토陽土로서, 모든 수확이 완료되었음을 의미한다.
- 亥 : 음수陰水로서, 한 시대는 끝났지만 다음을 위해 씨앗이 암장되었음을 의미한다.

3) 천간·지지의 정리

10간 12지는 음양오행의 기운을 표시하는 가장 기본적인 표시법이자 기초문자이다. 그 10간 12지에는 음양오행에서 각자의 기운을 나타내는 계절·방향·성품·색상·맛 등 온갖 기운을 내포하고 있다.

〈음양오행 천간지지 조견표〉

오행	木		火		土				金		水	
	양	음	양	음	양		음		양	음	양	음
천간	甲	乙	丙	丁	戊		己		庚	辛	壬	癸
지지	寅	卯	午	巳	辰	戌	丑	未	申	酉	子	亥
계절	봄		여름		봄	가을	겨울	여름	가을		겨울	
방향	동		남		중앙				서		북	
성품	인仁		예禮		신信				의義		지智	

색상	청색	적색	황색	흰색	검정색
맛	신맛	쓴맛	단맛	매운맛	짠맛

천간·지지는 앞 페이지의 조견표와 같이 음양오행의 기운을 내포하고 있다.

甲寅·乙卯·丙午·丁巳·戊戌未는 덥고 건조한 기운이며, 庚申·辛酉·壬子·癸亥·己辰丑은 차고 습한 기운을 가지고 있다. 사람의 체질을 볼 때 다혈질이거나 덥고, 차고 냉정한 기질은 이러한 음양오행의 기운에 따라 나타나는데, 일반적으로 몸이 차고 습한 사람은 습관적으로 불을 가까이 하여 몸을 덥히려 하고, 몸이 덥고 건조한 사람은 평소에 시원한 음식 등을 좋아해서 몸을 차게 유지하려 한다. 이렇듯 이름 짓는 방식도 덥고 건조한 기운의 사주는 차고 습한 기운의 이름자를 선택하고 차고 습한 기운의 사주는 덥고 건조한 기운의 이름자를 선택하여 이름을 만들어 붙임으로써 편고된 사주의 중화를 꾀하고 나아가서는 운명의 반전을 도모하는 것이 작명의 기본 원리이다.

사주의 산출

 이름을 짓기 위해서는 먼저 사주의 산출법을 알아야 한다. 이는 그 사람이 어떤 음양오행의 기를 받고 태어났는지를 정확하게 알기 위함이다. 사주란 생년·생월·생일·생시에 해당하는 간지이다. 생년의 간지를 연주^{年柱}, 생월의 간지를 월주^{月柱}, 생일의 간지를 일주^{日柱}, 생시의 간지를 시주^時라 한다.
 사주의 산출법은 대부분 만세력에 의하여 정하는데 필자가 정확하고 보기 쉽게 저술한《운수대통 만세력》을 구입하여 활용하기 바란다.《운수대통 만세력》은 양력이든 음력이든 대조 확인을 편리하게 할 수 있도록 구성을 하였다.

연주 정하는 법

(1) 사주를 정하는 데는 먼저 연주부터 정하는 것이 순서이다. 연주를 정하는 법은 육십갑자의 순서대로 헤아리면 된다. 가령 2010년은 庚寅년이므로 육십갑자의 순을 역으로 헤아리면 2009년의 연주는 己丑이고, 2008년의 연주는 戊子이며, 2007년의 연주는 丁亥임을 알 수 있다. 또 육십갑자의 순을 곧바로 세어 나가면 2011년은 辛卯이고, 2012년은 壬辰이며, 2013년은 癸巳인 것을 알 수가 있다.

《운수대통 만세력》의 가장 윗쪽 왼편에 서기 2010년 庚寅, 서기 2011년 辛卯, 서기 2012년 壬辰으로 표기가 되어 있으며 이것을 연주 年柱라고 한다.

그런데 여기에서 주의할 것은 지난해와 올해의 구분은 정월 초하루를 기준으로 정하는 것이 아니고 입춘 立春을 기준으로 하는 것이다.

그러므로 똑같이 2010년에 출생했더라도 입춘 전 해에 출생한 경우의 연주는 庚寅이 아니라 2009년의 연주인 己丑이 된다.

(2) 절기 節氣는 양력으로 산정한다. 입춘은 대체로 양력 2월 4일이지만, 해에 따라서는 전후 하루 정도의 차이가 있다. 또 같은 입춘 당일에 출생한 경우라도 그 해의 간지를 쓸 것인지, 아니면 전 해의 간지를 쓸 것인지는 입춘의 절입 시각에 의해 결정한다. 만약 절입 시각이 오후 4시 30분이라면 4시 30분 전에 출생한 사람은 입춘일에 출생했더라도 전년도의 간지를 쓴다.

월주 정하는 법

월주는 출생한 달을 통하여 정하는데, 《운수대통 만세력》에 기재되어 있는 각월의 월건 월의 간지에 의한다. 월주를 정할 때 특히 주의해야 할 것은 연주를 정할 때 입춘을 기준으로 하듯이, 월주를 정할 때는 12절기의 절입 시각을 기준으로 한다. 예를 들면 2010년 양력 3월 6일 01시 46분이 경칩의 절입 시각이므로, 3월 6일 01시 43분생이라면 월주가 戊寅이 되고, 만약 3월 6일 01시 50분에 출생했다면 월주는 己卯가 된다.

⟨12절기 조견표⟩

계절	음력	월지	절기
봄	1월	寅	입춘 立春
봄	2월	卯	경칩 驚蟄
봄	3월	辰	청명 淸明
여름	4월	巳	입하 立夏
여름	5월	午	망종 芒種
여름	6월	未	소서 小暑
가을	7월	申	입추 立秋
가을	8월	酉	백로 白露
가을	9월	戌	한로 寒露
겨울	10월	亥	입동 立冬
겨울	11월	子	대설 大雪
겨울	12월	丑	소한 小寒

12절기의 절입 시각은 양력을 기준으로 정하며, 자세한 내용은 《운수대통 만세력》의 〈만세력을 보기 위한 기초자료 편〉을 참고하라.

월주는 만세력을 참고하면 알 수 있으나 만세력 없이 월주를 알 수 있는 방법이 있다. 우선 월지는 어느 해를 막론하고 고정되어 있으므로 12절기 조견표를 보고 암기하기 바란다. 다음 월지를 정했으면 월간月干을 정해야 하는데, 아래의 방법을 이용한다.

甲·己년은 丙寅월, 乙·庚년은 戊寅월, 丙·辛년은 庚寅월, 丁·壬년은 壬寅월, 戊·癸년은 甲寅월로 시작한다.

가령 2010년은 庚寅년인데 연간이 庚이므로 경인년의 시작은 1월은 戊寅월, 2월은 己卯월, 3월은 庚辰월이 된다.

그러나 《운수대통 만세력》을 보면 상단 좌측부터 양월양력의 월, 절기, 절입일시절입일과 절입시각, 월건월주, 양력양력의 일자 순으로 상세히 기록되어 있으므로 굳이 이 공식대로 월주를 구할 필요는 없다.

일주 정하는 법

일주는 출생일의 간지이므로 그 해의 달력이 없이는 불가능하다. 그래서 일주 정하는 법은 만세력을 통하여 찾을 수밖에 없다. 예를 들면 2010년 양력 11월 22일이면 丙子일이고, 23일이면 丁丑일이며, 24일이면 戊寅일이다. 여기에서 유념할 일은 연의 구분은 입춘을, 월의 구분은 절입 시각을 기준으로 하듯이, 일의 구분은 자정0시를 기준으로 한다.

시주 정하는 법

1) 시주는 출생한 시간으로 결정한다. 시주는 월주의 간지와 같이 시지時支는 항상 일정하고, 시간時干은 일간日干에 의하여 결정된다. 오늘날 우리들이 사용하는 시간을 12지 시로 환산하면 하루는 24시간이므로 2시간이 하나의 시지時支에 해당한다. 이를테면 다음과 같다.

　　子시　전날 밤 23~0시 59분
　　丑시　01시~02시 59분
　　寅시　03시~04시 59분
　　卯시　05시~06시 59분
　　辰시　07시~08시 59분
　　巳시　09시~10시 59분

午時　11시~12시 59분
未時　13시~14시 59분
申時　15시~16시 59분
酉時　17시~18시 59분
戌時　19시~20시 59분
亥時　21시~22시 59분

2) 지구의 자전과 공전에 의해 발생하는 시간은 일정한 법칙에 의해 일어나므로 변할 수 없다. 그러나 현재 우리나라에서 사용하고 있는 시간이 표준시보다 30분 정도 차이가 있으므로 낮 12시 30분이 정오가 되고 새벽 0시 30분이 자정이 됨을 명심해야 한다.

시時의 지지地支를 구했으면 일간日干:일주의 천간을 기준으로 하여 시의 천간도 구해야 한다. 공식은 다음과 같다.

甲己일은 甲子시부터 乙丑시 丙寅시 순으로
乙庚일은 丙子시부터 丁丑시 戊寅시 순으로
丙辛일은 戊子시부터 己丑시 庚寅시 순으로
丁壬일은 庚子시부터 辛丑시 壬寅시 순으로
戊癸일은 壬子시부터 癸丑시 甲寅시 순으로 진행된다.

예컨대 일간일주의 천간이 甲己일이면 새벽 0시 30분에 출생한 사람의 시주의 간지는 子에 해당하므로 甲子이며, 오전 10시에 출생하면 巳시이므로 갑자·을축·병인·정묘·무진·기사 순으로 헤아리다 보면 시주의 간지는 己巳에 해당함을 알 수 있다. 시주의 간지 찾는 법을 도표로 정리하면 다음과 같다.

〈시주의 간지 조견표〉

	子자	丑축	寅인	卯묘	辰진	巳사	午오	未미	申신	酉유	戌술	亥해
甲·己 갑·기	甲子 갑자	乙丑 을축	丙寅 병인	丁卯 정묘	戊辰 무진	己巳 기사	庚午 경오	辛未 신미	壬申 임신	癸酉 계유	甲戌 갑술	乙亥 을해
乙·庚 을·경	丙子 병자	丁丑 정축	戊寅 무인	己卯 기묘	庚辰 경진	辛巳 신사	壬午 임오	癸未 계미	甲申 갑신	乙酉 을유	丙戌 병술	丁亥 정해
丙·辛 병·신	戊子 무자	己丑 기축	庚寅 경인	辛卯 신묘	壬辰 임진	癸巳 계사	甲午 갑오	乙未 을미	丙申 병신	丁酉 정유	戊戌 무술	己亥 기해
丁·壬 정·임	庚子 경자	辛丑 신축	壬寅 임인	癸卯 계묘	甲辰 갑진	乙巳 을사	丙午 병오	丁未 정미	戊申 무신	己酉 기유	庚戌 경술	辛亥 신해
戊·癸 무·계	壬子 임자	癸丑 계축	甲寅 갑인	乙卯 을묘	丙辰 병진	丁巳 정사	戊午 무오	己未 기미	庚申 경신	辛酉 신유	壬戌 임술	癸亥 계해

3) 대운

대운이란 사주에 의하여 약속된 운명이 어느 시기에 올 것인지를 알 수 있는 큰 흐름을 말한다. 대운은 월주를 기준으로 정하는데, 작명에서는 대운의 역할이 약소하므로 이를 생략하고 사주의 산출만을 논하기로 한다.

4) 사주의 산출

사주는 개개의 사람이 어떤 음양오행의 기운을 받고 태어났는지를 파악한 기의 분포도이다. 자세한 내용은 뒷장의 실전에서 논하기로 하고 먼저 사주 산출의 예를 들면 다음과 같다.

예) 2010년 양력 3월 12일 寅시생

시주	일주	월주	연주
庚	辛	己	庚
寅	酉	卯	寅

예) 2010년 음력 8월 23일 午시생

시주	일주	월주	연주
戊	癸	乙	庚
午	未	酉	寅

　이상으로써 여러분은 사주의 연·월·일·시의 간지를 구하는 법을 모두 알았을 것이다. 사주의 간지는 사람의 운명을 판단하고 이름을 짓는 데 있어서 기준이 되는 것이므로 독자 여러분은 정확하게 사주의 간지를 찾도록 노력해야 한다.

음령오행音靈五行

음령오행이란 인체의 구조에서 나오는 소리를 오행木·火·土·金·水으로 구분지어 놓은 것을 말한다.

어느 누구의 이름이든 우리가 부르는 이름에는 항상 소리가 따른다. 내가 남의 이름을 부르거나 남이 나의 이름을 부를 때는 소리를 내야만이 상대방이나 내가 들을 수 있는데, 이처럼 소리로 전달되는 이름이 인간의 운명에 큰 영향을 미친다. 이는 이름을 갖고 있는 사람에게는 누구나 해당되는 말이다. 이름을 부를 때나 들을 때나 그 소리의 파장이 그 사람의 출생운과 연관되어 길흉화복의 작용을 하기 때문에 좋은 이름은 부를수록 운세가 좋아지고, 나쁜 이름은 부를수록 운세가 나빠지게 된다.

소리는 공기 속 어디에서나 파생하는데, 이 음파 작용을 성명학에서는 음령오행의 작용이라 하고, 소리를 오행의 조화에 접목해서 다섯 가지로 나누어 활용한다. 그 다섯 가지란 어금니 소리·혓소리·목구멍 소리·잇 사이 소리·입술 소리를 말하며 성명학상 제일 중요시된다.

〈음령오행에 의한 소리 구성의 조견표〉

오행	자음 (종음)	모음 (주음)	소리
木	ㄱ·ㅋ	가·카	어금니 소리
火	ㄴ·ㄷ·ㄹ·ㅌ	나·다·라·타	혓 소리
土	ㅇ·ㅎ	아·하	목구멍 소리
金	ㅅ·ㅈ·ㅊ	사·자·차	잇 사이 소리
水	ㅁ·ㅂ·ㅍ	마·바·파	입술 소리

- ㄱ·ㅋ으로 시작되는 글자는 어떤 모음이나 받침을 붙여도 木오행에 해당한다. 예를 들면 가·감·강·고·공·교·국·권·김·쾌 등과 같다.
- ㄴ·ㄷ·ㄹ·ㅌ으로 시작되는 글자는 어떤 모음이나 받침을 붙여도 火오행에 해당한다. 예를 들면 나·남·노·뉴·다·담·당·동·득·락·랑·록·류·타·탁·특·터 등과 같다.
- ㅇ·ㅎ으로 시작되는 글자는 어떤 모음이나 받침을 붙여도 土오행에 해당한다. 예를 들면 아·안·양·어·억·영·하·학·함·홍 등과 같다.
- ㅅ·ㅈ·ㅊ으로 시작되는 글자는 어떤 모음이나 받침을 붙여도 金오행에 해당한다. 예를 들면 사·상·석·생·자·장·재·정·준·창·채·청·취 등과 같다.
- ㅁ·ㅂ·ㅍ으로 시작되는 글자는 어떤 모음이나 받침을 붙여도 水오행에 해당한다. 예를 들면 마·면·몽·미·박·반·범·별·비·판·평·표·피 등과 같다.

음령오행에 의한 글자의 오행 분류는 79페이지의 〈한글의 오행 배열 조견표〉를 참고한다.

일단 이름 글자가 오행의 상생·상극에 관한 법칙에 의하여 서로 상생이 되면 길하고, 상극이 되면 흉하다. 예를 들면 다음과 같다.

상생의 예)

김　　태　　희
木　生　火　生　土
목　생　화　생　토

　김의 오행인 木이, 태의 오행인 火를 생하고, 火가 다시 희의 오행인 土를 생하므로 이름의 오행 배열이 대단히 양호하다.

상극의 예)

박　　태　　준
水　剋　火　剋　金
수　극　화　극　금

　박의 오행인 水가 태의 오행인 火를 극하고, 火가 다시 준의 오행인 金을 극하므로 이름의 오행 배열이 극히 불량하다.

　그러나 오행의 상생법칙에 의거하여 이름 글자의 오행배열이 좋아도 그 사람의 사주와 조화가 되지 않으면 아무런 혜택을 받지 못하고 오히려 운명의 전반에 걸쳐 피해를 주는 경우가 있다. 예를 들면 사주 팔자에 火·土의 기운이 왕성한데 이름에서 다시 火·土의 기운을 생한다면 그 사람의 운세를 삭감하는 것은 물론이고 급격한 화를 부를 수 있다. 따라서 작명은 사주 내의 오행을 정확하게 파악하여 조화를 이루도록 해야만이 그 사람의 운세를 상승시킬 것이며, 불행하게도 사주의 오행과 부조화를 이루게 이름을 짓는다면 운세의 하락은 자명한 일이다. 그러므로 사주팔자와 맞지 않는 이름은 아무리 구성이 좋아도 운명의 반전을 꾀할 수 없다는 것을 유념하기 바란다.
　인간은 항상 이름의 영향력 속에서 생활한다. 그러면서도 이름의 중요성을 모르고 있다. 한번 호적에 올라가면 다시 고치기 힘든 것이 이름이기 때문에 처음부터 잘 지을 수 있도록 신중을 기해야 한다.

주음과 종음의 관계

성씨와 이름자의 음령오행 배열은 서로 상생하도록 배열하는 것이 원칙이다. 그러나 글자 선정의 어려움으로 인해 그렇게 하지 못할 경우에는 주음과 종음의 관계를 활용하여 타개할 수 있다.

주음이란 발음의 첫머리 글자를 말하고 종음이란 발음에 끝소리에 해당하는 글자의 밑받침을 말한다. 장동건이란 이름을 주음과 종음으로 구분하면 다음과 같다.

예1)

구분\이름	장	동	건
주음	자金	도火	거木
종음	ㅇ土	ㅇ土	ㄴ火

① 주음오행은 서로 상생하는 것이 양호하다. 그러나 위의 경우는 주음이 金·火·木으로서 火金이 상극하므로 불량하다.
② 주음오행이 서로 상극이 되어도 주음과 종음의 연결이 서로 상생이 되면 흉이 75% 정도는 해소가 된다. 위의 경우는 주음에서 자의 金과 도의 火가 상극하지만 종음인 ㅇ의 土가 火生土·土生金으로 상생 유통을 함으로써 장·동의 金·火 상극관계가 완화되는 것이다.

예2)

구분\이름	신	영	균
주음	시金	여土	규木
종음	ㄴ火	ㅇ土	ㄴ火

③ 위의 예는 주음에서 여의 土와 규의 木이 상극하지만, 종음인 ㄴ의 火가 木生火·火生土하여 상생 유통시킴으로써, 영·균의 土·木 상극 관계가 75% 정도는 완화가 되었다.
④ 성씨는 선천적인 태생이라서 작명시에 주음이나 종음으로서의 역할이 미흡하므로 가능하면 이름자에서 타고난 선천운명에 부합하는 글자를 선택하는 것이 옳은 방법이다.
⑤ 주음오행도 상극관계이고, 주음과 종음의 연결 고리도 상극관계이면 매우 불량한 이름이다.

예3)

	박	용	국
주음	바 水	요 土	구 木
종음	ㄱ 木	ㅇ 土	ㄱ 木

⑥ 위 예는 주음도 水·土·木으로 상극이 되어 불량하고, 종음도 木·土·木으로 상극이 되어 불량하다.
⑦ 주음 오행도 상생이 되고 주음과 종음의 연결고리도 상생이 되는 것이 가장 양호한 음령오행의 작명법이다.
⑧ 그러나 글자 선정의 어려움으로 인해 종음 간의 오행은 상생을 이루지 못할지라도, 주음 간의 오행은 반드시 상생이 되도록 음령오행을 배열해야 한다. 이는 종음보다 주음의 역량이 3배이상 강하기 때문이며 실전에서도 주음의 상생만을 다루었다. 독자 여러분은 이 점에 세심한 주의를 기울이기 바란다.

음령 오행의 배열

이름에 대한 음령오행의 배열은 작명상 가장 영향을 많이 주는 기본 요소이다. 제아무리 예쁜 이름을 지었다 해도 오행상의 배열을 이루지 못하면 이것은 우주 순환의 법칙에 역행하는 것이 되어 불이익을 초래한다. 따라서 오행의 상생과 상극은 작명의 가장 중요한 핵심이 된다.

1) 오행의 상생

木·火·土·金·水, 이 다섯 가지를 오행이라 하고, 이 오행들의 관계에서 어떤 오행이 다른 오행을 생하는 것을 오행의 상생이라 한다. 서로 도움을 주는 상생관계는 木生火목생화, 火生土화생토, 土生金토생금, 金生水금생수, 水生木수생목의 다섯 가지이다.

木목 → 火화 → 土토 → 金금 → 水수

2) 오행의 상극

어떤 오행이 다른 오행을 이기는 것이 상극이다. 오행의 상극은 木剋土목극토, 土剋水토극수, 水剋火수극화, 火剋金화극금, 金剋木금극목의 다섯 가지이다.

木목 → 土토 → 水수 → 火화 → 金금

3) 오행의 배열

오행 배열의 작용력은 사회상의 명예·직위, 사업상의 성패, 육체적인 건강·수명·정신, 가정의 행복·불행 등에 암시적인 영향을 끼친다.

木의 배열

〈좋은 배열〉

오행 배열	운運	운의 행로行路
木木木	立身功名運 입신공명운	功名榮達 , 萬事亨通 공명영달 , 만사형통
木木水	順風順成運 순풍순성운	如意亨通 , 成功安樂 여의형통 , 성공안락
木木火	萬事達成運 만사달성운	萬事如意 , 先祖有德 만사여의 , 선조유덕
木木土	先苦後安運 선고후안운	初年苦難 , 晚年安樂 초년고난 , 만년안락
木水金	成功安樂運 성공안락운	太平安樂 , 先代有德 태평안락 , 선대유덕
木水木	萬花方暢運 만화방창운	自立大成 , 長壽健康 자립대성 , 장수건강
木水水	淸風明月運 청풍명월운	初年榮達 , 四通八達 초년영달 , 사통팔달
木火木	魚變龍成運 어변용성운	一躍發展 , 人德俱全 일약발전 , 인덕구전
木火火	春日方暢運 춘일방창운	財物滿倉 , 健康長壽 재물만창 , 건강장수
木火土	發展成功運 발전성공운	成功平坦 , 肉親和合 성공평탄 , 육친화합

〈나쁜 배열〉

오행 배열	운運	운의 행로行路
木金金	萬事不成運 만사불성운	妻子相剋 , 萬事不成 처자상극 , 만사불성
木金木	四顧無親運 사고무친운	一生苦難 , 病弱短命 일생고난 , 병약단명

木金水	鳳凰傷翼運 봉황상익운	一時成功, 勞多功小 일시성공, 노다공소	
木金火	先苦後敗運 선고후패운	基礎不安, 災厄連續 기초불안, 재액연속	
木金土	小事難成運 소사난성운	成功不振, 家庭破綻 성공부진, 가정파탄	
木木金	骨肉相爭運 골육상쟁운	意外災亂, 一時成功 의외재난, 일시성공	
木水火	病弱短命運 병약단명운	身病衰弱, 萬事不成 신병쇠약, 만사불성	
木火水	災變災亂運 재변재난운	不意災難, 人德缺乏 불의재난, 인덕결핍	
木土金	平地風波運 평지풍파운	善功無德, 夫婦不和 선공무덕, 부부불화	
木土木	敗家亡身運 패가망신운	運命抑壓, 心身過勞 운명억압, 심신과로	
木土水	災難孤獨運 재난고독운	肉親無德, 基礎不安 육친무덕, 기초불안	
木土火	進退兩難運 진퇴양난운	平生病弱, 家庭破綻 평생병약, 가정파탄	
木土土	勞而無功運 노이무공운	成功不運, 病弱短命 성공불운, 병약단명	
木木土	善功無德運 선공무덕운	心身病苦, 內實不足 심신병고, 내실부족	
木火金	薄弱短命運 박약단명운	平生貧困, 速成速敗 평생빈곤, 속성속패	

火의 배열

〈좋은 배열〉

오행 배열	운運	운의 행로行路
火木木	入身出世運 입신출세운	成功發展, 名振四海 성공발전, 명진사해
火木水	大地大業運 대지대업운	大業成功, 健康長壽 대업성공, 건강장수
火木火	發展平安運 발전평안운	成功平坦, 富貴權威 성공평탄, 부귀권위
火木土	一慶一苦運 일경일고운	一吉一凶, 自滿操心 일길일흉, 자만조심
火土金	富貴功名運 부귀공명운	成功吉運, 天稟英敏 성공길운, 천품영민
火土土	發展向上運 발전향상운	意外得財, 先祖有德 의외득재, 선조유덕
火土火	枯木逢春運 고목봉춘운	積小成大, 一家和平 적소성대, 일가화평
火火木	成功發展運 성공발전운	運氣旺盛, 一生福祿 운기왕성, 일생복록
火金土	吉凶不測運 길흉불측운	多小苦難, 前運平福 다소고난, 전운평복
火火土	健康長壽運 건강장수운	肉親和合, 百謨順成 육친화합, 백모순성

〈나쁜 배열〉

오행 배열	운運	운의 행로行路
火土木	先吉後苦運 선길후고운	急變急落, 一時成功 급변급락, 일시성공
火火火	橫厄短命運 횡액단명운	無謀計劃, 貧窮苦痛 무모계획, 빈궁고통

火金金	苦痛難免運 고통난면운	急變波亂, 信義不足 급변파란, 신의부족
火金木	薄弱短命運 박약단명운	勞大功小, 平地風波 노대공소, 평지풍파
火金水	疾患短命運 질환단명운	小事敏感, 獨坐愁心 소사민감, 독좌수심
火金火	苦難自成運 고난자성운	心身過勞, 遊離分散 심신과로, 유리분산
火木金	無主空山運 무주공산운	不意災難, 病弱短命 불의재난, 병약단명
火水金	波亂變動運 파란변동운	萬事不滿, 沙上樓閣 만사불만, 사상누각
火水木	流轉失敗運 유전실패운	一身病苦, 肉親無德 일신병고, 육친무덕
火水水	早起晚敗運 조기만패운	變戰波亂, 病身不具 변전파란, 병신불구
火水火	波家亡身運 파가망신운	平生病弱, 忍耐不足 평생병약, 인내부족
火水土	心身過勞運 심신과로운	人德貧弱, 夫婦不和 인덕빈약, 부부불화
火火金	病苦呻吟運 병고신음운	成功不振, 病弱短命 성공부진, 병약단명
火火水	虛名無實運 허명무실운	有名無實, 不安變動 유명무실, 불안변동
火土水	一場春夢運 일장춘몽운	自手成家, 晚年失敗 자수성가, 만년실패

土의 배열

〈좋은 배열〉

오행 배열	운運	운의 행로行路
土金金	名利兼備運 명리겸비운	順調發達, 萬事如意 순조발달, 만사여의
土金水	富貴名譽運 부귀명예운	飛龍昇天, 發達亨通 비룡승천, 발달형통
土金土	春山開花運 춘산개화운	萬事安定, 成功泰安 만사안정, 성공태안
土土金	大業成就運 대업성취운	發展成功, 目的達成 발전성공, 목적달성
土火木	日興中天運 일흥중천운	財物豊足, 父母有德 재물풍족, 부모유덕
土火火	枯木逢春運 고목봉춘운	富貴榮華, 健康長壽 부귀영화, 건강장수
土火土	發展向上運 발전향상운	成功安全, 子孫昌盛 성공안전, 자손창성
土土火	大地大業運 대지대업운	無限成功, 百計百成 무한성공, 백계백성
土土土	先苦後吉運 선고후길운	初年苦難, 老後太平 초년고난, 노후태평

〈나쁜 배열〉

오행 배열	운運	운의 행로行路
土金木	不測禍難運 불측화난운	急進失敗, 困窮辛苦 급진실패, 곤궁신고
土金火	無主空山運 무주공산운	成功不振, 內實貧弱 성공부진, 내실빈약
土木金	災禍連續運 재화연속운	薄弱無力, 百戰百敗 박약무력, 백전백패

土木木	開花逢雨運 개화봉우운	勞大功小 , 善功無德 노대공소 , 선공무덕
土木土	平地風波運 평지풍파운	不安苦心 , 家庭破綻 불안고심 , 가정파탄
土木火	不和爭論運 불화쟁론운	基礎不安 , 頭腦疾病 기초불안 , 두뇌질병
土木水	先吉後苦運 선길후고운	成功不安 , 夫婦爭論 성공불안 , 부부쟁론
土水金	四顧無親運 사고무친운	一時成功 , 老年破綻 일시성공 , 노년파탄
土水木	大海片舟運 대해편주운	運命抑壓 , 漸進敗亡 운명억압 , 점진패망
土水水	有頭無尾運 유두무미운	急進發展 , 災難風波 급진발전 , 재난풍파
土水火	錦衣夜行運 금의야행운	有名無實 , 病苦疾患 유명무실 , 병고질환
木水土	秋風落葉運 추풍낙엽운	仁德不足 , 失果落葉 인덕부족 , 실과낙엽
土火金	早起晚敗運 조기만패운	周遊天下 , 家庭不和 주유천하 , 가정불화
土火水	骨肉相爭運 골육상쟁운	迷路彷徨 , 仁德不足 미로방황 , 인덕부족
土土木	開花風亂運 개화풍란운	病弱短命 , 成功不運 병약단명 , 성공불운
土土水	意外災亂運 의외재난운	破害祖産 , 一生浮沈 파해조산 , 일생부침

金의 배열

〈좋은 배열〉

오행 배열	운運	운의 행로行路
金金水	富貴榮華運 부귀영화운	智謀卓越 , 一躍出世 지모탁월 , 일약출세
金金土	財運旺盛運 재운왕성운	大業完遂 , 富貴功名 대업완수 , 부귀공명
金水金	富貴安泰運 부귀안태운	成功安樂 , 老後太平 성공안락 , 노후태평
金水木	萬花方暢運 만화방창운	富貴長壽 , 安過太平 부귀장수 , 안과태평
金水水	成功泰安運 성공태안운	財物豊富 , 日益衝天 재물풍부 , 일익충천
金土金	日進月加運 일진월가운	富貴雙全 , 外柔內剛 부귀쌍전 , 외유내강
金土火	花流長春運 화류장춘운	權勢衝天 , 自手成家 권세충천 , 자수성가
金土土	自手成家運 자수성가운	安樂無病 , 發展向上 안락무병 , 발전향상

〈나쁜 배열〉

오행 배열	운運	운의 행로行路
金土木	發病辛苦運 발병신고운	波亂重疊 , 夫婦相別 파란중첩 , 부부상별
金金金	家庭不安運 가정불안운	遊離分散 , 信義不足 유리분산 , 신의부족
金金木	雲中之月運 운중지월운	每事不成 , 基礎不安 매사불성 , 기초불안
金金火	百事不全運 백사부전운	中途挫折 , 變死短命 중도좌절 , 변사단명

金木金	雪上加霜運 설상가상운	運命抑壓 운명억압	夫婦爭論 부부쟁론
金木木	先苦後破運 선고후파운	初年苦難 초년고난	兄弟無德 형제무덕
金木水	開花無實運 개화무실운	萬事不成 만사불성	忍耐不足 인내부족
金木火	速成速敗運 속성속패운	遭難急死 조난급사	孤獨後悔 고독후회
金木土	骨肉相爭運 골육상쟁운	神經疾患 신경질환	心身過勞 심신과로
金水火	萬事不成運 만사불성운	成功不振 성공부진	早難變死 조난변사
金火金	獨坐嘆息運 독좌탄식운	運命抑壓 운명억압	不便病苦 불편병고
金火木	欲求不滿運 욕구불만운	兄弟無德 형제무덕	心身過勞 심신과로
金火水	波亂變動運 파란변동운	一身病苦 일신병고	萬事不成 만사불성
金火火	先苦後貧運 선고후빈운	艱難不變 간난불변	成功不振 성공부진
金火土	有頭無尾運 유두무미운	災難風波 재난풍파	胸部疾患 흉부질환
金土水	初失後得運 초실후득운	迫害損失 박해손실	成功薄弱 성공박약
金水土	敗家亡身運 패가망신운	一時成功 일시성공	中途挫折 중도좌절

水의 배열

〈좋은 배열〉

오행 배열	운運	운의 행로行路
水金金	大業成就運 대업성취운	意志堅固 , 頭腦明晳 의지견고 , 두뇌명석
水金水	理智發達運 이지발달운	多才多能 , 富貴安樂 다재다능 , 부귀안락
水金土	希望達成運 희망달성운	積所成大 , 安過太平 적소성대 , 안과태평
水水金	立身出世運 입신출세운	成功吉運 , 意志堅固 성공길운 , 의지견고
水木木	日光春成運 일광춘성운	盛運常進 , 先祖有德 성운상진 , 선조유덕
水木水	大富大貴運 대부대귀운	貴人恩德 , 成功發展 귀인은덕 , 성공발전
水木火	才智優秀運 재지우수운	成功泰安 , 家庭圓滿 성공태안 , 가정원만
水木土	富貴安樂運 부귀안락운	壽福兼全 , 自手成功 수복겸전 , 자수성공
水水木	富貴雙全運 부귀쌍전운	發展向上 , 老後太平 발전향상 , 노후태평
水土金	魚變龍成運 어변용성운	溫厚有德 , 成功長壽 온후유덕 , 성공장수

〈나쁜 배열〉

오행 배열	운運	운의 행로行路
水金木	興盡轉敗運 흥진전패운	萬事困難 , 一生貧困 만사곤란 , 일생빈곤
水金火	波亂自招運 파란자초운	波瀾辛苦 , 家族相別 파란신고 , 가족상별

水木金	苦難辛苦運 고난신고운	病弱孤獨, 人德饑饉 병약고독, 인덕기근
水水水	先富後貧運 선부후빈운	一時成功, 長期苦難 일시성공, 장기고난
水水火	落馬失足運 낙마실족운	萬事困難, 不和爭論 만사곤란, 불화쟁론
水水土	外華內虛運 외화내허운	客地放浪, 勞而功小 객지방랑, 노이공소
水火金	夜人暗行運 야인암행운	廢疾短命, 病難不具 폐질단명, 병난불구
水火木	百戰百敗運 백전백패운	苦通愁心, 波瀾辛苦 고통수심, 파란신고
水火火	一樂一悲運 일락일비운	虛慾損財, 威力缺乏 허욕손재, 위력결핍
水火土	勞苦無功運 노고무공운	一生浮沈, 風前燈火 일생부침, 풍전등화
水火水	大海風亂運 대해풍란운	開花無實, 不和爭論 개화무실, 불화쟁론
水木土	遭難逆境運 조난역경운	遭難逆境, 不意災難 조난역경, 불의재난
水土土	心身苦痛運 심신고통운	病難不具, 家族相別 병난불구, 가족상별
水土水	速成速敗運 속성속패운	進路暗弱, 勞苦無功 진로암약, 노고무공
水土火	一葉片主運 일엽편주운	食祿饑饉, 波瀾重疊 식록기근, 파란중첩

 음령오행의 좋은 배열 중에서도 사주의 구성에 따라서 차이는 있겠지만 같은 오행이 겹쳐 있는 것보다는 서로 상생하는 오행이 아우러져 있는 편이 더 양호한 음령오행의 구성이다. 예를 들면 木의 배열 가운데 木·木·木의 오행 배열보다는 木·水·金의 오행 배열이 좋다는 것이다. 그것은 우주변화의

음령오행(音靈五行) | 55

원리는 시간의 흐름과 공간의 변화에 따른 순환하는 개념이므로 음령오행의 배열을 하나의 편고된 오행으로 정하기보다는 오행 간 상생의 순리에 따른 음령오행의 배열이 사주 내의 넘치고 모자라는 오행의 기운을 조절하기에 더욱 적합하기 때문이다.

우주는 음양오행으로 이루어져 있다는 것이 만고불변의 진리이다. 음양을 크게 구분하면 기氣와 질質로 나눌 수 있다. 여기서 기는 양을 가리키고 질은 음을 가리킨다. 하늘은 양이고 땅은 음이며, 해는 양이고 달은 음이다. 또 남자는 양이고 여자는 음이다. 이렇게 세상의 모든 것들을 음과 양으로 구분할 수 있으며 이 모든 것이 곧 우주를 이루는 기본 요소들이다. 따라서 기는 질을 만나야 생명이 변하고, 질은 기를 만나야만 호흡할 수 있으니 기와 질은 하나이고 음양은 서로 떨어질 수 없는 하나의 결합체이다.

오행이란 태양·소양·태음·소음의 사상四象과 지구地球, 즉 토土로 구성되어 있는 이치를 말하는데, 쉽게 얘기해서 우리가 달력에서 매일같이 보는 木목→火화→土토→金금→水수가 오행의 기본이라고 생각하면 된다. 달력에서 일日과 월月은 태양과 달을 상징한다.

우주는 이와 같이 음양과 오행으로 구성되어 있으며 지구 역시 대우주의 일부분이고 인간 또한 소우주이다. 인체의 구성은 희한하게도 우주 내 지구의 구성과 흡사하게 닮아 있으며, 모든 사람들은 음양과 오행의 기운을 갖추고 있다. 그러나 사람들의 생김새는 제 각각이며, 성격도 모두 저마다 각기 다르다. 전 세계의 모든 인류를 통틀어도 지문이 같은 사람은 하나도 없다. 그것은 모든 사람들이 각각 소유하고 있는 음양과 오행의 분포와 구성 비율이 모두 제 각각이기 때문이다. 한날 한시에 몇 분의 시차로 태어나는 쌍둥이도 약간의 차이가 나는 외모에 성격이 판이하고, 각각 다른 운명을 살아가는 것을 보면 음양오행의 구성 비율에 따른 원인이라는 것이 더욱 확신이 있어 보인다.

 이 세상에 태어난 아기가 고고의 탄성을 울리며 산소호흡을 처음 하는 순간 우주의 기운이 체내로 들어와 아기의 체질을 만든다는 것이《주역》의 시각이다. 그 순간 태양은 어디에 있으며 달은 어디에 있는가 참으로 중요한 순간이 아닐 수 없다.
 우리가 흔히 말하는 운運이란 것도 바로 이 우주의 기운을 일컫는다. 내가 타고난 기운과 우주의 기운이 서로 일치하고 조화를 이룰 때에는 운이 좋아서 만사형통하지만, 자신의 기운과 우주의 기운이 서로 어긋날 때는 우주의 기운에 적응하지 못해서 흉한 일이 일어나게 된다.

 따라서 작명이란 세상에 태어날 때 갖추지 못한 인체 내의 부족한 음양오행의 기운을 이름으로 보충함으로써 자신의 기운과 우주의 기운을 일치하게 만들어 운의 행로에 활력의 기운을 불어 넣기 위한 하나의 방법인 것이다. 그러므로 아무리 좋은 이름도 자신의 기운과 맞지 않으면 아무 소용이 없고 오히려 피해만 가중시킨다는 것을 명심하기 바란다.

오행의 수 數

오행의 수는 오행 기본수와 오행 정수로 구분할 수 있는데, 오행 수의 산출에 대한 원인은 《기문둔갑 정해》에서 상세히 논하였으므로 생략하고 본 장에서는 작명에 필요한 부분인 오행 기본수의 구성 곧 수리에 대해서 논하기로 한다.

오행 기본수의 구성

태극과 음양의 사상을 바탕으로 숫자를 일으키어 우주 삼라만상의 변화를 미리 예견하고 인간 만사에 적용토록 한 것이 역학 수리의 근본이며, 이를 기반으로 한 오행의 기본 수는 하늘인 천간은 甲에서 1이 시작되고 땅의 지지는 子에서 1이 시작된다.

작명에서는 하늘을 본떠 만들어진 천간의 기본 수를 응용한다. 천간의 기본 수를 정리하면 다음과 같다.

오행	木		火		土		金		水	
음양	양	음	양	음	양	음	양	음	양	음
천간	甲	乙	丙	丁	戊	己	庚	辛	壬	癸
기본수	1	2	3	4	5	6	7	8	9	10

단 글자의 획수가 10수 이상일 경우에는 10을 공제하고 나머지 수만으로 음양오행을 구분한다. 즉 15일 경우 10은 버리고 5가 남으므로 양土가 되고, 18이면 10은 버리고 8이 남으므로 음金이 된다.

정격貞格과 총격總格

정격은 원元·형亨·이利·정貞의 사격四格으로 분류하고, 총격은 천天·인人·지地·외外·총總의 오격五格으로 분류한다. 그리고 한 자로 된 성姓과 한 자로 된 이름에는 가성 수假成數 1을 더하여 격을 분류하기도 한다. 그러나 각 격의 구성이나 수리의 영도력領導力은 작명의 근본 원리에는 차이가 없고 격의 구성과 표현만 다를 뿐이다.

정격과 총격의 수리 구성

1) 성씨 한 자, 이름자 한 자인 경우

〈정격〉

```
        형격16
    ┌─────────┐
    朴박      哲철    정격
    6획       10획  =  16
    이격6     원격10
```

원격 : 이름자의 획수
형격 : 성씨 획수와 이름자 획수의 합
이격 : 성씨의 획수
정격 : 성씨 획수와 이름자 획수의 합

오행의 수(數) | 59

〈총격〉

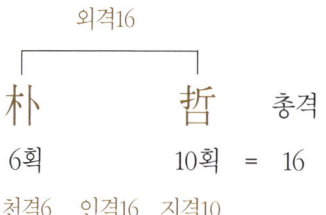

천격 : 성씨의 획수
인격 : 성씨 획수와 이름자 획수의 합
지격 : 이름자의 획수
외격 : 성씨 획수와 이름자 획수의 합
총격 : 성씨 획수와 이름자 획수의 합

2) 성씨 한 자, 이름자 두 자인 경우

〈정격〉

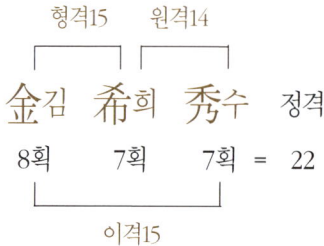

원격 : 이름 두 자 획수의 합
형격 : 성씨 획수와 이름 첫 자 획수의 합
이격 : 성씨의 획수와 이름 끝 자 획수의 합
정격 : 성씨 획수와 이름 두 자 획수의 합

〈총격〉

천격 : 성씨의 획수
인격 : 성씨 획수와 이름 첫 자 획수의 합
지격 : 이름 두 자의 획수의 합
외격 : 성씨 획수와 이름 끝 자 획수의 합
총격 : 성씨 획수와 이름 두 자 획수의 합

3) 성씨 한 자, 이름자 석 자인 경우

〈정격〉

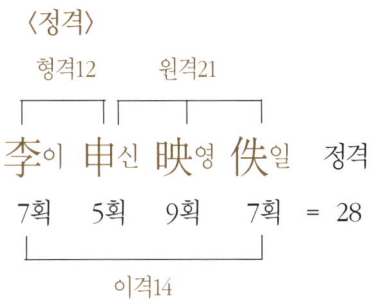

원격 : 이름 석 자 획수의 합
형격 : 성씨 획수와 이름 첫 자 획수의 합
이격 : 성씨의 획수와 이름 끝 자 획수의 합
정격 : 성씨 획수와 이름 석 자 획수의 합

〈총격〉

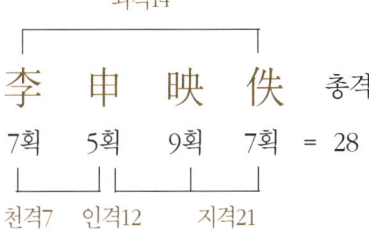

천격 : 성씨의 획수
인격 : 성씨 획수와 이름 첫 자 획수의 합
지격 : 이름 석 자의 획수의 합
외격 : 성씨 획수와 이름 끝 자 획수의 합
총격 : 성씨 획수와 이름 석 자 획수의 합

4) 성씨 두 자, 이름자 한 자인 경우

〈정격〉

원격 : 이름자의 획수
형격 : 성씨 두 자 획수와 이름자 획수의 합
이격 : 성씨 두 자 획수의 합
정격 : 성씨 두 자의 획수와 이름자 획수의 합

〈총격〉

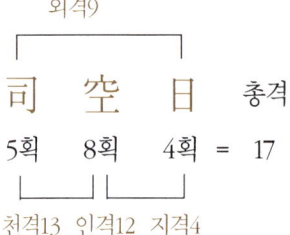

천격 : 성씨 두 자의 획수
인격 : 성씨 끝 자 획수와 이름자 획수의 합
지격 : 이름자의 획수
외격 : 성씨 첫 자와 이름 끝 자 획수의 합
총격 : 성씨 두 자의 획수와 이름자 획수의 합

5) 성씨 두 자, 이름자 두 자인 경우

〈정격〉

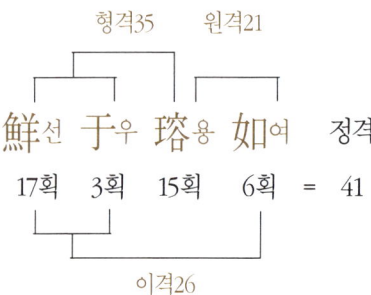

원격 : 이름 두 자의 획수의 합
형격 : 성씨 두 자 획수와 이름 첫 자 획수의 합
이격 : 성씨 두 자 획수와 이름 끝 자 획수의 합
정격 : 성씨 두 자의 획수와 이름 두 자 획수의 합

〈총격〉

외격23

鮮　于　瑢　如　총격
17획　3획　15획　6획　=　41

천격20 인격18 지격21

천격 : 성씨 두 자의 획수
인격 : 성씨 끝 자 획수와 이름 첫 자 획수의 합
지격 : 이름 두 자의 획수
외격 : 성씨 첫 자 획수와 이름 끝 자 획수의 합
총격 : 성씨와 이름자를 합한 총 획수

이상으로 정격과 총격에 대해서 설명하였는데, 명칭은 다르지만 수리 구성의 근본 원리인 성씨와 이름자가 아우러져 수리를 표출하는 각각의 구성이 유사함을 알 수 있다. 따라서 본서에서는 저자가 수십 년간 응용하여 수리의 작용력이 검증된 원·형·이·정격에 대하여 논하기로 한다.

좋은 이름을 짓기 위한 수리 구성 조건표도 위와 같은 근거에 의하여 작성을 한 것이므로 수리 구성 조건표에 의해서 이름을 지으면 음양의 배열과 수리 구성에 대한 모든 문제는 전혀 신경을 쓰지 않아도 된다.

원·형·이·정격의 영도력

원·형·이·정격의 수리는 각기 운명의 길흉을 암시하고, 그 수리에는 각각의 영통한 기운이 내포되어 있으므로 격의 배치 여하에 따라서 일생의 행로에 각종 변화와 행·불행을 유도하게 된다.

1) 원격元格

성씨를 제외한 이름자의 획수를 합하여 이루어진 격으로써, 출생하여 이름을 지은 시점부터 20세까지 소년기의 운세를 암시하므로, 어려서 부모형제·친구 등의 주위 사람들과 연관성이 많은 격이다. 따라서 출생 후 20년간의 운로를 강력하게 이끌다 38세 이전에 소멸된다고는 하나 다른 격과의 조화 여부에 의해서 일생의 운로에 영향을 미친다.

2) 형격亨格

성씨와 이름 첫 자의 획수를 합하여 이루어진 격으로써, 대체로 21세부터 30세까지의 운로를 이끌다 36세가 되면 기운이 꺾인다고 하나, 형격은 일생 운명을 좌우하는 주동적인 기운이 집중되어 있는 격이므로 일생의 운명을 지배한다.

형격은 인생의 운명을 좌우하는 주동적인 격으로서 운명의 중추적 역할을 하는 주운이 된다. 이의 작용력은 체질·성품·능력 등을 주도하고, 사회적 활동과 부부의 인연 등 인생 전반에 걸쳐 운세를 주도한다.

3) 이격利格

성씨와 이름 끝 자의 획수를 합하여 이루어진 격으로써, 대개 30세부터 40세까지의 운로를 이끌다 47세가 되면 기운이 사라진다고는 하나, 타격과의 연결과 조화에 따라서 일생의 운명을 주도한다.

이 격은 형격의 작용을 보좌하는 역할을 하며, 인체의 외모·위풍 등을 조성하고 주로 사회 활동과 가족관계, 주위 환경 등에서 강력하게 발휘한다.

4) 정격貞格

성씨와 이름자의 획수를 모두 합하여 이루어진 격으로써, 대개 40세 이후부터 영도력이 강하게 나타나기 시작하여 주로 만년의 운기를 주도한다고 하나, 정격은 이름 글자를 모두 합친 총 획수로 성격成格을 이루므로 이는 인생 전반에 대한 운명의 길흉을 포괄적으로 상징하여 일생의 운명을 좌우한다. 또 정격을 인체의 전신에 비유할 수 있으며 원·형·이격과 아우러져 초·중년부터 운세를 영도한다.

이상으로 원·형·이·정격에 대해서 설명하였는데, 이름을 지을 때 각각의 격을 참고하여 수리 구성을 하려면 보통 어려운 일이 아니므로 저자가 그런 수고로움을 덜어 주기 위해 각 성별로 바로 골라서 활용할 수 있도록 83페이지에 〈좋은 이름을 짓기 위한 수리 구성표〉를 작성하여 올렸으므로 보다 쉽게 좋은 이름을 지을 수 있게 되었다.

삼원오행三元五行과 삼재三才

삼원오행은 정격 가운데 원·형·이격의 획수를 이용하여 산출하고,

삼재는 총격 가운데 천·인·지격의 획수를 이용하여 산출한다.

〈삼원오행〉

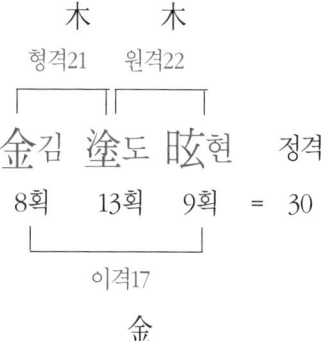

위와 같이 삼원오행을 산출했는데, 이 가운데 이격의 오행을 맨 앞에 배치하고 형격의 오행을 중간에 배치하며 원격의 오행을 마지막에 배치하여 그 오행 상호간의 관계를 파악하는 것이다.

위 예는 삼원오행이 金·木·木이 된다.

〈삼재〉

```
              외격17
          ┌─────────┐
     金      塗      眩    총격
    8획    13획    9획  =  30
     └────┘  └────┘
   천격8  인격21  지격22
     金      木      木
```

위의 예와 같이 천격의 오행과 인격의 오행 그리고 지격의 오행으로 삼재를 구성하여 그 오행 상호간의 관계를 파악하는 것이 삼재의 원리이다.

삼재의 배치는 金·木·木이 된다.

 삼원오행과 삼재의 오행 배열의 작용력은 앞 장의 음령오행 배열과 구성이나 운의 행로가 같으므로 〈음령오행의 배열편〉을 참고하기 바란다. 그러나 역리에서 수리의 궁통은 오행의 기본 수보다는 오행의 정수 즉 1·6水, 2·7火, 3·8木, 4·9金, 5·10土가 의미하는 영향력이 지대하므로 오행의 기본수로 산출하는 삼원오행과 삼재는 무시해도 좋을 것이다.

81수의 길흉吉凶

81수의 영묘한 작용력은 글자의 획수와 원·형·이·정격의 기운이 상호 연관되면서 본인의 의사와는 관계 없이 각 수가 의미하는 운의 흐름에 의해 인간 만사에 각종 변화를 유발하므로 좋은 수리만을 이용하여 이름을 지을 수 있도록 각별히 유의해야 한다.

〈81수의 길흉 조견표〉

수數	격格	운의 행로行路	수가 내포하고 있는 의미
1수 (길)	太初格 태초격	富貴長壽運 부귀장수운	입신양명, 온전착실 두뇌명철, 권세위력
2수 (흉)	分離格 분리격	萬事破壞運 만사파괴운	분리파괴, 원기부족 육친무덕, 중도좌절
3수 (길)	名譽格 명예격	運氣旺盛運 운기왕성운	부귀명예, 재기부흥 입신양명, 지도적 인물
4수 (흉)	否定格 부정격	廢物之輩運 폐물지배운	정신박약, 가족불화 일생고난, 성공불능
5수 (길)	成功格 성공격	萬物始生運 만물시생운	부귀권위, 행복건강 복록장수, 일약출세
6수 (길)	福德格 복덕격	明理智達運 명리지달운	선견지명, 이지발달 명진사해, 지모탁월

수	격	운	설명
7수 (길)	發達格 발달격	獨立能成運 독립능성운	처세탁월, 재지우수 부귀영달, 성품영민
8수 (길)	功名格 공명격	大業完遂運 대업완수운	두뇌명석, 만년발달 신념강직, 근면성실
9수 (흉)	不安格 불안격	內心困苦運 내심곤고운	횡액단명, 병약단명 만사쇠퇴, 재액연속
10수 (흉)	虛妄格 허망격	變死短命運 변사단명운	부부상별, 초도좌절 정신빈약, 진로막연
11수 (길)	興家格 흥가격	名利兼備運 명리겸비운	부귀명예, 지상행복 순풍순성, 재복겸비
12수 (흉)	空虛格 공허격	貧窮苦痛運 빈궁고통운	덕망부족, 심신고독 연약부진, 허송세월
13수 (길)	發展格 발전격	智慧聰明運 지혜총명운	인품준수, 일생평안 대업성공, 아량융합
14수 (흉)	滅亡格 멸망격	心身不安運 심신불안운	허욕발동, 동분서주 투기심리, 재물낭비
15수 (길)	天福格 천복격	順調發達運 순조발달운	선견지명, 태평세월 지모겸비, 자손두각
16수 (길)	隆昌格 융창격	富貴功名運 부귀공명운	의지담대, 적기성공 대업완수, 노소공대
17수 (길)	新成格 신성격	頭腦明晳運 두뇌명석운	기초튼튼, 온건착실 의외재물, 부귀안락
18수 (길)	前進格 전진격	勤勉發展運 근면발전운	연구발명, 재능출중 재물풍부, 초지일관
19수 (흉)	破滅格 파멸격	破害祖産運 파해조산운	비애흉사, 일생비탄 인내부족, 패가망신
20수 (흉)	終末格 종말격	失意悲哀運 실의비애운	가정불화, 인덕부족 소신나약, 만사부진
21수 (길)	時來格 시래격	發達亨通運 발달형통운	노력성공, 만인추앙 목적달성, 만년평안

22수 (흉)	災禍格 재화격	損害災厄運 손해재액운	지상불행, 유리객지 결실부족, 멸망중중
23수 (길)	榮華格 영화격	富貴繁榮運 부귀번영운	권세취득, 근면노력 만사형통, 진취기상
24수 (길)	出世格 출세격	大業成就運 대업성취운	명리취득, 재복겸비 만인신망, 부귀번영
25수 (길)	大智格 대지격	智謨遠大運 지모원대운	성공영달, 유친유덕 충직성실, 노력대가
26수 (중길)	未運格 미운격	勞大功少運 노대공소운	노년불행, 대사난관 근근연명, 중도좌절
27수 (흉)	破滅格 파멸격	災禍連續運 재화연속운	일시성공, 만년고독 파란변동, 가정불운
28수 (흉)	悲哀格 비애격	一葉片舟運 일엽편주운	재앙연속, 대소고통 자손불운, 정의무산
29수 (길)	安康格 안강격	初年發達運 초년발달운	전화위복, 만사여의 자립대성, 덕망구덕
30수 (흉)	不測格 불측격	變動波亂運 변동파란운	수시변동, 허영발동 조난역경, 비방대상
31수 (길)	將星格 장성격	衆人尊敬運 중인존경운	대업달성, 중인영도 만인덕망, 무한발전
32수 (길)	順風格 순풍격	順風巨帆運 순풍거범운	행복지위, 대업성취 상당안락, 난관해결
33수 (길)	公明格 공명격	名振四海運 명진사해운	대업완수, 행로평탄 지모출중, 부모유덕
34수 (흉)	無常格 무상격	大海風波運 대해풍파운	흥망파란, 가정파란 일시성공, 고독불구
35수 (길)	健暢格 건창격	更新暢達運 갱신창달운	사업성공, 두뇌영특 다재다능, 재물창성
36수 (흉)	遭難格 조난격	百戰百敗運 백전백패운	정신쇠약, 성격변태 진로막연, 발전지장

37수 (길)	成功格 성공격	大業成功運 대업성공운	부귀겸전, 오복초래 만사성취, 덕망구비
38수 (길)	人德格 인덕격	大事經綸運 대사경륜운	충실열성, 수복장수 위세관중, 대귀현출
39수 (길)	高名格 고명격	萬事如意運 만사여의운	부귀영화, 명리겸득 지혜총명, 자손여경
40수 (흉)	難免格 난면격	意外波亂運 의외파란운	재능박약, 진퇴유곡 불측지변, 도처악재
41수 (길)	躍進格 약진격	滿花芳暢運 만화방창운	만사여의, 진취기강 흉전길화, 일약약진
42수 (흉)	災難格 재난격	變化不測運 변화불측운	패가망신, 과욕패망 공허실의, 만사장애
43수 (흉)	衰退格 쇠퇴격	空虛失意運 공허실의운	인덕부족, 전진암초 무지무능, 고독운명
44수 (흉)	孤獨格 고독격	晩年凄凉運 만년처량운	의지부족, 기운쇠약 만년고난, 성공부진
45수 (길)	成功格 성공격	意志堅固運 의지견고운	명예충천, 만인존경 포부원대, 대해순풍
46수 (흉)	愚昧格 우매격	進退不定運 진퇴부정운	육친무덕, 가세불안 조난횡액, 인연박약
47수 (길)	自來格 자래격	家勢繁昌運 가세번창운	대업완성, 명예획득 재물만창, 초지일관
48수 (길)	名智格 명지격	大難克服運 대난극복운	세력충천, 천하통솔 일약발전, 공명영달
49수 (흉)	無德格 무덕격	表裏不同運 표리부동운	중도좌절, 처자상별 가산탕진, 노년곤고
50수 (흉)	薄弱格 박약격	大事難望運 대사난망운	운기쇠퇴, 가산탕진 중도좌절, 재화속출
51수 (흉)	破壞格 파괴격	煩惱失敗運 번뇌실패운	일시성공, 중도실패 가정파란, 고독병폐

수	격	운	설명
52수 (길)	統率格 통솔격	自立成功運 자립성공운	천하통솔, 식록풍부 세력충천, 행로평탄
53수 (흉)	苦難格 고난격	虛慾損財運 허욕손재운	허송세월, 심신피로 원기부족, 고독행진
54수 (흉)	短命格 단명격	德望缺乏運 덕망결핍운	가정불우, 환경불우 중도좌절, 부부상전
55수 (중길)	中折格 중절격	勞苦無功運 노고무공운	육친무덕, 심신허약 고독역경, 유두무미
56수 (흉)	空虛格 공허격	意志薄弱運 의지박약운	심신허약, 중도실패 파란곡절, 조실부모
57수 (길)	隆昌格 융창격	大志大業運 대지대업운	정신확고, 재물권세 사회명망, 의지관철
58수 (길)	勇進格 용진격	名聲四海運 명성사해운	상당지위, 재물권세 지혜덕망, 정신확고
59수 (흉)	病厄格 병액격	病難不具運 병난불구운	만사실패, 평생불만 건강장애, 재앙속출
60수 (흉)	離散格 이산격	波瀾重疊運 파란중첩운	과대망상, 재앙흉성 정신박약, 노력수포
61수 (길)	福壽格 복수격	安康多福運 안강다복운	재물풍족, 수복만창 다재다능, 만인신망
62수 (흉)	不定格 부정격	刑厄被禍運 형액피화운	파란곡절, 진로장애 심신허약, 중년좌절
63수 (길)	隆昌格 융창격	智勇得志運 지용득지운	권세위력, 일취월장 지혜덕망, 지모출중
64수 (흉)	吉凶格 길흉격	極盛極衰運 극성극쇠운	심신허약, 부부상잔 근근연명, 고독역경
65수 (길)	昇天格 승천격	萬人推仰運 만인추앙운	만인칭송, 두뇌명철 처세탁월, 덕망겸비
66수 (흉)	遭難格 조난격	波瀾曲折運 파란곡절운	연약부진, 조실부모 심신허약, 처자상별

67수 (길)	蓄財格 축재격	漸進成功運 점진성공운	계획치밀, 사회명망 부귀안락, 정신확고
68수 (길)	立身格 입신격	子孫餘慶運 자손여경운	의지관철, 대업완수 자력성취, 상당지휘
69수 (흉)	中折格 중절격	慾望無限運 욕망무한운	역경방황, 고독병고 가산탕진, 처자극해
70수 (흉)	苦難格 고난격	廢疾短命運 폐질단명운	유두무미, 도처악재 진로장애, 재능박약
71수 (길)	獨立格 독립격	初志貫徹運 초지관철운	만사통달, 근면성실 선인은덕, 인내성공
72수 (길)	前進格 전진격	自手成功運 자수성공운	만민모범, 자손영달 통솔저력, 만사능숙
73수 (길)	統御格 통어격	智謀兼備運 지모겸비운	백화만발, 인격고매 대통치자, 안과태평
74수 (흉)	破壞格 파괴격	諸事不成運 제사불성운	인덕부족, 풍년패망 내외불화, 독좌탄식
75수 (길)	首領格 수령격	智謀出衆運 지모출중운	만사형통, 다재다능 재복풍부, 선견지명
76수 (흉)	無功格 무공격	困苦失敗運 곤고실패운	위력결핍, 자기과목 가족상별, 재화연속
77수 (흉)	沈滯格 침체격	敗家亡身運 패가망신운	일생부침, 가정불행 파란중첩, 중도실패
78수 (흉)	不安格 불안격	病難不具運 병난불구운	근난역경, 흉진전패 고독단명, 재사불성
79수 (흉)	苦行格 고행격	意志薄弱運 의지박약운	육친무덕, 중도좌절 분리파괴, 가족상별
80수 (흉)	魔障格 마장격	波瀾自招運 파란자초운	의지박약, 육친무덕 일생부침, 신용결핍
81수 (길)	還元格 환원격	長壽繁榮運 장수번영운	지략출중, 재덕겸비 만사형통, 수복겸전

만일 81수가 넘으면 80을 뺀 나머지 수를 적용하면 된다. 예를 들면 88수가 있다면 80을 뺀 나머지 수인 8수로써 길흉을 논한다.

작명시에는 반드시 이름자의 획수와 원·형·이·정격의 배열이 길(吉)수가 되도록 구성해야 한다.

수의 작용력

81수의 형성은 음양오행의 근본적인 원리와 하도·낙서의 이치를 응용하여 이루어졌으며 각각의 수는 그 수마다 운세의 길흉을 암시하고 각 격의 배치와 상호·연결에 의하여 각종 변화를 일으킨다. 각 수가 내포하고 있는 특수성을 정리하면 다음과 같다.

1) 길吉한 수 : 명예·번영·행복·건전·장수 등을 암시하는 수
1·3·5·6·7·8·11·13·15·16·17·18·21·23·24·25·29·31·32·33·35·37·39·41·45·48·52·55·57·63·65·67·68·75·81

2) 흉凶한 수 : 비운·역경·병난·박약·조난 등을 암시하는 수
2·4·9·10·12·14·19·20·22·26·28·34·42·43·44·46·49·50·56·59·60·62·64·66·69·70·74·76·77·78·79·80

3) 대성공의 수 : 부귀·복록·대업성취·만사형통·권세충천 등을 암시하는 대길수.
1·3·5·6·7·8·11·13·15·16·17·18·21·23·25·26·29·31·32·33·37·39·41·45·47·48·52·57

4) 여성이 남성의 발전을 저해하거나 부부간에 생이사별이 따르는 불목의 흉한 수

9·10·12·14·17·19·20·23·26·27·28·29·30·34·36·42·43

5) 비록 재물이 풍족해도 가정파탄을 불러들이는 불행한 수

34

6) 재물을 풍성하게 모을 수 있는 횡재의 수

15·16·24·29·33·41·52

7) 재물을 흩뜨리고 파괴하는 파재의 흉한 수

2·4·9·10·12·14·19·20·22·26·27·36·40·50·80

8) 질병에 약하고 불의의 재화가 침범하기 쉬운 흉한 수

2·4·9·10·12·14·19·20·22·26·28·30·34·36·40·42·44·46·54·60·69·70·80

9) 정치가나 군인으로서 크게 성공할 수 있는 길한 수

3·16·21·23·31·33·39

10) 문학·예술·발명·철학·언론 계통으로 크게 성공할 수 있는 길한 수

3·13·21·23·24·25·29·31·33·35·38·39·41·45·48·52·63·67·68

11) 실업가나 정치인으로 크게 성공할 수 있는 길한 수

7·8·11·17·18·21·25·31·32·37·41·47

이상 각각의 수리는 원·형·이·정격 가운데 어느 격에 해당해도 영도력을 발휘하나 그 중에서도 특히 형격과 정격에서 강하게 작용하며, 각 이름 글자의 수리와 조화를 이루고 음령오행의 배열과 적절하게 배치가 되면 운로

에서 강력하게 영도력을 발휘하여 흉성을 해소하므로 이름을 지을 때는 각 격의 수리와 음령오행 등의 상호 연관성에 의한 변화에 각별히 유념해야 한다. 그러나 한방韓方에서 부자附子는 맹렬한 극약劇藥에 속하지만 양기가 허하고, 체온이 부족한 병에는 약재로 쓰이 듯이 아무리 흉한 수 일지라도 그 사람의 명과 합치하면 사용해도 무방하다

상호와 제품, 외국어, 아호雅號

 상호와 제품명

작명법은 이름 짓는 데만 국한되는 것이 아니고, 각종 회사명, 각종 점포명, 각종 제품명 등의 찬명에도 활용할 수 있다. 따라서 잘 지은 상호나 제품은 대내외 거래적인 측면의 경영·명예·신용·발전 등에서 좋은 결과를 가져온다. 상호와 제품의 찬명撰名은 성명과는 달리 원·형·이·정격으로 분류하지 않고 대체로 주운과 부운의 수리 구성과, 음령오행의 상생 법칙에 중점을 두고 찬명을 한다. 찬명법을 정리하면 다음과 같다.

1) 상호나 제품명과 잘 어울리면서 그 의의가 명랑하고 기품이 있어야 한다.
2) 글자의 형체를 가능하면 약형弱形이나 허형虛形의 문체는 피하는 것이 좋다.
3) 주운主運과 부운副運의 수리와 합계 수는 길이 되는 좋은 수를 선택해야 한다.

예1) 상호

三삼　盛성　物물　産산　합계수

3획　12획　8획　11획 = 34획

주운 15획　　부운 19획

예2) 상호

大대　韓한　實실　業업

음령오행　火 → 土 → 金 ← 土

　　　　　　　생　　생　　생

4) 음령오행의 배열은 반드시 위 예와 같이 서로 상생이 되는 글자를 선정해야 하고 부득이한 경우에는 동일한 오행으로 해도 무난하다.
5) 음령오행과 수리의 선정은 회사 대표자의 타고난 운명상에서 필요한 오행을 보충하는 식으로 찬명하는 것이 양호하다.

예3) 제품명

성　장　우　유　합계수

5획　5획　3획　4획 = 17획

金　金 ← 土　土

　　　생

6) 찬명은 부르기 좋고, 듣기 좋아야 하며 상호나 제품명의 의미가 함축되어 있어야 한다.

외국어

이름자에 똑같은 글자를 넣어서 작명을 해도 중국·일본 등의 외국 사람이 부르면 같은 이름일지라도 그 이름을 부르는 소리가 판이하게 달리 들린다. 우리나라 사람 역시 부르는 소리가 외국인과 같을 수 없다. 따라서 어느 나라 사람이든 간에 그 나라에서 사용하는 발음이 작명상 가장 중요한 역할을 하는 것이므로, 외국어로 성명이나 상호, 제품 이름을 지을 때는 음령오행의 상생·상극에 관한 법칙을 낱낱이 헤아려서 찬명해야 한다.

예)

카 라, 닉 콜, 에 릭, 티 아 라
木 → 火, 火 ← 木, 土 ← 火, 火 → 土 ← 火
  생   생   생   생 생

카라·木火, 닉콜·火木, 에릭·土火, 티아라·火土火의 예는 이름자 간의 연결음이 부드러워 소리의 진동이 양호하고 음령오행이 상생으로 조화를 이룸으로써, 좋은 찬명의 예이다. 물론 회사의 대표자나 당사자의 숙명과도 어울려야겠지만 일단 소리의 파장이나 오행의 구성은 양호하다.

1) 알파벳의 음령오행 조견표

오행	한글 자음	알파벳	소리
木	ㄱ·ㅋ	C·G·K·Q	어금니 소리
火	ㄴ·ㄷ·ㄹ·ㅌ	D·L·N·R·T	혓소리
土	ㅇ·ㅎ	A·E·H·F·I·O·U·W·X·Y	목구멍 소리
金	ㅅ·ㅈ·ㅊ	C·G·J·S·X·Z	잇 사이 소리
水	ㅁ·ㅂ·ㅍ	B·F·M·P·V	입술 소리

※ 중복된 알파벳 C·G·F는 뒤에 오는 글자에 따라서 발음이 바뀔 수 있는 문자이다.

위 예와 같이 알파벳을 음령오행의 다섯 가지로 분류할 수 있으며, 외국어도 소리의 진동에 의해 다른 사람에게 들려지는데 외국어라고 해서 소리의 파장이 다를 이치는 없다. 다만 글자가 다를 뿐이므로 소리에 의해서 불려지고 그로 인하여 운명의 길흉화복이 달라지는 것은 동양과 서양이 다를 수 없다.

아호 雅號

아호는 정치가·사업가·문학가·예술가·철학가 등의 유명인이 주로 이용하고 있으며 아호와 성명을 각각 별도로 이용하는 경우가 있고 아호와 성명을 같이 붙여서 이용하는 경우도 있다.

아호와 성명을 각각 이용하든, 별도로 이용하든 아호는 아호로써 성명은 성명으로써의 작명법에 맞게 지으면 된다. 이럴 경우 아호와 성명의 영향력은 4대 6 정도의 비율로 가늠하면 된다.

이름이 작명법상 불량한 이름에 해당해도 여러 가지 여건상 개명을 하기 어려울 경우에는 미비점을 아호로 보완하여, 아호와 성명을 같이 사용하는 것이 좋은 방법이다. 그리하면 성명의 문제점을 아호가 보완해 줌으로써 길성이 발동하여 행운을 유도하게 된다.

아호의 찬명법을 정리하면 다음과 같다.

1) 자신의 타고난 숙명과 음양오행의 조화를 이루어야 한다.
2) 아호 글자 자체의 음령오행이 서로 상생되어야 하고, 아호와 이름을 같이 붙여서 이용할 경우에는 연결음이 부드러워야 한다.
3) 아호의 각 글자마다 길한 수리를 선정하고, 아호의 글자 수리의 합계 수도 길한 수리로 선정한다.
4) 아호의 수리 합계 수와 이름의 정격 수리를 더한 총 합계 수를 길한 수리로 선정한다.

5) 자신의 직업과 희망 등을 생각하고 헤아려서 이에 어울리는 의미가 함축된 글자를 선정한다.

예)

① 위의 예는 푸를 靑, 바위 巖이므로 의미는 항상 변함이 없는 푸른 바위라는 뜻으로써 힘들고 어렵고 방황하는 사람들에게 희망을 주는 사람이 되자라는 뜻이 내포되어 있는 저자의 아호이다.
② 글자의 획수가 8획, 23획이므로 길한 수이고, 아호의 글자 수리 합계 수도 31획이므로 양호한 수리이다.
③ 음령오행은 토생금이므로, 운로상에서 토·금이 부족한 사람에게는 매우 이상적인 아호이다.
④ 앞·뒤 글자의 소리가 (ㅇ)이응으로 이어져 연결음이 매끄럽고 듣기도 부드러우며 부르기도 용이하다.

좋은 이름이나 아호·상호는 일생의 영화로움을 조성하고 개척하는 데 영묘한 작용을 하는 것이므로 찬명에 힘을 기울여 빛나는 행운의 길로 이끌어 가기를 바란다.

한글의 오행 배열

문자가 생긴 뒤로는 인체의 각 부위에서 나오는 소리를 글자로 표현하였으며 옛 성인들은 그 글자를 소리의 감각에 따라 음양오행으로 분류하여 일상에 응용하였다. 한글의 자음을 오행별로 구분하면 ㄱ·ㅋ으로 시작되는 모든 글자는 木에 해당하고, ㄴ·ㄷ·ㄹ·ㅌ으로 시작되는 모든 글자는 火에 해당하며, ㅇ·ㅎ으로 시작되는 모든 글자는 土에 해당하고, ㅅ·ㅈ·ㅊ으로 시작되는 모든 글자는 金에 해당하며, ㅁ·ㅂ·ㅍ으로 시작되는 모든 글자는 水에 해당한다.

이름자로 사용이 가능한 각 오행에 해당하는 한글을 어휘순으로 나열하면 다음과 같다. ○안의 한글은 작명시에 자주 이용되는 글자이다.

〈한글의 오행 배열 조견표〉

1) 木의 오행 한글 : ㄱ·ㅋ

| ㄱ | ㉠·각·간·갈·감·㉮·㉯·개·객·갱·갹·㉰·㉱·㉲·㉳
겁·㉴·㉵·결·㉶·㉷·㉸·고·곡·곤·골·㉹·곶·㉺·㉻
관·괄·광·괘·괴·굉·㊂·㊃·㊄·㊅·굴·㊆·㊇·㊈·궤
㊊·㊋·㊌·귤·극·㊍·글·㊎·급·긍·㊏·긴·㊐·㊑·끽 |

| ㅋ | ㉮·키·쿠·케·코·㉰ |

2) 火의 오행 한글 : ㄴ·ㄷ·ㄹ·ㅌ

ㄴ	㉯·낙·㉱·날·㉲·납·㉳·㉴·녀·년·념·㉵·㉶·농·뇨·㉷·눌·뇌·㉸·능·㉹·닉
ㄷ	다·㉺·달·담·답·㉻·대·댁·덕·㉼·독·돈·돌·㉽·㉾·둔·득·등
ㄹ	라·락·㉿·랄·람·랍·랑·래·랭·략·량·러·력·련·렬·렴·렵·령·례·로·록·론·롱·뢰·료·룡·루·류·륙·륜·률·륭·륵·름·릉·리·린·림·립
ㅌ	타·탁·탄·탈·탐·탑·탕·태·택·탱·터·토·통·퇴·투·특·틈

3) 土의 오행 한글 : ㅇ·ㅎ

| ㅇ | 아·악·안·알·암·압·앙·애·액·앵·야·약·양·어·억·언·얼·엄·업·엔·여·역·연·열·염·엽·영·예·오·옥·온·올·옹·와·완·왈·왕·왜·외·요·욕·용·우·욱·운·울·웅·원·월·위·유·육·윤·율·융·은·을·음·읍·응·의·이·익·인·일·임·입·잉 |
| ㅎ | 하·학·한·할·함·합·항·해·핵·행·향·허·헌·혈·험·혁·현·혈·험·협·형·혜·호·혹·혼·홀·홍·화·확·환·활·황·회·획·횡·효·후·훈·훙·훤·훼·휘·휴·휼·흉·흑·흘·흠·흡·흥·힐 |

82

4) 金의 오행 한글 : ㅅ・ㅈ・ㅊ

ㅅ	㉦・삭・㉨・살・㉧・삽・㉫・㉻・새・색・㉵・서・㉭・㉩・㉪ 섬・㉯・㉰・㉰・㉮・속・㉦・㉦・송・쇄・쇠・㉦・㉩・㉮・술 ㉦・㉦・습・㉦・㉦・씨・㉦・㉦・㉦・심
ㅈ	㉧・작・잔・잠・㉧・㉨・쟁・저・적・㉧・절・㉨・접・㉩・㉩ ㉦・족・㉦・졸・㉧・좌・죄・㉦・죽・㉦・즐・㉧・즉・즐・즙 증・㉦・㉦・㉦・질・짐・집・징
ㅊ	㉧・착・㉩・찰・㉧・㉧・㉨・책・처・척・㉦・철・첨・첩・㉧ ㉩・㉦・촉・총・촬・㉦・㉦・축・춘・출・㉧・췌・㉦・측・층 ㉦・칙・㉦・㉦・침・칩・칭

5) 水의 오행 한글 : ㅁ・ㅂ・ㅍ

ㅁ	마・막・㉧・말・망・㉧・맥・㉨・멱・㉨・멸・㉧・메・㉦・목 몰・㉦・㉦・㉦・묵・㉦・물・㉦・㉦・밀
ㅂ	㉧・㉧・㉧・발・㉧・㉧・㉨・㉧・벌・㉧・㉧・벽・㉧・별・㉧ ㉦・복・㉦・볼・㉦・㉦・북・㉦・불・붕・㉦・㉦・빙
ㅍ	㉧・㉧・㉧・패・팽・팍・㉧・폄・㉧・폐・㉨・폭・㉨・푸・품 ㉦・피・㉦・핍

　동그라미 안의 글자 이외에도 취향대로 글자를 선택하여 이름자를 조합해 사용하면 된다.

　이름을 지을 때는 먼저 한글을 출생의 기운에 맞추어 산출한 다음, 수리에 맞는 한문의 좋은 획수를 골라 작명하는 것이 순서이다. 예를 들면 타고난 운명에서 木火가 부족하다면 이름자의 음령오행을 木이나 火의 오행 한글에 나열되어 있는 글자 중에서 선택한 다음 수리 구성 조건표를 참고하여 양호한 음양 배열과 원·형·이·정격의 좋은 수리에 해당하는 한자를 선택하여 작명을 하는 것이다.

좋은 이름을 짓기 위한 수리 구성

　한글 이름을 지은 다음, 수리의 음양 배열과 원·형·이·정격의 좋은 획수를 선정하여 한문을 선택해야 하는데, 81수의 길흉을 상호 대조하여 원·형·이·정격을 산출한다는 것이 용이한 일이 아니므로 독자 여러분의 편의를 위해 각 성씨마다 좋은 수리만 짝을 지어, 수리 구성 조건표를 작성하여 기재했으므로, 이름 지을 아기의 성씨를 찾아서 그 수리의 구성 중에 알맞는 수리 구성을 선정하여 한문을 선택하면 좋은 음양 배열과 원·형·이·정격을 구성할 수가 있다.

① 수리 구성 조건표는 성씨 한자 一字와 이름자 두 자 二字를 기준으로 구성하였다.
② 여성의 이름에서는 원·형·이·정격의 수리 구성 가운데 29·33·39가 되는 수는 피하는 것이 좋다. 까닭은 부부갈등을 초래하기 때문이다.

〈2획성의 수리 구성 조견표〉

乃내 卜복 又우 入입 丁정

성씨 획수	이름자의 첫자 획수	이름자의 끝자 획수	성씨 획수	이름자의 첫자 획수	이름자의 끝자 획수
2	1	4	2	1	5
2	1	14	2	1	15
2	3	3	2	3	13
2	4	1	2	4	9
2	4	11	2	4	19
2	5	1	2	5	6
2	5	11	2	5	16
2	6	5	2	6	9
2	6	15	2	9	4
2	9	6	2	9	14
2	9	22	2	11	4
2	11	5	2	13	3
2	13	16	2	14	1
2	14	9	2	14	15
2	14	19	2	15	1
2	15	6	2	15	14
2	15	16	2	16	13
2	16	15	2	16	21
2	16	23	2	19	4
2	19	16	2	21	16
2	23	16			

〈3획성의 수리 구성 조견표〉

干간 弓궁 大대 凡범 山산 也야 于우 千천

성씨 획수	이름자의 첫자 획수	이름자의 끝자 획수	성씨 획수	이름자의 첫자 획수	이름자의 끝자 획수
3	2	3	3	2	13
3	3	2	3	3	12
3	3	18	3	3	26
3	4	4	3	4	14
3	5	8	3	5	10
3	8	10	3	8	13
3	8	21	3	10	8
3	10	22	3	12	3
3	12	20	3	13	2
3	13	8	3	13	22
3	14	15	3	14	18
3	15	14	3	15	20
3	18	14	3	20	12
3	20	15	3	21	8
3	22	13	3	26	3

〈4획성의 수리 구성 조견표〉

孔공 公공 今금 文문 毛모 木목 方방 夫부 卞변 王왕
元원 尹윤 允윤 午오 仁인 才재 天천 太태 巴파 片편

성씨 획수	이름자의 첫자 획수	이름자의 끝자 획수	성씨 획수	이름자의 첫자 획수	이름자의 끝자 획수
4	1	12	4	1	20
4	2	9	4	2	11
4	2	19	4	3	4
4	3	14	4	4	7
4	4	9	4	4	13
4	4	17	4	4	21
4	7	4	4	7	14
4	9	2	4	9	4
4	9	12	4	9	20
4	11	2	4	11	14
4	12	1	4	12	9
4	12	17	4	12	19
4	12	21	4	13	4
4	13	20	4	14	7
4	14	17	4	14	21
4	17	4	4	17	12
4	17	14	4	17	20
4	19	2	4	19	12
4	20	9	4	20	13
4	20	17	4	20	21
4	21	4	4	21	14
4	21	20			

〈5획성의 수리 구성 조건표〉

功공 丘구 甘감 白백 史사 石석 申신 召소 玉옥
田전 占점 台태 平평 皮피 弘홍 玄현 乙支을지

성씨 획수	이름자의 첫자 획수	이름자의 끝자 획수	성씨 획수	이름자의 첫자 획수	이름자의 끝자 획수
5	1	10	5	1	12
5	2	6	5	2	11
5	2	16	5	3	8
5	3	10	5	6	2
5	6	10	5	6	12
5	8	3	5	8	8
5	8	10	5	10	3
5	10	6	5	12	6
5	13	20	5	12	20
5	16	16	5	16	2
5	20	13	5	20	12

〈6획성의 수리 구성 조건표〉

光광 圭규 吉길 老노 牟모 米미 百백 朴박 先선
西서 安안 伊이 印인 任임 在재 朱주 全전

성씨 획수	이름자의 첫자 획수	이름자의 끝자 획수	성씨 획수	이름자의 첫자 획수	이름자의 끝자 획수
6	1	10	6	1	17
6	2	5	6	2	9
6	2	15	6	5	2
6	5	10	6	5	12
6	5	18	6	7	10
6	7	11	6	7	18
6	9	2	6	9	9
6	10	1	6	10	5
6	10	7	6	10	15
6	10	19	6	11	7
6	11	18	6	12	5
6	12	19	6	15	2
6	15	10	6	15	17
6	17	1	6	17	12
6	17	15	6	17	18
6	18	5	6	18	7
6	18	11	6	18	17
6	19	10	6	19	12

〈7획성의 수리 구성 조견표〉

江강 君군 甫보 成성 宋송 辛신 李이 吳오 余여
呂여 汝여 延연 位위 廷정 池지 車차 何하 孝효

성씨 획수	이름자의 첫자 획수	이름자의 끝자 획수	성씨 획수	이름자의 첫자 획수	이름자의 끝자 획수
7	1	10	7	1	16
7	4	4	7	4	14
7	6	10	7	6	11
7	6	18	7	8	8
7	8	9	7	8	10
7	8	16	7	8	17
7	8	24	7	9	8
7	9	16	7	9	22
7	10	1	7	10	6
7	10	8	7	10	14
7	10	22	7	11	6
7	11	14	7	14	10
7	14	11	7	14	18
7	14	24	7	16	1
7	16	8	7	16	9
7	16	16	7	16	22
7	17	8	7	17	24
7	18	14	7	22	9
7	22	10	7	22	16
7	24	8	7	24	14
7	24	17			

〈8획성의 수리 구성 조견표〉

空공 季계 庚경 京경 具구 金김 奇기 孟맹 明명 門문
房방 奉봉 舍사 昔석 松송 昇승 承승 沈심 岳악 林임
長장 宗종 周주 昌창 卓탁 和화

성씨 획수	이름자의 첫자 획수	이름자의 끝자 획수	성씨 획수	이름자의 첫자 획수	이름자의 끝자 획수
8	3	5	8	3	10
8	3	13	8	3	21
8	5	3	8	5	8
8	5	10	8	5	16
8	7	8	8	7	9
8	7	10	8	7	16
8	7	17	8	8	5
8	8	7	8	8	9
8	8	13	8	8	15
8	8	17	8	9	7
8	9	8	8	9	15
8	9	16	8	10	3
8	10	5	8	10	7
8	10	13	8	10	15
8	13	8	8	13	10
8	13	16	8	15	9
8	15	10	8	15	18
8	16	5	8	16	7
8	16	9	8	16	13
8	16	15	8	16	17
8	17	7	8	17	8
8	17	16	8	21	3
8	21	8	8	21	10
8	21	16			

〈9획성의 수리 구성 조견표〉

姜강 南남 段단 柳류 思사 宣선 星성 信신 彦언 韋위
兪유 禹우 貞정 俊준 秋추 泰태 扁편 表표 河하 咸함

성씨 획수	이름자의 첫자 획수	이름자의 끝자 획수	성씨 획수	이름자의 첫자 획수	이름자의 끝자 획수
9	2	4	9	2	6
9	2	14	9	4	2
9	4	12	9	4	20
9	6	2	9	6	9
9	7	8	9	7	16
9	8	7	9	8	8
9	8	15	9	8	16
9	9	6	9	9	14
9	12	4	9	12	12
9	14	2	9	14	9
9	14	15	9	15	8
9	15	14	9	16	8
9	16	16	9	20	4
9	20	12	9	22	2
9	22	7			

〈10획성의 수리 구성 조견표〉

剛강 高고 骨골 宮궁 俱구 桂계 起기 唐당 馬마 芳방
徐서 席석 素소 孫손 袁원 芮예 殷은 曹조 眞진 晉진
倉창 夏하 洪홍 花화

성씨 획수	이름자의 첫자 획수	이름자의 끝자 획수	성씨 획수	이름자의 첫자 획수	이름자의 끝자 획수
10	1	5	10	1	6
10	1	7	10	1	14
10	3	3	10	3	5
10	3	8	10	3	22
10	5	1	10	5	3
10	5	6	10	5	8
10	6	1	10	6	5
10	6	7	10	6	15
10	6	19	10	6	23
10	7	1	10	7	6
10	7	8	10	7	14
10	7	22	10	8	3
10	8	5	10	8	7
10	8	13	10	8	15
10	8	21	10	11	14
10	13	22	10	14	7
10	14	11	10	14	15
10	14	21	10	14	23
10	15	14	10	19	6
10	21	8	10	21	14
10	22	3	10	22	7
10	22	13	10	23	6
10	23	14			

〈11획성의 수리 구성 조견표〉

康강 强강 國국 麻마 梅매 班반 邦방 彬빈 常상 卨설
梁양 魚어 御어 尉위 異이 張장 將장 章장 曹조 珠주
崔최 票표 畢필 海해 許허 胡호 扈호

성씨 획수	이름자의 첫자 획수	이름자의 끝자 획수	성씨 획수	이름자의 첫자 획수	이름자의 끝자 획수
11	2	4	11	2	5
11	2	22	11	4	2
11	4	14	11	4	20
11	5	2	11	6	7
11	6	12	11	6	18
11	7	6	11	7	14
11	10	14	11	12	6
11	12	12	11	13	24
11	14	4	11	14	7
11	14	10	11	18	6
11	20	4	11	21	20
11	22	2	11	24	13

〈12획성의 수리 구성 조견표〉

景경 邱구 童동 閔민 憑빙 象상 善선 邵소 荀순 順순
舜순 勝승 雁안 堯요 雲운 庾유 壹일 程정 曾증 智지
彭팽 弼필 賀하 黃황 大室대실 東方동방 小室소실 以先이선

성씨 획수	이름자의 첫자 획수	이름자의 끝자 획수	성씨 획수	이름자의 첫자 획수	이름자의 끝자 획수
12	1	4	12	1	5
12	1	12	12	1	20
12	3	3	12	3	20
12	4	1	12	4	9
12	4	13	12	4	17
12	4	19	12	4	21
12	5	1	12	5	6
12	5	12	12	6	5
12	6	11	12	6	17
12	6	19	12	6	23
12	9	4	12	9	12
12	9	20	12	11	6
12	11	12	12	12	5
12	12	9	12	12	11
12	12	13	12	12	17
12	12	21	12	13	4
12	13	12	12	13	20
12	17	4	12	17	6
12	17	20	12	20	1
12	20	3	12	20	9
12	20	13	12	20	17
12	21	4	12	21	12

〈13획성의 수리 구성 조건표〉

賈가 琴금 廉렴 路로 睦목 新신 阿아 楊양 郁욱 慈자
莊장 楚초 令孤령고 司空사공

성씨 획수	이름자의 첫자 획수	이름자의 끝자 획수	성씨 획수	이름자의 첫자 획수	이름자의 끝자 획수
13	2	3	13	2	16
13	2	22	13	3	2
13	3	8	13	3	22
13	4	4	13	4	12
13	4	20	13	5	20
13	8	3	13	8	8
13	8	10	13	8	24
13	10	8	13	10	22
13	12	4	13	12	12
13	12	20	13	16	2
13	16	16	13	16	19
13	19	16	13	19	20
13	20	4	13	20	5
13	20	12	13	20	19
13	22	3	13	22	10
13	24	8			

좋은 이름을 짓기 위한 수리 구성

〈14획성의 수리 구성 조견표〉

菊국 箕기 端단 裵배 鳳봉 愼신 實실 榮영 溫온 趙조 華화 公孫공손 西門서문

성씨 획수	이름자의 첫자 획수	이름자의 끝자 획수	성씨 획수	이름자의 첫자 획수	이름자의 끝자 획수
14	1	2	14	1	7
14	2	9	14	2	15
14	2	19	14	3	4
14	3	15	14	3	18
14	4	3	14	4	7
14	4	11	14	4	17
14	4	19	14	4	21
14	7	4	14	7	10
14	7	11	14	7	18
14	9	2	14	9	9
14	9	15	14	10	7
14	10	11	14	10	15
14	11	4	14	11	7
14	11	10	14	15	2
14	15	2	14	15	3
14	15	9	14	15	10
14	17	1	14	17	4
14	18	3	14	18	7
14	19	2	14	19	4
14	19	19	14	21	4
14	20	10	14	23	2

〈15획성의 수리 구성 조견표〉

價가 葛갈 慶경 郭곽 廣광 歐구 魯노 德덕 董동 萬만
墨묵 葉엽 劉유 標표 漢한 司馬사마

성씨 획수	이름자의 첫자 획수	이름자의 끝자 획수	성씨 획수	이름자의 첫자 획수	이름자의 끝자 획수
15	1	2	15	1	16
15	2	1	15	2	6
15	2	14	15	2	16
15	3	14	15	3	20
15	6	2	15	6	10
15	6	17	15	6	18
15	8	8	15	8	9
15	8	10	15	9	8
15	9	14	15	10	6
15	10	8	15	10	14
15	14	2	15	14	3
15	14	9	15	14	10
15	14	18	15	16	1
15	16	2	15	16	16
15	16	17	15	17	16
15	17	20	15	18	6
15	18	14	15	20	3
15	20	17			

〈16획성의 수리 구성 조견표〉

霍곽 盧노 潭담 都도 陶도 道도 潘반 龍용 陸육 錢전 諸제 陳진 皇甫황보

성씨 획수	이름자의 첫자 획수	이름자의 끝자 획수	성씨 획수	이름자의 첫자 획수	이름자의 끝자 획수
16	1	7	16	1	15
16	1	6	16	1	22
16	2	5	16	2	13
16	2	19	16	5	2
16	5	8	16	5	16
16	7	1	16	7	8
16	7	9	16	7	16
16	7	22	16	8	5
16	8	7	16	8	9
16	8	13	16	8	15
16	8	17	16	8	21
16	9	7	16	9	8
16	9	16	16	9	22
16	13	2	16	13	19
16	15	1	16	15	8
16	15	16	16	15	17
16	16	1	16	16	5
16	16	9	16	16	13
16	16	15	16	17	8
16	17	15	16	19	2
16	19	13	16	21	8
16	22	1	16	22	7
16	22	9			

〈17획성의 수리 구성 조견표〉

鞠국 獨독 謝사 嘗상 遜손 鮮선 陽양 蓮연 尉위 蔣장
鍾종 蔡채 燭촉 鄒추 澤택 韓한

성씨 획수	이름자의 첫자 획수	이름자의 끝자 획수	성씨 획수	이름자의 첫자 획수	이름자의 끝자 획수
17	1	6	17	1	14
17	1	20	17	4	4
17	4	12	17	4	14
17	4	20	17	6	1
17	6	12	17	6	15
17	6	18	17	7	8
17	7	14	17	7	24
17	8	7	17	8	8
17	8	16	17	12	4
17	12	6	17	12	12
17	14	1	17	14	7
17	14	21	17	15	6
17	15	16	17	15	20
17	16	8	17	16	15
17	20	15	17	24	7

⟨18획성의 수리 구성 조건표⟩

簡간 瞿구 顔안 魏위 鞦추

성씨 획수	이름자의 첫자 획수	이름자의 끝자 획수	성씨 획수	이름자의 첫자 획수	이름자의 끝자 획수
18	3	14	18	3	20
18	5	6	18	6	5
18	6	7	18	6	11
18	6	15	18	6	17
18	6	23	18	7	6
18	7	14	18	11	6
18	14	7	18	15	6
18	17	6	18	20	3
18	23	6			

〈19획성의 수리 구성 조견표〉

關관 龐방 薛설 蘊온 鄭정 南宮남궁 再會재회

성씨 획수	이름자의 첫자 획수	이름자의 끝자 획수	성씨 획수	이름자의 첫자 획수	이름자의 끝자 획수
19	2	4	19	2	14
19	2	16	19	4	2
19	4	12	19	4	14
19	6	10	19	6	12
19	10	6	19	10	19
19	12	4	19	12	6
19	13	16	19	13	20
19	14	2	19	14	14
19	14	19	19	16	2
19	19	10	19	19	14
19	20	13			

〈20획성의 수리 구성 조견표〉

羅나 釋석 嚴엄 鮮于선우

성씨 획수	이름자의 첫자 획수	이름자의 끝자 획수	성씨 획수	이름자의 첫자 획수	이름자의 끝자 획수
20	1	4	20	1	12
20	1	17	20	3	12
20	3	15	20	3	18
20	4	1	20	4	9
20	4	11	20	4	13
20	4	17	20	4	21
20	5	12	20	5	13
20	5	27	20	9	4
20	9	12	20	11	4
20	11	21	20	12	1
20	12	3	20	12	5
20	12	9	20	12	13
20	12	17	20	13	4
20	13	5	20	13	12
20	13	19	20	15	3
20	15	17	20	17	1
20	17	4	20	17	12
20	17	15	20	18	3
20	19	13	20	21	4
20	21	11			

〈21획성의 수리 구성 조견표〉

顧고 藤등 負鼎부정

성씨 획수	이름자의 첫자 획수	이름자의 끝자 획수	성씨 획수	이름자의 첫자 획수	이름자의 끝자 획수
21	2	14	21	2	16
21	3	8	21	3	14
21	4	4	21	4	12
21	4	14	21	4	20
21	8	3	21	8	8
21	8	10	21	8	16
21	10	8	21	10	14
21	11	20	21	12	4
21	14	2	21	14	3
21	14	4	21	14	10
21	14	17	21	16	2
21	16	8	21	17	14
21	20	4	21	20	11

〈22획성의 수리 구성 조견표〉

鑑감 權권 邊변 蘇소 襲습 隱은

성씨 획수	이름자의 첫자 획수	이름자의 끝자 획수	성씨 획수	이름자의 첫자 획수	이름자의 끝자 획수
22	1	2	22	1	10
22	1	16	22	2	1
22	2	9	22	2	11
22	2	13	22	2	15
22	2	23	22	3	10
22	3	13	22	7	9
22	7	10	22	7	16
22	9	2	22	9	7
22	9	16	22	9	26
22	10	1	22	10	3
22	10	7	22	10	13
22	10	15	22	10	25
22	11	2	22	13	2
22	13	3	22	13	10
22	15	2	22	15	10
22	16	1	22	16	7
22	16	9			

가령 아기의 성이 權이라면 획수가 22획이므로 〈22획 성의 수리 구성 조견표〉에 배열되어 있는 이름자의 첫자 획수와 이름자의 끝자 획수의 조합 가운데 하나를 선정하여 그 획수에 맞는 한문을 선택해서 이름을 지으면 힘들이지 않고 좋은 음양 배열과 원·형·이·정격의 수리를 구성할 수 있다.

이름을 짓는 순서

1. 사주의 이해 / 2. 사주의 산출
3. 사주의 오행 분류 / 4. 오행의 음양 구성
5. 일간의 환경 분석 / 6. 일간의 환경 분석과 작명법의 실습
① 일간의 환경 분석 ② 한글 이름의 선정
③ 이름의 수리 구성 ④ 한자漢子의 선정
⑤ 지은 이름의 분석

사주의 이해

앞장의 이름을 짓기 위한 기초 지식 편에서 설명했듯이 사주란 바로 그 사람이 소유하고 있는 유전자 지도이며 그 사람이 소유하고 있는 기氣의 구성도로서 작명의 근본이 된다.

(1) 사주의 의미

사주는 연주·월주·일주·시주를 총칭하여 일컫는 말로서 네 개의 기둥이란 의미이다.

① 연주 : 출생한 년의 천간과 지지를 말한다.
② 월주 : 출생한 월의 천간과 지지를 말한다.
③ 일주 : 출생한 일의 천간과 지지를 말한다.
④ 시주 : 출생한 시의 천간과 지지를 말한다.

사주의 산출

2010년 음력 3월 8일 오후 12시 30분에 출생한 남자 아이의 사주를 산출하여 명칭을 붙이면 다음과 같다.

① 《운수대통 만세력》의 2010년도를 보면 庚寅년이고, 음력 3월은 庚辰월이며, 8일은 辛丑일이다.
② 시주는 36페이지의 〈시주의 간지 조견표〉를 보면, 일간이 辛이고, 출생시가 12시 30분이면 午시이므로 시주는 甲午시이다.

시주	일주	월주	연주	사주
시간	일간	월간	연간	
甲	(辛)	庚	庚	천간
午	丑	辰	寅	지지
시지	일지	월지	연지	

③ 일간의 의미

일간은 사주 가운데 일주의 천간에 있는 오행을 말하며, 사주에서의 일간은 곧 그 사주의 주인공이자 왕이다. 우리가 흔히 사주가 좋다 또는 나쁘다라는 것은 일간의 오행이 나머지 일곱 개 오행과의 역학관계에서 어떠한 영향을 받고 있는가를 일컫는 말이며, 좋은 이름의 개념은 일간이 타 오행과의 역학관계를 원활하게 수행할 수 있도록 사주의 주인공인 일간에게 도움을 주는 오행의 기운을 함유하고 있는 이름자를 의미한다.

사주의 오행 분류

천간십간과 지지십이지를 오행으로 분류하면 다음과 같다. 자세한 내용은 앞장의 기초 지식 편을 참고하기 바란다.

천간 : 甲·乙·丙·丁·戊·己·庚·辛·壬·癸를 오행으로 분류하면 다음과 같다.
甲·乙은 木목:나무, 丙·丁은 火화:불, 戊·己는 土토:흙, 庚·辛은 金금:쇠, 壬·癸는 水수:물이다.

지지 : 子·丑·寅·卯·辰·巳·午·未·申·酉·戌·亥를 오행으로 분류하면 다음과 같다.
寅·卯는 木목:나무, 巳·午는 火화:불, 辰·戌·丑·未는 土토:흙, 申·酉는 金금:쇠, 亥·子는 水수:물이다.

2010년 음력 3월 8일 午시생남자 아이의 사주를 오행으로 분류하면 다음과 같다.

일간 : 辛金
일간과 같은 오행 : 金 2개
일간을 생하는 오행 : 土 2개

일간이 극하는 오행 : 木 2개
일간을 극하는 오행 : 火 1개
일간을 설기하는 오행 :

甲	辛	庚	庚
木	金	金	金
午	丑	辰	寅
火	土	土	木

음양의 구성 : 음 2개, 양 6개

사주에서 그 사람이 불로 태어났다거나 물로 태어났다거나 하는 말은 일간의 오행을 두고 하는 말이다.

오행의 음양 구성

음양의 기운은 넘치는 것도 모자라는 것도 아닌 중화中和를 지향한다. 그러나 많은 사주를 분석해 보면 8개의 오행 가운데 음양의 비율이 4

대 4로 구성되어 아주 양호한 것이 있는가 하면 그렇지 않는 경우로 다음과 같은 유형이 있는데 문제점을 보완하는 방법은 다음과 같다.

① 사주내 8개의 오행 가운데 양이 6개이고 음이 2개인 경우이다. 이럴 경우 큰 문제는 없지만 작명시의 수리 구성은 양보다는 음을 더 많이 써야 한다.
② 사주내 8개의 오행 가운데 위의 경우와는 반대로 음이 6개이고 양이 2개인 경우이다. 이럴 경우에도 큰 문제가 있는 것은 아니지만 수리 구성을 함에 있어 음보다는 양을 더 많이 써야 한다.
③ 사주내 8개의 오행이 전부 음 또는 양으로 구성되어 있는 경우이다. 이런 경우는 성격적이나 운명적으로 많은 문제점이 따르므로 작명시에 수리 구성을 함에 있어 가능한 그 반대의 기운을 많이 써야 한다. 가령 8개가 전부 음이면 양을 위주로 하고, 양이 8개인 경우는 음을 위주로 한다.

일간의 환경 분석

일간의 환경분석이란 일간의 주위에 어떤 오행이 얼마나 분포되어 있으며 그들 오행이 일간에게 어떠한 영향을 미치고 있는가를 평가해 보는 것을 말한다. 일간의 환경을 분석하는 일은 이름을 짓는 데 매우 중요한 일이므로 반드시 이해해야 한다.

① 용신用神

용신은 사주의 주인공인 일간에게 가장 중요한 오행의 기운을 말한다. 용신은 그 사람의 생사 여부, 부와 명예 등의 길흉화복을 주관하며 일간을 보호하는 수호신이다.

② 희신喜神

희신은 일간을 수호하는 용신을 생해 주고 보좌하는 역할을 하면서 일간에게 도움을 주는 보호신을 말한다.

③ 일간의 강약强弱

결국 작명이란 사주의 주인공인 일간에게 득이 되는 용신과 희신의 오행을 이름자에서 보충함으로써, 일간이 타 오행을 적절하게 다스릴 수 있도록 하기 위함이다.

용신을 정할 때 가장 먼저 살피는 것은 사주 팔자의 기준이 되는 일간의 기운이 어떠한가를 알아보는 것이다. 가령 일간이 甲 또는 乙목인 경우, 사주상의 목의 기운은 지나치게 왕성해서도 안 되고, 반대로 쇠약해도 안 된다.
일간의 힘이 강하다면 일간의 힘을 억제하거나 누설시키는 오행이 용신이 되고 일간의 힘이 약하다면 일간의 힘을 생해 주는 오행이 용신이 된다. 사주는 조화가 잘 되고 오행의 태과 및 불급이 없는 중화된 신왕사주를 좋아하는데 한마디로 용신은 부조화된 음양오행의 기운을 원활하게 소통시켜 주는 기운이다. 일간이 왕성하고 강력한 것을 신강이라 하고, 쇠약하고 무력한 것을 신약이라 하며, 오행의 조화가 이루어져 중화된 것을 신왕이라 한다. 이렇듯이 음양 오행의 핵심은 중화中和에 있다. 곧 어느 한곳으로 치우치지 않고 골고루 분포되어 있는 것이 가장 바람직한 것이다.

④ 일간의 신강·신왕·신약을 구분하는 방법

첫째 : 월지출생월가 일간이 왕성한 달인지 아닌지를 살핀다. 가령 일간이 甲목이면 봄·겨울생은 왕성하고, 여름·가을생은 쇠약하다. 오행의 왕·상·휴·수·사를 도표로 정리하면 다음과 같다.

오행	왕	상	휴	수	사
甲·乙:목	봄:목	겨울:수	여름:화	사계:토	가을:금
丙·丁:화	여름:화	봄:목	사계:토	가을:금	겨울:수
戊·己:토	사계:토	여름:화	가을:금	겨울:수	봄:목
庚·辛:금	가을:금	사계:토	겨울:수	봄:목	여름:화
壬·癸:수	겨울:수	가을:금	봄:목	여름:화	사계:토

일간의 오행이 왕·상에 해당하면 힘을 얻어 왕성하고, 휴·수·사는 힘을 얻지 못해 쇠약하다. 오행의 왕·상·휴·수·사는 일간의 오행을 월지의 오행과 대조하여 힘의 강약을 측정하는 데 주로 이용한다.

둘째 : 일간이 생조되면 신강이고, 일주가 극해되면 신약이다. 일간이 생조된다 함은 사주에 일간을 생하거나 일간과 같은 오행이 많이 있는 것을 말하고, 일간이 극해된다 함은 사주에 일간을 누설하거나 상극하는 오행이 많은 것을 말한다.

셋째 : 인간의 강약을 판단하는 데 중점은 월지에 두어야 하며 일주·시주·연주순으로 살펴 나간다. 또 천간보다 지지의 오행의 역량이 약 2.5배 정도 강하다는 것을 염두에 두고 일간의 세기를 측정해야 한다.

이외에도 일간의 세기를 측정하는 방법은 십이운성과 일간이 지지의 장간에 통근하는 것을 유추하여 측청하는 법이 있지만 작명에서의 역할은 미미하므로 생략하기로 한다.

일간의 환경 분석과 작명법의 실습

예1) 2010년 음력 11월 25일 卯시생, 성씨는 金, 여자아이

일간 : 甲木
일간과 같은 오행 : 木 3개
일간을 생하는 오행 : 水 1개

일간이 극하는 오행 : 土 1개
일간을 극하는 오행 : 金 1개
일간을 설기하는 오행 : 火 1개

丁	甲	戊	庚
火	木	土	金
卯	寅	子	寅
木	木	水	木

음양의 구성 : 음 2개, 양 6개
타고난 적성 : 법학 계열

① 일간의 환경분석

위의 사주에서 일간인 甲의 오행은 木이며 나무로 태어났다. 일간 甲목은 왕상월인 子월에 출생하고, 지지에 일간과 동기인 목이 3개나 있어 왕성하며 일간을 극해하는 오행은 모두 천간에 있으므로 신강한 사주이다. 따라서 용신은 일간을 극해하고 설기하는 火·土·金이므로 이름자에 火·土·金에 성한 음령오행의 배열을 갖추어야 한다.

② 한글 이름의 선정

79페이지에 작성되어 있는 〈한글의 오행 배열 조건표〉를 참고하여 아기의 이름을 두 자로 지을 것을 계획하고 火오행 한글과 土의 오행 한글에 배열된 글자로 이름을 구성하면 여자아이이므로 나영·나은·나임·나혜·나희·다영·다혜·다희·동희·동이·라임·라희·태희 등의 이름이 조합되었고, 土의 오행 한글과 金의 오행 한글에 배열되어 있는 글자로 이름을 구성하면 아중·아진·아지·애주·여진·영실·의정·은지·혜진·효주 등의 이름자를 조합할 수 있다. 이외에도 火·土·金의 오행 한글 중에서 선택할 수 있는 글자는

많이 있으므로 부르기 좋고, 듣기 좋은 이름자를 취향대로 조합하면 된다.

여자아이의 성씨가 金이므로 음령 오행이 상생하도록 木·火·土로 배열하여 이름을 김태희로 선정해 보았다.

③ 이름의 수리 구성

아기가 여자아이일 경우 원·형·이·정격의 합이 23·33·39가 되는 수리는 쓰지 않는 것이 좋다. 그것은 여성의 이름에서 획수의 합이 23·33·39가 되는 것은 살아가는 데 불길한 운을 불러들이기 때문이다. 남자의 이름일 경우 상관하지 않는다.

아기의 성이 金이며 8획성이므로 90페이지 〈8획성의 수리 구성 조견표〉를 참고하여 배열되어 있는 수리 가운데 아기 사주에서 음양의 분포가 음이 2개 양이 6개이므로 이름자의 수리 구성을 8·5·16으로 선정하여 음의 비율이 더 높게 구성하였다.

작명시에 가장 중요한 것은 타고난 음양오행의 기운이 남거나 모자람을 살펴 보완하는 것이 주안점이며, 그 다음으로 수리 구성인데 좀 어렵기는 하지만 사주풀이를 해서 아기가 선천적으로 어떤 분야에 재능이 있는가를 파악하여 거기에 부합되는 수리 선택을 한다면 금상첨화 일것이다.

여기서 짚고 넘어갈 것은 음양오행의 기운이 골고루 분포되어 있는 경우는 사주풀이를 하여 선천적으로 어떤 재능이 있는가를 파악한 후 이에 부합되는 수리 구성을 하는 것이 좋고, 음양오행의 기운이 편고되어 어느 오행은 없거나 약하고 어떤 오행은 태과나 불급할 경우에는 음령오행이나 수리의 구성으로 이를 보완하는 데 중점을 둬야 한다. 물론 이 경우도 타고난 재능에 부합되는 수리 구성을 한다면 좋은 것은 말할 것도 없다.

④ 한자漢子의 선정

한자의 선정시에 주의할 점은

① 성명학에서 논하고 있는 불용 한자不用漢子 곧 사람의 이름에 사용하지 않는 한자는 피한다.
② 뜻이 좋지 않거나 애매모호한 한자는 피한다.
③ 너무 어렵고 복잡한 한자는 피한다.

지금까지 논한 기준에 의해 한글 이름을 음령오행은 木·火·土의 김태희로 선정하였고, 이름자의 수리 구성은 음양의 구성에 맞추어 8·5·16으로 선정하였으므로, 이름자의 첫자는 火의 오행 한자 중에서 태 자 가운데 5획에 해당하는 한자를 이름자의 끝자는 土의 오행 한자 중에서 희 자 가운데 16획에 해당하는 한자를 골라 쓰면 다음과 같다.

구분	성씨	이름의 첫자	이름의 끝자
한글	김	태	희
한자	金	台	熹
획수	8	5	16
음양	●	○	●
음령오행	木	火	土
원격		21획 / 시래격 / ○	
형격		13획 / 발전격 / ○	
이격		24획 / 출세격 / ○	
정격		29획 / 안강격 / ○	

⑤ 지은 이름의 분석

첫째 : 음양의 구성이 음 2개 양 6개로서 타고난 음양의 기운 중 양의 기

운이 더 강하므로, 이름에서는 반대로 성씨는 음, 이름자는 양·음으로 음의 기운이 더 강하게 구성되어 아주 양호하다.

둘째 : 음령오행도 성씨에서부터 목생화·화생토로 용신인 화·토가 성하게 배열되어 대길하다.

셋째 : 선천운명과 원·형·이·정격의 수리 구성이 조화를 이루고 있어 아주 양호하다.

한자를 선정함에 있어 유의할 점은 획수가 21획을 넘으면 대법원 선정 인명용 한자 중에는 21획이 넘는 글자가 몇 자 되지 않아 글자의 선택폭이 좁아지므로 수리 구성의 유형을 선정할 때는 20수 이하로 하는 것이 바람직하다.

일간에게 필요한 오행 즉 용신을 찾는 요령

일간에게 필요한 오행 즉 용신이란 일간과 나머지 7개 오행 간의 세기가 원활하게 균형을 이루어 선천적인 작용력이 상생할 수 있도록 반드시 필요한 오행을 말한다.

용신을 선정하다 보면 한 가지의 오행 이외에 두세 가지의 오행이 필요한 경우가 있으므로 사주내 오행의 구성을 주의 깊게 살핀 후 포괄적인 결정을 내려야 한다. 대부분의 사주를 분석해 보면 아래와 같은 환경에 처한 경우가 많으므로 아기의 사주에 해당 하는 것을 골라 일간에게 필요한 오행을 선정하면 된다.

(1) 사주에 木·火·土·金·水의 오행이 모두 있을 때는 아래의 도표를 참고하여 일간에게 필요한 용신의 오행을 선정한다.

일간을 제외한 나머지 7개의 오행 중에	일간에게 필요한 오행	일간에게 나쁜 오행
水·木의 오행이 많을 경우	火·土·金	水·木
木·火의 오행이 많을 경우	土·金·水	木·火
火·土의 오행이 많을 경우	金·水·木	火·土
土·金의 오행이 많을 경우	水·木·火	土·金
金·水의 오행이 많을 경우	木·火·土	金·水
水·木의 오행이 적을 경우	水·木	火·土·金
木·火의 오행이 적을 경우	木·火	土·金·水
火·土의 오행이 적을 경우	火·土	金·水·木
土·金의 오행이 적을 경우	土·金	水·木·火
金·水의 오행이 적을 경우	金·水	木·火·土

(2) 사주에서 오행의 구성이 위와 같지 않고 어느 한두 가지의 오행이 전혀 없을 경우에는 그 없는 오행이 일간에게 필요한 오행이다.

(3) 사주가 오행을 고루 갖추고 있으면서 그 오행들의 세력이 서로 엇비슷하면 굳이 일간에게 필요한 용신의 오행을 찾지 말고 성씨의 오행과 상생관계를 이루는 오행의 배열을 선정하면 좋은 오행의 배열을 이룰 수 있다.

(4) 성씨의 오행은 이름자의 오행에 덧붙어서 일간을 생조하므로 성씨의 오행이 일간에게 필요한 오행이라 하더라도 이름자에서 반드시 일간에게 필요한 오행이 포함되어야 일간의 생조가 원활하게 이루어질 수 있다.

이상과 같이 이름을 지으면 완벽한 이름을 지을 수 있는데, 지금까지의 설명을 이해하고 작명에 임하면 그리 어려운 것이 아님을 알 수 있다.

예2) 2010년 음력 3월 8일 午시생 성씨는 朴, 남자아이

일간 : 辛金
일간과 같은 오행 : 金 2개
일간을 생하는 오행 : 土 2개

일간이 극하는 오행 : 木 2개
일간을 극하는 오행 : 火 1개
일간을 설기하는 오행 :

甲 辛 庚 庚
木 金 金 金
午 丑 辰 寅
火 土 土 木

음양의 구성 : 음 2개, 양 6개
타고난 적성 : 교육 계열

① 일간의 환경 분석

일간인 辛금은 쇠로 태어났는데, 왕상월인 辰월에 출생하고 사주에 일간과 동기인 金이 2개, 또 일간을 생하는 土가 2개 있어 일간을 생조하므로 신강한 사주이다. 그러므로 용신은 일간을 극하거나 일간이 극하는 甲·火이다. 더구나 火는 습한 지지의 습토를 조후하므로 반드시 필요한 오행이다.

② 한글 이름의 선정

79페이지에 작성되어 있는 〈한글의 오행 배열 조건표〉를 참고하여 용신이 木·火이므로 木과 火의 오행 한글에 배열된 글자로 이름을 조합하면 남자아이이므로 강륜·강래·건록·경대·경덕·계동·관두·관태·관택·광림·교택·귀동·귀택·규대·규덕·규동·규태·규택·금록·금룡·기덕·기대·기동·기태·기택·길도·길두 등의 이름자를 조합할 수 있다. 이외에도 木과 火의 오행 한글에 배열된 글자로 각자 취향에 따라 좋은 한자를 선택할 수 있도록 이름자를 조합하면 된다.

남자아이의 성씨가 朴이므로 음령오행이 상생하도록 水·木·火로 배열하

여 이름을 박계동으로 선정해 보았다.

③ 이름의 수리 구성

아기의 성이 朴이며, 6획성이므로 88페이지 〈6획성의 수리 구성 조견표〉를 참고하여, 아기 사주의 음양의 구성이 선천적으로 음의 기운보다 양의 기운이 더 강하므로 수리에서는 음의 기운이 더 강하게 6·10·15로 선정하였다.

④ 한자의 선정

일간의 환경을 분석하고 음령오행을 水·木·火로 배열하여 이름을 박계동으로 선정하였고, 음양의 비율에 맞추어 수리구성을 6·10·15로 선정했으므로 이름의 첫자는 木의 오행 한자 가운데 10획의 계 자를 선정하면 되고, 이름의 끝자는 火의 오행 한자 가운데 15획의 동 자를 선정하면 다음과 같은 구성을 이룬다.

구분	성씨	이름의 첫자	이름의 끝자
한글	박	계	동
한자	朴	桂	董
획수	6	10	15
음양	●	●	○
음령오행	水	木	火
원격	25획 / 대지격 / ○		
형격	16획 / 융창격 / ○		
이격	21획 / 시래격 / ○		
정격	31획 / 장성격 / ○		

⑤ 지은 이름의 분석

음양의 구성이 선천적으로 양기가 음기보다 더 강한데, 이름의 음양 배열에서는 음·음·양으로 음의 기운이 강하게 구성되어 아주 이상적이다.

음령오행도 태어날 때 부족한 기운인 木·火의 기운이 한글·나무 木변의 한자·획수·음령오행에 충만하게 구성이 되어 대길하다.

수리의 구성도 대지격·융창격·시래격·장성격으로 원·형·이·정격을 구성하여 아주 좋은 이름이 작성되었다.

작명시에 타고난 선천운명 이외에도 앞으로 전개될 대운 즉 운로가 어떤 것인가에 따라서 다소의 변수가 있을 수 있다. 그러나 대운까지 파악하려면 명리학 분야에 대해서도 상당한 수준까지 공부를 해야만이 가능하다. 진정으로 완벽한 이름을 지으려면 위와 같이 할때 비로소 가능한 것이다. 그러나 반드시 그렇게 하지 않아도 상대적으로 부족한 오행의 기운을 지금까지 공부한 대로 음양의 배열·음령오행의 배열·수리의 구성 등에서 선천적으로 모자라는 오행의 기운을 보충해 주면 85%이상 완벽한 이름으로 봐도 좋다.

예3) 2010년 양력 3월 4일 辰시생, 성씨는 李, 여자아이

일간 : 癸水
일간과 같은 오행 :
일간을 생하는 오행 : 金 1개

일간이 극하는 오행 : 火 1개
일간을 극하는 오행 : 土 3개
일간을 설기하는 오행 : 木 2개

丙	癸	戊	庚
火	水	土	金
辰	丑	寅	寅
土	土	木	木

음양의 구성 : 음 2개, 양 6개
타고난 적성 : 예능 계열

① 일간의 환경 분석

이 사주에서 일간 癸水는 물로 태어났는데, 휴수사월인 寅월에 출생하고 일간을 생하는 오행은 庚金 1개이며, 극하는 오행인 土가 3개, 일간을 설기하는 오행인 木이 2개이므로 일간 金水가 말라버릴 정도이며, 일지의 丑土와, 시지의 辰土는 습土이므로 일간에 힘이 되지만 월지가 寅월이므로 큰 이로움은 주지 못한다. 일간에 필요한 용신은 일간을 생조하는 金·水이다.

② 한글 이름의 선정

용신이 金·水이므로 81페이지에 작성되어 있는 〈金·水의 오행 한글〉에 소속된 글자로 이름을 조합하면 여자아이이므로 상미·새민·새빈·서미·서민·석민·세미·세빈·소망·소명·소미·소민·솔비·수미·수민·수빈·승미·승민·신미·정미·정민·지민·지빈·진미·진민·창미·치민 등의 이름자를 조합할 수 있다.

여자아이의 성씨가 李이므로 음령오행이 상생하게끔 土·金·水로 배열하여 이름을 이지민으로 선정해 보았다.

③ 이름의 수리 구성

아기의 성이 李이며 7획성이므로 89페이지 〈7획성의 수리 구성 조견표〉를 참고하여, 아기 사주내의 음양의 비율과 타고난 선천적 운명에 알맞는 한자를 선택하기 위해, 수리의 구성을 여자아이이므로 획수의 합이 23·33·39획이 되는 것을 피하여 7·8·10으로 선정하였다.

④ 한자의 선정

일간의 환경을 분석하고 음령오행을 아기의 타고난 기운에 맞추어 土·金·水로 배열하여 이름을 이지민으로 선정하였으며, 수리의 구성은 음양의 비율과 한자의 선정에 편리하도록 7·8·10으로 선정했으므로 이름의 첫자는 金의 오행 한자 가운데 8획의 지 자를 선정하면 되고, 이름의 끝자는 水의 오행 한자 가운데 10획의 민 자를 선정하여 도표로 작성하면 다음과 같다.

구분	성씨	이름의 첫자	이름의 끝자
한글	이	지	민
한자	李	知	珉
획수	7	8	10
음양	○	●	●
음령오행	土	金	水
원격	18획 / 전진격 / ○		
형격	15획 / 천복격 / ○		
이격	17획 / 신성격 / ○		
정격	25획 / 대지격 / ○		

⑤ 지은 이름의 분석

타고난 명에서 음의 기운이 부족하므로 음양의 배열을 성씨는 양, 이름자는 두자 모두 음으로 배열하여 아주 양호한 구성이다.

음령오행도 성씨에서부터 土生金·金生水하여 부족한 오행인 水를 생하고, 선천적 운명과 수리의 구성원·형·이·정격도 조화를 이루어 아기의 타고난 운명과 매우 부합되는 이름이다.

일간의 환경을 분석해 보면 일간에게 필요한 용신의 오행이 1개일 경우와, 반드시 2개의 오행이 필요한 경우가 있다. 2개의 오행이 필요한 경우에는 가능하면 2개의 오행이 모두 포함되는 오행 배열을 선정해야 하며, 사주에 어느 1개의 오행이 전혀 없을 경우 또 그 오행이 절실하게 필요한 경우에는 그 오행이 2개인 오행배열을 이름자에서 선정할 수도 있다는 것이다. 가령 성씨가 朴木이고 일간도 水인 사주에 水의 기운이 미약하고 土가 너무 극왕하면, 金이 있어 土의 기운을 설기하여 일간인 水를 생조해야만이 좋은 사주를 구성할 수 있다. 그러나 사주에 金이 전혀 없을 경우에는 이름자의 음령오행 배열시 金의 오행을 2개를 보충하여 水·金·金으로 하면 양호한 음령오행의 배열이 되는 것이다.

예4) 2010년 양력 4월 28일 亥시생, 성씨는 權, 남자아이

일간 : 戊土
일간과 같은 오행 : 土 1개
일간을 생하는 오행 :

일간이 극하는 오행 : 水 2개
일간을 극하는 오행 : 木 1개
일간을 설기하는 오행 : 金 3개

癸	戊	庚	庚
水	土	金	金
亥	申	辰	寅
水	金	土	木

음양의 구성 : 음 2개, 양 6개
타고난 적성 : 금융 계열

① 일간의 환경 분석

일간 戊土는 일간과 같은 오행인 辰월에 생하였으나 사주에 일간을 생하는 오행은 없고, 일간을 극하고 설기하고 일간이 극하는 오행만 6개나 되므로 戊土 큰 산이 무너져 내릴 기세다. 따라서 일간에게 필요한 용신은 火土이다.

② 한글 이름의 선정

용신이 火·土이므로 80페이지에 작성되어 있는 〈火·土의 오행 한글〉에 소속된 글자로 이름자를 조합하면 남자아이이므로 나운·나웅·나원·나혁·나형·나훈·낙한·낙훈·남연·남우·남욱·남혁·남현·남훈·다운·다훈·대영·대호·대익·대혁·대후·대희·도연·도훈·동열·동엽·동영·동욱·동완·동우·동운·동원·동윤·동익·동일·동하·동한·동해·동헌·동혁·동현·동형·동환·동후·동훈·동휘·두원·두형·두혁·두일·두익·태호·태후·태훈·택환 등의 이름자를 조합할 수 있다. 이외에도 취향에 따라서 한자를 선택

하기에 편리하도록 마음에 드는 이름을 조합하여 사용하면 된다.

　남자아이의 성씨가 權이므로 음령오행이 상생하게끔 木·火·土로 배열하여 이름을 권도훈으로 선정해 보았다.

③ 이름의 수리 구성

　아이의 성이 權이며, 22획성 이므로 104페이지 〈22획성의 수리 구성 조견표〉를 참고하여 아기 사주의 음양의 비율과 타고난 선천적 운명에 부합되는 한자를 선정하기 수월하도록 이름의 수리 구성을 22·13·10으로 선택하였다.

④ 한자의 선정

　일간의 환경을 분석하고, 음령오행을 아기의 선천적 기운에 맞추어 木·火·土로 배열하여 이름을 권도훈으로 지었으며, 수리의 구성은 음양의 비율과 한자의 선정을 수월하게 할 수 있도록 22·13·10으로 결정했으므로 이름의 첫자는 火의 오행 한자 가운데 13획의 도 자를 선택하면 되고, 이름의 끝자는 土의 오행 한자 가운데 10획의 훈 자를 선택하여 도표로 작성하면 다음과 같다.

구분	성씨	이름의 첫자	이름의 끝자
한글	권	도	훈
한자	權	塗	訓
획수	22	13	10
음양	●	○	●
음령오행	木	火	土
원격	23획 / 영화격 / ○		
형격	35획 / 건창격 / ○		
이격	22획 / 재화격 / ○		
정격	45획 / 성공격 / ○		

한자를 선정할 시에는 아기에 필요한 오행을 함유하고 있는 부를 선택하면 더욱 길하다. 예를 들면 물이 필요한 사주는 삼수부를 나무가 필요한 사주는 나무 목부을 선택하면 양호하다.

⑤ 지은 이름의 분석

타고난 음양의 분포가 음이 2개, 양 6개이므로 이름의 구성은 음이 2개 양이 1개로 구성되어 아주 이상적인 배합이다.

음령오행도 성씨부터 목이 화를 생하고 화가 재차 토를 생함으로써 부족한 火・土의 기운을 보충하고, 수리의 구성도 선천적인 운명과 부합하도록 원・형・이・정격이 구성되어 모든 것이 양호하다.

이름을 지을 적에 주의할 점은 아기의 사주와는 관계 없이 옛 성인이나 위인의 이름을 본떠서 짓거나, 사회 생활에 있어서 별명으로 불릴 정도로 유별난 이름은 피해야 한다. 또 우주의 조화를 상징하는 이름도 피하는 것이 좋다.

즉 인간이란 우주의 조화에 순응하면서 살아가는 작은 존재에 불과하기 때문에 하늘이나 계절을 상징하는 해・달・별・봄・여름・가을・겨울 등의 이름은 인간에게 어울리지 않는 이름으로 봐야 할 것이다. 그런 까닭으로 성명학에서는 우주의 형식이나 조화 등을 의미하는 日일・月월・春춘・夏하・秋추・冬동이나 東동・西서・南남・北북과 같은 한자까지도 사람의 이름에 사용하지 않는 불용 문자로 분류하고 있다.

지금까지 아기의 운로에 맞추어 이름을 짓는 방법의 이론과 실습에 대해서 상세히 논하였으므로 설명한 내용을 토대로 하여 아기의 선천적으로 타고난 음양오행의 기운을 파악해서 이에 부합되는 좋은 이름을 독자 여러분이 직접 작명해 보면 성취의 기쁨을 얻게 될 것이다.

이름자의 선택

성씨와 이름자는 자연스럽게 조화를 이루어야 하고, 이름자에 담겨져 있는 각 글자의 의미는 그 사람의 마음과 영혼을 대변하는 것이므로 좋은 뜻이 담겨져 있어야 한다. 따라서 이름에 쓸 글자는 간명하고, 웅대하고, 투철한 의미를 표현하면서도 전체적으로 조화를 이룰 수 있는 글자를 선택해야 한다. 특히 다음과 같은 사항의 글자는 피하는 것이 좋다.

- 성씨와 이름자가 뜻이 동일하거나 같은 음으로 반복되는 글자
- 글자의 획수가 번거롭고 잘 사용하지 않는 어려운 글자
- 부르기와 듣기가 거북하고 병약·사멸 등의 비천성을 내포하여 혐오감을 주는 글자

글자의 형체

글자의 형체는 크게 強강·弱약·虛허·實실의 네 가지가 있는데, 이는 인체의 건강·행동·태도·성품 등을 각각 암시하고 있으므로, 작명시에는 글자의 모양도 고르게 균형을 이루고, 조화 있게 순응하여 아울리는 형체를 고르는 것이 양호하다. 그러므로 이름자에는 될 수 있으면 強강과 虛허에

해당하는 글자는 쓰지 않는 것이 좋다.

(1) 强형의 글자

강형의 글자는 글획과 형체에 강한 활동력을 포함하고 있어, 이와 같은 글자의 이름은 성질이 굳세고 강직하며 행동은 과단성이 있고 활발함을 암시한다.

光광·克극·美미·飛비·成성·義의·威위·龍용·炎염
泰태·豪호·弘홍 … 등

(2) 弱형의 글자

약형의 글자는 글획이 연약하고 너무 부드러워서 힘이 없어 보인다. 이와 같은 글자의 이름은 성품이 너그럽고 바르나 생각이 없고 몸도 힘이 없어 어딘가 신체에 허약성을 나타내는 암시가 있다.

科과·斤근·年년·帛백·市시·羊양·平평·幸행·華화 … 등

(3) 虛형의 글자

허형의 글자는 내용이 허망하고 의지력이 약한 문자라서 이와 같은 이름자는 유유부단하고 소극적이며 담력이 약해 대인관계에서 뒤로 밀리는 허약성을 내포하는 암시가 있다.

弓궁·門문·方방·細세·入입·占점·芝지·行행 … 등

(4) 實형의 글자

실형의 글자는 빈틈이 없는 진실된 문자를 말한다. 이와 같은 이름자는 의지가 굳세고 충만하여 온갖 고난을 타파하고 건실한 지구성을 표현하는

암시가 있다.

國국·基기·鳳봉·樹수·玉옥·立입·益익·昌창·衡형·皇황 ⋯ 등

(5) 이름자로 쓰면 특별히 좋은 글자
특별히 좋은 글자는 옛부터 이름에 쓰면 좋다고 전해져 내려오는 문자이다.

斗두·秉병·相상·秀수·洙수·承승·正정·哲철·煥환·勳훈 ⋯ 등

특별히 관념적인 문자

이름자의 문자가 의미하는 뜻은 심리적인 영향도 크므로 이름에 쓰이는 글자는 자연스럽고, 웅대하고, 고상하면서도 전체적으로 균형과 조화를 이룰 수 있는 문자를 선택해야 한다. 그러나 여기에서 논하는 문자는 관념상 이름에 쓰지 않는 것이 좋다.

(1) 오행과 간지의 문자
오행의 문자 : 木목·火화·土토·金금·水수
천간의 문자 : 甲갑·乙을·丙병·丁정·戊무·己기·庚경·辛신·壬임·癸계
지지의 문자 : 子자·丑축·寅인·卯묘·辰진·巳사·午오·未미·申신·酉유·戌술·亥해

위의 문자 중에서 특히 火·金·水·寅·辰 등은 강왕한 힘을 내포하고 있으므로 반드시 들어가야 할 경우 이외에는 가급적 쓰지 않는 것이 좋다.

① 甲·庚은 우두머리의 기질을 내포하고 있으므로 심리에 편향적인 작용을 한다. 그러나 이름의 구성에서 실천·과감·강력 등의 암시가 필요하면 이

름자로 사용을 해도 지장이 없다.
② ㄹ는 남자에게는 음험한 기질을 조성하면서 밝지 못한 성향으로 흐를 암시가 있고 여자에게는 호승적인 기질을 조성하면서 너무 화려한 성향으로 흐를 암시가 있다.

(2) 사유와 팔덕의 문자
사유의 문자 : 禮예, 義의, 廉염, 恥치
팔덕의 문자 : 忠충, 孝효, 仁인, 愛애, 信신, 義의, 和화, 平평

위의 문자는 밝고 건실한 느낌을 주기는 하나 양성적인 심리 작용을 하므로 수리의 구성에서 음양의 배합이 어느 한 쪽으로 기울 때는 이름자로 쓰지 않는 것이 좋다.

(3) 맏이 외에는 쓰지 않는 문자
글자의 의미가 머리로 가는 문자이기 때문에 장자나 장녀 이외의 차자나 차녀가 쓰게 되면 당사자가 윗사람의 권위를 침범하게 되어 하늘의 순리를 위반하고 그 반사작용으로 인해 형제·자매가 서로 옳고 그름을 주장하여 다투는 불화·반목·이별 등의 암시를 내포하고 있다.

天천·乾건·日일·東동·春춘·上상·大대·仁인·甲갑·長장
新신·起기 … 등

(4) 여성의 이름자
여성의 이름자에는 다음과 같은 문자는 쓰지 않는다.

貞정·春춘·秋추·菊국·梅매·蘭난·美미

위의 문자는 대체적으로 여성에게는 불길함을 암시하므로 이름에 사용하지 않는 것이 좋다. 특히
① 貞의 경우 정조·정결 등을 의미하므로 지나치게 신중하고 차지게 결백성을 주창하여 상대적으로는 남편의 운기를 흩트리고 수명을 줄이는 암시가 있다.
② 春의 경우 항시 청춘을 연상케 하고, 美의 경우는 미적 정서가 발달하여 환상을 연출하고 정감이 남보다 열정적이어서 자신의 과실을 유발하여 불행에 빠지는 암시가 있다.

(5) 이름자로 사용하면 나쁜 글자

이에 해당하는 문자는 의미가 그럴 듯해서 감각적으로 좋은 글자같이 느껴지므로 예로부터 습관적으로 많이 사용되는 글자이다. 물론 이보다 더 나쁜 글자가 얼마든지 있으나 직감적으로 볼 때 글자의 뜻이 추잡스럽고 비속하면 원만한 사람은 능히 그 나쁜 점을 파악해서 사용하지 않지만, 아래의 글자들은 현재 이름자로 많이 사용되고 있으므로 특별히 선별해서 글자가 운명적으로 암시하는 작용력을 재차 논하므로 이러한 글자는 반드시 작명시에 배제해야 한다.

- 童동 : 언제나 귀염둥이일 수는 없다. 성품이 아이 같으면서도 자라면서 큰 일을 할 수 없는 암시가 있다.

- 福복 : 복이 많은 글자 같으나 그와 반대이다. 까닭은 복은 원래 자기 자신 속에 감추어 지녀야 온전한데 노출되어 빼앗기기 쉽고 또 가정운이 불길하다.

- 龍용 : 타고난 운명상 용의 문자가 필요하면 사용해도 무방하나 그렇지 않을 시는 불길하다.

- 壽수 : 수명이 길으라는 의미이나 인명은 재천이므로 너무 지나치게 바라면 오히려 단명을 암시한다. 또 항상 명이라는 것을 의식하여 불안하다.

- 愛애 : 사랑을 너무 많이 받아 비탄에 빠지기 쉽고, 유혹에 잘 넘어간다는 암시가 있어 남편과의 사랑도 지속되기 어렵다.

- 雲운 : 낭만적이고 자유스럽게 보이지만, 뜻은 허망·방랑·이산·고독 등을 의미하므로 재산의 흩어짐·가족과의 이별을 암시한다. 그러나 아호에는 써도 무방하다.

- 梅매 : 온갖 초목의 싹이 트이기도 전에 매화만 홀로 핀다. 그러므로 뭇사람들의 사랑을 독차지 하지만 마음은 허선하고 쓸쓸하다.

- 花화 : 꽃은 아름답다. 그러나 아름다움이란 내적으로 풍겨야지 외적으로 풍기면 탐내는 사람이 많은 법이다. 가정부인의 이름자로는 부부운이 불길함을 암시한다.

- 吉길 : 발음상으로 무게가 없고 천박하여 탐탐치 못한 글자이다. 이 이름자는 천한 인품으로 유도하는 암시가 있다.

- 乭돌 : 돌돌 발길로 채인다. 이리저리 굴러다니는 암시가 있다.

- 春춘 : 일시적으로 운세는 있으나 지구력이 없다. 여자의 이름에 춘 자를 쓰면 낭만·방종·색정에 빠지기 쉬운 암시가 있다.

- 星성 : 별처럼 생명력이 없고 실재감이 결여되어 유명무실한 운세를 암

시한다.

- 子자 : 일제 시대부터 쓰던 문자로서 고상한 멋이 없고 천박스럽다.

- 玉옥 : 총명하고 크게 성공하는 암시가 있으나 수명이 짧다.

- 順순 : 비극적인 암시가 있어 눈물 속에서 사는 인생이 될 수 있으며 부부운도 불길한 암시가 있다.

- 風풍 : 재산이 모아지지 않고 항상 다사다난한 암시가 있다.

- 海해 : 사람은 호쾌하나 주색을 좋아하고 돈이 헤프며 파란이 많은 암시가 있다.

- 馬마 : 말은 잠시도 쉴새없이 여정을 뛰는 짐승이므로 식사 소번하고 비천한 암시가 있다.

- 九구 : 수의 종말을 의미하므로 한때 성공을 기약하나 마침내는 조난을 당하여 수명이 짧은 암시가 있다.

(6) 천지에 순응하는 이름

성씨는 한 집안의 혈통을 나타내므로 하늘에 비유하고, 이름자는 자신을 대표하므로 땅에 비유한다. 이러한 천지의 원리에 입각하여 지수이름의 첫자 획수가 천수성씨의 획수보다 획수가 많으면 천지가 반복되어 불길하다. 또 천수와 지수의 획수가 동일해도 천지가 서로 맞질리어 불길하므로, 이름의 첫자를 고를 때는 가능하면 성씨의 획수보다 적은 획수를 고르는 것이 이상적이다. 단 획수 산정에 있어 10수 이상은 10수를 제외한 나머지 수로 산정을 하고 10수는 0으로 간주한다. 예를 들면 琁선 11획은 10수를 제외한 1수로 산정하고 銷소 15획은 10수를 제외한 5수로 산정하며, 正정 5획은 10수 미만 이므로 5수 그대로 산정한다.

이상의 살펴본 문자 중에서 이름자로 쓰면 좋지 않은 불용 문자는 어디에 근거를 둔 것인가 하면, 그 문자의 의미와 동기에서 비롯된 것이다. 그러나 이 불용 문자를 써서 글자가 의미하는 불행을 겪는 사람도 있겠으나 그렇지 않는 사람도 부지기수일 것이다. 따라서 저자의 견해로는 지금까지 설명한 이름 짓는 방법에 의하여 작명을 한다면, 천지에 순응하는 이름의 내용에 부합되지 않는 작명을 한다거나 이름에 사용하면 나쁜 글자라고 해서 못 쓸 이유는 없다.

이름의 어감

세상의 모든 것들이 존재하는 지구상에는 소리라는 음파가 있으며, 이 크고 작은 소리의 파장은 인간이나 여러 동물들에게 없어서는 안 될 꼭 필요한 전달방식으로 이용되고 있다. 이와 같은 소리의 파동 즉 음파의 작용은 이름을 지을 때 반드시 인지해야 할 중요한 사항이며, 이 소리의 움직이는 기운을 모르고서는 작명을 이해하기 어렵다.

어느 누구의 이름이든 항상 이름에는 소리가 따른다. 내가 자신을 남에게 소개할 때나 남이 나의 이름을 부를 때는 소리를 내야만이 상대방이 알아 들을 수 있다. 따라서 이름을 지을때는 부르고 듣는 소리 즉 음령오행의 법칙이 가장 중요한 것이다. 그러나 이 음령오행의 법칙에 들어맞게 이름을 지었다 하더라도 부를 때나 들을때의 어감이 일상의 관념에서 벗어나 비호감으로 감지되는 이름은 피해야 한다.

특히 역사적으로 볼 때 악인의 이름자나, 또 별명으로 불리우기 십상인 이름자는 사용해선 안 된다.

예를 들면 이완용·김일성·김세균·김병균·주길수·강도범·김만두·소대진·서그리운달님·배아롱새미·황세미보답…… 등이다.

이완용·김일성이는 잘 알다시피 악인의 이름에 해당하고, 김세균·김병균은 세균인 병원균의 준말 병균과 소리가 같으므로 기분 나쁜 어감이 들지 않을 수 없다. 주길수는 어감이 죽일 수와 비슷해서 듣기만 해도 흉측함을 느낄 수 있고, 강도범은 이름을 부를 때 억양을 무시하고 부르면 흉악범에 해당하는 강도범이 된다. 김만두는 먹는 음식의 일종인 만두와 발음이 같고, 소대진은 짐승인 소·돼지와 발음이 비슷해서 어린 시절 친구들로부터 많은 놀림을 받을 수 있다. 서그리운달님·배아롱새미·황세미보답 등은 한글 이름 확산 운동의 일환으로 서울대학교 동아리 모임에서 주최하는 한글 이름 짓기 대회에서 입상한 이름들이다. 이 이름들의 어감·의미 등을 헤아려 볼때 나름대로 어떤 좋은 뜻을 품고 있는 이름이겠으나 우리 한국적인 풍속으로 봐서 받아들이기에는 아직 시기 상조인 것 같다. 한글 이름에 대해서는 뒷장의 순 우리말 짓는 법 편에서 상세히 논하기로 한다.

문자의 획수 산정

점과 선으로 구성된 문자는 발음표시 이외의 심오한 이치와 함께 현묘한 수리를 함축하여 문자의 의미를 형성하고 있다. 특히 운로에 많은 영향력을 미치는 음령오행의 배열도 중요하지만 수리가 함축된 글자의 획수 또한 대단한 영도력을 발휘한다. 문자의 획수 산정은 반드시 자전字典이나 표준 옥편에 있는 해서체 즉 정자를 근거로 해서 산정한다. 현재 통용되고 있는 한자에는 정자正字・속자俗字・약자略字・위자僞字 등이 있으나 이름자만은 반드시 정자로 쓰고 또 정자의 획수로 산정하는 것이 이름자의 중요성에도 부합이 된다.

획수를 산정하는 법은 자전옥편에 있는 획수를 그대로 보지만 역리易理로 보는 법과 역상易象으로 보는 두 가지 방법이 있다. 역상으로 보는 법은 글자모양이 생긴 그대로 산정하지만, 역리법은 자원字源에 있는 획수를 산정하여 다음과 같이 계산한다.

1) 역리법의 획수 산정

예를 들면 'ㅤㅤ'변은 水수로 계산하여 4획으로 본다. 淸청의 경우 글자의 획수는 11획이나 'ㅤㅤ'변을 4획으로 산정하여 12획으로 계산하고, '⺿'변은 艸

초로 계산하여 6획으로 보고, 英영자의 경우 글자의 획수는 8획이나 '艹'변을 6획으로 산정하여 11획으로 계산한다. 이와 같이 자획과 역리법의 산정 시 자전의 부수색인표^{部首索引表}를 참조하여 획수 산정에 착오가 없도록 해야 한다.

2) 역상법의 획수 산정

역상법은 글자 모양의 생긴 획수 그대로 산정을 한다. 氵·忄·扌·阝변 등은 글자 모양대로 3획으로 보고 王·艹·辶·灬·月변 등은 4획으로 보며 罒·衤변은 5획으로 본다. 이상과 같이 역리법과 역상법이 각각 달리 획수를 산정하고 있으나 어느 것이 옳고 그름을 떠나서 무조건 자전옥편에 근거하여 한자의 획수를 산정해야 한다. 따라서 이 책의 각 오행에 소속된 한자의 획수도 자전에 근거하여 획수를 산정하고 기입하였다.

획수 산정의 예를 정리하면 다음과 같다.

획	의획	바른 획수	실례
氵	水	4	池(지) 7획
忄	心	4	性(성) 9획
扌	手	4	投(투) 8획
犭	犬	4	狗(구) 9획
王	玉	5	珉(민) 10획
礻	示	5	祥(상) 11획
衤	衣	6	裕(유) 13획
艹	艸	6	芬(분) 10획
罒	网	6	罪(죄) 14획
月	肉	6	肝(간) 9획
辶	辵	7	迷(미) 13획
阝(右)	邑	7	都(도) 16획
阝(左)	阜	8	附(부) 13획

3) 숫자의 획수 산정

위의 것 외에 1에서 10까지의 수는 획수에 관계 없이 수의 뜻대로 산정한다. 一은 1획, 二는 2획, 三은 3획, 四의 경우 획수는 비록 5획이지만 넷이란 수의 뜻을 지니고 있으므로 4획으로 산정하고, 五의 획수는 4획이나 오라는 수의 뜻을 지니고 있으므로 5획으로 산정한다. 이와 같은 이치에 의하여 六은 6획, 七은 7획, 八은 8획, 九는 9획 十은 10획 그러나 百은 6획 千은 3획으로 획수를 산정한다.

4) 한글의 획수 산정

한글도 한문과 같이 해자체 즉 정자로 획수를 산정하면 된다. 예를 들면 가는 3획이고 라는 5획이며 장은 5획이 된다.

인명용 한자 人名用漢字

1) 호적법 시행규칙 제37조에 의거해 여기에 수록된 한자 이외에 다른 한자로 이름을 지으면 한글로만 출생신고가 되고 한자로는 출생신고가 되지 않는다.

2) 대법원은 2013년 3월 25일까지 8차에 걸쳐서 8,142자의 인명용 한자를 공시하고 있으나 이미 제정된 글자와 중복된 한자도 있고 옥편에도 없는 한자들도 있다. 따라서 이 책에서는 그릇되어 이치에 어긋난 잘못된 한자를 바로잡아 이름을 짓는 데 편리하도록 8,142자로 재구성하여 활용하는 데 매우 편리하도록 작성하였다.

3) 한자에 따라서는 그 의미가 여러 갈래로 해석되는 경우가 많으므로 부수적인 설명을 덧붙여 수록하였다.

4) 사람의 이름에 사용하지 않는 불용 한자는 그 글자의 지면란에 짙은 황금색으로 표시하였으므로 참고하기 바라며, 만일 그 한자가 성씨에 해당할 때는 아무런 상관이 없다.

5) 작명에 편리하도록 가나다순을 피하고 음령오행 木·火·土·金·水의 순으

로 배치하였다.

6) 일상적으로는 자음子音이 ㄴ·ㅇ인데 'ㄹ'부에 있는 것은 대법원의 고시에 맞추어 배열했기 때문이다. 그러므로 성씨 또는 이름자에서 羅·浪·良·梁·呂·連·廉·老·龍·柳·陸·李·林자는 'ㄹ'부인 火의 오행 한자에 속한다는 것을 유념하기 바란다.

(예) 李의 경우 일반적으로 '이'로 사용되고 있으나 오행의 한자 소속에서는 '리'로 분류되어 있다. 그러나 출생신고를 할 때에는 이나 리 가운데 어느 글자를 사용해도 출생신고는 가능하다.

 의 속성

ㄱ/ㅋ

음	원획	한자	훈·음·뜻	음	원획	한자	훈·음·뜻
가	5	可	옳을 가 옳다 · 가히 · 쯤 · 정도	가	10	痂	헌데딱지 가 아물었을 때 생기는 딱지
		加	더할 가 더하다 · 가하다 · 들다			哿	좋을 가 좋다 · 훌륭하다
	7	伽	절 가 절		11	苛	매울 가 맵다 · 잘다 · 자세하다
	8	佳	아름다울 가 아름답다 · 좋아한다			茄	연줄기 가 가지
		呵	꾸짖을 가 꾸짖다 · 웃다			迦	막을 가 막다 · 차단하다
		坷	평탄하지 않을 가 고생하다			假	거짓 가 거짓 · 임시적 · 빌리다
	9	架	시렁 가 횃대 · 시렁			袈	가사 가 가사 · 승려의 옷
		柯	가지 가 자루 · 줄기 · 나뭇가지			舸	배 가 큰 배
		枷	도리깨 가 낟알을 떠는 농기구			笳	호드기 가 갈대피리 · 비녀
	10	珂	흰옥돌 가 옥 비슷한 흰 돌			耞	도리깨 가 낟알 떠는 농기구
		珈	머리꾸미개 가 비녀 · 떨잠		12	街	거리 가 거리 · 대로 · 네거리
		家	집 가 집 · 건물			訶	꾸짖을 가 꾸짖다 · 책망하다
		哥	노래 가 노래 · 노랫소리			跏	책상다리할 가 책상다리하여 앉다

음	원획	한자	훈·음·뜻	음	원획	한자	훈·음·뜻
가	12	軻	수레 가 뜻대로 되지 아니하다	**각**	7	却	물리칠 각 물리치다 · 그치다 · 쉬다
		斝	술잔 가 빌다		8	刻	새길 각 새기다 · 새김 · 벗기다
	13	暇	겨를 가 겨를 · 틈 · 여유		9	卻	물리칠 각 그치다
		嫁	시집갈 가 떠넘기다 · 시집가다			咯	울 각 토하다 · 트림
		賈	값 가(앉은장사 고) 값 · 장사 · 상업 · 상인		10	珏	쌍옥 각 쌍옥
	14	歌	노래 가 노래 · 노래하다			恪	삼갈 각 정성
		嘉	아름다울 가 아름답다 · 뛰어나다			埆	메마를 각 험하다
		榎	개오동나무 가 팽나무		11	脚	다리 각 다리 · 정강이 · 발자취
		嘏	클 가 장대하다		12	殼	껍질 각/내려칠 각 씨
	15	葭	갈대 가 갈대피리		13	桷	서까래 각 서까래 · 가지
		價	값 가 가치			搉	두드릴 각 ·
		稼	심을 가 심다 · 농사 · 벼 이삭		14	閣	누각 각 문설주 · 다락집 · 선반
		駕	임금수레 가 멍에 · 타다 · 천자의 수레			慤	성실할 각 정성
	17	檟	개오동나무 가 팽나무		15	愨	성실할 각 삼가하다
		謌	노래 가 노래 · 가곡 · 읊다		18	擱	놓을 각 멎다
각	6	各	각각 각 각각 · 각기 · 마찬가지로		20	覺	깨달을 각 깨우치다 · 깨달음
	7	角	뿔 각 짐승의 뿔 · 한 모퉁이	**간**	3	干	방패 간 방패 · 막다 · 방어하다

인명용 한자(人名用漢字) | 141

음	원획	한자	훈·음·뜻	음	원획	한자	훈·음·뜻
간	5	刊	책펴낼 간 책을 펴내다 · 깎다 · 덜다	간	10	趕	쫓을 간 달리다
	6	奸	범할 간 범하다 · 구하다 · 요구하다		11	稈	볏짚 간 볏짚 · 짚 · 杆의 俗字
		艮	어긋날 간 어긋나다 · 거스르다			倝	굳셀 간 강직하다
	7	忓	방해할 간 요란하다		12	荁	미나리아재비 간 덩굴 옻나무
		杆	방패 간 단목(檀木) · 방패(干)			間	틈 간 틈 · 사이 · 가까운
	8	玕	옥돌 간 옥돌			稈	짚 간 짚 · 볏짚
		侃	강직할 간 강직하다 · 화락하다		13	揀	가릴 간 가려내다
		秆	볏짚 간 짚			幹	줄기 간 줄기 · 기둥 · 몸 · 뼈대
		矸	산돌 간(깨끗한 안) 돌이 정결한 모양 간		14	榦	줄기 간 줄기 · 몸 · 천간
	9	肝	간 간 간 · 간장 · 정성 · 충정		15	慳	아낄 간 아끼다 · 망설이다
		柬	가릴 간(간략할 간) 가리다 · 분간하다 · 편지			澗	산골 물 간 산골짜기 · 강 이름
		看	볼 간 보다 · 방문하다 · 지키다		16	諫	간할 간 간하다 · 간하는 말
		姦	간사할 간 간사하다 · 옳지 않다			墾	개간할 간 개간하다 · 다스리다
		竿	장대 간 장대 · 곧은 대나무		17	懇	정성 간 정성 · 성심 · 간절하다
		衎	즐길 간 바르다			磵	산골짜기물 간 산골짜기 물 · 澗과 同字
	10	迂	구할 간 가로막다			艱	어려울 간 어렵다 · 어려워하다
		栞	표할 간(벨 간) 고치다 · 나무를 베다			癎	간기 간 간기 · 경풍 · 간질 · 지랄

음	원획	한자	훈·음·뜻	음	원획	한자	훈·음·뜻
간	17	癇	간기 간 간기·경풍·간질·지랄	갈	19	蠍	전갈 갈 전갈
	18	簡	편지 간 대쪽·글·책·편지	감	5	甘	달 감 달다·맛좋다
	21	齦	물 간(잇몸 은) 물다		7	坎	구덩이 감 구덩이·험하다
갈	6	圾	땅이름 갈 땅이름		8	坩	도가니 감 쇠 녹이는 데 쓰는 도기
	9	曷	어찌 갈 어찌·어찌하여·언제		9	泔	뜨물 감 강이름
	11	秸	짚 갈 짚·고갱이			玪	옥 이름 감 옥돌
	12	喝	꾸짖을 갈 꾸짖다·외치다·부르다			柑	감귤 감 귤·홍귤나무
	13	渴	목마를 갈 목이 마르다·갈증			弇	덮을 감 깊다
		楬	푯말 갈 악기이름		10	疳	감질 감 감질·감병
	14	碣	비석 갈 비석·우뚝 솟은 돌		11	勘	헤아릴 감 헤아리다·조사하다
		竭	다할 갈 없어지다·끝나다			紺	감색 감 감색·반물·야청빛
	15	褐	털옷 갈 털옷·베옷			埳	구덩이 감 빠지다
		葛	칡 갈 제갈씨·넝쿨			邯	땅이름 감 땅 이름·강 이름
		蝎	나무좀 갈 나무좀·나무굼벵이			敢	용맹할 감 감행하다·용맹스럽다
		羯	불깐 양 갈 흑양·종족이름		12	淦	물 이름 감 진흙
	16	噶	맹세할 갈 벼슬이름			堪	견딜 감 견디다·뛰어나다·하늘
	18	鞨	나라이름 갈 나라 이름			嵌	산깊을 감 산이 깊다·골짜기·굴

음	원획	한자	훈·음·뜻	음	원획	한자	훈·음·뜻
감	12	嵌	견딜 감 견디다 · 뛰어나다 · 하늘	감	22	龕	감실 감 감실(龕室) · 이기다
		欿	서운할 감 탐하다			鑒	거울 감 거울 · 살피다 · 鑑과 同字
		酣	흥겨울 감 즐기다		25	矙	엿볼 감 보다
	13	減	덜 감 줄다	갑	5	甲	갑옷 갑(친압할 압) 십간(十干)의 첫째 · 껍질
		感	느낄 감 부딪칠		7	匣	갑 갑 갑 · 작은 상자
		戡	이길 감 치다 · 평정하다		8	岬	산허리 갑 산허리 · 산골짜기
	14	監	볼 감 보다 · 살피다 · 겸하다		11	胛	어깨 갑 어깨뼈
		澉	싱거울 감(씻을 함) 싱겁다 · 깨끗이 하다		13	鉀	갑옷 갑 갑옷
	16	憨	어리석을 감 해치다			閘	물문 갑 수문(水門) · 문을 닫다
		橄	감람나무 감 감람나무	강	7	江	강 강 강 · 큰 내 · 양자강
	17	瞰	굽어볼 감 보다 · 멀리 보다			扛	마주 들 강(짐 멜 항) 마주 들다 · 짐을 메다
		憾	한할 감 한 · 서운함 · 근심하다			杠	외나무다리 강 깃대 · 조그마한 다리
		撼	흔들 감 흔들다 · 움직이다		8	羌	종족이름 강 종족 이름 · 굳세다
		歛	탐할 함 바라다			玒	옥 이름 강 옥의 이름
	20	轗	가기 힘들 감 길이 험난하다			忼	강개할 강 북받쳐 슬프다
	21	鹻	소금기 감 덩이진 소금			岡	산등성이 강 산등성이 · 언덕
	22	鑑	밝을 감 거울 · 살피다 · 성찰하다			矼	징검다리 강(성실할 공) 돌다리 · 성실하다

음	원획	한자	훈·음·뜻	음	원획	한자	훈·음·뜻
강	9	姜	**성씨 강** 성(姓)·굳세다(畺)	강	14	腔	**속 빌 강** 속이 비다·가락·곡조
		舡	**오나라배 강** 오(吳)나라 배·船의 俗字			綱	**벼리 강** 벼리·통괄(統括)하다
	10	剛	**굳셀 강** 굳세다·굳다·강철			嫝	**편안할 강** 편안하다
		豇	**광저기 강** 콩과의 식물			控	**양 갈빗대 강** 뼈대·양 갈빗대
	11	罡	**북두칠성 강** 별이름		15	慷	**강개할 강** 슬퍼하다
		強	**강할 강** 강하다·힘쓰다·왕성하다			僵	**넘어질 강** 뻣뻣해지다
		康	**편안할 강** 편안하다·온화해지다		16	鋼	**강철 강** 강철
		堈	**언덕 강** 언덕·독·항아리			彊	**굳셀 강** 굳세다·힘이 센 활
		崗	**산등성이 강** 산봉우리·岡의 俗字			壃	**지경 강** 밭두둑
	12	茳	**천궁 모종 강** 강리풀			穅	**겨 강** 속이 비다
		悾	**믿을 강** 정성·경황없다		17	講	**익힐 강** 익히다·읽다·해석하다
		絳	**진홍 강** 진홍·진홍색			檟	**감탕나무 강** 박달나무·굳세다
		傋	**어리석을 강** 무지몽매하다·어리석다			殭	**굳어질 강** 굳어지다·죽어 썩지 않다
		强	**굳셀 강** 굳세다·힘이 있는 자			繈	**포대기 강** 돈꿰미
	13	畺	**지경 강** 끝·한계·굳은 땅			糠	**겨 강** 쌀겨·매우 작은 것의 비유
		跭	**우뚝설 강** 세우다·우뚝 솟다			襁	**포대기 강** 업을·띠
	14	降	**내릴 강(항복할 항)** 내리다·항복하다		18	繦	**포대기 강** 포대기·사람을 등에 업다

인명용 한자(人名用漢字) | 145

음	원획	한자	훈·음·뜻	음	원획	한자	훈·음·뜻
강	19	薑	성씨 강(생강 강) 성(姓)의 하나 · 생강	개	10	豈	즐길 개 어찌하여
		鏗	굳셀 강 강쇠 · 굳세다		11	盖	덮을 개 덮개 · 뚜껑 · 蓋의 俗字
		疆	지경 강 지경 · 끝 · 한계 · 밭두둑		12	開	열 개 열다 · 통하다 · 통달하다
		顜	밝을 강 곧을			凱	즐길 개 즐기다 · 개가(凱歌)
		鏹	돈 강 돈 꿰미에 꿴 돈			剴	알맞을 개/낫 개 알맞다 · 간절하다
	22	鱇	아귀 강 아귀		13	揩	닦을 개 문지르다
		韁	고삐 강 굴레			塏	높고건조할 개 높고 건조하다
개	4	介	끼일 개 끼이다 · 단단한 껍질		14	愷	즐거울 개 즐겁다 · 승전(勝戰)의 음악
	5	匃	빌 개 구걸하다			慨	성낼 개 성내다 · 한숨 쉬다 · 한탄
	6	价	클 개 착하다 · 크다			箇	낱 개 낱 · 물건을 세는 단위
	7	改	고칠 개 고치다 · 바뀌다			漑	물댈 개 물 대다 · 씻다 · 헹구다
		玠	큰홀 개 큰 홀			磕	돌 부딪치는 소리 개 북소리 · 깨트리다
	9	皆	한가지 개 다 · 모두 · 두루 미치다		15	概	평미레 개 평미레 · 평목(平木)
		疥	옴 개 옴 · 학질 · 더럽히다			慨	분개할 개 분개하다 · 개탄하다
		客	열 개 (손님 객) 나그네			槩	평미레 개 평평하다
	10	芥	겨자 개 겨자 · 갓 · 티끌 · 먼지		16	蓋	덮을 개 덮다 · 상천(上天)
		個	낱 개 물건의 수효를 세는 단위		18	鎧	갑옷 개 갑옷 · 무장하다

음	원획	한자	훈·음·뜻	음	원획	한자	훈·음·뜻
개	18	闓	열 개 손님·붙이다·의탁하다	거	9	拒	막을 거 막다·거부하다·겨루다
객	12	喀	토할 객 토하다·토하는 소리			祛	떨어없앨 거 떨어 없애다·보내다
갱	7	坑	구덩이 갱 구덩이·구덩이에 묻다		10	倨	거만할 거 거만하다·책상다리하다
		更	다시 갱 (고칠 경) 고치다·개선하다			秬	검은 기장 거 볏과의 풀
	12	硜	돌소리 갱 (돌소리 경) 돌이 깨지는 소리		11	苣	상추 거 검은 깨
	13	粳	메벼 갱 메벼			袪	소매 거 소맷부리·소매통
	15	賡	이을 갱 계승하다			胠	겨드랑이 거 열다
	19	羹	국 갱 국·땅 이름		12	據	근거 거 경영하다
		鏗	금옥 소리 갱 거문고 소리·기침 소리			距	떨어질 거 떨어지다·도달하다
갹	20	醵	술잔치 갹 술잔치·술추렴·추렴하다			鉅	클 거 크다·강하다·존귀하다
거	5	去	갈 거 가다·떠나다·잃어버리다		13	筥	둥구미 거 광주리·통
		巨	클 거 크다·많다·거칠다			莒	감자 거 주나라 제후 이름
	7	車	수레 거(차) 수레·도르래			渠	개천 거 도랑·크다(鉅)
	8	呿	벌릴 거 (음역자 가) 하품하다		14	腒	날짐승 포 거 말린 새고기
		居	있을 거 있다·살다·거주하다			裾	자락 거/의거할 거 옷자락·옷 깃
	9	昛	밝을 거 밝다		15	踞	웅크릴 거 웅크리다·걸터앉다
		炬	횃불 거 횃불·태우다·등불			駏	버새 거 나귀와 말 사이의 튀기

음	원획	한자	훈·음·뜻	음	원획	한자	훈·음·뜻
거	16	鋸	톱 거 톱·톱질하다	건	13	愆	허물 건 허물·죄·과실·어기다
	17	據	의지할 거 의거하다·의탁하다			犍	불친소 건 거세하다
	18	蕖	연꽃 거 풀이름		14	搴	빼낼 건 뽑아내다
		擧	들 거 들다·오르다·움직이다			睷	눈으로 셀 건 헤아리다·눈대중·눈짐작
	20	遽	급할 거 갑자기·재빠르다		15	腱	힘줄 건 힘줄 밑동·힘줄
	23	蘧	패랭이꽃 거 풀이름			漧	하늘 건 하늘·乾의 古字
		籧	대자리 거 대광주리		16	蹇	밟을 건 가는 모양
건	3	巾	수건 건 수건·건·두건·헝겊			褰	걷어올릴 건 바지·추다
	6	件	조건 건 조건·서류·구분하다		17	鍵	자물쇠 건 열쇠·비녀장
	9	建	세울 건 세우다·월건(月建)			謇	험할 건 교만하다
	10	虔	정성 건 정성·공경하다			謇	떠듬거릴 건 떠듬거리다·어렵다
	11	乾	하늘 건 하늘·괘 이름·임금		18	鞬	동개 건 화살 꽂아 등에지는 통
		健	굳셀 건 튼튼하다·교만하다		20	騫	이지러질 건 이지러지다·손상하다
	13	建	걸어가는모양 건(율) 걸어가는 모양	걸	3	乞	빌 걸 빌다·구하다·소원
		漧	물 이름 건 물의 이름		6	亼	걸 걸 걸다·매달다·걸어 두다
		揵	멜 건 들다		8	杰	준걸 걸 뛰어난 사람·傑의 俗字
		楗	문빗장 건 문빗장·방죽·둑		10	桀	홰 걸 홰·뛰어나다

음	원획	한자	훈·음·뜻	음	원획	한자	훈·음·뜻
걸	12	傑	**뛰어날 걸** 뛰어나다 · 뛰어난 사람	게	11	偈	**쉴 게** 쉬다 · 휴식하다
	14	朅	**갈 걸(헌걸찰 흘)** 떠나가다 · 언제 · 어느 때		13	揭	**들 게** 들다 · 걸다 · 현명(縣名)
		榤	**홰 걸** 닭장 막대		16	憩	**쉴 게** 쉬다 · 숨을 돌리다
검	10	芡	**가시연꽃 검** 수련과의 풀	격		挌	**칠 격 (이끌 학)** 군다
	12	鈐	**뛰어날 걸** 뛰어나다 · 뛰어난 사람		10	格	**바로잡을 격** 바로잡다 · 겨루다 · 치다
	15	儉	**검소할 검** 검소하다 · 적다 · 흉작			鬲	**막을 격(잡을 액)** 손잡이 · 솥
		劍	**칼 검** 칼 · 찌르다 · 베다		14	覡	**박수 격** 박수 · 남자 무당
	16	黔	**검을 검** 검다 · 그을다			毄	**부딪칠 격(매어 기를 계)** 부딪치다 · 털다 · 애쓰다
		劒	**칼 검** 칼 · 찌르다 · 劍과 同字		15	鴃	**때까치 격** 백설조
	17	撿	**검사할 검(거둘 렴)** 검사하다 · 금제하다		16	膈	**흉격 격** 흉격 · 횡격막 · 종틀
		檢	**봉함 검** 봉함 · 봉인하다			骼	**뼈 격** 골격
	18	瞼	**눈꺼풀 검** 눈꺼풀 · 고을(州)			激	**물결부딪쳐흐를 격** 보(洑) · 흘러들다
겁	7	劫	**위협할 겁** 위협하다 · 부지런하다		17	擊	**부딪칠 격** 부딪치다 · 거리끼다
		刦	**겁탈할 겁** 위협하다			檄	**격문 격** 격문 · 편지 · 빼어나다
		刼	**겁탈할 겁** 위협하다			闃	**고요할 격** 조용하다
	9	怯	**겁낼 겁** 겁내다 · 무서워하다		18	隔	**사이뜰 격** 사이가 뜨다 · 멀어지다
	12	迲	**갈 겁** 가다	견	4	犬	**개 견** 개 · 하찮은 것의 비유

음	원획	한자	훈·음·뜻	음	원획	한자	훈·음·뜻
견	7	見	볼 견 보다 · 생각해 보다	견	23	蠲	밝을 견 맑다
	9	畎	밭도랑 견 산골짜기 · 밭도랑	결	8	決	터질 결 터지다 · 터놓다 · 갈라놓다
	10	肩	어깨 견 어깨 · 견디다 · 이겨 내다			抉	도려낼 결 도려내다 · 들추어내다
	11	狷	성급할 견 뜻이 굳다		9	玦	패옥 결 패옥 · 깍지
		堅	굳을 견 굳게 · 튼튼하게			契	맑을 결 맑다 · 깨끗하다
		牽	당길 견 끌다 · 끌어당기다		10	缺	이지러질 결 이지러지다 · 흠 · 결점
	13	絹	명주 견 명주 · 생명주 · 생견(生絹)			訣	이별할 결 이별하다 · 작별하다
		筧	대 홈통 견 대나무 이름		11	焆	불빛 결 밝다
	14	甄	질그릇 견 질그릇 · 녹로			觖	서운해 할 결 들추어내다
	17	遣	보낼 견 보내다 · 파견하다		12	結	맺을 결 맺다 · 맺히다 · 사귀다
		縛	명주 견 희다		13	迼	뛸 결 뛰다
	18	鵑	두견이 견 두견화 · 진달래 · 참꽃		14	潔	깨끗할 결 깨끗하다 · 맑다
	19	羂	올무 견 잡아매다		16	潔	깨끗할 결 깨끗하다 · 품행이 바르다
		繭	고치 견 고치 · 누에고치		17	鍥	새길 계 풀 베는 낫
	20	繾	곡진할 견 다정스럽다			関	문 닫을 결 마치다
	21	譴	짖을 견 꾸짖다 · 꾸지람 · 허물	겸	7	岭	산이 작고 높을 겸 산 이름
	22	鰹	가물치 견 가물치		9	拑	입 다물 겸 재갈 물리다

음	원획	한자	훈·음·뜻	음	원획	한자	훈·음·뜻
겸	10	兼	겸할 겸 겸하다 · 아울러 · 쌓다	경	7	巠	물줄기 경 물줄기 · 지하수
	12	傔	시중들 겸 시중꾼			囧	창밝을 경 빛나다 · 밝다
	13	鉗	칼 겸 죄인의 목에 씌우는 형구		8	京	서울 경 서울 · 크다 · 높다
		嗛	겸손할 겸 겸손하다 · 부족하다			庚	별 경 일곱째 천간
	14	慊	찐덥지않을 겸 마음에 차지 않다			坰	들 경 들 · 국경에 근접해 있는 곳
		箝	재갈먹일 겸 재갈 먹이다 · 항쇄(項鎖)			炅	빛날 경 빛나다 · 열 · 열기
		槏	창설주 겸 창틀 · 창틀 양쪽의 기둥		9	俓	곧을 경 곧다 · 곧추서다
		歉	흉년 들 겸 흉년들다 · 부족하다			勁	굳셀 경 굳세다 · 힘 · 예리하다
	16	蒹	갈대 겸 갈대 · 물억새			剄	목 벨 경 치다
		縑	합사 비단 겸 생명주 · 비단			扃	문빗장 경/살필 경 문 닫다
	17	謙	겸손할 겸 겸손하다 · 공손하다			畊	밭 갈 경 농사에 힘쓰다
		黚	얕은 금향빛 겸 얕은 금향빛 · 검다			亰	서울 경 서울 · 크다 · 높다
	18	鎌	낫 겸 낫 · 모 · 모서리			徑	찰 경 통하다 · 월경 · 곧다
	23	鼸	두더지 겸 사향뒤쥐		10	耕	밭갈 경 논밭을 갈다 · 고르다
경	2	冂	멀 경 먼 데 · 비다 · 멀다			徑	지름길 경 지름길 · 길 · 빠르다
	7	更	고칠 경 고치다 · 개선하다			倞	굳셀 경 굳세다 · 다투다 · 밝다
		冏	빛날 경 빛나다 · 밝다			耿	빛날 경 빛나다 · 비추다 · 환함

인명용 한자(人名用漢字)

음	원획	한자	훈·음·뜻	음	원획	한자	훈·음·뜻
경	10	勍	셀 경 세다 · 강하다	경	13	經	지날 경(글 경) 경계 · 경서 · 지나다
		哽	목멜 경 막히다			敬	공경할 경 공경하다 · 훈계하다
	11	竟	다할 경 다하다 · 극(極)에 이르다			煢	외로울 경 근심하다
		頃	밭넓이단위 경 밭 넓이의 단위			傾	기울 경 기울다 · 뒤집히다 · 눕다
		梗	줄기 경(막힐 경) 막히다 · 대강 · 가시나무			綆	두레박줄 경(치우칠 병) 밧줄 · 치우치다
		烱	빛날 경 빛나다 · 밝다 · 炯와 同字			逕	소로 경 소로 · 좁은 길 · 지르다
		絅	끌어쥘 경 끌어 죄다 · 잡아당기다		14	輕	가벼울 경 가볍다 · 무게가 적다
		涇	통할 경 통하다 · 대변(大便)			境	지경 경 지경 · 곳 · 장소
	12	卿	벼슬 경 벼슬 · 경(卿)			慶	경사 경 경사 · 축하하다
		景	볕 경 볕 · 빛 · 햇살 · 햇볕		15	儆	경계할 경 경계하다 · 위급한 일
		硬	굳을 경 굳다 · 단단하다 · 굳세다			熲	빛날 경 빛나다 · 불빛 · 경침(警枕)
		痙	심줄땅길 경 경련을 일으키다			駉	살질 경 살지다 · 굳세다 · 준마
		煢	근심할 경 외롭다			憬	깨달을 경 깨닫다 · 알아차리다
		卿	벼슬 경 재상			磬	경쇠 경 경쇠 · 굽히다 · 다하다
	13	莖	줄기 경 근본 · 작은 가지 · 기둥		16	頸	목 경 목 · 목덜미 · 멱
		脛	정강이 경 정강이 · 종아리 · 걸음			暻	밝을 경 햇빛
		惸	근심할 경(독신자 경) 근심하다 · 독신자			褧	홑옷 경 한 겹으로 지은 옷

음	원획	한자	훈·음·뜻	음	원획	한자	훈·음·뜻
경	16	暻	밝을 경 밝다·환하다	경	20	競	겨룰 경 겨루다·나아가다
		璄	옥광채날 영 옥이 광채 나다			警	경계할 경(깨우칠 경) 경계하다·타이르다
	17	環	옥광채날 영 옥이 광채 나다·璄과 同字			黥	자자할 경 묵형·형벌의 이름
		擎	들 경 들다·높다·높이 솟다		22	競	다툴 경 나아가다
		檠	등잔대 경 등잔걸이·등불		23	驚	놀랄 경 놀라다·겁내다
		憼	공경할 경 공경하다·갖추다	계	7	系	이을 계 이어매다·핏줄·실마리
		曔	밝을 경 밝다·마르다			戒	경계할 계 경계하다·삼가다
		罄	빌 경(경쇠 경) 비다·다되다·모두		8	季	끝 계 끝·막내·말년
		褧	홑옷 경 어저귀			届	이를 계 이르다·다다르다
		橄	등잔대 경 등잔걸이·등불			癸	북방 계 십간(十干)의 열째·겨울
	18	璥	경옥 경 경옥·옥 이름		9	界	지경 계 지경·경계·이간하다
		謦	기침 경 속삭이다			計	꾀 계 꾀·계략·계획·경영
		鯁	생선 뼈 경 재앙			係	이을 계 묶다·혈통·매달다
	19	鏡	거울 경 거울·비추다·밝히다			契	맺을 계(애쓸 결) 부족 이름·글
		鯨	고래 경 고래·들다·쳐들다		10	桂	계수나무 계 계수나무·월계수·달(月)
		鶊	꾀꼬리 경 꾀꼬리			烓	화덕 계 화덕·밝다·환하다
	20	瓊	옥 경 옥·옥의 아름다운 빛깔		11	械	형틀 계 형틀·수갑·기구·도구

음	원획	한자	훈·음·뜻	음	원획	한자	훈·음·뜻
계	11	啓	열 계 열다 · 가르치다 · 인도하다	계	18	雞	닭 계 폐백의 하나
	12	悸	두근거릴 계 두근거리다 · 두려워하다		19	薊	삽주 계(굳은 가시 개) 풀 이름 결
		堦	섬돌 계 사닥다리			繫	맬 계 매다 · 매달다 · 죄수
		堺	지경 계 지경 · 경계 · 界와 同字		20	繼	이을 계 잇다 · 계통을 잇다
		棨	창 계 창 · 부절(符節)		21	鷄	닭 계 닭 · 식화계
	14	溪	시내 계 시내 · 시냇물 · 산골짜기	고		古	옛 고 옛 · 오래다 · 예스럽다
		禊	계제사 계 물가에서 지내는 제사		5	叩	두드릴 고 두드리다 · 묻다
		誡	경계할 계 경계하다 · 훈계하다			尻	꽁무니 고 꽁무니 · 자리 잡다
		瘈	미칠 계 미치다		6	攷	상고할 고 상고하다 · 考의 古字
		綮	발 고운 비단 계(힘줄 경) 창집 · 힘줄		7	告	알릴 고 알리다 · 묻다 · 하소연하다
	15	稽	머무를 계 머무르다 · 쌓다 · 저축하다			估	값 고 상인 · 팔다 · 구하다
		磎	시내 계 시내 · 谿와 同字			考	상고할 고 상고하다 · 살펴보다
	16	繋	맬 계 매달다 · 죄수			杲	밝을 고 밝다 · 높다
		髻	상투 계(조왕신 결) 상투 · 묶은 머리		8	刳	가를 고 도려내다
	17	階	섬돌 계 섬돌 · 층계 · 사다리			固	굳을 고 굳다 · 단단하다 · 수비
		谿	시내 계 시내 · 산골 물			姑	시어미 고 시어미 · 부녀(婦女)의 통칭
	18	罽	어망 계 어망 · 융단 · 양탄자			孤	외로울 고 외롭다 · 홀로 · 고아

음	원획	한자	훈·음·뜻	음	원획	한자	훈·음·뜻
고	8	呱	울 고 어린아이의 울음소리	고	11	皐	부르는소리 고 부르는 소리 · 고하다
	9	故	옛 고 이미 지나간 때 · 예전의		12	稾	볏짚 고 볏짚
		沽	팔고살 고 매매하다 · 팔다 · 사다			胯	사타구니 고(사타구니 과) 사타구니 · 샅
		枯	마를 고 마르다 · 야위다 · 수척하다			袴	바지 고 바지 · 샅
		牯	암소 고 거세한 숫소			辜	허물 고 허물
	10	股	넓적다리 고 넓적다리 · 정강이 · 끝			雇	품살 고 품을 사다 · 값을 치르다
		拷	칠 고 치다 · 빼앗다 · 약탈하다			觚	술잔 고 홀로
		高	높을 고 높다 · 높아지다 · 뽐내다			詁	주낼 고 훈고
		庫	곳집 고 곳집 · 문의 이름 · 창고			酤	계명주 고 술 · 빼앗다
		羔	새끼양 고 새끼 양 · 흑양		13	鼓	북 고 북 · 두드리다 · 맥박
		羖	검은 암양 고 거세한 양			痼	고질 고 고질 · 입병
		凅	얼 고 얼다			鼓	북칠 고 두드리다
		栲	붉나무 고 옻나무 · 고리 · 때리다			鈷	다리미 고 제기 이름
		皋	못 고 못 · 논 · 물가 · 후미			賈	값 가(앉은장사 고) 값 · 장사 · 상업 · 상인
	11	菇	줄 고 진고(眞菰) · 산수국(山水菊)		14	郜	나라 이름 고 고을 이름
		苦	쓸 고 쓰다 · 쓴맛 · 씀바귀			菰	향초 고 향초 · 풀이름 · 부추
		罟	그물 고 그물 · 규칙			箍	테 고 둘레

음	원획	한자	훈·음·뜻	음	원획	한자	훈·음·뜻
고	14	槀	마를 고(위로할 호) 마르다·여위다	고	20	藁	마를 고 마르다
		敲	두드릴 고 두드리다·짤막한 회초리		21	顧	돌아볼 고 돌아보다·응시하다
		暠	깨끗할 고 희다·밝다·흰 모양		23	鵤	작은 비둘기 고 비둘깃과의 새
		誥	가르칠 고 고하다·훈계하다			蠱	독 고 독(毒)·벌레·악기(惡氣)
		槁	마른나무 고 마르다·枯와 同字	곡	6	曲	굽을 곡 굽다·휘다·굽히다
		皋	못 고(불알 고) 못·늪·높은 모양·불알		7	谷	골 곡 골·골짜기·좁은 길
	15	稿	볏짚 고(원고 고) 볏짚·초고·초안		10	哭	울 곡 울다·노래하다
		靠	기댈 고 의지하다		11	斛	휘 곡 휘·10말의 용량·헤아리다
	16	膏	살찔 고 살찌다·기름진 땅			梏	쇠고랑 곡 쇠고랑·수갑·묶다
		篙	상앗대 고 상앗대·배를 젓다		15	穀	곡식 곡 곡식·양식·기르다
		糕	떡 고 가루떡			槲	떡갈나무 곡 참나뭇과의 낙엽 활엽 교목
		錮	막을 고 땜질하다·가두다		16	縠	주름 비단 곡 추사·명주
		鴣	자고 고(구욕새 구) 꿩과의 새		17	觳	뿔잔 곡 살촉
	18	翶	날 고 날아다니다			轂	바퀴통 곡 스레
		鹽	염지 고 굵은 소금		18	鵠	고니 곡 고니·희다·흰빛
		瞽	소경 고 마음이 어둡다		20	嚳	고할 곡 고대 중국의 제왕 이름
	19	櫜	활집 고 갑옷 넣는 전대	곤	7	困	괴로울 곤 괴롭다·부족하다

음	원획	한자	훈·음·뜻	음	원획	한자	훈·음·뜻
곤	8	坤	땅 곤 대지·팔괘(八卦)의 하나	곤	15	閫	문지방 곤 성문·문지방
	8	昆	형 곤 형·맏이·자손·후예		16	錕	붉은쇠 곤 붉은 쇠·수레의 바퀴 통쇠
	10	袞	곤룡포 곤 곤룡포		19	鯤	곤이 곤 물고기 뱃속의 알
	11	悃	정성 곤 거짓 없는 마음			鶤	댓닭 곤 곤계
		捆	두드릴 곤 단단하게 하다		20	鵾	봉황 곤 봉황새의 다른 이름
		崑	산이름 곤 산 이름		22	齫	이 솟아날 곤 이가 없다
		梱	문지방 곤 문지방·치다·두드리다	골	8	汨	골몰할 골 빠지다·잠기다
		堃	땅 곤 팔괘의 하나		10	骨	뼈 골 뼈·굳다·강직(剛直)하다
		崐	산 이름 곤 산의 이름·서곤의 약칭			搰	팔 골 흐리게 하다
		衮	곤룡포 곤 곤룡포		14	榾	등걸 골 그루터기
	12	棍	몽둥이 곤 몽둥이·일으키다·곤장			滑	미끄러울 활(골) 미끄럽다·어지럽다
	13	琨	아름다운옥 곤 옥돌·패옥 이름		21	鶻	송골매 골 나라 이름
		捆	걷어 올릴 곤 이루다	공	3	工	장인 공 장인
		髡	머리털 깎을 곤 승려·나무의 가지를 치다		4	公	공변될 공 공변되다·공적(公的)인 것
	14	緄	띠 곤 곤룡포			孔	구멍 공 구멍·매우·심히·크다
	15	滾	물흐를 곤 흐르다·샘솟다		5	功	공 공 공·공로·공치사하다
		褌	잠방이 곤 속옷		6	共	함께 공 함께하다·같게 하다

음	원획	한자	훈·음·뜻	음	원획	한자	훈·음·뜻
공	7	攻	칠 공 치다·공격하다·불까다	공	14	箜	공후 공 거문고·바구니
	8	空	빌 공 비다·다하다·없다			槓	지렛대 공 작은 다리·깃대
		供	이바지할 공 이바지하다·말하다		15	鞏	굳을 공 묶다·굳다·가죽테
		拱	두손맞잡을 공 두 손을 맞잡다·껴안다		22	龔	공손할 공 공손하다·받들다
		恭	공손할 공 공손하다·삼가다		24	贛	줄 공 강 이름
	10	恐	두려울 공 두려워하다·두려움	곶 과	7	串	꿸 관(땅 이름 곶) 꼬챙이 찬
		貢	바칠 공 바치다·천거하다		4	戈	창 과 창·싸움·전쟁
		蚣	지네 공 지네·여치		5	瓜	오이 과 오이
		倥	어리석을 공 괴롭다		6	夸	자랑할 과(아름다울 후) 자랑하다·뽐내다
		栱	두공 공 말뚝		8	果	실과 과 실과·나무의 열매
	11	崆	산 이름 공 산의 이름·높다			侉	자랑할 과 자랑하다·뻗다·겨루다
		釭	살촉 공(등잔 강) 등잔·등불		9	科	과목 과 과정·조목·품등·그루
		珙	큰옥 공 큰옥·옥 이름		12	堝	도가니 과 쇠붙이를 녹이는 그릇
		控	당길 공 당기다·고하다·던지다			猓	긴꼬리원숭이 과 오랑캐의 이름
	12	蚣	메뚜기 공 짐승 이름			誇	자랑할 과 자랑하다·자만하다
		蛬	귀뚜라미 공 귀뚜라미과의 곤충		13	跨	타넘을 과 타넘다·넘다·건너가다
	13	跫	발자국 소리 공 발 디디는 울림 소리			稞	보리 과 알곡식

음	원획	한자	훈·음·뜻	음	원획	한자	훈·음·뜻
과	13	窠	보금자리 과 벼슬·방·거실	곽	15	槨	덧널 곽 덧널·관을 담는 궤
	14	菓	과일 과 과일·과자(菓子)		16	霍	빠를 곽(고을 이름 사) 빠르다·사라지다·콩잎
		寡	적을 과 적다·약하다·주상(主上)		20	鞹	무두질한 가죽 곽 생가죽·가죽으로 싸다
		夥	많을 과(많을 화) 넉넉하다·동아리·모이다		21	癨	곽란 곽 급성 위장병
		裹	쌀 과 꾸리다·싸다		22	藿	콩잎 곽 콩잎·향초(香草) 이름
		銙	대구 과 잠그는 자물단추	관	5	卝	쌍상투 관(쇳돌 광) 총각·어린아이·돌침
		課	매길 과 매기다·조세·세금		7	串	땅 이름 곶(꿸 관) 꼬챙이
	15	蝌	올챙이 과 올챙이		8	官	벼슬 관 벼슬·벼슬자리·관청
		踝	복사뼈 과 발꿈치		9	冠	갓 관 갓·관·볏·성(姓)
	16	過	지날 과 지나다·초월하다·낫다		11	貫	꿸 관 꿰다·꿰뚫다·착용하다
		鍋	노구솥 과 노구솥 또는 냄비·대통			梡	도마 관(완) 도마·땔나무·장작
	17	撾	칠 과 북채			款	정성 관(항목 관) 정성·성의·조목(條目)
		顆	낟알 과 낟알·흙덩이·둘레		12	涫	끓을 관 세수하다·대야
	18	騍	암말 과 말의 암컷			棺	널 관 널·관·입관하다
곽	12	椁	덧널 곽 관을 담는 궤			祼	강신제 관 내림굿
	14	廓	둘레 곽(클 확) 지역·크다·넓다		13	筦	다스릴 관(피리 관) 관리하다·열쇠·꾸리다
	15	郭	성곽 곽 성곽·둘레			琯	옥관 관 옥을 다듬어 빛내다

음	원획	한자	훈·음·뜻	음	원획	한자	훈·음·뜻
관	13	寬	너그러울 관 관대하다 · 떠나다	관	24	罐	두레박 관 두레박 · (現)항아리
	14	菅	골풀 관 골풀 · 등골나무 · 난초		25	髖	허리뼈 관 엉덩이뼈 · 살
		管	피리 관 피리 · 대롱			觀	볼 관 보다 · 자세히 보다
		綰	얽을 관 꿰뚫다 · 매다 · 올가미		26	鑵	두레박 관 우물물을 깃는 끈 달린 그릇
	15	慣	버릇 관 버릇 · 버릇이 되다		27	顴	광대뼈 관(권) 관골 · 광대뼈
		寛	너그러울 관 너그럽다 · 넓다		29	鸛	황새 관 구관조
		輨	줏대 관(비녀장 관) 중요한 곳 · 쟁기	괄	8	刮	깎을 괄 깎다 · 갈다 · 닦다
	16	錧	비녀장 관 비녀장 · 중요한 부분			佸	이를 괄 모이다
		盥	대야 관(깨끗할 관) 씻다			括	덧널 곽 덧널 · 관을 담는 궤
		舘	객사 관 객사 · 館의 俗字		10	恝	걱정없을 괄 걱정이 없다 · 여유가 없다
	17	館	객사 관 객사(客舍) · 투숙하다			栝	노송나무 괄 도지개
		窾	빌 관 움푹 들어가다		12	筈	오늬 괄 그러하다
	18	鸛	황새 관 박주가리			聒	떠들썩할 괄 떠들썩하다 · 어리석은 모양
	19	關	빗장 관 빗장 · 기관(機關) · 닫다		13	适	빠를 괄 빠르다 · 신속하다
	22	灌	물댈 관 물 대다 · 따르다 · 붓다		16	髺	묶을 괄 머리를 묶다
		爟	봉화 관 횃불 · 들어 올리다 · 얻다		17	鴰	재두루미 괄 새 이름
	23	瓘	옥이름 관 옥 이름 · 서옥(瑞玉) · 홀	광	5	広	넓을 광 넓다

음	원획	한자	훈·음·뜻	음	원획	한자	훈·음·뜻
광	6	光	빛 광 빛·빛나다·광택	광	15	廣	넓을 광 넓다·넓히다·넓어지다
		匡	바를 광 돕다·바로잡다·휘다		17	礦	쇳돌 광 광석
		狂	미칠 광 미치다·경솔하다		18	壙	광 광 광·들판·텅 비다
	8	侊	성한모양 광 성한 모양			獷	사나울 광 사나운 개
		烑	햇빛뜨거울 광 햇볕이 뜨겁다		19	曠	밝을 광 밝다·환하다·황야
		昳	햇볕뜨거울 광 햇볕이 뜨겁다			爌	불빛 환할 광 환히 밝다
	10	洸	물용솟음할 광 물 용솟음하다·성내다		21	纊	솜 광 솜옷·누에고치
		恇	겁낼 광 두려워하다		23	鑛	쇳돌 광 광석
		桄	광랑나무 광 광랑나무·수레	괘	8	卦	걸 괘 걸다·매달다·입다
		框	문테 광 관의 문		9	咼	입 비뚤어질 괘 사곡하다·부정
	11	珖	옥피리 광 옥피리·옥 이름		10	挂	걸 괘 입다·옷
	12	胱	오줌통 광 오줌통·방광		12	掛	걸 괘 걸다·걸어 놓다
		茪	초결명 광 결명차·마름		12	罫	걸 괘 거리끼다
		筐	광주리 광 광주리·침상(寢牀)		13	詿	그르칠 괘 속이다
		絖	고운 솜 광 고운 솜		14	罫	거리낄 괘 가로 세로친 줄
	13	誆	속일 광 거짓말	괴	8	乖	어그러질 괴 어그러지다·어기다
	14	誑	속일 광 기만하다		9	怪	기이할 괴 기이하다·의심하다

인명용 한자(人名用漢字) | 161

음	원획	한자	훈·음·뜻	음	원획	한자	훈·음·뜻
괴	9	拐	속일 괴 속이다·꾀어내다	굉	10	紘	갓끈 굉 갓끈·경쇠를 매다는 끈
	12	傀	클 괴 크다·도깨비		11	浤	용솟음할 굉 빨리 흐르는 흐름
	13	塊	흙덩이 괴 흙덩이·흙·덩어리		12	閎	마을 문 굉 하늘의 문
		媿	창피줄 괴 부끄럽다·수치를 느끼다		13	觥	뿔잔 굉 강직하다·크다
	14	愧	부끄러워할 괴 부끄러워하다·부끄러움		21	轟	울릴 굉 울리다·천둥소리
		槐	회화나무 괴 회화나무·느티나무	교	5	巧	공교할 교 공교하다·아름답다
		魁	괴수 괴 우두머리·장원·으뜸		6	交	사귈 교 사귀다·주고받고 하다
	15	瑰	구슬 이름 괴 꽃이름		8	佼	좋을 교 굳세다
	16	蒯	기름새 괴 황모·땅이름		9	咬	새소리 교 음란한 소리·깨물다
		廥	곳간 괴(여물광 피) 창고			姣	예쁠 교 예쁘다·요염하다
	17	瓌	구슬 이름 괴 아름답다			狡	교활할 교 교활하다·간교하다
	19	襘	띠 매듭 괴 띠 매듭		10	校	학교 교 학교·본받다·가르치다
		壞	무너질 괴 무너지다·무너뜨리다			晈	달빛 교 햇빛·깨끗하다
곡	17	馘	귀 벨 곡 귀나 머리를 베다			敎	가르침 교 가르침·교령·가르치다
굉	7	宏	클 굉 크다·넓다·광대하다		11	皎	달빛 교 달빛·햇빛·희다·밝다
	9	訇	큰소리 굉 성·속이다			教	본받을 교 본받다·가르치다
	10	肱	팔뚝 굉 팔뚝		12	喬	높을 교 높다·높이 솟다·창

음	원획	한자	훈·음·뜻	음	원획	한자	훈·음·뜻
교	12	絞	목맬 교 목매다 · 꼬다 · 묶다	교	16	噭	부르짖을 교 주둥이 · 부르짖다 · 외치다
		窖	움 교 구멍 · 깊다			憍	교만할 교 교만하다 · 거만하다
		蛟	교룡 교 도룡뇽		17	矯	바로잡을 교 바로잡다 · 곧추다
	13	較	견줄 교 견주다 · 비교하다			膠	아교 교 아교 · 끈끈하다
		郊	성밖 교 성 밖 · 서울의 교외(郊外)			鄗	이름 교 땅의 이름
	14	僑	높을 교 높다 · 타관살이하다			磽	메마른 땅 교 단단하다
		嘐	닭 울 교(큰소리 효) 닭이 울다 · 뜻이 크다			鮫	상어 교 상어 · 교룡(蛟龍)
		嘄	부르짖을 교 울다			鵁	해오라기 교 백조
		暞	밝을 교 밝다 · 깨끗이 나뉘다		18	蕎	메밀 교 메밀 · 대극(大戟)
		榷	외나무다리 교 외나무다리 · 전매하다			嚙	깨물 교 뼈를 씹다
		鉸	가위 교 가위 · 장식 · 재단하다			翹	꼬리긴깃털 교 꼬리의 긴 깃털 · 꼬리
	15	餃	경단 교 경단		19	趫	재빠를 교 용감하다
		嬌	아리따울 교 아리땁다 · 미녀			轎	가마 교 작은 가마
		嶠	뾰족하게높을 교 뾰족하게 높다 · 산길			蹻	발돋움할 교(발돋움할 갹) 굳센 모양 · 강성한 모양
	16	骹	발회목 교(우는살 효) 정강이 · 기물의 다리		21	齩	깨물 교 씹다
		撟	들 교 안마하다		22	驕	교만할 교 교만하다 · 무례하다
		橋	다리 교 다리 · 교량 · 시렁		24	攪	어지러울 교 어지럽다 · 뒤섞다 · 휘젓다

음	원획	한자	훈·음·뜻	음	원획	한자	훈·음·뜻
구	3	口	입 구 입·어귀·구멍	구	8	咎	허물 구 허물·근심거리
	3	久	오랠 구 오래다·변하지 아니하다		8	坸	때 구 수치·나쁘다
	4	仇	원수 구 원수·원망하다		8	岣	산꼭대기 구 봉우리 이름
	4	勾	굽을 구 굽다·갈고리(鉤)		8	疚	고질병 구 꺼림하다
	4	厹	세모창 구 밟다		8	坵	언덕 구 언덕·모으다·丘의 俗字
	5	丘	덧널 곽 덧널·관을 담는 궤		9	拘	잡을 구 잡다·잡히다·체포하다
	5	句	글귀 구(글귀 귀) 문장·구절·마디		9	九	아홉 구 아홉·아홉 번
	5	叴	소리 높일 구(세모창 구) 소리를 높이다·세모창		9	狗	개 구 개·강아지
	6	臼	절구 구 절구·허물(咎)		9	枸	구기자 구 호깨나무·구연·레몬
	7	扣	두드릴 구 당기다·묻다		9	垢	때 구 때·티끌·때 묻다·수치
	7	求	구할 구 구하다·청하다		9	柩	널 구 사람의 시체를 넣은 상자
	7	究	연구할 구 궁구하다·끝·극(極)		9	俅	공손할 구 정중하다
	7	灸	뜸 구 뜸·뜸질하다·버티다		9	姤	만날 구 예쁘다
	7	佝	곱사등이 구(어리석을 구) 구부리다·어리석다		9	昫	따뜻할 구(따뜻할 후) 따스함·현명
	7	劬	수고로울 구 애쓰다		9	韭	부추 구 산부추
	8	玖	옥돌 구 옥돌·아홉·九의 같은 字		10	珣	옥돌 구 옥돌
	8	具	갖출 구 갖추다·온전하다·설비		10	俱	함께 구(갖출 구) 함께·함께하다·갖추다

음	원획	한자	훈·음·뜻	음	원획	한자	훈·음·뜻
구	10	矩	**곱자 구** 곱자·네모·모·모서리	구	13	鳩	**비둘기 구** 비둘기·모으다·모이다
	10	冓	**짤 구** 새목을 쌓나		13	銶	**덧널 곽** 넛널·관을 담는 궤
	10	痀	**곱사등이 구** 구부리다·어리석다		13	傴	**구부릴 구** 곱사등이
	11	苟	**진실로 구(구차할 구)** 진실로·다만·바라건대		13	媾	**화친할 구** 거듭 혼인하다
	11	耉	**늙을 구** 장수함		13	彀	**당길 구** 활을 쏘다
	11	朐	**포 구** 굽다		13	詬	**꾸짖을 구(후)** 욕보이다
	11	救	**건질 구** 건지다·돕다·구원하다		13	裘	**갖옷 구** 갖옷·입다
	11	區	**지경 구** 지경·일정한 지역		14	逑	**짝 구** 짝·배우자·모으다
	11	毬	**공 구** 공·둥근 물체		14	廐	**마구간 구** 벼슬이름
	11	寇	**도둑 구** 도둑·원수·외적의 침략		14	溝	**봇도랑 구** 봇도랑·하수도
	11	釦	**금테 두를 구** 떠들다		14	搆	**얽을 구(이해 못 할 구)** 헐뜯다·이해(理解) 못 하다
	11	蚯	**지렁이 구** 굽은 포		14	構	**얽을 구** 얽다·맺다·인연을 맺다
	11	耇	**늙을 구** 늙다·늙은이		14	謳	**노래할 구** 토하다
	12	球	**공 구** 공(毬)·아름다운 옥		14	嶇	**험할 구** 험하다·괴로워하다
	12	邱	**땅이름 구** 땅 이름·언덕		14	廏	**마구간 구** 벼슬이름
	13	絿	**급할 구(어릴 구)** 급박하다·구하다·작다		14	嫗	**할머니 구** 어머니·여자
	13	舅	**시아비 구** 시아비·외삼촌·장인		14	榘	**모날 구(법도 구)** 폭과 길이·곱자

음	원획	한자	훈·음·뜻	음	원획	한자	훈·음·뜻
구	15	毆	때릴 구 때리다 · 치다 · 땅 이름	구	17	屨	신 구 짚신 · 가죽신
	15	銶	끌 구 나무에 구멍을 뚫는 연장		17	觀	만날 구 이루다 · 합치다
	15	駒	망아지 구 망아지 · 말 · 젊은이		18	龜	땅 이름 구(거북 귀) 땅의 이름
	15	歐	칠 구 토하다 · 뱉다 · 치다		18	舊	옛 구 예 · 오래다(久) · 오래
	15	漚	담글 구(갈매기 구) 담그다 · 물새		18	瞿	놀랄 구 보다 · 놀라서 보다
	15	捄	담을 구 퍼담다 · 건지다		18	軀	몸 구 몸 · 신체
	15	摳	출 구 끌어 올리다 · 던지다		18	謳	노래할 구 노래하다 · 흥얼거리다
	16	窶	가난할 구 가난하다 · 높고 좁은 곳		19	韝	깍지 구 팔찌
	16	篝	배롱 구 대그릇 · 모닥불		20	匶	널 구 관
	16	糗	볶은 쌀 구 미숫가루		21	驅	몰 구 몰다 · 달리다 · 핍박하다
	16	璆	아름다운 옥 구 옥소리		21	鷇	새의 새끼 구 기르다 · 깨다
	16	甌	사발 구 추발 · 악기		22	懼	두려워할 구 두려움 · 근심 · 걱정
	16	蒟	구장 구 후추과의 풀		22	鷗	갈매기 구 갈매기
	16	龜	땅 이름 구(거북 귀) 땅의 이름		22	戵	창 구 창 · 네 갈래 진 창(槍)
	17	遘	만날 구 만나다 · 뵙다 · 차리다		23	癯	여윌 구 여위다 · 핏기가 전혀 없다
	17	購	살 구 사다 · 구하다		24	衢	네거리 구 네거리 · 도로 · 갈림길
	17	颶	구풍 구 구풍(風) · 맹렬한 폭풍		26	鼊	제비 구(제비 규) 추첨 · 쟁취하다

음	원획	한자	훈·음·뜻	음	원획	한자	훈·음·뜻
구	29	鸜	구관조 구 구관조 · 부엉이	군	12	窘	막힐 군 막히다 · 궁해지다
국	7	局	판 국 판(장기 · 바둑) · 모임		13	裙	치마 군 치마 · 가장자리 · 속옷
	8	匊	움킬 국 움켜쥐다 · 손바닥			羣	무리 군 무리 · 떼 · 群의 俗字
		国	나라 국 나라 · 나라를 세우다		14	郡	고을 군 고을 · 군 · 관청(官廳)
	11	國	나라 국 나라 · 나라를 세우다			皸	틀 군 손발이 얼어 터짐
	12	掬	움킬 국 손바닥	굴	8	屈	굽을 굴 굽다 · 굽히다 · 베다
	14	菊	국화 국 국화 · 대국(大菊)		10	倔	고집 셀 굴 고집 · 굽다
		跼	구부릴 국 굽다		11	堀	굴 굴 굴 · 파다 · 땅을 파다
		簕	대뿌리 국 대뿌리			崛	우뚝 솟을 굴 산이 우뚝 솟다
	17	鞠	공 국 구부리다 · 궁하다		12	掘	팔 굴 파다 · 파내다 · 움푹 패다
		麴	누룩 국(누룩 곡) 효모 · 술			淈	흐릴 굴 진흙
	18	鞫	국문할 국 국문하다 · 다하다			詘	굽힐 굴(말 더듬을 눌) 굽히다 · 접다
	19	麴	누룩 국 효모 · 술 · 누에 채반		13	窟	굴 굴 굴 · 움 · 사람이 모이는 곳
군	7	君	임금 군 임금 · 주권자 · 세자	궁	3	弓	활 궁 활 · 궁술
	9	軍	군사 군 군사(軍士) · 진치다		8	穹	하늘 궁 하늘 · 궁(窮)하다
	11	捃	주울 군 줍다		9	芎	궁궁이 궁 궁궁이 · 천궁(川芎)
		桾	고욤나무 군 고욤나무 · 감나뭇과의 교목		10	宮	집 궁 집 · 담 · 장원(墻垣)

인명용 한자(人名用漢字) | 167

음	원획	한자	훈·음·뜻	음	원획	한자	훈·음·뜻
궁	10	躬	몸 궁 몸·자신·몸소 행하다	권	15	權	권세 권 권세
	14	躳	몸 궁 몸소 행하다		20	勸	덧널 곽 덧널·관을 담는 궤
	15	窮	다할 궁 다하다·끝나다·말다		22	權	저울추 권 저울추·저울·경중
권	8	券	문서 권 문서·어음 쪽	궐	12	厥	그 궐 그·그것·파다
		卷	책 권(말 권) 책·공문서·두루마리·말다		16	獗	날뛸 궐 날뛰다·사납게 날뛰다
	10	拳	주먹 권 주먹·주먹을 쥐다·힘		18	蕨	고사리 궐 고사리·고비·마름
		倦	게으를 권 게으르다·피로하다			闕	대궐 궐 대궐·문(門)
		勌	게으를 권 수고롭다		19	蹶	넘어질 궐 넘어지다·엎어지다
	11	圈	우리 권 우리·감방	궤	2	几	안석 궤 의자
		睠	돌아볼 권 돌아보다·돌이켜보다		6	氿	샘 궤 솟는 샘
		捲	말 권(거둘 권) 말다·감아 말다·걷다			机	책상 궤 책상·나무 이름
	12	淃	물돌아흐를 권 물이 돌아 흐르다		8	佹	괴이할 궤 속이다
		惓	싫갈 권 싫증나다		9	軌	길 궤 길·도로·궤도·법도
		棬	나무 그릇 권 코뚜레		13	詭	속일 궤 속이다·기만하다·꾸짖다
	13	睠	돌아볼 권 그리워하다			跪	꿇어앉을 궤 발
	14	綣	정다울 권 털가죽 목도리			麂	큰 노루 궤 고라니
		蜷	구부릴 권 나무좀		14	劂	새김칼 궤 조각칼

음	원획	한자	훈·음·뜻	음	원획	한자	훈·음·뜻
궤	14	匱	다할 궤(상자 궤) 함·삼태기		18	歸	돌아갈 귀 돌아가다·돌려보내다
	16	潰	무너질 궤 무너지다·어지럽다			龜	거북 귀(땅 이름 구) 거북 껍질
		憒	심란할 궤 마음이 어지럽다	규	5	叫	부르짖을 규 부르짖다·부르다·울다
		撅	옷 걷을 궤 치다·파다·꺾다		6	圭	서옥 규 서옥·깨끗하다
		樻	나무 이름 궤 영수목		7	糾	꼴 규 꼬다·드리다·糾와 同字
	17	簋	제기 이름 궤 제기·기장			糾	살필 규 살피다·규명하다
	18	櫃	궤 궤 함·상자		8	虯	규룡 규 새끼 용
		繢	수놓을 궤 끈			刲	찌를 규 죽이다
	19	餽	보낼 궤 흉년		9	奎	별 규 별 이름·글·문장(文章)
	20	饋	먹일 궤 먹이다·올리다			赳	헌걸찰 규 헌걸차다·용맹스럽다
		闠	성시 바깥문 궤 길			珪	서옥 규 결백하다·圭의 古字
귀	5	句	구절 구(귀) 글귀·문장이 끊어지는 곳		11	規	법 규 법·규정·규칙·모범
	10	鬼	귀신 귀 귀신·교활하다·먼 곳			硅	규소 규 규소·깨뜨리다
	12	貴	귀할 귀 귀하다·소중하다			頄	광대뼈 규(광대뼈 구) 광대뼈·귀신(鬼神)의 이름
		晷	그림자 귀 그림자·햇빛·빛		12	菫	딸기 규 딸기·
	14	鏡	삽 궤 삽·두견새·뻐꾸기		13	邽	고을이름 규 고을(縣)이름·보옥(寶玉)
	16	龜	거북 귀(땅 이름 구) 거북의 껍데기·땅 이름			揆	헤아릴 규 헤아리다·도(道)·법(法)

음	원획	한자	훈·음·뜻	음	원획	한자	훈·음·뜻
규	13	溿	물이솟아흐를 규 물이 솟아 흐르다	규	19	闚	엿볼 규 잠깐 보다
		睽	어길 규 어기다		20	巋	가파를 규 험준하다
		橬	호미 자루 규 감탕나무	균	4	勻	두루 균 적다·흩어지다·두루
		跬	반걸음 규 가깝다			匀	두루 균 두루·두루 미치다
		頍	머리 들 규 머리장식		7	均	고를 균 고르다·조화를 이루다
		煃	불꽃 규 불타는 모양		8	囷	곳집 균 곳간(庫間)으로 지은 집
	14	䁆	사팔눈 규 노려보다		9	畇	개간할 균 따비·밭을 일구다
		閨	규수 규 도장방·부녀자의 거실		12	鈞	서른근 균 고르다·녹로
		嫢	가는허리 규 가는 허리·나긋나긋하다		13	筠	대나무 균 대나무의 푸른 껍질
	15	逵	길거리 규 한길·물속 길		14	菌	버섯 균 버섯·하루살이
		葵	해바라기 규 해바라기·접시꽃·촉규			覠	크게 볼 균 크게 보다·사람의 이름
		嬀	성씨 규 강 이름		16	龜	갈라질 균 땅이름
		樛	휠 규 구불구불하다		18	麕	노루 균 노루
		槻	물푸레나무 규 물푸레나무			龜	터질 균(거북 귀) 땅의 이름
	16	潙	강 이름 규(물 이름 위) 강(江)의 이름	귤	16	橘	귤나무 귤 귤나무·귤
		窺	엿볼 규 엿보다·살펴보다	극	7	克	이길 극 이기다·능하다·능히
	18	竅	구멍 규 구멍·구멍을 뚫다		9	亟	빠를 극 사랑하다

음	원획	한자	훈·음·뜻	음	원획	한자	훈·음·뜻
극	9	剋	이길 극 잘하다 · 판단하여 잡다	근	12	筋	힘줄 근 힘줄 · 힘 · 체력
	10	尅	이길 극 제하다 · 정하다		13	靳	가슴걸이 근 인색하다
		屐	나막신 극 나막신			勤	부지런할 근 부지런하다 · 일
	12	戟	창 극 창 · 찌르다			僅	겨우 근 겨우 · 조금 · 거의
		棘	가시 극 멧대추나무 · 가시나무			跟	발꿈치 근 시중들다
	13	極	다할 극 다하다 · 끝나다		14	菫	제비꽃 근 제비꽃 · 오랑캐꽃
		郄	틈 극 갈라지다			墐	매흙질할 근 매흙질하다 · 파묻다
	15	劇	심할 극 번거롭다 · 힘들다			嫤	아름다울 근 여자의 자(字) · 아름답다
	18	隙	틈 극 틈 · 구멍 · 겨를 · 여가			廑	겨우 근 작은 · 조금
근	4	斤	도끼 근 도끼 · 나무를 베다		15	槿	무궁화나무 근 무궁화나무
	6	劤	강한 근 힘 · 힘세다			漌	맑을 근 적시다
	9	졸	술잔 근 따르다		16	瑾	아름다운 옥 근 붉다
		釛	힘줄 근 무게의 단위		17	懃	아름다운옥 근 아름다운 옥 · 붉은 옥
	10	芹	미나리 근 미나리		18	謹	삼갈 근 삼가다 · 경계하다
		根	뿌리 근 뿌리 · 뿌리박다			覲	뵐 근 뵈다 · 보다 · 만나 보다
	11	近	가까울 근 가깝다 · 닮다 · 알기 쉽다		20	饉	주릴 근 흉년이 들다 · 주리다
	12	釿	도끼 근(대패 은) 큰 자귀	글	6	劼	뜻 글 지친모양

인명용 한자(人名用漢字) | 171

음	원획	한자	훈·음·뜻	음	원획	한자	훈·음·뜻
글	9	契	부족 이름 글 약속하다 · 새기다	금	17	擒	사로잡을 금 사로잡다 · 생포하다
금	4	今	이제 금 이제 · 이에 · 혹은			檎	능금나무 금 능금나무
	7	妗	외숙모 금 외숙모 · 방정맞다		19	襟	옷깃 금 옷깃 · 가슴 · 마음 · 생각
	8	昑	밝을 금 밝다	급	4	及	미칠 급 이르다 · 미치게 하다
		金	쇠 금(성 김) 금속 광물의 총칭 · 돈		6	伋	속일 급 속이다 · 거짓
	10	芩	풀이름 금 속서근풀 · 수초 이름			圾	위태할 급 위태롭다
		衿	옷깃 금 옷고름 · 매다 · 잡아매다		7	岌	높을 급 위태로운 모양
		衾	이불 금 이불 · 침구의 한 가지			皀	고소할 급(향기 향) 고소하다 · 낟알
		笒	첨대 금 죽첨 · 첨대		8	汲	길을 급 물을 긷다 · 당기다
	11	唫	입 다물 금 말을 더듬다			扱	미칠 급 어느 곳에 이르다
	13	琴	거문고 금 거문고		9	急	급할 급 급하다 · 빠르다
		禁	금할 금 꺼리다 · 규칙		10	茋	말오줌나무 급 풀이름
		禽	새 금 날짐승 · 사로잡다			級	등급 급 순서 · 차례 · 층계
	15	嶔	높고 험할 금 높고 험하다 · 딱벌리다			笈	책 상자 급 말 안장
	16	黅	누른빛 금 누른빛 ·		12	給	넉넉할 급 더하다 · 보태다 · 대다
		錦	비단 금 아름다운 것의 비유		18	礏	산 우뚝 솟을 급 산(山)이 우뚝 솟다
		噤	입 다물 금 입을 다물다 · 닫다	긍	6	亙	뻗칠 긍(베풀 선) 뻗치다 · 亘의 古字

음	원획	한자	훈·음·뜻	음	원획	한자	훈·음·뜻
궁	6	亘	뻗칠 긍 건너다 · 베풀다 · 널리	기		技	재주 기 공인(工人) · 장인(匠人)
	9	矜	자랑할 긍 괴로워하다 · 아끼다			沂	물이름 기 물 이름 · 고을 이름
	10	肯	즐길 긍 옳이 여기다 · 즐기다			玘	패옥 기 패옥 · 노리개
	11	殑	까무러칠 긍 유령이 나타나다			祁	성할 기 크게 · 많다 · 조용히
	14	兢	삼갈 긍 두려워하다 · 굳세다		8	汽	김 기 김 · 증기 · 汽의 本字
기	3	己	몸 기 여섯째 천간 · 자아(自我)			忮	해칠 기 거스르다
	6	企	꾀할 기 도모하다 · 계획하다			怾	사랑할 기(기댈 지) 사랑하다 · 공경하다
		伎	재주 기 재주 · 기술 · 광대 · 배우			其	그 기 그(지시 대명사)
		屺	민둥산 기 민둥산 · 독산			奇	기이할 기 뛰어나다 · 갑자기
		庋	시렁 기 갈무리 해두다			歧	갈림길 기 가다
		弃	버릴 기 그만두다			炁	기운 기 기후
		圻	경기 기(지경 은) 경기(京畿) · 끝 · 지경			祈	빌 기 구(求)하다 · 고하다
	7	岐	갈림길 기 갈림길 · 자라나는 모양		9	祇	땅귀신 기(마침 지) 땅귀신 · 마침 · 크다
		杞	구기자 기 소태나무 · 나라 이름			紀	벼리 기 벼리 · 실마리
		妓	기생 기 기생 · 창녀 · 음란한 여자			芪	단너삼 기 풀 이름
		忌	꺼릴 기 싫어하다 · 미워하다		10	朒	도마 기 삼가다
	8	肌	살 기 근육 · 피부 · 몸 · 신체			茋	마름 기 수초의 한 가지

음	원획	한자	훈·음·뜻	음	원획	한자	훈·음·뜻
기	10	起	일어날 기 날아오르다 · 출세하다	기	12	期	기약할 기 정하다 · 단단히 결심하다
		氣	기운 기 기운 · 공기 · 대기 · 숨			幾	몇 기 얼마 · 조짐 · 기미
		豈	어찌 기 어찌하여			欺	속일 기 거짓 · 허위 · 업신여기다
		記	기록할 기 적다 · 기억하다 · 문서			棄	버릴 기 그만두다 · 폐하다
		耆	늙을 기 늙은이 · 어른 · 스승			棋	바둑 기 장기 · 바둑을 두다
		剞	새김칼 기 나라이름			朞	돌 기 돌 · 1주년
		旂	기 기 붉은 기			敧	기울 기 높이 솟다
	11	飢	주릴 기 주리다 · 주림 · 기아(飢餓)			棊	바둑 기 장기 · 근본
		基	터 기 기초 · 사업 · 꾀 · 꾀하다		13	琪	옥 기 옥
		旣	이미 기 벌써 · 원래 · 처음부터			祺	복 기 복 · 즐거움 · 길조
		寄	부칠 기 보내다 · 위탁하다			琦	옥이름 기 훌륭하다 · 기이하다
		埼	험할 기 험하다 · 곶 · 崎와 同字			嗜	즐길 기 즐기다 · 좋아하다
		崎	험할 기 험하다 · 사납다			畸	뙈기밭 기(불구 기) 뙈기밭 · 불구
		跂	육발이 기(힘쓸 지) 육발이 · 꿈틀꿈틀			稘	일주년 기 돌 · 볏짚 · 콩대 · 콩 줄기
	12	淇	강이름 기 강 이름			頎	헌걸찰 기 헌걸차다 · 정중하다
		掎	끌 기 끌어당기다			碁	바둑 기 바둑돌 · 棋와 同字
		猉	강아지 기(기린 기) 강아지 · 기린		14	愭	공손할 기 두렵다

음	원획	한자	훈·음·뜻
기	14	旗	기 기 표 · 표지 · 깃발
		暣	볕기운 기 볕기운
		綺	비단 기 무늬 · 광택 · 아름답다
		箕	키 기 키 · 쓰레받기
		榿	오리나무 기 오리나무
		僛	춤출 기 춤추다 · 엄포 놓다
		墍	맥질할 기 벽을 칠함
		綦	연둣빛 비단 기 연두빛 비단 · 빛깔 이름
		綥	연둣빛 기 들메 끈
		蜝	방게 기 거머리의 일종
	15	畿	경기 기 경기 · 지경 이름 · 서울
		[illegible]	높을 기 높다 · 펼쳐지다
	16	璂	피변꾸미개 기 피변(皮弁) 꾸미개
		器	그릇 기 그릇 · 그릇으로 쓰다
		機	틀 기 틀 · 기계 · 베틀 · 용수철
		錤	호미 기 호미
		冀	바랄 기 바라다 · 원하건대
기	16	錡	가마솥 기 가마솥 · 쇠뇌
		曁	및 기 굳센 모양
	17	璣	구슬 기 모난 구슬 · 별 이름
		禨	조짐 기 빌미
		磯	물가 기 물가 · 강가의 자갈밭
		覬	바랄 기 처지다
	18	隑	사다리 기 후미 · 길다
		騎	말탈 기 걸터앉다 · 말 탄 군사
		騏	준마 기 검푸른 말 · 검푸른 빛
		穖	갈 기 갈다
		蟣	서캐 기 이 · 거머리
	19	譏	나무랄 기 충고하다 · 원망하다
		麒	기린 기 기린과에 딸린 야생 동물
	20	[illegible]	모난 구슬 기 구슬 · 선기
		鬐	갈기 기 등지느러미
		夔	조심할 기 두려워하여 삼가는 모양
	21	饑	주릴 기 굶주리다 · 흉년

음	원획	한자	훈·음·뜻	음	원획	한자	훈·음·뜻
기	21	鰭	지느러미 기 등지느러미	쾌	16	噲	목구멍 쾌 시원하다
	22	蘄	풀 이름 기 승검초				
	23	羈	굴레 기(나그네 기) 말고삐·객지살이·북상투				
	25	夔	조심할 기 나무이름				
		羇	굴레 기 굴레·말고삐·나그네				
	27	驥	천리마 기 천리마(千里馬)·준마				
긴	14	緊	긴할 긴 긴하다·오그라들다				
길	6	吉	길할 길 길하다·좋다·복				
	8	佶	건장할 길 건장하다·씩씩하다				
	9	姞	삼갈 길 성(姓)의 하나·삼가다				
	10	拮	일할 길(핍박할 갈) 일하다·핍박하다				
		桔	도라지 길 도라지·두레박틀				
	12	蛣	장구벌레 길 매미				
김	8	金	쇠 금(성 김) 금속 광물의 총칭·돈				
끽	12	喫	먹을 끽 마시다·먹다·피우다				
쾌	4	夬	터놓을 쾌 터놓다·결정하다				
	8	快	쾌할 쾌 상쾌하다·기뻐하다				

 의 속성

ㄴ/ㄷ/ㄹ/ㅌ

음	원획	한자	훈·음·뜻	음	원획	한자	훈·음·뜻
나	8	奈	어찌 나 능금나무·대응하다	나	13	諉	붙잡을 나 붙잡다·서로 당기다
	9	拏	당길 나 붙잡다·비비다·뒤섞다		18	懦	부드러울 나 유연하다·여리다
		奈	어찌 나 능금나무·말리·어떻게		20	糯	찰벼 나 찰벼
		娜	아름다울 나 아리땁다		21	儺	역귀쫓을 나 역귀를 쫓는 행사
	10	拿	잡을 나 사로잡다·손에 넣다	낙	16	諾	허락할 낙 승낙하다
		挐	붙잡을 나 손에 넣다·끌다	난	11	偄	연약할 난 연약하다·속이다
		夠	많을 나 많다		12	赧	얼굴 붉힐 난 무안해하다
	11	梛	나무이름 나 나무 이름		13	暖	따뜻할 난 따뜻하다·따뜻하게 하다
		那	어찌 나 어떻게·어찌하랴			煖	더울 난 따뜻하다·덥다
		挪	유용할 나 옮기다·유용(流用)하다			愞	나약할 나 여리다·낮아지다
	12	腡	성길 나 성기다·배지 않다		18	饌	풀보기 잔치 난 대접하다·(飮食)을 보내다
		喇	나팔 라 나팔·승려		19	難	어려울 난 재앙·근심·힐난하다
		旀	깃발 나 바람에 날리다	날	11	捏	이길 날 이기다

178

음	원획	한자	훈·음·뜻	음	원획	한자	훈·음·뜻
날	12	捏	누를 날 누르다·찍다·파임	내	9	奈	어찌 내(능금나무 내) 능금나무·어찌·어떻게
남	7	男	사내 남 장부·아들·젊은이		13	迺	이에 내(옮길 천) 곧·비로소
	8	柟	녹나무 남 녹나무		15	鼐	가마솥 내 큰 솥
	9	南	남녘 남 남녘·남쪽으로 향하다		17	嬭	젖 내 어머니·양육하다
	12	喃	재잘거릴 남 수다스럽다	녀	3	女	여자 녀 작고 섬세하다
	13	湳	강이름 남 강 이름	녁	12	惄	허출할 녁(역) 생각하다
	13	楠	녹나무 남 녹나뭇과의 상록 교목	년	6	年	해 년 365일·나이·연령·신년
납	10	衲	기울 납 깁다·옷을 수선하다		8	秊	해 년 때·나아가다·年의 本字
	10	納	바칠 납 헌납하다·넣어 두다		15	碾	맷돌 년(연) 돌절구
낭	10	娘	아가씨 낭 아가씨·어머니		16	撚	비틀 년 꼬다·실·노·밟다
	21	曩	접때 낭 앞서·전에	념	8	念	생각할 념 생각·외다·읊다
	22	囊	주머니 낭 주머니에 넣다·불알		9	拈	집을 념(달 점) 집어 들다·집어 비틀다
내	2	乃	이에 내 곧·그래서		10	恬	편안할 념 조용하다·고요하다
	4	內	안 내 들다·들이다·어머니		12	捻	비틀 념 비틀다·비꼬다·붙잡다
	5	奶	젖 내 유모·어머니	녑	12	惗	사랑할 녑(엽) 생각하다
	8	奈	어찌 나 견디다·대처하다	녕	7	佞	아첨할 녕 아첨하다·바르지 못함
	9	耐	견딜 내 참다·임무를 감당하다		13	寗	차라리 녕 차라리·소원·寧의 俗字

음	원획	한자	훈·음·뜻	음	원획	한자	훈·음·뜻
녕	14	寧	편안할 녕 편안하다 · 친정가다	노	20	臑	팔꿈치 노 팔꿈치 · 삶다 · 팔뼈
	16	儜	괴로워할 녕(영) 약하다	농	13	農	농사 농 농사 · 농업 · 농부 · 백성
	17	嚀	간곡할 녕(영) 간절하다		15	儂	나 농 노인의 높임말
	18	獰	모질 녕 모질다		16	噥	소곤거릴 농 소곤거리다 · 맛이 짙다
		濘	진창 녕(영) 작은 흐름 · 얕은 물		17	濃	짙을 농 우거지다 · 무성하다
노	5	奴	종 노 종 · 노예 · 포로		18	穠	꽃나무 무성할 농 짙다
	7	努	힘쓸 노 힘쓰다		19	膿	고름 농 진한 국물 · 짓무르다
	8	弩	쇠뇌 노 쇠뇌		20	醲	진한 술 농 후하다
		呶	지껄일 노 지껄이다	뇌	13	惱	번뇌할 뇌 괴롭히다 · 괴로움
		孥	자식 노 처자		15	腦	뇌 뇌 뇌 · 머리 · 마음 · 정신
	9	怒	성낼 노 성내다 · 화내다 · 성 · 화		16	餒	주릴 뇌 굶기다
	10	猱	산 이름 노 개	뇨	7	尿	오줌 뇨 오줌 · 소변
	11	笯	새장 노(나) 새장		12	淖	진흙 뇨(요) 젓다
	13	猱	원숭이 노 희롱거리다		13	嫋	예쁠 뇨(요) 온화하다
	14	瑙	옥돌 노 마노(瑪瑙) · 무늬 있는 돌		15	鬧	시끄러울 뇨 흐트러지다 · 산만하다
		譊	기뻐할 노 수수께끼		16	撓	어지러울 뇨 휘다 · 구부러지다
	15	駑	둔할 노 둔하다		17	嬲	희롱할 뇨(요) 놀리다

음	원획	한자	훈·음·뜻	음	원획	한자	훈·음·뜻
뇨	20	鐃	징 뇨(요) 동발·떠들썩하다	니	9	怩	부끄러워할 니(이) 겸연쩍어하다
누	11	啂	젖 먹을 누 젖을 먹다·젖을 주다			柅	무성할 니 무성하다·무성한 모양
	16	耨	김맬 누 호미		10	祢	아버지 사당 니(이) 신주·禰와 同字
눈	14	嫩	어릴 눈 어리다·예쁘다·엷다		14	馜	진한향기 니 진한 향기
눌	7	吶	말 더듬을 눌 말을 더듬다		16	儗	마음 좋을 니(이) 마음이 좋다
	10	肭	살찔 눌 살찌다		18	膩	미끄러울 니 미끄럽다·기름·때
	11	訥	말 더듬을 눌 말을 더듬다			濔	치렁치렁할 니(미) 많다·넘치다
뉴	8	忸	익을 뉴(유) 익숙해지다·부끄럽다		19	禰	아버지 사당 니(이) 아버지의 사당·신주
		杻	감탕나무 뉴 감탕나무·싸리나무	닉	11	匿	숨을 닉 숨다·숨기다·숨은 죄
	10	紐	끈 뉴 끈·인끈·매다·묶다		14	溺	빠질 닉 물에 빠지다·잠기다
		袖	옷 부드러울 뉴 	닐	9	昵	친할 닐(일) 친하다·친근하다·붙이다
	12	鈕	인꼭지 뉴 인(印)꼭지·단추·성(姓)		15	暱	친할 닐(일) 사사로움·昵과 同字
뉵	10	衄	코피 뉵 나오다·움츠리다	다	6	多	많을 다 많다·넓다·포개지다
능	12	能	능할 능 능하다·잘하다·미치다			夛	두터울 다 겹치다·두텁다·크다
니	5	尼	중 니 중·여승·비구니		10	爹	아비 다 아비·아버지
	8	呢	소곤거릴 니(이) 소곤거리다·지저귀다		12	茤	마름 다 마름·남녘 오랑캐
	9	泥	진흙 니 진흙·진창·흐리다			茶	차 다 차·차를 마시다

음	원획	한자	훈·음·뜻	음	원획	한자	훈·음·뜻
다	12	察	깊을 다 깊은 모양	단	13	亶	믿음 단 믿음 · 진실로 · 도탑다
	15	樣	차나무 다 차			煓	불꽃성할 단 불꽃이 성하다 · 빛나다
	16	鰭	뿔 밑동 다 뿔의 밑동 · 크다			椴	자작나무 단 무궁화
단	4	丹	붉을 단 붉게 칠하다 · 단사(丹砂)			蜑	오랑캐 이름 단 오랑캐의 이름 · 구불구불
	5	旦	일찍 단 해 돋을 무렵 · 밤이 새다		14	端	바를 단 곧다 · 옳다 · 바로잡다
	7	但	오직 단 다만 · 그러나 · 기탄없이			團	둥글 단 둥글다 · 모이다 · 덩어리
	9	担	떨칠 단 치다		15	腶	약포 단 약포 · 육포
		段	구분 단 갈림 · 부분 · 문장의 단위			慱	근심할 단 둥글다
		彖	판단할 단 점치다 · 판단하다			漙	많을 단 이슬
		晪	밝을 단 밝다			緞	비단 단 신 뒤축에 붙인 헝겊
		耑	시초 단 처음 · 오로지		16	壇	단 단 흙을 쌓아 올려 만든 단
		胆	어깨 벗을 단 침 · 품은 뜻 · 닦다		17	檀	박달나무 단 단향목 · 대나무의 형용
	11	袒	웃통벗을 단 소매를 걷어 올리다			鍛	쇠불릴 단 숫돌 · 포(脯) · 건어(乾魚)
		蛋	새알 단 새알			癉	앓을 단(고달플 다) 앓다 · 고달프다
	12	單	홑 단 하나 · 오직 · 다만 · 혼자		18	斷	끊을 단 절단하다 · 쪼개다
		短	짧을 단 짧다 · 숨이 가쁘다 · 적다			簞	대광주리 단 대광주리
	13	湍	여울 단 급류 · 소용돌이치다		19	鄲	조나라서울 단 조(趙)나라의 서울

음	원획	한자	훈·음·뜻	음	원획	한자	훈·음·뜻
달	8	妲	여자의 자 달 여자(女子)의 자(字)	담		淡	묽을 담 묽다 · 싱겁다 · 담박하다
	9	怛	슬플 달 근심하다		12	覃	뻗을 담 뻗다 · 퍼지다 · 이르다
	10	疸	황달 달 달병			啿	넉넉할 담 넉넉하다 · 많다 · 먹다
	14	靼	다룸가죽 달 오랑캐 이름			毯	담요 담 모포
	16	達	통달할 달 미치다 · 꿰뚫다 · 깨닫다		13	湛	즐길 담 빠지다 · 탐닉하다
	17	撻	매질할 달 매질하다 · 때리다			痰	가래 담 담 · 천식 · 지랄병 · 간질
		澾	미끄러울 달 미끄럽다			郯	나라 이름 담 성
	20	獺	수달 달 수달			噉	먹을 담 탐하다
	21	闥	문 달(문빗장 건) 문 · 뜰 · 관청(官廳)		15	談	말씀 담 언론 · 말하다
	22	韃	매질할 달(종족 이름 달) 매질하다 · 치다			儋	멜 담 항아리
담	7	坍	물언덕칠 담 무너지다			墰	술 단지 담 술 단지 · 항아리 · 술병
	8	炎	불탈 염 불타다 · 덥다 · 뜨겁다			潭	연못 담 깊다 · 소 · 못 · 물가
	10	倓	고요할 담 고요하다 · 움직이다		16	曇	흐릴 담 구름이 끼다 · 짐새
		啖	씹을 담 먹다 · 탐하다			錟	창 담 창 · 날카롭다 · 찌르다
	11	聃	귓바퀴없을 담 귓바퀴 없다 · 聃의 俗字		17	擔	멜 담 짊어지다 · 맡다 · 들다
		埮	평평한 땅 담 평평(平平)한 땅			澹	담박할 담 담박하다 · 움직이다
		啗	먹일 담 속이다 · 먹이다			憺	편안할 담 평온하다 · 정하다

음	원획	한자	훈·음·뜻	음	원획	한자	훈·음·뜻
담	17	襌	담제 담 고요하다	당	12	棠	팥배나무 당 팥배나무·산앵두나무
	18	蕁	지모 담 지모(知母)·쐐기풀		13	當	마땅 당 당하다·대하다·갚음
	19	膽	쓸개 담 담력·마음·충심(衷心)			塘	못 당 못·둑·제방·저수지
		薝	치자나무 담 치자나무		14	搪	뻗을 당 찌르다·막다
		譚	이야기 담 말씀			溏	진창 당 진흙·못
		壜	항아리 담 술 단지		15	瑭	옥 이름 당 당무옥
	21	黮	검을 담 어둡다			幢	기 당 기·막(幕)·휘장
	22	罎	항아리 담 술명			撞	칠 당 두드리다·쳐서 찌르다
	25	黵	문신할 담 때가 묻다		16	瞠	볼 당 똑바로 보다
답	8	沓	유창할 답 유창하다·끓다			糖	엿 당 사탕
	9	畓	논 답 논·수전(水田)		17	螳	사마귀 당 사마귀
	12	答	대답 답 맞대응하다·대답하다			檔	의자 당 나무침대
	15	踏	밟을 답 밟다·디디다·발판·신			餳	엿 당 굳힌 엿
	17	遝	뒤섞일 답 따라붙다·뒤얽힌 모양		18	璫	귀고리 옥 당 관의 꾸미개
당	10	唐	당나라 당(당황할 당) 당나라·허풍·위반되다			礑	밑바닥 당 밑바닥·찰싹 소리
		倘	빼어날 당 어정거리다		19	餹	엿 당 쌀강정
	11	堂	집 당 집·향(鄕)의 학교			襠	잠방이 당 농부가 입는 홑 옷

음	원획	한자	훈·음·뜻	음	원획	한자	훈·음·뜻
당	19	鐺	종고 소리 당 쇠사슬	대	11	帶	띠 대 띠를 두르다·차다
		螳	사마귀 당 버마재비			袋	자루 대 자루·부대·주머니
	20	黨	무리 당 마을·향리·일가·친척		12	貸	빌릴 대 빌리다·빌린 금품
	21	鏜	쇠사슬 당 쇠사슬·종고 소리		13	昃	해가 돋을 대 해가 돋다
	22	儻	빼어날 당 갑자기			碓	방아 대 방망이
	27	讜	곧은 말 당 바른말·직언		14	對	대답할 대 대하다·대(對)·상대
	28	戇	어리석을 당 어리석다·외고집인 성질			臺	돈대 대 돈대·물건을 얹는 대
대	3	大	큰 대 크다·넓다·두루		16	儓	하인 대 심부름꾼·농부
	5	代	대신할 대 대신하다·번갈아·시대		17	隊	대 대 대(隊)·줄·무리·떼
	7	汏	일 대 씻다·교만하다			黛	눈썹먹 대 눈썹먹으로 그린 눈썹
		昊	햇빛 대 햇빛·날빛·해가 크다			戴	일 대 머리 위에 올려놓다
	8	坮	터 대 터·집터		18	擡	움직거릴 대 들다·들어 올리다
		岱	태산 대 오악(五嶽)의 하나·크다			嚉	무성할 대 무성하다
		坫	집 대 마을·성문·능·어른			懟	원망할 대 고민하다
	9	抬	들 대 들어 올리다·笞와 同字		20	鐓	창고달 대(창고달 돈) 쇠방망이
		待	기다릴 대 갖추다·대비하다·막다	댁 덕	6	宅	댁 댁(집 택) 대지·정하다·살다
	10	玳	대모 대 바다거북		12	悳	덕 덕 덕·선행(善行)

인명용 한자(人名用漢字)

음	원획	한자	훈·음·뜻	음	원획	한자	훈·음·뜻
덕	14	德	클 덕 크다 · 도덕 · 선행	도		屠	잡을 도 짐승을 잡다 · 무찌르다
	15	德	덕 덕 덕 · 행위 · 어진 이			悼	슬퍼할 도 슬퍼하다 · 두려워서 떨다
도	2	刀	칼 도 칼			掉	흔들 도 움직이게 하다 · 요동하다
	5	夲	나아갈 도(근본 본) 나아가다 · 근본		12	掏	가릴 도 꺼내다
		叨	탐낼 도 함부로			淘	쌀일 도 씻다 · 깨끗하게 헹구다
	6	忉	근심할 도 걱정하다			盜	훔칠 도 밀통하다 · 도둑질
	8	到	이를 도 이르다 · 속이다			棹	노 도 노를 젓다 · 卓의 俗字
		弢	활집 도 활집 · 속박 · 감추다			稌	찰벼 도 메벼
	9	度	법도 도 법도(法度) · 기량			逃	달아날 도 도망치다 · 숨다 · 숨기다
		挑	휠 도 휘다 · 굽다 · 어깨에 메다			渡	건널 도 건너다 · 지나가다
		洮	씻을 도(조) 굽다 · 휘다		13	裪	복 도 복 · 행복(幸福)
	10	島	섬 도 도서			跳	도약할 도 도약하다 · 달리는 모양
		徒	무리 도 동아리 · 일꾼 · 보병(步兵)			塗	진흙 도 진흙 · 칠하다 · 길
		倒	넘어질 도 넘어지다 · 죽다 · 거꾸로		14	途	길 도 길 · 도로
		桃	복숭아나무 도 복숭아나무 · 복숭아			萄	포도 도 포도 · 머루
	11	涂	칠할 도(길 도) 칠하다 · 지우다 · 작은 개울			菟	호랑이 도(새삼 토) 호랑이 · 성(姓)의 하나
	12	堵	담 도 담장 · 거처 · 주거			搗	찧을 도 찧다 · 두드리다

음	원획	한자	훈·음·뜻	음	원획	한자	훈·음·뜻
도	14	慆	기뻐할 도 방자하다	도	17	闍	망루 도 화장하다
		搯	꺼낼 도 꺼내다·뽑다			鍍	도금할 도 도금하다
		滔	물흐를 도 넓다·차다·그득하다			蹈	밟을 도 걷다·뛰다
		睹	볼 도 보다·가리다·분별하다			堵	성채 도 언덕·보루
		圖	그림 도 꾀하다·그리다·베끼다			濤	큰물결 도 물결이 일다·조수(潮水)
		酴	술밑 도 주모		18	擣	찧을 도 두드리다
		鞀	노도 도 소고			燾	비출 도 널리 비추다
		嶋	섬 도 섬·島와 同字			櫂	노 도 노·상앗대·배
	15	稻	벼 도 땅 이름			檮	등걸 도 어리석다
	16	都	도읍 도 도읍·서울·채지(采地)		19	禱	빌 도 빌다
		陶	질그릇 도 질그릇·옹기장이			韜	감출 도 감추다
		道	길 도 이치·근원·기능·방법			鼗	땡땡이 도 소고·작은 북
		導	이끌 도 충고하다·통하게 하다			鞱	감출 도(활집 도) 칼 전대
		覩	볼 도 보다		22	饕	탐할 도 탐욕 많은 악인
		賭	걸 도 노름·도박·내기	독	7	禿	대머리 독 민둥산·벗어지다
		馟	향기로울 도 향기롭다		9	毒	독 독 해독·해악·죽이다
		錖	쇳덩이 도 둔할·통할		13	督	살펴볼 독 바로잡다·단속하다

음	원획	한자	훈·음·뜻	음	원획	한자	훈·음·뜻
독	16	篤	도타울 독 인정이 많다 · 신실하다	돈	15	墩	돈대 돈 돈대
	17	獨	홀로 독 홀몸 · 홀아비			潡	큰물 돈 흐르다
	19	瀆	도랑 독 하수도 · 더러워지다		16	暾	아침해 돈 아침 해
		牘	편지 독 나뭇조각 · 책 · 문서			燉	이글거릴 돈 불이 센 모양 · 불빛
		犢	송아지 독 송아지		20	䥯	거룻배 돈 정수
		櫝	함 독 관 · 궤	돌	6	乭	이름 돌 사람이름
	22	讀	읽을 독(구절 두) 읽다 · 구절(句節)		8	咄	꾸짖을 돌 꾸짖다 · 놀라 지르는 소리
	25	纛	기 독 꿩의 꽁지로 장식한 큰 기		9	突	우뚝할 돌 갑자기 · 쑥 나오다
	27	黷	더럽힐 독 검다		12	堗	굴뚝 돌 구들 · 부엌 창(窓)
돈	8	沌	어두울 돈 어둡다 · 어리석다	동	5	冬	겨울 동 겨울 · 동면하다
		旽	밝을 돈 밝다 · 친밀하다			仝	한가지 동 같게 · 함께 · 同과 同字
	11	豚	돼지 돈 돼지 · 새끼 돼지		6	同	한가지 동 서로 같게 하다 · 다같이
		弴	활 돈 붉은 활		7	彤	붉을 동 붉다 · 빨강
	12	惇	도타울 돈 도탑다 · 인정이 도탑다		8	東	동녘 동 동녘 · 동쪽
		敦	도타울 돈 도탑다 · 도탑게 하다			侗	정성 동(클 통) 크다 · 성
		焞	귀갑지지는불 돈 귀갑을 지지는 불		9	峒	큰말할 동 망령된 말
	13	頓	조아릴 돈 조아리다			峝	산 이름 동 산굴

음	원획	한자	훈·음·뜻	음	원획	한자	훈·음·뜻
동	9	垌	항아리 동 항아리 · 단지	동	15	董	바룰 동 바로잡다 · 감독하다
	10	洞	골 동(밝을 통) 고을		16	潼	강이름 동 강 이름
		凍	얼 동 얼다 · 춥다			憧	그리워할 동 그리워하다 · 그리움
		疼	아플 동 아프다 · 욱신거리다			朣	달 뜰 동 흐리다 · 어렴풋하다
		桐	오동나무 동 오동나무 · 거문고 · 성(姓)			曈	동틀 동 동트다
		烔	뜨거운모양 동 열기가 대단한 모양			橦	나무이름 동 나무 이름
	11	苳	겨우살이 동 겨우살이		17	瞳	눈동자 동 눈동자 · 어리석은 모양
		動	움직일 동 움직이다 · 변하다		18	藭	동독할 동 황모 · 연 뿌리
		茼	쑥갓 동 쑥갓			艟	배 동(짧은 배 당) 배 · 싸움배
	12	胴	큰창자 동 큰창자 · 대장(大腸)	두	4	斗	말 두 말 · 용량의 단위
		涷	소나기 동 얼다 · 젓다		7	豆	콩 두 콩과에 딸린 식물의 총칭
		童	아이 동 아이 · 어리석다			杜	막을 두 팥배나무 · 막다 · 닫다
		棟	용마루 동 용마루 · 마룻대		8	抖	떨 두 떨어 흔들다
	14	銅	구리 동 구리 · 도장 · 돈			枓	기둥머리 두 두공 · 대접받침
		蝀	무지개 동 무지개		9	肚	배 두 위 · 밥통
		勭	자랄 동 움직이다		10	蚪	올챙이 두(규룡 규) 올챙이 · 규룡(虯龍)
		僮	아이 동 하인		11	兜	투구 두 투구 · 쓰개

음	원획	한자	훈·음·뜻	음	원획	한자	훈·음·뜻
두	12	阧	우뚝솟을 두 치솟다 · 우뚝 솟다	둔	18	遯	달아날 둔 피하다 · 물러나다
		痘	천연두 두 천연두 · 마마		19	臀	볼기 둔 볼기 · 밑 · 바닥
	13	脰	목 두 목구멍 · 정강이	둘	5	乧	음역자 둘 우리나라 한자
		荳	콩 두 팥	득	11	得	깨달을 득 얻다
	14	逗	머무를 두 머무르다	등	12	等	헤아릴 등 가지런하다 · 무리 · 부류
	15	陡	험할 두 갑자기 · 땅 이름			登	오를 등 오르다 · 지위에 오르다
	16	頭	머리 두 머리 · 머리털 · 우두머리		14	凳	걸상 등 등상
	17	斣	섞을 두 깨다 · 가리다			滕	물 솟을 등 나라이름
	20	竇	구멍 두 구멍 · 구멍을 내다		15	嶝	고개 등 고개 · 비탈길 · 오르막길
	22	讀	구절 두(읽을 독) 읽다 · 세다 · 구두			墱	자드락길 등 작은 언덕
	24	蠹	좀 두 나무 좀 · 좀먹다			燈	등잔 등 등잔 · 등 · 등불
둔	4	屯	모일 둔 진 치다 · 진 · 주둔군		16	橙	등자나무 등 등자나무 · 등자 · 등상
	9	窀	광중 둔 무덤 구덩이			縢	봉할 등 행전 · 주머니
	10	芚	싹틀 둔 채소 이름 · 싹이 나오다			螣	등사 등(풀무치 특) 등사(螣蛇) · 풀무치
	11	迍	머뭇거릴 둔 망설이다		17	謄	베낄 등 베끼다 · 옮겨 쓰다
	12	鈍	무딜 둔 무디다 · 둔하다			磴	돌 비탈길 등 돌 다리
	16	遁	달아날 둔 달아나다 · 피하다 · 숨다		19	鄧	나라이름 등 노(魯)나라의 땅

음	원획	한자	훈·음·뜻
등	20	騰	오를 등 값이 비싸지다 · 올리다
		鐙	등잔 등 접시 · 등잔
	21	藤	등나무 등 등나무 · 등(藤) · 등나무
		籐	등나무 등 넝쿨
라	9	則	칠 라 치다
	10	砢	돌 쌓일 라(나) 돌이 쌓인 모양
		倮	벗을 라(나) 벗다 · 벌거숭이 · 좁다
	12	喇	나팔 라 나팔 · 승려
	14	裸	벌거벗을 라 벌거벗다 · 털 없는 벌레
	15	摞	쌓아올릴 라 정돈하다 · 쌓아 올리다
	16	蓏	열매 라 열매
		瘰	연주창 라(나) 연주창 · 옴진드기
	17	螺	소라 라 소라
	19	覼	자세할 라 자세하다 · 차례 · 차서
	20	羅	벌일 라(그물 라) 벌리다 · 그물치다
		懶	게으를 라 나른하다 · 의욕이 없다
	21	癩	약물중독 라 약물 중독 · 옴 · 문둥병

음	원획	한자	훈·음·뜻
라	21	儸	간능 있을 라(나) 간사성 있음
		騾	노새 라(나) 노새
	22	囉	소리 얽힐 라(나) 지껄이다 · 잔 말하다
	23	臝	벌거벗을 라(나) 벌거벗다 · 알몸 · 소라
		曪	햇빛 없을 라(나) 햇빛이 없다 · 어둡다
		贏	노새 라(나) 노새
	25	蘿	쑥 라 쑥 · 무 · 풀가사리
	26	邏	순행할 라 순행하다 · 순찰하다
	27	鑼	징 라(나) 악기
락	10	洛	물 이름 락(낙) 물의 이름 · 잇닿다
		烙	담금질할 락 지지거나 그리하는 형벌
	11	珞	구슬목걸이 락 구슬 목걸이 · 조약돌
	12	絡	이을 락 잇다 · 묶다 · 헌솜
	13	酪	쇠젖 락 과즙 · 죽 · 식초 · 술
		駱	진한 유즙 락(낙) 식초 · 술
	14	犖	얼룩소 락(낙) 명백하다
	15	樂	즐길 락(낙) 노래 · 즐거움 · 편안하다

음	원획	한자	훈·음·뜻	음	원획	한자	훈·음·뜻
락	15	落	떨어질 락 떨어지다·흩어지다	란	27	鑾	방울 란(난) 천자가 타는 수레
	16	駱	흰말 락 가리온·종족 이름		30	鸞	난새 란 난새·방울·천자의 수레
란	4	丹	모란 란(붉을 단) 모란·붉다·성심	랄	9	剌	어그러질 랄 어그러지다·어지럽다
	7	卵	알 란 알·기르다·크다·굵다		10	埒	담 랄(날) 담장·울타리·경계(境界)
	13	亂	어지러울 란 어지럽다·반역(反逆)		14	辣	매울 랄 맵다
	17	闌	가로막을 란(난) 쇠퇴하다			辢	매울 랄(날) 몹시 매운 맛
	19	嬾	게으를 란(난) 산만하다	람	11	婪	예쁠 람 예쁘다·예쁜 모양
	20	襴	내리닫이 란(난) 위와 아래가 이어진 옷			婪	탐할 람 탐하다·탐욕스럽다
	21	瀾	물결 란 물결·물결이 일다		12	惏	탐할 람(남) 떨리다·슬퍼서 아파하다
		攔	막을 란(난) 칸막이			嵐	아지랑이 람 남기·산 이름·산바람
		欄	난간 란 우리·울·칸막이·경계		14	摻	잡을 람 잡다·따다·이끌다
		爛	촛불 란 밝다·무르익다		15	漤	과실 짱아찌 람(남) 감을 우리다·우려내다
	22	瓓	옥광채 란 옥의 광채·옥 무늬			濫	넘칠 람 퍼지다·넘치다
	23	蘭	난초 란 난초·등골나물·목련		18	燷	불 번질 람(남) 불이 번지다·세력이 강하다
		襽	내리닫이 란(난) 통 옷·원피스			擥	잡을 람 손에 쥐다·攬과 同字
		欒	둥글 란 모감주나무·방울		19	璷	옥 이름 람(남) 옥(玉)의 이름
		灓	새어 흐를 란(난) 적시다		20	藍	쪽 람 쪽·남색·누더기

음	원획	한자	훈·음·뜻	음	원획	한자	훈·음·뜻
람	20	襤	누더기 람 누더기	랑	12	硠	돌 부딪는 소리 랑(낭) 단단하다
		籃	들바구니 람 대광주리·배롱(焙籠)			稂	강아지풀 랑(낭) 강아지풀·가라지
	21	覽	볼 람 보다·살펴보다		13	郞	사내 랑 사내·남편·郎의 俗字
	22	灆	물맑을 람 물이 맑다			莨	수크령 랑(낭) 여러해살이풀
	25	攬	잡을 람 손에 쥐다·따다			廊	사랑채 랑(행랑 랑) 복도·행랑·사랑채
		欖	감람나무 람 감람과의 상록 교목			蜋	사마귀 랑 사마귀·버마재비
	27	纜	닻줄 람 닻줄		14	郎	사나이 랑 사나이·젊은이
랍	9	拉	꺾을 랍 꺾다·부러뜨리다			榔	나무 이름 랑(낭) 빈랑나무·다루기 어렵다
	21	臘	납향 랍 납향·섣달		15	瑯	옥돌 랑 옥돌·문고리·금옥 소리
		蠟	밀 랍 밀·밀로 만든 초			閬	솟을대문 랑(낭) 넓다
	23	鑞	땜납 랍(납) 주석·합금		16	螂	사마귀 랑 쇠똥구리·蜋과 同字
랑	10	哴	높을 랑(낭) 그릇		17	駺	꼬리 흰 말 랑(낭) 꼬리가 흰 말
		浪	물결 랑 파도·물결이 일다	래	7	来	올 래 오다·來의 俗字
	11	狼	이리 랑 이리·짐승 이름		8	來	올 래 오다·미래·부르다
		朗	달 밝을 랑(낭) 맑다		11	崍	산이름 래 산 이름
		烺	빛밝을 랑 빛이 밝다·맑고 환하다			徠	위로할 래 오다·위로하다
	12	琅	옥돌 랑 옥돌·문고리·금옥 소리		12	淶	강 이름 래(내) 고을이름

인명용 한자(人名用漢字) | 193

음	원획	한자	훈·음·뜻	음	원획	한자	훈·음·뜻
래	14	萊	명아주 래 묵정밭·잡초·거칠다	량	12	喨	소리 맑을 량(양) 소리가 맑다
	15	逨	올 래 다가오다		13	粱	기장 량 기장·기장밥·쓿은 곡식
	18	騋	큰 말 래(내) ·			粮	양식 량 먹이·糧과 同字
랭	7	冷	차가울 랭 냉담하다		14	踉	높이 뛸 량(양) 높이 뛰다·서행하다
략	11	略	다스릴 략 다스리다·빼앗다		15	諒	믿을 량 참·진실
		畧	다스릴 략(약) 둘러보다			樑	들보 량 들보·대들보
	12	掠	노략질할 략 노략질하다			輛	수레 량 수레·필적하다
량	7	良	좋을 량 좋다·어질다·편안하다		17	駺	꼬리 흰 말 량(낭) (전설 상의)꼬리가 흰 말
	8	兩	두 량 둘·짝·짝을 하다		18	魎	도깨비 량(양) 원령
	9	亮	밝을 량 밝다·명석하다			糧	양식 량 구실·조세·급여(給與)
		俍	어질 량(양) 잘하다	려	7	呂	성씨 려(법칙 려) 음률·등뼈·나라 이름
	10	倆	재주 량(둘 량) 재주·둘·두 사람		8	戾	어그러질 려 어그러지다·맞지 아니하다
		凉	서늘할 량 슬퍼하다·涼의 俗字		9	侶	짝 려 짝·벗하다
	11	悢	슬퍼할 량(양) 슬퍼하다·사랑하여 돌보다		10	旅	군사 려 군사·나그네·무리
		梁	들보 량 징검다리·다리·교량		11	梠	평고대 려(여) 서까래
	12	涼	서늘할 량 서늘하다·엷다·맑다			唳	울 려(여) 새가 울다
		量	헤아릴 량 헤아리다·길이·재다		15	閭	이문 려 이문(里門)·마을의 문

음	원획	한자	훈·음·뜻	음	원획	한자	훈·음·뜻
려	15	慮	생각할 려 생각하다 · 꾀하다	려	21	糲	현미 려(여) 매조미 쌀
		黎	동틀 려 검다 · 많다 · 녘 · 무렵		22	邌	천천히 갈 려(여) 서행하다 · 천천히 하다
		厲	갈 려(여) 갈다 · 힘쓰다 · 미워하다			臚	살갗 려(여) 배의 앞
	16	膂	등골뼈 려(여) 등에 지다		23	鑢	줄 려(여) 다스리다
	17	勵	권할 려 힘쓰다 · 권장하다		26	驢	나귀 려 나귀 · 당나귀
		儢	힘쓰지 아니할 려(여) 힘쓰지 아니하다 · 물리치다		29	驪	검은말 려 가라말 · 검다 · 검은말
	18	癘	창병 려(여) 염병 · 문둥병	력	2	力	힘 력 힘 · 힘쓰다
	19	櫚	종려나무 려 종려나무 · 모과나무		16	歷	지날 력 지나가다 · 뛰어넘다
		濾	맑게할 려 거르다 · 맑게 하다 · 씻다			曆	셀 력 책력 · 역법(曆法) · 수(數)
		麗	고울 려 곱다 · 우아하다		19	櫟	상수리나무 력(역) 난간
		廬	오두막집 려 오두막집 · 주막 · 여인숙		20	瀝	거를 력 거르다 · 밭치다
		曞	퍼질 려(여) 햇살이 퍼지다			攊	칠 력(역) 어루만지다 · 단단한 모양
	20	礪	거친숫돌 려 거친 숫돌 · 숫돌에 갈다			礫	조약돌 력 조약돌 · 밝은 모양 · 자갈
	21	藜	나라이름 려 나라 이름			櫪	말구유 력(역) 마판
		蠣	굴조개 려 가오리 · 굴조개		21	癧	연주창 력(역) 연주창
		蠡	좀 먹을 려(여) 좀을 먹다 · 옴진드기		22	轢	삐걱거릴 력 삐걱거리다 · 짓밟다
		儷	짝 려 짝 · 한쌍 · 부부		23	轣	갈 력(역) 수레

인명용 한자(人名用漢字) | 195

음	원획	한자	훈·음·뜻	음	원획	한자	훈·음·뜻
력	24	靂	벼락 력 벼락 · 천둥	련	22	孌	아름다울 련 순하다 · 순종하다
	26	酈	땅 이름 력(역) 땅의 이름 · 성(姓)의 하나		23	戀	사모할 련 그리움 · 사랑하는 이
련	13	湅	누일 련(연) 불리다			攣	걸릴 련 연관되다 · 경련이 일다
		煉	쇠불릴 련 달구다 · 다듬다		25	臠	저민 고기 련(연) 여위다
		楝	멀구슬나무 련(연) 단향목		26	聯	이을 련 잇다
	14	連	잇닿을 련 이어지다 · 계속되다	렬	6	列	벌일 렬 벌이다 · 반열 · 항렬
		漣	잔물결 련 물놀이치다 · 눈물 흘리다			劣	못할 렬 못하다 · 적다
	15	練	이길 련 익히다 · 단련하다		8	冽	찰 렬 차다 · 차가운 바람
		輦	당길 련 손수레 · 수레를 끌다		10	洌	맑을 렬 맑다 · 차다 · 강 이름
	16	璉	호련 련 종묘 · 제기 · 잇다			捩	비틀 렬(열) 내걸다
		憐	불쌍히여길 련 어여뻬 여기다 · 사랑하다			烈	매울 렬 세차다 · 위엄 · 맵다
	17	蓮	연꽃 련 연밥 · 연꽃		12	捩	비틀 렬(열) 꼬다
		鍊	불릴 련 불리다 · 불린 쇠 · 쇠사슬			裂	찢어질 렬 찢다 · 해지다 · 무너지다
		聯	잇달 련 잇다 · 연결하다 · 연계		15	颲	사나운 바람 렬(열) 열풍 · 폭풍우 · 질풍
	19	鏈	쇠사슬 련(연) 납의 광석	렴	13	廉	청렴할 렴 검소하다 · 곧다
	20	鰊	청어 련(연) 물고기 이름		15	磏	거친 숫돌 렴(염) 모난 돌
	22	鰱	연어 련(연) 연어		17	濂	물이름 렴 물 이름 · 엷다 · 싱겁다

음	원획	한자	훈·음·뜻	음	원획	한자	훈·음·뜻
렴	17	斂	거둘 렴 거두다 · 숨다	령	9	泠	깨우칠 령 깨우치다 · 깨닫다
		殮	염할 렴 염하다 · 빈소하다		10	玲	옥소리 령 옥 소리 · 아롱아롱하다
	19	簾	발 렴 발 · 주렴 · 주막기			秴	벼 처음 익을 령(영) 나이
	21	瀲	넘칠 렴(염) 물가		11	苓	도꼬마리 령(영) 향기 풀 이름
렵	18	獵	사냥 렵 사냥 · 사냥하다 · 잡다			笭	도꼬마리 령 배 안에 까는 마루
	22	躐	밟을 렵(엽) 뛰어넘다			羚	영양 령 영양(羚羊)
	25	鬣	갈기 렵(엽) 수염 · 뱀비늘			翎	날개 령 깃 · 화살 깃 · 전우(箭羽)
령	5	令	시킬 령 벼슬 · 하여금 · 부리다			聆	깨달을 령 듣다 · 따르다 · 깨닫다
		另	헤어질 령(영) 별거하다			蛉	잠자리 령(영) 배추벌레
	7	伶	영리할 령 영리하다		12	軨	사냥 수레 령(영) 작다
	8	姈	여자가슬기로울 령 여자가 슬기롭다		13	零	조용히오는비 령 조용히 오는 비 · 우수리
		囹	옥 령 옥 · 감옥			鈴	방울 령 방울 · 요령
		岭	산이름 령 산 이름 · 산이 깊다		14	逞	굳셀 령 굳세다 · 왕성하다
		呤	속삭일 령(영) 말씀			領	거느릴 령(영) 우두머리
		岺	깊을 령 산이 깊다 · 연속한 산		16	澪	소금 령(영) 조수(潮水)가 들어오는 곳
	9	怜	영리할 령 영리하다 · 지혜롭다			鴒	할미새 령(영) 옹기
		昤	날빛영롱할 령 날빛이 영롱하다		17	澪	강이름 령 강 이름 · 맑다

음	원획	한자	훈·음·뜻	음	원획	한자	훈·음·뜻
령	17	嶺	고개 령 산마루의 고개	로	12	虜	사로잡을 로 사로잡다 · 종 · 하인
	20	齡	나이 령 나이 · 연령		13	虜	사로잡을 로 사로잡다 · 종 · 하인
	24	靈	신령 령 신령 · 영혼 · 목숨			路	길 로 거쳐 가는 길 · 겪는 일
	28	欞	격자창 령(영) 처마 · 난간			輅	수레 로 수레 · 끌채마구리 · 크다
례	6	礼	예도 례 예도 · 예절 · 禮의 古字		15	滷	소금밭 로(노) 간수 · 짠물
	8	例	견줄 례 법식 · 본보기 · 관례			魯	노둔할 로(노나라 로) 미련하다 · 나라 이름
	16	隷	붙을 례 붙다 · 좇다 · 隸와 同字			撈	잡을 로 잡다 · 건져내다
	17	澧	물이름 례 감천(甘泉) · 파도 소리			澇	큰 물결 로(노) 젖다
		隸	종 례(예) 부리다 · 죄인		16	潦	큰비 로(노) 장마 · 적시다 · 담그다
	18	禮	예도 례 예도 · 예절 · 폐백			盧	목로 로(성씨 로) 밥그릇 · 화로 · 창자루
	20	醴	단술 례 단술 · 달다 · 좋은 맛			潞	강이름 로 고을 이름 · 지치다
	24	鱧	가물치 례(예) 칠성장어		17	擄	사로잡을 로 사로잡다 · 노략질하다
로	6	老	늙은이 로 늙은이 · 늙다 · 쇠하다			癆	중독 로(노) 약물중독
	9	牢	우리 로(노) 짐승의 우리		18	蕗	감초 로(노) 감초
	11	鹵	소금 로 천연의 소금 · 개펄 · 염밭			璐	아름다운옥 로 아름다운 옥
		玈	검을 로(노) 검은 빛		19	櫓	방패 로 방패 · 망루(望樓) · 노
	12	勞	일할 로 노력하다 · 힘쓰다			獹	웃을 로 산돼지 소리

음	원획	한자	훈·음·뜻	음	원획	한자	훈·음·뜻
로	19	壚	흑토 로(노) 화로·저승	록	8	彔	나무깎을 록 나무를 깎다·근본
	20	瀘	물이름 로 강 이름·물 이름		11	鹿	사슴 록 사슴·곳집·산기슭
		爐	화로 로 화로·향로(香爐)		12	渌	밭을 록(녹) 물 맑아지다
		櫨	두공 로(노) 자라다		13	祿	복 록 복·행복
		露	이슬 로 이슬·적시다·젖다			碌	푸른돌 록 돌의 푸른 빛·용렬하다
	21	璐	비취옥 로(노) 푸른 옥		14	菉	조개풀 록 적다·기록하다·푸르다
		艪	노 로(노) 상앗대			綠	초록빛 록 초록빛
		鑪	아교 그릇 로(노) 부레그릇		15	漉	거를 록(녹) 앙금을 치다
	22	蘆	갈대 로 갈대·조롱박·꼭두서니		16	錄	기록할 록 베끼다·기록문서
		艫	뱃머리 로(노) 배 이름		17	簏	대 상자 록(녹) 운두가 높은 대 상자(箱子)
	23	轤	도르래 로(노) 활차·물레		18	轆	도르래 록(녹) 녹조
		鷺	해오라기 로 해오라기		19	鵦	새 이름 록(녹) 새의 이름
	24	鑪	화로 로(노) 향로·큰 독			麓	산기슭 록 산감(山監)·산림(山林)
	25	顱	머리뼈 로(노) 두개골·해골	론	15	論	논할 론(논) 중시하다·토론하다
	26	髗	머리뼈 로(노) 두개골·해골	롱	7	弄	희롱할 롱 가지고 놀다
	27	鸕	가마우지 로(노) 더펄새		18	儱	미숙한 모양 롱(농) 미숙(未熟)한 모양
		鱸	농어 로(노) 농어		19	壟	밭두둑 롱 밭두렁·언덕·구릉

음	원획	한자	훈·음·뜻	음	원획	한자	훈·음·뜻
롱	20	瀧	젖을 롱 비가 오다 · 적시다	**뢰**	15	贅	줄 뢰 주다 · 하사하다 · 하사품
		攏	누를 롱(농) 쓰다듬다 · 묶다		16	賴	힘입을 뢰 힘입다 · 의뢰하다 · 의지
		朧	흐릿할 롱 분명하지 아니하다			頼	의뢰할 뢰 의뢰하다
		曨	어슴레할 롱(농) 흐릿하다		17	儡	꼭두각시 뢰 야위다 · 허수아비
	21	礱	갈 롱(농) 숫돌		18	礌	바위 뢰(뇌) 돌을 굴려 내림
		瓏	옥소리 롱 바람 소리 · 환한 모양		19	蕾	꽃봉오리 뢰(뇌) 꽃봉오리
	22	蘢	개여뀌 롱(농) 덮어 가진 모양			擂	갈 뢰(뇌) 치다 · 굴리다
		籠	대바구니 롱 대그릇 · 싸이다		20	瀨	여울 뢰 여울 · 급류
		聾	귀머거리 롱 귀먹다 · 어둡다			礧	바위 뢰(뇌) 돌 굴려 떨어뜨리다
	24	隴	고개 이름 롱(농) 산 이름		21	纇	실 마디 뢰(뇌) 어그러지다
뢰	6	耒	가래 뢰(뇌) 쟁기			罍	술독 뢰(뇌) 세숫대야
	7	牢	우리 뢰 가축을 기르는 곳		22	籟	세 구멍 퉁소 뢰(뇌) 소리 · 울림
	13	雷	우레 뢰(뇌) 천둥 · 위엄(威嚴)	**료**	2	了	마칠 료 마치다 · 깨닫다 · 밝다
		賂	뇌물줄 뢰 뇌물 주다 · 뇌물 · 재화		10	料	헤아릴 료 되질하다 · 세다
		誄	애도할 뢰(뇌) 애도하다 · 빌다 · 기원하다		11	聊	애오라기 료 귀가 울리다 · 힘입다
	14	酹	부을 뢰(뇌) 술을 땅에 붓다		14	廖	공허할 료 공허하다 · 성(姓)
	15	磊	돌무더기 뢰 돌이 쌓인 모양			僚	동료 료(예쁠 료) 동료 · 벼슬아치 · 예쁘다

음	원획	한자	훈·음·뜻	음	원획	한자	훈·음·뜻
료	15	寮	동관 료 벼슬아치·동료·집	료	21	飂	바람 료 바람 부는 모양·산들바람
		寮	동관 료 벼슬·창·집	룡	10	竜	용 룡 용
		嘹	울 료 멀리까지 들리는 소리		16	龍	용 룡 임금·제왕의 비유
		嫽	예쁠 료 아름답다·예쁘다		21	龘	용 룡 비범한 사람·훌륭한 사람
	16	燎	횃불 료 횃불·밝다·비추다	루		陋	더러울 루 좁다·낮다·천하다
		膋	발기름 료 짐승의 뱃가죽 안쪽에 낀 지방		11	累	포갤 루 묶다·포개다·여러
		潦	큰비 료 장마·차갑다·담그다			婁	별이름 루 끌다·드문드문하다
		獠	밤 사냥 료 사냥·흉악한 모양		12	淚	눈물 루 눈물 흘리다
	17	療	병고칠 료 병을 고치다·앓다		13	僂	구부릴 루(누) 곱사등이
		蓼	여뀌 료 여뀌·괴로움			屢	여러 루 여러·언제나·빨리
		暸	밝을 료 밝다·멀다·아득하다		14	嶁	봉우리 루 봉우리·산꼭대기
		瞭	밝을 료 밝다·환하다			嘍	시끄러울 루(누) 새소리
	18	繚	감길 료 두르다·다스리다		15	漏	샐 루 새다·스며들다
		醪	막걸리 료 탁주·술·막걸리			慺	정성스러울 루 정성스럽다
	19	遼	멀 료 시간/거리 등이 멀다			樓	다락 루 다락·다락집
	20	鐐	은 료 품질이 뛰어난 은·화로			熡	불꽃 루(누) 불꽃
		飉	바람 소리 료 높이 부는 바람·서풍		16	瘻	부스럼 루 부스럼·연주창·혹

음	원획	한자	훈·음·뜻	음	원획	한자	훈·음·뜻
루	17	蔞	쑥 루 쑥·물쑥·성(姓)	류	15	劉	베풀 류 베풀다·아름다운 모양
		褸	헌누더기 루 남루하다·해진 옷			瘤	혹 류 군더더기
		縷	실 루 실의 가닥·명주		16	榴	석류나무 류(유) 석류나무
		耬	씨 뿌리는 기구 루(누) 논밭을 갈다·부드럽게 하다		17	遛	머무를 류(유) 머무르다·붙잡다
		螻	땅강아지 루(누) 청개구리			縲	포승 류(유) 포승·죄인
	18	壘	진지 루 진·성채·쌓다		18	謬	그릇될 류 그릇되다·어긋나다
	19	鏤	새길 루 새기다		19	瀏	맑을 류 물이 맑고 깊다
	21	髏	해골 루(누) 두개골			類	무리 류 무리·동아리·비슷하다
류	9	柳	버들 류 버들·버드나무의 총칭		21	纍	맬 류(유) 매다·얽히다
	10	留	머무를 류(유) 지체하다			鶹	올빼미 류(유) 올빼미·수리부엉이
	11	流	흐를 류 흐르다·떠내려가다	륙	4	六	여섯 륙 여섯·여섯 번·죽이다
	12	琉	유리 류 유리(瑠)·나라 이름(流)		13	勠	합할 륙(육) 힘을 합하다
		硫	유황 류 유황		15	戮	죽일 륙 죽이다·벌·형벌
	13	旒	깃발 류 깃발·무늬		16	陸	뭍 륙 뭍·육지·언덕
	14	溜	처마물 류 물방울·머무르다	륜	8	侖	둥글 륜(생각할 륜) 둥글다·생각하다
		榴	석류나무 류 석류나무		10	倫	인륜 륜 인륜·무리·순서
	15	瑠	유리 류 유리(瑠)·琉와 同字		11	崙	산이름 륜 산 이름·산이 험한 모양

음	원획	한자	훈·음·뜻	음	원획	한자	훈·음·뜻
륜	11	圇	완전할 륜(윤) 완전하다 · 동글동글하다	륭	17	窿	활꼴 륭 활 모양으로 휘어진
		崙	산이름 륜 산 이름	륵	8	肋	갈비 륵 갈비 · 갈빗대 · 힘줄
	12	淪	작은물결 륜 물놀이 · 잔물결 · 배다		9	泐	돌 갈라질 륵(늑) 돌이 갈라지다 · 글씨를 쓰다
		掄	가릴 륜(윤) 선택하다		11	勒	굴레 륵 굴레 · 재갈 · 억지로 하다
	14	綸	다스릴 륜 낚싯줄 · 다스리다	름	14	菻	쑥 름(늠) 나라이름
	15	輪	바퀴 륜 바퀴 · 수레		15	凜	찰 름 늠름한 모양 · 의젓하다
	16	錀	금 륜 토끼그물			凛	차거울 름 춥다 · 늠름한 모양
률	9	律	법 률 법 · 법령 · 지위 · 등급		16	廩	곳집 름 곳집 · 쌓다 · 모으다
	10	栗	밤나무 률 밤나무 · 밤 · 여물다		17	澟	서늘할 름(늠) 차다
	11	率	비율 률(율) 우두머리 수	릉	10	凌	능가할 릉 능가하다 · 깔보다
	12	嵂	가파를 률 가파르다			倰	속일 릉(능) 속이다 · 건너다
	14	慄	두려워할 률 떨다 · 오싹하다		13	稜	서슬 릉 모서리 · 서슬 · 논두렁
		溧	강 이름 률(율) 강(江)의 이름 · 모래섬			楞	네모질 릉 모서리 · 위엄(威嚴)
	15	瑮	옥 무늬 률(율) 아름다운 모양			楞	모서리 릉 불교용어
		稤	벼를 쌓는 모양 률 채우다		14	菱	마름 릉 모(角) · 薐과 同字
륭	17	隆	성할 륭 풍성하고 크다 · 성하다			綾	비단무늬 릉 무늬가 있는 비단
		癃	느른할 륭(융) 위독하다 · 늙다		16	陵	큰언덕 릉 무덤 · 임금의 무덤

음	원획	한자	훈·음·뜻	음	원획	한자	훈·음·뜻
릉 리	17	菱	마름 릉(능) 마름	리	12	理	다스릴 리 다스리다
	6	吏	벼슬아치 리 다스리다 · 아전			痢	곱똥 리 설사 · 이질 · 곱똥
	7	里	마을 리 마을 · 거리 · 주거(住居)			犂	밭갈 리 쟁기 · 밭을 갈다 · 얼룩소
	7	利	이로울 리 날카롭다 · 이익 · 통하다		13	莉	말리꽃 리 말리(茉莉)
	7	李	자두나무 리(성씨 리) 자두 · 별 이름 · 옥관			莅	다다를 리(이) 지위
	9	俚	속될 리 속되다 · 부탁 · 속된 노래			裡	속 리 내부 · 가운데 · 속마음
	9	俐	똑똑할 리 똑똑하다			裏	속 리 안 · 사물의 안쪽
	9	厘	다스릴 리 釐의 俗字 · 廛의 俗字			剺	벗길 리(이) 칼로 베다
	10	唎	가는소리 리(이) 가는 소리			蜊	참조개 리(이) 참조개 · 합리(蛤蜊)
	10	哩	어조사 리(이) 마일 · 거리		14	嫠	과부 리(이) 홀 어미
	11	浬	물길이 리 해리(海里)			貍	삵 리(이) 살쾡이 · 너구리
	11	狸	삵 리 삵 · 살쾡이 · 貍와 同字		15	摛	퍼질 리 퍼지다 · 널리 알려지다
	11	涖	다다를 리 다다르다 · 임(臨)하다			漓	스며들 리(이) 흐르는 모양
	11	悧	영리할 리 영리하다			履	밟을 리 신 · 신다 · 밟다
	11	梨	참배 리 배나무 · 배 · 늙은이		16	璃	유리 리 유리 · 구슬 이름
	11	离	밝을 리 산신 · 만나다			氂	바를 리 반듯하다
	11	犁	밭갈 리 쟁기 · 밭을 갈다 · 얼룩소		17	罹	근심 리 어려움 · 곤란 · 걸리다

음	원획	한자	훈·음·뜻	음	원획	한자	훈·음·뜻
리	17	螭	교룡 리(이) 용의 새끼	린	16	燐	불일어날 린 도깨비불·반딧불
	18	釐	다스릴 리 다스리다·고치다			橉	나무 이름 린(인) 문지방(門地枋)
		鯉	잉어 리 잉어·편지·서찰		17	璘	옥빛 린 옥의 빛·옥의 모양
	19	離	떼놓을 리 떼놓다·끊다·나누다			磷	물 흐르는 모양 린(인) 조약돌·돌모양
		贏	여윌 리 여위다·약하다·앓다			麐	기린 린 암기린
	21	魑	도깨비 리(이) 산의 요괴		18	燐	반딧불 린(인) 반딧불
	23	黐	끈끈이 리(이) 새 잡는 풀			繗	이을 린(인) 실을 뽑다
	25	籬	울타리 리 울타리		19	隣	이웃할 린 이웃·돕다·鄰의 俗字
	26	邐	이어질 리(이) 이어지다·줄지어 이어 가다			轔	수레 소리 린(인) 바퀴
린	7	吝	아낄 린(인) 인색하다		20	鄰	이웃 린 이웃·이웃하다·도움
	11	悋	아낄 린(인) 더럽다			鏻	굳셀 린 굳세다
	12	粦	도깨비불 린(인) 반딧불		22	藺	골풀 린 골풀·등심초(燈心草)
	14	粼	물 맑을 린(인) 내 모양			驎	얼룩말 린(인) 화마
	15	嶙	가파를 린(인) 산이 가파른 모양		23	麟	기린 린 기린·큰사슴의 수컷
	16	潾	맑을 린 맑다·돌샘·석간수			鱗	비늘 린 비늘·물고기
		撛	붙들 린 붙들다·구원하다			躙	짓밟을 린(인) 수레자국
		獜	튼튼할 린 건장하다·개 짖는 소리		27	躪	짓밟을 린 짓밟다·유린하다

음	원획	한자	훈·음·뜻
림	8	林	수풀 림 수풀·숲·같은 동아리
	9	玲	옥 림(옥 이름 감) 아름답다
	12	淋	물뿌릴 림 물을 뿌리다·젖다
	12	琳	알고자할 림 알고자 하다
	12	棽	무성할 침(림) 무성하다·뒤덮이다
	13	琳	아름다운옥 림 아름다운 옥·푸른 옥
	13	碄	깊을 림 깊다
	13	痳	임질 림(임) 산증·다하증
	16	霖	장마 림 장마
	17	臨	임할 림(임) 다스리다
립	5	立	설 립 확고히 서다·정해지다
	8	岦	산 우뚝할 립(입) 우뚝하다·높다
	10	砬	약돌 립 돌 무너지는 소리
	11	笠	삿갓 립 삿갓·우리·구릿대
	11	粒	알 립 알·쌀 알·낟알
타	5	他	다를 타 다르다·남·딴 일·부정
	6	打	칠 타 치다·때리다·공격하다

음	원획	한자	훈·음·뜻
타	6	朶	가지넘어질 타 나뭇가지가 늘어지다
	7	妥	온당할 타 온당하다·마땅하다
	7	佗	다를 타(꼬불꼬불할 이) 간사하다
	8	坨	비탈질 타 언덕
	9	拖	끌 타 끌어당기다·잡아끌다
	9	拕	끌 타 풀어놓다
	9	沱	물갈래 타(못 지) 물이 갈라지다
	9	咤	꾸짖을 타 꾸짖다·혀를 차다
	9	柁	키 타 나무·단단함
	11	唾	침 타 침·침 뱉다
	11	舵	키 타 선박키
	12	訑	으쓱거릴 이 자랑하다·천박하다
	12	跎	헛디딜 타 넘어지다
	13	惰	게으를 타 게으르다·나태하다
	13	陀	비탈질 타 비탈지다·험하다
	13	馱	실을 타 싣다·태우다
	13	詑	속일 타(고할 하) 반종하다

음	원획	한자	훈·음·뜻	음	원획	한자	훈·음·뜻
타	13	躱	감출 타 비키다·피하다	탁	9	柝	열 탁 펼치다·열리다·터지다
		楕	길쭉할 타 길쭉하다·橢와 同字		10	倬	클 탁 크다·밝다·높다
	15	墮	떨어질 타 떨어지다·무너지다			託	부탁할 탁 당부하다·청탁하다
		駝	낙타 타 낙타·타조·곱사등이		11	啄	쫄 탁 부리로 먹이를 쪼다
		馳	곱사등이 타 낙타·타조		12	涿	칠 탁 들을 갈다
	16	橢	길쭉할 타 길쭉하다·가늘고 길다			晫	밝을 탁 밝다
		鮀	문절망둑 타 모래무지·매기		13	琸	사람이름 탁 사람 이름
		鴕	타조 타 타조(鴕鳥)·화식조(火食鳥)			琢	쫄 탁 쪼다·옥을 다듬다
	25	鼉	악어 타 악어(鰐魚)		14	槖	자루 탁 자루·전대·橐의 俗字
탁	7	托	맡길 탁 의탁하다·의지하다		15	逴	멀 탁 아득하다
	8	卓	높을 탁 높다·뛰어나다			踔	뛰어날 탁 뛰어나다·넘다·뛰다
		坼	터질 탁 터지다·갈라지다·열다		16	橐	전대 탁 전대·풀무·절구질 소리
		矺	나무 이름 탁 돌로치다		17	濁	흐릴 탁 흐리다·흐림·더러움
	9	拆	터질 탁 갈라지다		18	濯	씻을 탁 씻다·크다·빛나다
		沰	떨어뜨릴 탁 묽어지다			擢	뽑을 탁 뽑다·뽑아내다·버리다
		拓	박을 탁 밀치다		21	鐸	방울 탁 방울·풍경(風磬)
		度	헤아릴 탁 법도(法度)·기량		22	檡	낙엽 탁(택사 택) 떨어지다

음	원획	한자	훈·음·뜻	음	원획	한자	훈·음·뜻
탄	22	籜	대껍질 탁 풀이름	탈	9	侻	가벼울 탈(알맞을 태) 합당하다
	7	吞	삼킬 탄 삼키다 · 싸다 · 경시하다		13	脫	벗을 탈 옷을 벗다 · 벗기다
	8	坦	평평할 탄 평평하다 · 너그럽다		14	奪	빼앗을 탈 빼앗다 · 잃다 · 없어지다
	9	炭	숯 탄 숯 · 재 · 석탄	탐	7	忐	마음 허할 탐(진실할 경) 공허하다
	14	誕	태어날 탄 가르다 · 크다		9	眈	노려볼 탐 노려보다
		嘆	탄식할 탄 탄식하다 · 한숨 쉬다		10	耽	즐길 탐 기쁨을 누리다
		綻	옷터질 탄 옷이 터지다 · 터지다		12	探	생각할 탐 찾다 · 깊이 연구하다
	15	歎	읊을 탄 읊다 · 노래하다		11	貪	탐할 탐 탐하다 · 더듬어 찾다
		彈	탄알 탄 탄알 · 열매 · 튀기다			酖	즐길 탐(짐새 짐) 탐닉하다 · 독주
	16	憚	꺼릴 탄 꺼리다 · 삼가다 · 화내다		14	嗿	여럿이 먹는 소리 탐 많은 모양
		殫	다할 탄 쓰러지다	탑	12	傝	나쁠 탑(불안할 탐) 답답하다
		暺	밝을 탄 밝다		13	塔	탑 탑 탑 · 절 · 불당
	17	嘽	평탄할 탄/너그러울 탄 밝다			塌	애벌갈 탑(무너질 탑) 땅이 낮다
	22	驒	연전총 탄 점박이 말		14	搨	베낄 탑 박다
	23	灘	여울 탄 여울 · 모래톱 · 개펄			榻	걸상 탑 걸상 · 평상 · 책상 · 탁자
		攤	펼 탄(누를 난) 펴다	탕	8	宕	방탕할 탕 방탕하다 · 지나치다
	24	癱	중풍 탄 마비증 · 사지가 틀어지다			帑	금고 탕 금고 · 곳집

음	원획	한자	훈·음·뜻	음	원획	한자	훈·음·뜻
탕	13	湯	넘어질 탕 넘어지다·쓰러지다	**태**		胎	아이밸 태 잉부(孕婦)·태아
	14	碭	무늬 있는 돌 탕 크다·넘치다		11	苔	이끼 태 이끼
	16	糖	엿 탕(엿 당) 사탕			笞	볼기칠 태 볼기를 치다·매질하다
		燙	데울 탕 끓는 물에 데우다			埭	둑 태 보·방축
	17	盪	씻을 탕 흔들리는 모양			邰	태나라 태 나라 이름
	18	蕩	쓸어버릴 탕 쓸어버리다·씻어버리다		12	迨	미칠 태 이르다
	23	蘯	쓸 탕 쓸어버리다			跆	밟을 태 짓밟다·없신여기다
태	4	太	클 태 크다·심히·매우			鈦	티타늄 태 티타늄
	5	台	별 태 별 이름·지명·태풍		13	脫	벗을 탈 옷을 벗다·벗기다
	7	兌	기쁠 태 길을 이루다·기뻐하다		14	態	모양 태 모양·형상·몸짓
	8	汰	넘칠 태 물결·일다·적시다			颱	태풍 태 태풍
		冶	아이 밸 태 잉태하다·태아(胎兒)		15	駘	둔마 태 둔하다
		怠	게으름 태 게으르다·위태롭다		16	鮐	복 태 복·복어
	9	殆	위태할 태(거의 태) 위태하다·해치다	**택**	6	宅	집 택(댁 댁) 집·대지·정하다·살다
		泰	클 태 넉넉하다·편안하다		9	垞	언덕 택 언덕·흙산
	10	珆	옥돌 이(옥무늬 태) 옥돌·옥 무늬·옥 이름		17	澤	윤택할 택 윤택·은덕·은혜
		娧	아름다울 태 더디다·기쁘다			擇	가릴 택 가리다·고르다

음	원획	한자	훈·음·뜻	음	원획	한자	훈·음·뜻
탱	12	掌	버틸 탱 버팀목	통	14	通	통할 통 정을 통하다 · 알리다
	16	撑	버팀목 탱 버팀목 · 버티다		15	慟	서럽게울 통 서럽게 울다
		撐	버틸 탱 버팀나무			樋	나무 이름 통 나무의 이름
터	19	攄	펼 터 생각이나 말을 늘어놓다	퇴	11	堆	언덕 퇴 언덕 · 높이 쌓이다
토	3	土	흙 토 땅 · 오행(五行)의 하나		13	退	물러날 퇴 그만두다 · 피하다
	6	吐	토할 토 토하다 · 털어놓다		14	槌	망치 퇴 짤막한 몽둥이 · 치다
	7	兎	토끼 토 달의 이칭 · 兔의 俗字			腿	넓적다리 퇴 넓적다리 · 정강이
	8	兔	토끼 토 토끼		16	褪	바랠 퇴 바래다 · 빛이 바래다
	10	討	찾을 토 찾다 · 벌하다 · 꾸짖다			穨	무너질 퇴 무너지다 · 기울어지다
톤	15	噋	느릿할 톤 느릿하다 · 일깨우다		20	隤	무너질 퇴 내리다
통	10	洞	통할 통 마을	투	7	妒	강샘할 투 투기하다
		恫	상심할 통(두려워할 동) 슬프다		8	妬	강샘할 투 강샘하다 · 시새우다
	11	桶	통 통 통 · 물건을 담는 통			投	던질 투 던지다 · 주다 · 보내다
	12	統	거느릴 통 거느리다 · 줄기 · 실마리		10	套	씌울 투 덮개 · 씌우개 · 씌우다
		痛	아플 통 아프다 · 앓다 · 괴로움		11	偸	훔칠 투 훔치다 · 사통하다
		筒	대통 통 대통 · 통발 · 원통의 물건		13	渝	변할 투(변할 유) 달라지다
	13	箭	대통 통(전동 용) 대나무 통 · 전동(箭筒)		14	透	사무칠 투 사무치다 · 통하다

음	원획	한자	훈·음·뜻	음	원획	한자	훈·음·뜻
투	14	骰	**주사위 투** 허벅다리				
	20	鬪	**싸움 투** 싸움 · 싸우다 · 다투다				
통	7	佟	**성씨 통(통, 동)** 강 이름				
특	7	忒	**틀릴 특** 변하다 · 어긋나다				
	10	特	**특별할 특** 수컷 · 짐승 · 뛰어나다				
	15	慝	**사특할 특** 사특하다 · 간사하다				
틈	18	闖	**엿볼 틈** 충돌하다 · 엿보다				

 의 속성

ㅇ/ㅎ

음	원획	한자	훈·음·뜻	음	원획	한자	훈·음·뜻
아	3	丫	가닥 아 두 가닥·묶은 머리	아	10	娥	예쁠 아 예쁘다·미녀
	4	牙	어금니 아 어금니·깨물다			峨	높을 아 높다·위엄이 있다
	7	我	나 아 나·우리·외고집			哦	읊조릴 아 읊조리다·성오의 감탄사
		兒	아이 아 아이·어리다			疴	병 애(경기 가) 앓다
		亜	버금 아 버금·다음가는 자리			峩	높을 아 높다·峨와 同字
		亞	버금 아 무귀·아귀·동아리			笌	대순 아 죽순
	8	妸	여자의자 아 여자의 자(字)			迓	마중할 아 나가 맞다
		娿	여자 스승 아 여자를 가르치는 선생			啞	벙어리 아 벙어리·까마귀 소리
		枒	야자나무 야 가장귀			訝	의아할 아 의심하다·의아하다
		兒	아이 아 남을 낮잡아 이르는 말		11	婀	아리따울 아 아리땁다
	9	俄	아까 아 갑자기·기울다·잠시			婭	동서 아 동서·일가·알랑거리다
		砑	갈 아 갈다·으깨다			啊	사랑할 아 사랑하고 미워하는 소리
	10	芽	싹 아 싹트다·조짐이 보이다			娿	아리따울 아 아리땁다

음	원획	한자	훈·음·뜻	음	원획	한자	훈·음·뜻
아	12	雅	맑을 아(바를 아) 본디 · 어린아이 · 바르다	악	11	偓	악착할 악 거리끼다
		猗	부드러울 아 잔물결 · 보태다 · 더하다		12	惡	악할 악(미워할 오) 나쁘다 · 더럽다 · 추하다
		硪	바위 아 바위 · 산이 높은 모양			幄	휘장 악 천막 · 막을 쳐 놓은 곳
		皒	흰빛 아 흰빛 · 희다 · 흰색			喔	닭이 울 악(꿩 소리 옥) 닭소리
		椏	가장귀질 아 나무 쓸린 모양		13	愕	놀랄 악 직언(直言)하다 · 갑자기
	13	阿	언덕 아 언덕 · 구석 · 산비탈			握	쥘 악 쥐다 · 주먹 · 손아귀
		莪	쑥 아 쑥 · 지칭개 · 약초 이름			渥	두터울 악 마음 씀씀이가 살뜰하다
		衙	마을 아 마을 · 관청 · 대궐 · 궁궐			萼	꽃받침 악 꽃받침
		蛾	나방 아 나방 · 미인의 눈썹		15	樂	노래 악(즐길 락) 음악 · 즐기다 · 알리다
	15	鴉	갈까마귀 아 갈까마귀 · 검다 · 검은빛			腭	잇몸 악 치은
	16	餓	주릴 아 굶기다 · 굶주림 · 기아			覨	오래 볼 악 응시하다
		錏	경개 아 투구 · 목가림			咢	위턱 악 땅이름
	18	鵝	거위 아 거위 · 진(陣) 이름		16	鄂	땅이름 악 땅 이름 · 현(縣) 이름
		鵞	거위 아 진 이름			噩	놀랄 악 엄숙한 모양
악	8	岳	큰산 악 큰 산			諤	곧은 말할 악 바른말을 하다
	9	咢	시끄럽게 다툴 악 직언하다		17	嶽	큰산 악 높은 산 · 우뚝 솟다
	11	堊	백토 악 백토 · 석회 · 회칠하다			鍔	칼날 악 칼날 · 칼끝 · 칼등

음	원획	한자	훈·음·뜻	음	원획	한자	훈·음·뜻
악	18	顎	턱 악(엄할 악) 얼굴이 높다 · 근엄하다	**안**	12	雁	기러기 안 거위
	20	鰐	악어 악 악어		15	鞍	안장 안 안장
		鶚	물수리 악 징경이			鴈	기러기 안 기러기
	24	齷	악착할 악 악착하다 · 잗달다		16	䧹	불빛 안 불
		齦	잇몸 악 치은		17	鮟	아귀 안 아귀 · 메기
안	6	安	편안할 안 편안하다 · 좋아하다		18	顔	얼굴 안 얼굴 · 낯 · 안면 · 표정
	7	犴	들개 안 들개 · 성(姓)의 하나		19	饜	배불리 먹을 안 .
		岸	언덕 안 언덕 · 기슭 · 뛰어나다	**알**	6	穵	구멍 알(팔 알) 더듬다
	8	侒	편안할 안 늦을		8	軋	삐걱거릴 알 삐걱거리다 · 형벌(刑罰)
		矸	깨끗한 안(산돌 간) 산의 돌		10	訐	들추어낼 알 들추어내다 · 비방하다
	9	姲	이름자 안 여자의 이름자		13	揠	뽑을 알 뽑아 올리다
	10	按	누를 안 누르다 · 어루만지다		14	斡	돌 알 관리하다 · 빙빙 돌다
		案	책상 안 책상 · 생각 · 초안			嘎	새소리 알 웃는 소리
		晏	늦을 안 늦다 · 시간이 늦다		15	頞	콧대 알 콧마루
		桉	안석 안 유칼립투스 · 책상(冊床)			謁	아뢸 알 아뢰다 · 여쭈다 · 뵈다
	11	眼	눈 안 눈 · 눈구멍 · 안광 · 보다		16	遏	막을 알 가로막다 · 끊다
		婩	고울 안 곱다			閼	가로막을 알 가로막다 · 멈추게 하다

음	원획	한자	훈·음·뜻	음	원획	한자	훈·음·뜻
알	17	鴶	뻐꾸기 알 시구	암	17	馣	향기로울 암 향기가 강하다 · 향기롭다
암	8	岩	바위 암 바위 · 언덕		21	黯	검을 암(바위 암, 嵒) 어둡다
	11	庵	암자 암 암자 · 초막(草幕)		23	巖	바위 암 바위 · 언덕 · 낭떠러지
		唵	머금을 암 머금다	압	9	押	누를 압 누르다 · 도장을 찍다
	12	啽	잠꼬대 암 코고는 소리			狎	익숙할 압 익숙하다 · 친압하다
		媕	머뭇거릴 암 결단치 못하다		16	鴨	오리 압 오리 · 하비(下婢) · 여종
		嵓	바위 암 가파르다		17	壓	누를 압 누르다 · 억압하다 · 막다
		晻	어두울 암(침침할 엄) 쌓이다	앙	4	卬	나 앙 자신 · 오를
	13	暗	어두울 암 어둡다 · 밤 · 어둠 · 몰래		5	央	가운데 앙 가운데 · 다하다 · 오래다
	14	菴	암자 암 초막 · 절 · 우거지다		6	仰	우러를 앙 우러르다 · 믿다 · 따르다
	15	腤	고기 삶을 암 삶다		9	怏	원망할 앙 원망하다 · 불만스럽다
		葊	풀이름 암 암자 · 초막 · 우거지다		8	昂	밝을 앙 오르다 · 밝다 · 뜻이 높다
	16	諳	외울 암 글을 외우다			块	먼지 앙 티끌
		頷	끄덕일 암(턱 함) 아래턱			泱	깊을 앙(구름 일 영) 깊다 · 넓다
	17	蕃	암자 암 암자 · 초막		9	殃	재앙 앙 재앙 · 신불(神佛)의 질책
		癌	암 암 암 · 종기			昻	밝을 앙 높다 · 들다 · 昂의 俗字
		闇	숨을 암 닫힌 문 · 어둡다		10	秧	모 앙 모 · 심다 · 재배하다

음	원획	한자	훈·음·뜻	음	원획	한자	훈·음·뜻
앙	10	盎	동이 앙 성한 모양	애	13	愛	사랑 애 사랑하다·소중히 하다
	14	鞅	가슴걸이 앙 뱃대끈			睚	눈초리 애 쳐다보다
	16	鴦	원앙 앙 원앙·원앙새의 암컷			碍	거리낄 애 거리끼다·礙의 俗字
애	8	艾	다스릴 예(쑥 애) 쑥 빛·다스리다		14	獃	어리석을 애 분별이 없다
		厓	언덕 애 낭떠러지·물가·끝			漄	물가 애 끝
	9	哀	슬플 애 슬프다·불쌍히 여기다		15	僾	어렴풋할 애 방불하다·흐느껴 울다
	10	埃	티끌 애 티끌·먼지·세속			皚	흴 애(의) 희다·서리나 눈의 빛
		唉	물을 애 묻다·대답하다			磑	맷돌 애(단단할 애) 맷돌·단단하다
		娭	여자 종 애(희롱할 희) 하녀			賹	사람이름 애 사람 이름
	11	挨	밀칠 애 등을 때리다·치다		16	噫	숨 애 코나 입으로 내쉬는 기운
		崖	언덕 애 벼랑·모·모나다·기슭		17	曖	가릴 애 가리다·흐리다·어둡다
		啀	마실 애 물어 뜯다			騃	어리석을 애(달릴 사) 달리다·어리석다
		崕	언덕 애 벼랑·낭떠러지		18	隘	좁을 애 땅이 좁다·작다
		欸	한숨 쉴 애 한숨 쉬다·탄식하다			靉	가릴 애 흐릿하다
		焔	빛날 애 빛나다·덥다·불 때다		19	礙	거리낄 애 방해하다·가로막다
	12	涯	물가 애 물가·끝·근처·어느 곳			薆	우거질 애 숨기다·덮다
		捱	막을 애 저지하다		22	藹	우거질 애 열매가 많이 열리다

음	원획	한자	훈·음·뜻	음	원획	한자	훈·음·뜻
애	24	靄	아지랑이 애 아지랑이	앵	21	鶯	꾀꼬리 앵 꾀꼬리
	25	靉	구름 낄 애(의) 돋보기의 다른 이름			櫻	앵두나무 앵 앵두나무
액	4	厄	액 액 재앙·불행·사나운 운수		28	鸚	앵무새 앵 앵무새·앵무조개
	5	戹	좁을 액(재앙 액) 괴로워하다	야	3	也	어조사 야(이끼 야) 어조사·이끼·또한
	8	扼	잡을 액 누르다·멍에·잡다		7	冶	풀무 야 불리다·대장장이·들
	8	呝	닭 소리 액 지저귀다·울다		8	夜	밤 야 밤·한밤중·어두워지다
		阨	막힐 액(길 험할 애) 막히다·고생하다		9	耶	어조사 야 어조사·그런가
	12	液	진 액 진액·유동체의 총칭			揶	야유할 야 희롱지거리하다·놀리다
		掖	겨드랑 액 겨드랑에 끼다·부축하다			野	들 야 들·들판·민간·교외
	14	腋	겨드랑이 액 겨드랑이(掖)		11	倻	땅이름 야 땅 이름·나라 이름
		搤	조를 액 쥐다·잡다			埜	들 야 도시의 외곽·野의 古字
	16	縊	목맬 액 목매다			若	반야 야(같을 약) 그대로·같다
	18	額	이마 액 이마·머릿수·수량			揶	야유할 야 조롱하다·揶와 同字
앵	13	嫈	새색시 앵(영) 예쁘다		13	惹	이끌 야 이끌다·끌어당기다
	16	罃	물동이 앵 술 단지			椰	야자나무 야 야자나무·야자·무릇
	20	罌	양병 앵 양병·항아리			爺	아비 야 아버지·남자의 존칭
		嚶	새 지저귈 앵 새소리	약	9	約	묶을 약 묶다·다발 짓다·합치다

음	원획	한자	훈·음·뜻	음	원획	한자	훈·음·뜻
약	10	弱	약할 약 약한 자 · 쇠해지다	**양**	10	洋	바다 양 바다 · 대해(大海)
	11	若	같을 약(반야 야) 같다 · 어리다			恙	근심 양 근심 · 걱정하다 · 병(病)
	15	葯	꽃밥 약 구릿대 · 꽃가루 주머니			烊	구울 양 쇠를 녹이다
	16	蒻	구약나물 약 부들 · 구약나물		11	痒	가려울 양 종기 · 병 · 근지럽다
		篛	대 이름 약 대껍질			眹	눈 아름다울 양 미간
	17	龠	피리 약 용량의 단위		12	椋	푸조나무 양 느릅나뭇과의 상록 교목
	21	藥	약 약 약 · 독(毒) · 치료하다		13	揚	오를 양 위로 오르다 · 날다
		躍	뛸 약 가슴이 뛰다 · 흥분하다			楊	버들 양 버들 · 버드나무 · 갯버들
		爚	빛 약(삭) 사르다			暘	해돋이 양 해가 뜨다 · 말리다 · 밝다
		鸙	댓닭 약 곤계			煬	쬘 양 쬐다 · 말리다 · 불을 때다
	22	禴	봄 제사 약 종묘의 제사이름			敭	오를 양 오르다 · 날다 · 揚의 古字
	23	籥	피리 약 자물쇠 · 잠그다		14	瘍	종기 양 헐다 · 종기 · 상처
	25	鑰	자물쇠 약 빗장			漾	출렁거릴 양 물이 흔들리다
양	6	羊	양 양 양 · 상서롭다		15	養	기를 양 기르다 · 사육하다 · 양육
	8	佯	거짓 양 거짓 · ~한 체하다			樣	모양 양(상) 형상 · 상수리나무 · 무늬
	9	昜	볕 양 볕 · 양지 · 陽과 同字		16	輰	수레 양 상여 수레
		徉	노닐 양 배회하다		17	陽	볕 양 볕 · 양지 · 양(陽) · 밝다

음	원획	한자	훈·음·뜻	음	원획	한자	훈·음·뜻
양	17	襄	도울 양 돕다 · 조력하다	어		魚	고기 어 고기 · 물고기
	18	颺	날릴 양 날다 · 일다			御	거느릴 어(막을 어) 거느리다 · 제압하다
	19	瀁	내이름 양 물이 끝없이 넓은 모양		11	圉	마부 어 마굿간 · 감옥
	20	壤	흙 양 흙 · 땅 · 토지 · 경작지			敔	막을 어 못하게 금하다
		孃	흙 양 흙 · 땅 · 토지 · 경작지			唹	고요히 웃을 어 고요히 웃다
		癢	가려울 양 근지럽다			淤	진흙 어 삼각주
	21	攘	물리칠 양 물리치다 · 제거하다		12	馭	말부릴 어 말을 부리다 · 마부(馬夫)
		瀼	흠치르르할 양 (흐를 낭) 이슬 많은 모양		13	瘀	병 어 병 · 어혈
	22	禳	제사이름 양 제사 이름 · 푸닥거리하다			飫	물릴 어 실컷 먹다
		穰	볏짚 양 볏짚 · 풍족하다 · 풍년		14	語	말씀 어 말 · 말씨 · 말하다
	23	蘘	양하 양 풀 이름		15	漁	고기잡을 어 고기를 잡다 · 어부
	24	讓	사양할 양 양보하다 · 겸손해하다		16	禦	막을 어 막다 · 감당하다 · 맞서다
		釀	빚을 양 술을 빚다 · 술 · 뒤섞다			衞	멈출 어(깨끗할 소) 그치다
	25	鑲	거푸집 속 양 가선을 두르다		22	齬	어긋날 어 윗니와 아랫니가 어긋나다
	27	驤	머리 들 양 달리다	억	8	抑	누를 억 굽히다 · 물러나다
어	8	於	어조사 어 어조사(于) · ~에 · ~에서		15	億	억 억 억 · 편안하다 · 헤아리다
	10	圄	옥 어 옥 · 감옥 · 가두다		17	憶	생각할 억 생각 · 기억 · 추억

인명용 한자(人名用漢字) | 219

음	원획	한자	훈·음·뜻	음	원획	한자	훈·음·뜻
억	17	檍	감탕나무 억 감탕나무	얼	9	臭	땅 이름 얼(늘) 땅의 이름
	19	臆	가슴 억 가슴·가슴뼈·마음		10	臬	말뚝 얼 해시계
		繶	끈 억 줄·묶다·단 짓다		19	孼	서자 얼 서자·첩의 소생
언	7	言	말씀 언 말씀·언어·글·문자		22	糱	누룩 얼 누룩·싹트다·빚다
	9	彦	선비 언 선비		23	蘖	그루터기 얼 그루터기·움·허물
		匽	눕힐 언 변소·넘어지다·좁은 도랑		23	蘖	누룩 얼 누룩·糱과 同字
		彦	선비 언 선비	엄	3	广	집 엄(엄자 엄) 마룻대
	11	焉	어찌 언 어찌·이에·이·어디		8	奄	문득 엄 가리다·갑자기·고자
		偃	쓰러질 언 쓰러지다·넘어지다		10	俺	클 엄 크다·어리석다
	12	堰	둑 언 둑·방죽·보를 막다		11	崦	산 이름 엄 산(山)의 이름
	13	傿	고을 이름 언 나라이름		12	掩	가릴 엄 문을 닫다·감싸다
	14	嫣	아름다울 언 싱긋 웃다·아리땁다			淹	담글 엄 담그다·적시다
	16	諺	상말 언 상말·속된 말·속어		14	罨	그물 엄(압) 새그물
	18	鄢	고을 이름 언 나라이름		15	醃	절일 엄(암) 내시·거세한 남자
	23	鼴	두더지 언 전서		16	閹	고자 엄 고자(鼓子)·환관(宦官)
	27	讞	평의할 언(평의할 얼) 죄를 의도하다		17	嚴	엄할 엄 엄하다·엄숙함·모질다
	22	鼹	두더지 언 전서		20	嚴	엄할 엄 급하다·혹독하다

음	원획	한자	훈·음·뜻	음	원획	한자	훈·음·뜻
엄	20	龑	고명할 엄 높고 밝은 모양	여	12	茹	대껍질 여 먹다·썩다·연하다
	22	儼	의젓할 엄 의젓하다·공손하다		13	艅	배이름 여 배 이름
	24	曮	해 다닐 엄 해가 돌다		14	與	더불어 여 주다·베풀다·돕다
업	13	業	업 업 업·일·사업·학문		16	餘	남을 여 넉넉하다·여유가 있다
	16	嶪	높고험할 업 산이 높고 험하다		17	輿	무리 여 수레·가마·많다
	16	嶫	험준할 업 산이 험준한 모양		18	歟	어조사 여 어조사·편안한 기운
	20	鄴	위나라 서울 업 땅이름	19	璵	옥 여 옥
에	10	恚	성낼 에 화를 내다			礖	돌이름 여 돌 이름
	16	曀	음산할 에(예) 가리우다		21	轝	수레 여 수레·노비·마주 들다
엔	4	円	둥글 원 원·둘레·圓의 俗字	역	6	亦	또 역 또한·모두·이미
여	4	予	나 여(줄 여) 나·주다·하사하다		7	役	부릴 역 부리다·일을 시키다
	6	如	같을 여 같다·같게 하다		8	易	바꿀 역(쉬울 이) 주역
		汝	너 여 너·자네		9	疫	염병 역 염병·전염병·역귀(疫鬼)
	7	余	나 여(남을 여) 나·나머지·여가		11	域	지경 역 지경·땅의 경계·국토
		妤	여관 여 여관(女官)·아름답다(伃)	12	淢	빨리 흐를 역(도랑 혁) 매우 좁고 작은 개울
	10	轝	마주 들 여 들어 올리어 메다			晹	해반짝날 역 해가 반짝 나다
	11	𢙁	느슨해질 서(잊을 여) 잊어버리다·풀어지다		13	逆	거스를 역 배반하다·어기다

음	원획	한자	훈·음·뜻	음	원획	한자	훈·음·뜻
역	16	嶧	산 이름 역 잇닿은 산(山)	**연**	10	宴	잔치 연 잔치 · 술자리 · 즐기다
		閾	문지방 역 한정하다			娟	예쁠 연 예쁘다 · 아름답다
	17	懌	기뻐할 역 순종하다			埏	땅 가장자리 연(이길 선) 땅 끝
	19	繹	풀어낼 역 풀어내다 · 찾다			烟	연기 연 그을음 · 煙과 同字
	20	譯	통변할 역 통역하다			姸	빛날 연 빛나다 · 환하다
	23	驛	역참 역 역참 · 역말 · 역관(驛館)			涓	시내 연 실개천 · 작은 흐름
연	7	延	끌 연 끌어들이다 · 이끌다			捐	기부 연 주다 · 바치다 · 내놓다
		冹	못 연 물이 차 있는 곳			挻	이끌 연 길게 하다 · 당기다
		均	고를 균 고르다 · 조화를 이루다		11	涎	흐를 연 침 · 점액 · 끈끈한 액체
		姸	예쁠 연 예쁘다			悁	성낼 연(조급할 견) 화내다 · 근심하다
	8	沇	물흐를 연 강 이름 · 물 흐르는 모양			研	갈 연 갈다 · 문지르다
		兖	바를 연 바르다 · 단정하다			軟	부드러울 연 연하다 · 輭의 俗字
		沿	따를 연 물을 따라 내려가다 · 가			硱	벼루 연 벼루
	9	衍	넓을 연 넘치다 · 흐르다 · 넓다		12	淵	못 연 못 · 연못
		姸	고울 연 곱다 · 아름답다			然	그러할 연 그렇다고 여기다
		兗	바를 연(땅이름 연) 단정하다 · 땅이름			堧	빈터 연 빈 터 · 성 밑에 있는 땅
		娟	예쁠 연 예쁘다			硯	벼루 연 벼루 · 매끄러운 돌

음	원획	한자	훈·음·뜻	음	원획	한자	훈·음·뜻
연	13	莚	풀이름 연(받을 연) 풀 이름 · 자라다 · 뻗다	연	16	輭	연할 연 연하다 · 부드럽다
		淵	못 연 소 · 웅덩이 · 깊다		17	績	길 연 길다(長) · 잡아당기다
		掾	인연 연(뛰어쫓을 전) 돕다		19	瑌	옥돌 연 옥돌
		煙	연기 연 연기 · 그을음			嚥	삼킬 연 삼키다 · 마시다
		鉛	납 연 납 · 분 · 흑연 · 연필심			嬿	아름다울 연 아름답다
		筵	연회 연 대자리 · 좌석 · 곳 · 연회			櫞	구연나무 연 레몬
		椽	서까래 연 서까래 · 사다리		20	曣	청명할 연 해가 뜨고 구름이 없다
		渷	물 이름 (흐를 유) 침향(沈香) · 흐르다			蠕	꿈틀거릴 연 벌레의 움직이는 모양
	14	瑌	옥돌 연 옥돌		22	臙	연지 연(목구멍 인) 목
		鳶	솔개 연 솔개 · 연 · 나무연		23	讌	이야기할 연 잔치하다
		演	펼 연 펴다 · 늘이다			醼	잔치 연 잔치 · 연회(宴會)
	15	緣	인연 연 연분 · 가장자리 · 꾸미다	열	9	咽	삼킬 연 목구멍 · 막히다 · 삼키다
		戭	창 인(연) 사람이름		11	悅	기쁠 열 기쁘다 · 심복(心服)하다
		嬿	성씨 연 사람의 성(姓)		14	說	기뻐할 열 말씀 · 헤아리다 · 희열
		蜵	장구벌레 연 벌레이름			熱	더울 열 덥다 · 따뜻하다 · 더위
	16	燃	불사를 연 사르다 · 불이 타다		15	閱	검열할 열 검열하다 · 조사하다
		燕	제비 연 제비 · 잔치 · 편안하다			噎	목멜 열 목이 메이다

음	원획	한자	훈·음·뜻	음	원획	한자	훈·음·뜻
열	16	澪	물흐르는모양 열 물 흐르는 모양	염	24	魘	잠꼬대할 염(가위눌릴 엽) 악몽에 시달리다
염	5	冉	나아갈 염 부드럽다		26	黶	사마귀 염(검은 점 암) 검다
	8	炎	불탈 염 불타다·덥다·뜨겁다		32	灩	출렁거릴 염 물이 가득차다
	9	染	물들일 염 물들이다·염색하다	엽	14	熀	불빛이글거릴 엽(황) 晃의 俗字·밝은 모양
	11	苒	풀우거질 염 풀이 우거진 모양		15	葉	잎 엽(땅 이름 섭) 잎·꽃잎·갈래
	12	焰	불꽃 염 불꽃·빛·燄과 同字		16	燁	빛날 엽 빛나다
		厭	문빗장 염 빗장			曄	빛날 엽 빛나다·빛을 발하다
	13	琰	옥 염 옥을 갈다·홀·옥			暈	빛날 엽 빛을 발하다
	14	厭	싫어할 염 싫어하다·막다·가리다		20	爗	빛날 엽 기운이나 세력이 왕성하다
		髥	구레나룻 염 구레나룻		23	靨	보조개 엽 검은 사마귀
	16	閻	마을 염 이문(里門)·한길·거리	영	5	永	길 영 오래도록·길게 하다
	18	懕	편안할 염 편안한 모양		8	咏	읊을 영 노래하다·詠과 同字
		檿	산뽕나무 염 산뽕나무			泳	헤엄칠 영 헤엄치다
	19	艶	고울 염 곱다·윤·부러워하다			映	비출 영 비추다·비치다
	23	饜	포식할 염 실컷 먹다		9	盈	찰 영 차다·그릇에 가득 차다
	24	鹽	소금 염 소금·절이다			榮	꽃 영(영화 영) 꽃·영광·번성하다
	24	豔	고울 염 곱다·아름답다·광택			荣	영화 영(꽃 영) 영예·영광·피다

음	원획	한자	훈·음·뜻	음	원획	한자	훈·음·뜻
영	9	栐	나무 이름 영 나무의 이름	영	15	瑩	밝을 영 투명하다 · 갈고 다듬다
		迎	맞이할 영 맞이하다			潁	강이름 영 강 이름 · 물 이름
	11	英	꽃부리 영(뛰어날 영) 꽃부리 · 뛰어나다			穎	이삭 영 이삭 · 뾰족한 끝 · 자루
		涊	거침없이 흐를 영 통하다 · 앙금 · 흐르다		16	嬴	찰 영 가득 차다 · 넘쳐서 남다
	12	眰	똑바로 볼 영(어두울 경) 똑바로 보다 · 어둡다			縈	얽힐 영 돌다
		詠	읊을 영 읊다 · 시가를 짓다			營	경영할 영 경영하다 · 다스리다
	13	渶	물맑을 영 물 맑다 · 강 이름		17	鍈	방울소리 영 방울 소리
		煐	빛날 영 빛나다 · 사람 이름			嬰	갓난아이 영 갓난아이
		楹	기둥 영 기둥 · 둥글고 굵은 기둥			嶸	가파를 영 가파르다
		塋	무덤 영 무덤 · 분묘 · 산소			霙	진눈깨비 영 진눈깨비 · 눈 · 싸라기눈
		暎	비칠 영 비추다 · 映의 俗字			韺	풍류 이름 영 풍류(風流)의 이름
		朠	달빛 영 달빛		18	濚	물 졸졸 흐를 영 물이 돌아나가다
	14	郢	초나라 서울 영 절기 이름			濴	물이졸졸흐를 영 실개천 · 물소리
		瑛	옥빛 영 옥빛(英) · 투명한 옥			瀛	바다 영 늪 속 · 신선이 사는 섬
		榮	꽃 영(영화 영) 꽃이 피다 · 성하다 · 영화		20	蠑	영원 영 도롱뇽과
		碤	물속 돌 영 무늬 있는 돌			贏	남을 영 지나치다
	15	影	그림자 영 그림자 · 사람의 모양		21	瀯	물소리 영 물이 졸졸 흐르다

음	원획	한자	훈·음·뜻	음	원획	한자	훈·음·뜻
영	21	嚶	지킬 영 지키다	**예**	10	蚋	파리매 예 모기 · 독충(毒蟲)
	22	瓔	구슬목걸이 영 구슬 목걸이 · 옥돌			玴	옥돌 예 옥돌
		癭	혹 영 벙어리		11	堄	성가퀴 예 성가퀴
	23	纓	갓끈 영 갓끈 · 끈 · 새끼			埶	심을 예 藝와 同字 · 勢와 同字
예	2	乂	벨 예 베다 · 깎다 · 다스리다			猊	사자 예 (佛)부처가 앉는 자리
	4	刈	벨 예 베다 · 자르다		12	掜	비길 예 견주다 · 당기다 · 반죽하다
	6	曳	끌 예 끌리다 · 고달프다			浻	물가 예 물이 있는 곳의 가장자리
	8	艾	다스릴 예(쑥 애) 쑥 빛 · 다스리다			睿	밝을 예 밝다 · 준설하다
		汭	물굽이 예 물속 · 합수 · 어귀		13	預	미리 예(맡길 예) 사전에 · 참여하다
		枘	장부 예(싹 날 눌) 장부 · 자루 · 기둥			裔	후손 예 후손 · 옷자락 · 옷단
		兒	아이 아 남을 낮잡아 이르는 말			詣	이를 예 도착하다 · 경지에 이르다
	9	羿	사람이름 예 사람 이름			睨	곁눈질할 예 흘겨보다 · (해가)기울다
		帠	법 예 법도(法度) · 법칙(法則)		14	嫛	갓난아이 예 갓난아이 · 유순하다
	10	芮	풀뾰족뾰족날 예 풀이 뾰족뾰족 나다			嫕	유순할 예 유순하다
		芸	재주 예(심을 예) 평지 · 재주 · 심다			蜺	애매미 예 애매미 · 무지개
		栧	끌 예(열) 끌다 · 배 젓는 노 · 뱃전			叡	슬기 예 깊고 밝다 · 슬기롭다
		倪	어린이 예 어린이 · 가냘프다		15	郳	나라 이름 예 소주(小邾)

음	원획	한자	훈·음·뜻	음	원획	한자	훈·음·뜻
예	15	銳	날카로울 예 날카롭다 · 예민하다	예	19	鯢	도롱뇽 예 고래의 암컷 · 잔고기
		藝	심을 예 심다 · 다하다 · 끝나다			麑	사자 예 사자(獅子) · 사슴의 새끼
		嬖	다스릴 예 다스리다 · 편안하다			叡	밝을 예 성인
	16	豫	미리 예 미리 · 먼저 · 즐기다			橤	아름다울 예 아름답다
		叡	슬기로울 예 통달하다 · 슬기롭다		21	譽	기릴 예 기리다 · 칭찬하다
		霓	무지개 예 무지개 · 벼락 · 가장자리			藝	재주 예(심을 예) 기예 · 심다 · 나누다
		橤	꽃술 예 꽃술 · 축 늘어지다			蘂	꽃술 예 꽃술 · 蕊의 俗字
		瞖	흐릴 예 약초(藥草)의 이름		22	囈	잠꼬대 예 자면서 생긋거리며 웃다
		瘱	고요할 예 고요하다 · 그윽하다			鷖	갈매기 예 봉황(鳳凰) · 감색
	17	瀥	깊을 예 물이 많은 모양	오	4	午	낮 오 일곱째 지지 · 정오
		獩	민족 이름 예 민족(民族)의 이름		5	五	다섯 오 다섯 · 별 이름
		繄	창전대 예 창에 씌우는 자루			伍	다섯사람 오 대열 · 다섯 · 섞이다
		翳	깃 일산 예 자루가 굽은 부채의 일종		6	仵	짝 오 상대
		蓺	재주 예 심다			圬	흙손 오 흙 손질 하는 사람
	18	蕊	꽃술 예 꽃술 · 향초(香草) 이름		7	汚	더러울 오 추잡하다 · 욕 · 욕보이다
		穢	더러울 예 더럽다 · 거친 땅 · 잡초			汗	더러울 오 더럽다 · 추하다 · 나쁘다
	19	藝	심을 예(재주 예) 심다 · 기예 · 궁극			吾	나 오 나 · 자신 · 당신 · 그대

음	원획	한자	훈·음·뜻	음	원획	한자	훈·음·뜻
오	7	吳	성씨 오 나라 이름·성(姓)	오	12	惡	미워할 오(악할 악) 악하다·나쁘다·더럽다
	8	忤	거스를 오 반대하다			驁	교만할 오 업신여기다
		旿	밝을 오 밝다·대낮처럼 밝다		13	嗚	탄식소리 오 탄식 소리·흐느껴 울다
	9	俉	맞이할 오 맞이하다			傲	거만할 오 거만하다·업신여기다
		俣	갈래지을 오(클 우) 갈래짓다·장대하다			奧	속 오 속·아랫목·나라의 안
	10	迃	굽을 오(에돌 우) 잘못하다			塢	둑 오 둑·성채·마을·촌락
		烏	까마귀 오 검다·탄식하는 소리			筽	버들고리 오 버들고리·대 이름·곡식
		娛	즐거워할 오 편안하다·장난치다			蜈	지네 오 지네
		唔	글 읽는 소리 오 글 읽는 소리·깨다			萴	풀 이름 오(들깨 어) 쑥 비슷한 풀
	11	逜	만날 오(거스를 오) 만나다·틀리다·등지다		14	誤	그릇할 오 도리에 어긋나다
		悟	깨달을 오 진리를 체득하다·깨달음			寤	잠깰 오 잠에서 깨다·깨닫다(悟)
		浯	강이름 오 강 이름·산 이름			嗷	시끄러울 오 떠들썩하다
		捂	거스를 오 닿다		15	慠	오만할 오 날뛰다
		晤	밝을 오 사리(事理)에 밝다			熬	볶을 오 자반·근심하는 소리
		敖	놀 오 놀다·떠들썩하다			獒	개 오 길이 잘 든 개·맹견
		梧	벽오동나무 오 벽오동나무·거문고			噁	미워할 오(악할 악) 불화·헐뜯다·기피하다
	12	珸	옥돌 오 옥돌		16	壝	물가 오 물가·육지

음	원획	한자	훈·음·뜻	음	원획	한자	훈·음·뜻
오	16	竈	부엌 오 아궁이	옥	8	沃	기름질 옥 기름지다·토지가 걸차다
	17	懊	한할 오 괴로워하다·뱃노래		9	屋	집 옥 집·주거·지붕·덮개
		澳	깊을 오 깊다		13	鈺	보배 옥 보배·쇠
		聱	듣지 아니할 오 말을 듣지 않다		14	獄	옥 옥 옥·감옥·송사·소송
		燠	따뜻할 오(욱, 우) 따뜻하다·위로하다	온	9	昷	어질 온 어질다
	18	遨	놀 오 즐겁게 놀다		10	媪	어질 온 따뜻하다
		謷	헐뜯을 오 거만하다·오만하다		12	媼	할머니 오(할머니 온) 늙은 여자
	19	襖	웃옷 오 두루마기		13	媼	할미 온 할미·어머니·노모(老母)
		鏊	번철 오 평평한 냄비			溫	따뜻할 온 온화하다·순수하다
		鏖	오살할 오 무찌르다·떠들썩하다			慍	성낼 온 원망하다
	20	鼯	날다람쥐 오 날다람쥐		14	氲	기운 어릴 온 기운이 성하다
		巍	높고 클 오 높다			熅	숯불 온 따뜻하다
	21	驁	준마 오 오만하다			榲	기둥 온(올발 올) 팥배나무
		隩	물굽이 오(거처 욱) 간직하다			穩	평온할 온 편안하다
	22	鰲	자라 오 자라·鼇의 俗字			瑥	사람이름 온 사람 이름
	24	鼇	자라 오 자라·큰 바다거북		15	瘟	염병 온 괴로워하다·아픈 모양
옥	5	玉	구슬 옥 옥·아끼고 소중히 하다			穩	번성하는 모양 온 번성하다

음	원획	한자	훈·음·뜻	음	원획	한자	훈·음·뜻
온	16	縕	헌솜 온 헌솜·풍부하다·모시	옹	12	喁	벌름거릴 옹(화답할 우) 우러러 따르다·화답하다
	17	醞	빚을 온 술을 빚다		13	雍	누그러질 옹 누그러지다·온화해지다
		轀	수레 온 와거·영구차		14	滃	구름 일 옹 큰 물
	19	薀	붕어마름 온(쌓을 온) 모이다		16	蓊	장다리 옹 우거지다
		穩	평온할 온 평온하다			壅	막을 옹 막다·막히다·가리다
		韞	감출 온(감출 운) 상자		17	擁	낄 옹 안다·들다·소유하다
		馧	향기로울 온 향기롭다		18	甕	독 옹 독·항아리
		饇	보리를 서로 먹을 온 배불리 먹다			癕	악창 옹 등창
	22	蘊	쌓을 온 저축하다·간직하다			雝	할미새 옹 늪
올	3	兀	우뚝할 올 머리가 벗어지다·민둥산			顒	엄숙할 옹 공경하다
	7	杌	나무 그루터기 올 그루터기·등걸·걸상		19	甖	항아리 옹 독·두레박
	13	嗢	목멜 올 크게 웃다		21	廱	화락할 옹 막다
	16	膃	살질 올 앓다·물개		22	饔	아침밥 옹 아침밥·조반
옹	9	瓮	독 옹 독·항아리		23	癰	악창 옹 악창·종기·헌데
	9	禺	땅 이름 옹 짐승이름	와	5	瓦	기와 와 기와·질그릇·실패
	10	翁	늙은이 옹 늙은이·어르신네·장인		7	吪	후림새 와(후림새 유) 바뀌다
		邕	막힐 옹 화락하다·막히다·막다		8	臥	엎드릴 와 엎드리다·넘어지다

음	원획	한자	훈·음·뜻	음	원획	한자	훈·음·뜻
와	8	柂	옹이 와(멍에 액) 나무마디	완	7	妧	좋을 완 좋다 · 곱다 · 예쁘다
	9	哇	토할 와 게우다 · 음란(淫亂)한 소리		8	抏	꺾을 완 가지고 놀다
	10	洼	웅덩이 와 웅덩이 · 깊다 · 굽다			忨	희롱할 완 노리개
		窊	우묵할 와 낮다			宛	굽을 완 굽다 · 구부정하게 하다
	11	訛	그릇될 와 그릇되다 · 속이다 · 거짓			杬	나무이름 원 나무 이름
		婐	날씬할 와(모실 과) 정숙하다		9	玩	익힐 완 익히다 · 감상하다
	12	蛙	개구리 와 사특하다 · 음란하다		10	垸	바를 완 바르다 · 칠하다
	13	渦	소용돌이 와 소용돌이를 치다 · 보조개			盌	주발 완 음식물을 담는 작은 그릇
		猧	발바리 와 발바리 · 개의 이름			浣	씻을 완 빨다 · 세탁하다 · 씻다
	14	窩	움집 와 굴 · 우묵한 곳 · 별장		11	梡	도마 관(완) 도마 · 땔나무 · 장작
		窪	웅덩이 와 웅덩이(洼) · 우묵하다(窊)			婉	순할 완 순하다 · 은근하다
	15	萵	상추 와 상추			婠	품성좋을 완 품성이 좋다
		蝸	달팽이 와 달팽이 · 고둥 · 권패류			阮	성씨 완(나라이름 원) 관문의 이름 · 나라 이름
	19	譌	잘못될 와(속일 궤) 속이다			琓	옥이름 완 옥 이름
완	6	刓	깎을 완 깎다 · 닳다		12	惋	한탄할 완 탄식하다
	7	完	완전할 완 완전하다 · 끝내다			涴	물 굽이쳐 흐를 완 물이 굽이쳐 흐르다
		岏	가파를 완 가파르다 · 높다			椀	주발 완 음식물을 담는 작은 그릇

음	원획	한자	훈·음·뜻	음	원획	한자	훈·음·뜻
완	13	莞	왕골 완 왕골 · 골풀 · 자리	왕	19	瀇	깊을 왕(깊을 황) 물이 깊고 넓음
		脘	중완 완 밥통 · 위	왜	9	娃	예쁠 왜 예쁘다 · 미인
		琬	아름다운 완 홀 · 아름다운 옥			歪	비뚤 왜 비뚤다 · 기울다
		碗	주발 완 주발 · 盌의 俗字		10	倭	왜국 왜(순한모양 위) 왜국 · 순한 모양
		頑	완고할 완 완고하다 · 무디다		12	媧	사람 이름 왜 여신(女神)
	14	腕	팔 완 팔 · 팔뚝 · 손목 · 수완		13	矮	키작을 왜 키가 작다 · 난장이
	15	緩	더딜 완 늦추다 · 너그럽다	외	5	外	밖 외 밖 · 바깥 · 이전
		翫	아낄 완 아끼다 · 소중히 하다		9	畏	두려워할 외 두려워하다 · 협박하다
		豌	완두콩 완 완두		11	偎	가까이할 외 어렴풋하다
	16	錼	저울바탕 완(원) 저울 바탕		12	嵔	꾸불꾸불할 외 꾸불꾸불하다 · 험준하다
왈	4	曰	말할 왈 가로			崴	높을 외 평탄하지 않다
왕	5	王	임금 왕 임금 · 제후		13	猥	외람할 외 함부로 · 뒤섞이다
	8	汪	넓을 왕 깊고 넓은 모양			渨	빠질 외 잠기다
		往	갈 왕 가다 · 옛 · 이따금			嵬	높을 외 높다 · 험준하다
		旺	성할 왕 성(盛)하다			煨	묻은 불 외 불씨 · 굽다
		尪	굽을 왕 굽다 · 굽히다		14	碨	돌 우툴두툴할 외 돌이 고르지 않은 모양
	12	逛	갈 왕 보내다		15	磈	돌 외 높고 험하다

음	원획	한자	훈·음·뜻	음	원획	한자	훈·음·뜻
외	18	隗	높을 외 험하다	요	12	堯	요임금 요 요임금 · 높다 · 멀다
		聵	귀머거리 외 청각에 이상이 생긴 사람			喓	벌레 소리 요 벌레 소리 · 큰소리로 외치다
	21	巍	높을 외 높다 · 높고 큰 모양		13	徭	역사 요 구실 · 부역
요	3	幺	작을 요 어리다			搖	흔들릴 요 흔들다 · 움직이다
	4	夭	어릴 요 어리다 · 젊다		14	僥	바랄 요 바라다
	5	凹	오목할 요 오목하다			暚	햇볕 요 햇빛 · 밝다
	7	妖	요사할 요 요염하다 · 괴이하다			瑤	아름다운옥 요 아름다운 옥
	8	坳	우묵할 요 패인 곳			腰	허리 요 중요한 곳 · 밑동 · 기슭
		殀	일찍 죽을 요 일찍 죽다 · 죽이다			嶢	높을 요 높다 · 위태로운 모양
	9	拗	비꼬일 요 비틀다 · 비꼬이다		15	窯	기와굽는가마 요 기와를 굽는 가마
		要	구할 요 요구하다 · 원하다			墝	메마른 땅 요 척박한 땅
		姚	예쁠 요 예쁘다 · 멀리 · 멀다			嬈	번거로울 요(뇨) 가냘프다 · 아리땁다
		祅	재앙 요 재앙(災殃) · 괴이하다			樂	좋아할 요 음악(音樂) · 즐거워하다
		突	깊을 요 어둑한 곳			澆	물 댈 요 엷다
	10	窈	그윽할 요 그윽하다		16	橈	꺾일 요 꺾이다 · 굽다 · 휘다
		窅	움펑눈 요 움푹 들어간 눈 · 원망(怨望)			徼	돌 요 구하다 · 훔치다
	11	偠	날씬할 요 예쁘다 · 단아하다		17	遙	멀 요 멀다 · 아득하다 · 길다

음	원획	한자	훈·음·뜻	음	원획	한자	훈·음·뜻
요	17	謠	노래 요 노래 · 노래하다 · 풍설	욕	15	慾	욕심 욕 욕심 · 욕정
		繇	역사 요 역사 · 멀다 · 노래		16	蓐	깔개 욕 깔개 · 방석(方席)
	18	蕘	땔나무 요 풋나무			褥	요 욕 요 · 까는 침구
		曜	해비칠 요 빛을 발하다 · 빛 · 빛내다			縟	꾸밀 욕 꾸미다 · 무늬 · 채색
		繞	두를 요 두르다 · 둘러싸다 · 감다	용	4	冗	쓸데없을 용 무익하다 · 남아돌다
		蟯	요충 요 선충류(線蟲類)의 기생충		5	用	쓸 용 쓰다 · 베풀다 · 용도
		耀	빛날 요 빛나다 · 빛남 · 비치다			宂	바쁠 용 번거롭다 · 冗과 同字
	19	遶	두를 요 에워싸다		7	甬	길 용 양쪽에 담을 쌓은 길
		擾	요란할 요 어지럽다 · 시끄럽다		9	勇	날쌜 용 날쌔다 · 결단력이 있다
	20	邀	맞을 요 맞다 · 초대하다 · 만나다			俑	목우 용 허수아비 · 아프다
		燿	빛날 요 빛나다 · 빛내다 · 빛		10	容	얼굴 용 얼굴 · 모양 · 모습
	21	饒	넉넉할 요 넉넉하다 · 배불리 먹다			㦷	사나울 용 날래다
		鷂	새매 요 익덕귀			埇	길돋울 용 길을 돋우다 · 골목길
욕	10	辱	욕되게할 욕 욕되게 하다 · 욕보이다			涌	용맹할 용 샘 솟다 · 湧의 本字
	11	浴	목욕할 욕 물로 몸을 씻다 · 목욕		11	庸	떳떳할 용(쓸 용) 고용하다 · 공(功) · 법도
		欲	하고자할 욕 하고자 하다			舂	찧을 용 해가 지다
	14	溽	젖을 욕 습하다		12	茸	녹용 용 녹용(鹿茸)

음	원획	한자	훈·음·뜻	음	원획	한자	훈·음·뜻
용	12	俗	익숙할 용 불안하다 · 익숙한 모양	용	16	踊	뛸 용 도약하다
		硧	숫돌 용(갈 동) 숫돌 · 갈다		17	聳	솟을 용 높이 솟다 · 솟게 하다
	13	湧	샘솟을 용 샘솟다 · 성하게 일어나다		18	鎔	쇠녹일 용 쇠를 녹이다 · 거푸집
		蛹	번데기 용 초파리		19	鏞	종 용 종 · 큰 종
		傭	품팔이 용 품팔이꾼 · 품삯	우	2	又	또 우 또 · 다시 · 용서하다
		嵱	산 이름 용 봉우리 모양		3	于	어조사 우 어조사 · ~에서 · ~보다
	14	溶	녹을 용 질펀히 흐르다 · 녹다		4	牛	소 우 소 · 견우성 · 고집스럽다
		榕	용나무 용 벵골보리수 · 용나무			友	벗 우 벗 · 벗하다 · 우애 있다
		踊	뛸 용 도약하다 · 물가가 오르다			尤	더욱 우 더욱 · 특히 · 그 중에서도
		墉	담 용 담 · 벽 · 성(城)		5	右	오른쪽 우 오른쪽 · 숭상하다 · 우익
		慂	권할 용 권하다 · 억지로 권유하다		6	宇	집 우 집 · 지붕 · 처마 · 구역
		熔	녹일 용 녹이다 · 鎔의 俗字			羽	깃 우 깃 · 날개 · 깃털 장식
	15	瑢	옥소리 용 패옥 소리			圩	오목할 우 움푹 파이다
		慵	게으를 용 나태하다 · 게으르다			吁	탄식할 우(부를 유) 근심하다
		𢠵	천치 용 천치(天癡) · 어리석다			扜	당길 우 당기다 · 잡아당기다
		榕	나무이름 용 나무 이름		7	佑	도울 우 돕다 · 도와주다
	16	蓉	연꽃 용 연꽃 · 부용 · 나무연꽃			旴	해돋을 우 크다 · 해 돋는 모양

음	원획	한자	훈·음·뜻	음	원획	한자	훈·음·뜻
우	7	杅	사발 우 잔·물그릇	우	11	雩	기우제 우 기우제·춘추필법
		汖	비 우 비·물·물 이름			溛	물 소용돌이쳐 흐를 우 소용돌이치는 모양
	8	玗	옥돌 우 옥돌·땅 이름			偶	혼자 걸을 우 몸가짐이나 언행을 조심하다
		雨	비 우 비·비가 오다		12	寓	부칠 우 머무르다·보내다·여관
		盂	사발 우 밥그릇·주발			堣	땅이름 우 땅 이름
		盱	쳐다볼 우 쳐다보다			嵎	산굽이 우 산모퉁이·높고 험하다
	9	芋	토란 우 토란·덮다·가리다			庽	부칠 우 머무르다·맡기다
		禹	성씨 우 하우씨·벌레·임금			霁	날 우 날아가다
		紆	얽힐 우 얽히다·감돌다		13	愚	어리석을 우 어리석다·어리석은 사람
		俁	얼굴클 우 얼굴이 크다			虞	생각할 우 헤아림·염려하다
		疣	혹 우 사마귀			麀	암사슴 우 암사슴
		竽	피리 우 괴수·두목			愖	기쁠 우 기쁘다·기뻐하다
	10	邘	땅이름 우 땅 이름		14	瑀	패옥 우 패옥(佩玉)
		迂	굽을 우 길이 굽다·굽어 돌다			禑	복 우 복
		祐	도울 우 천지신명의 도움·행복			霂	물소리 우 물소리
	11	偶	짝 우 짝·인형(人形)		15	慪	공경할 우 공경하다·삼가다
		釪	창고달 우 악기의 이름·바리때			郵	역참 우 역말을 갈아타는 곳

음	원획	한자	훈·음·뜻	음	원획	한자	훈·음·뜻
우	15	憂	근심할 우 근심하다 · 근심 · 상(喪)	욱	11	勖	힘쓸 욱 힘쓰다
		耦	나란히 갈 우 짝 · 합하다		13	郁	성할 욱 성하다 · 울창하다
	16	遇	만날 우 우연히 만나다 · 맞서다			煜	빛날 욱 빛나다 · 불꽃
		踽	외로울 우 홀로 가는 모습			頊	삼갈 욱 머리를 숙여 삼가는 모양
	17	隅	모퉁이 우 모퉁이 · 귀퉁이 · 구석			稶	서직무성할 욱 서직(黍稷) 무성한 모양
		優	넉넉할 우 넉넉하다 · 도탑다		15	稢	서속우거질 욱 稶의 本字
		燠	따뜻할 우(욱, 오) 따뜻하다 · 위로하다		16	礈	빛날 욱 빛나다
		鍝	톱 우 귀의 장식		17	燠	따뜻할 욱(오, 우) 입김 소리 · 위로하다
	18	謣	망령될 우(어영차 후) 망언	운	4	云	이를 운(구름 운) 이르다 · 어조사 · 구름
		麌	수사슴 우 수사슴 · 떼를 짓다		7	会	높을 운 높다
	21	藕	연뿌리 우 연뿌리 · 연(蓮)		8	沄	물흐를 운 소용돌이치다 · 넓다
		耰	곰방메 우 씨를 뿌려 흙으로 덮다			芸	향풀 운(예) 향초의 이름 · 재주 · 심다
	24	齲	충치 우 덧니		10	耘	김맬 운 김매다(芸) · 없애다
욱	6	旭	빛날 욱 돋는 해 · 해가 뜨다			紜	어지러울 운 어지럽다 · 세력이 왕성하다
	9	昱	햇빛밝을 욱 빛나다 · 햇빛이 빛나다			員	인원 원 수효 · 인원 · 둥글다
	10	彧	무성할 욱 문채(文彩) · 무성하다		12	雲	구름 운 구름 · 습기 · 높음의 비유
		栯	산앵두 욱 산앵두		13	惲	혼후할 운 도탑다

인명용 한자(人名用漢字) | 237

음	원획	한자	훈·음·뜻	음	원획	한자	훈·음·뜻
운	13	韵	운 운 소리 · 취향	**울**	4	乞	땅이름 울 땅 이름
		暈	어지러울 운(무리 훈) 멀미 · 달무리		14	菀	무성할 울 무성하다 · 울창하다
	14	殞	죽을 운 죽다 · 떨어지다		17	蔚	고을이름 울 고을 이름 · 번민하다
		煴	누런빛 운 노란 모양		29	鬱	답답할 울(울창할 울) 막히다 · 우거지다
	15	賱	구름이일 운 구름이 일다	**웅**	12	雄	수컷 웅 수컷 · 이기다 · 뛰어나다
		運	옮길 운 움직이다 · 돌다 · 운송		14	熊	곰 웅 곰 · 빛나는 모양
		澐	큰물결일 운 큰 물결이 일다	**원**	4	元	으뜸 원 으뜸 · 근본 · 연호(年號)
	16	賱	넉넉할 운 넉넉하다 · 재운이 있다		8	沅	강이름 원 강 이름 · 물 이름
		橒	나무무늬 운 나무 무늬			杬	나무이름 원 나무 이름
		篔	왕대 운 왕대 · 대 이름			朊	달빛이룰 원 달빛이 희미하다
	17	鄖	나라 이름 운 나라의 이름 · 땅의 이름		9	怨	원망할 원 슬퍼하다 · 한탄하다
		隕	떨어질 운 떨어지다 · 무너지다			垣	담 원 담장 · 울타리 · 별 이름
	18	蕓	평지 운 평지 · 김매다 · 촘촘하다			爰	바꿀 원 곧 · 바꾸다 · 이르다
		霣	떨어질 운(우레 곤) 천둥			貟	수효 원 수효 · 둥글다
		䈕	장다리 운 볏과의 여러해살이풀			芫	팥꽃나무 원 팥꽃나무
	19	韻	운 운 음운(音韻) · 울림 · 소리		10	洹	흐를 원 세차게 흐르다 · 물 이름
		顚	둥글 운(둥글 혼) 얼굴 빛 · 다급하다			原	근원 원(언덕 원) 근원 · 들 · 벌판

음	원획	한자	훈·음·뜻
원	10	袁	옷길 원 옷이 길다
		冤	원통할 원 원통하다 · 원한 · 불평
		員	인원 원 수효 · 인원 · 둥글다
		笎	대무늬 원 대 무늬
		俒	즐거워할 원 기쁘다
	11	寃	원통할 원 원통하다 · 冤의 俗字
		婉	순할 완 순하다 · 은근하다
		苑	나라동산 원 나무가 무성한 모양
	12	阮	성씨 완(나라이름 원) 관문의 이름 · 나라 이름
		媛	예쁠 원 우아한 여자 · 예쁘다
	13	援	당길 원 잡다 · 취(取)하다
		湲	물흐를 원 물이 흐르는 모양 · 맑다
		猨	원숭이 원 원숭이 · 짐승의 이름
		園	동산 원 동산 · 정원 · 과수원
		圓	둥글 원 원 · 동그라미 · 둘레
		嫄	사람이름 원 사람 이름
		楥	신골 원 느티나무 · 아치

음	원획	한자	훈·음·뜻
원	14	源	근원 원 근원 · 물이 흐르는 모양
		瑗	도리옥 원 도리옥 · 구멍 큰 옥
		猿	원숭이 원 원숭이 · 짐승의 이름
		愿	정성 원 삼가 하다 · 바라다 · 빌다
		蜿	굼틀거릴 원(굼틀거릴 완) 지렁이
	15	院	담 원 담장을 두른 궁실(宮室)
		褑	패옥띠 원 패옥 띠
	16	鴛	원앙 원 원앙 · 원앙새의 수컷
		鋺	저울바탕 원(완) 저울 바탕
	17	遠	멀 원 아득하다 · 세월이 오래다
		轅	멍에 원 끌채 · 수레 · 차량 · 끌다
		黿	자라 원 큰 자라
		謜	천천히 말할 원 천천히 말하다 · 끊임 없다
	19	薗	동산 원 무덤
		願	원할 원 바라다 · 희망하다 · 소원
		鵷	원추새 원 봉황의 하나
	20	騵	절따말 원 배가 흰

음	원획	한자	훈·음·뜻	음	원획	한자	훈·음·뜻
원	23	邍	넓은 들판 원 넓은 언덕	위	12	幃	휘장 위 부인의 정복
월	4	月	달 월 달·달빛·광음(光陰)		13	渭	물이름 위 강 이름·흩어지다
	6	刖	벨 월 자르다			暐	빛환할 위 햇볕·햇살·빛나는 모양
	12	越	넘을 월 넘다·건너다·앞지르다			痿	저릴 위 마비되다
	12	粤	어조사 월 두텁다			骪	굽을 위 구부리다
	13	鉞	도끼 월 도끼·수레의 방울 소리		14	萎	마를 위 시들어 마르다·병들다
위	6	危	위태할 위 위태하다·두려워하다			僞	거짓 위 거짓·속이다
	7	位	자리 위 자리·위치·직위·제위			禕	아름다울 위 향낭·폐슬(蔽膝)
	8	委	맡길 위 맡기다·내버려두다			瑋	노리개 위 아름다운 구슬·아름답다
	9	威	위엄 위 위엄·권위·세력·힘			逶	구불구불 갈 위 구불구불 가다·사물의 형용
		韋	다룬가죽 위 가죽·부드럽다·둘레			葦	갈대 위 갈대·작은 배
		胃	밥통 위 밥통·마음·별 이름			葳	둥굴레 위 초목이 무성한 모습
	11	偉	클 위 훌륭하다·위대하다		15	衛	지킬 위 지키다·시위(侍衛)하다
		尉	벼슬 위 벼슬 이름·위로하다			慰	위로할 위 위로하다·위로
	12	爲	위할 위 위하다·배우다·속하다			緯	씨줄 위 만들다·현악기의 줄
		圍	둘레 위 둘레·두르다·둘러싸다			蝟	고슴도치 위 고슴도치·고슴도치의 털
		喟	한숨 쉴 위 한숨·탄식			熨	찜질할 위(다릴 울) 다림질하다·낙인찍다

음	원획	한자	훈·음·뜻	음	원획	한자	훈·음·뜻
위	15	諉	**번거롭게 할 위** 번거롭게 하다 · 핑계대다	**유**	8	侑	**권할 유** 권하다 · 갚다 · 보답하다
	16	違	**어길 위** 어기다 · 위반하다		8	臾	**잠깐 유** 잠깐 · 만류하다
	16	謂	**일컬을 위** 일컫다 · 알리다			呦	**울 유** 흐느껴 울다
		衛	**지킬 위** 지키다 · 막다 · 영위하다			油	**기름 유** 기름 · 광택 · 칠하다
	17	闈	**문 위** 대궐 작은 문			泑	**물빛 검을 유(물 이름 요)** 잿물
		餧	**먹일 위(주릴 뇌)** 생선이 썩다 · 기아			柔	**부드러울 유** 성질이 화평하고 순하다
	18	蔿	**애기풀 위** 애기풀 · 고을 이름			幽	**그윽할 유** 그윽하다 · 깊다 · 멀다
		魏	**성씨 위** 나라 이름 · 높다 · 대궐		9	宥	**너그러울 유** 용서하다 · 돕다 · 권하다
		韙	**옳을 위** 바르다			兪	**그럴 유** 수긍하다 · 대답하다
	21	韡	**활짝 필 위** 빛나다 · 활짝 피다			柚	**유자 유** 유자나무 · 대나무 이름
유	4	尤	**망설일 유** 게으르다			囿	**동산 유** 동산 · 담 · 구역 · 모이다
	5	由	**말미암을 유** 말미암다 · 보좌하다			姷	**짝 유** 짝(配)
		幼	**어릴 유** 어리다 · 어린아이			俞	**대답할 유** 사람 성씨 · 수긍하다
	6	有	**있을 유** 있다 · 존재하다		10	洧	**강이름 유** 강 이름 · 물 이름
	7	酉	**닭 유** 닭 · 십이지(支)의 열째			秞	**무성할 유** 벼와 기장이 무성하다
		攸	**바 유** 장소 · 어조사 · 달리다		11	唯	**오직 유** 오직 · 때문에 · 바라건대
	8	乳	**젖 유** 젖 · 젖을 먹이다 · 낳다			悠	**생각할 유** 그리워하다 · 아득하다

인명용 한자(人名用漢字) | 241

음	원획	한자	훈·음·뜻	음	원획	한자	훈·음·뜻
유	11	婑	아리따울 유 날씬하고 아름답다	유	13	揉	주무를 유 휘다
		聈	고유할 유 고유하다			愈	나을 유 남보다보다 더 뛰어나다
		蚴	굼틀거릴 유 꿈틀거리며 가는 모양			楡	느릅나무 유 느릅나무 · 옮기다
		帷	휘장 유 휘장(揮帳) · 덮다			猷	꾀할 유 꾀하다(猶) · 꾀 · 계략
		蚰	그리마 유 그리마 · 벌레			楢	졸참나무 유 졸참나무 · 내 이름
	12	惟	꾀할 유 꾀하다 · 도모하다			瑈	옥돌 유 옥돌 · 새 이름
		釉	윤 유 윤 · 광택			漻	깊을 유 깊다
		喩	깨우칠 유 깨우치다 · 깨우쳐 주다			逌	만족할 유 만족하다 · 攸의 古字
		庾	곳집 유(노적가리 유) 곳집 · 노적가리			瑜	아름다운옥 유 아름다운 옥 · 옥빛
		猵	꽃 유 열매 많이 열림			維	맬 유 밧줄 · 매다 · 생각하다
	13	荍	가라지 유(씀바귀 수) 추하다			誘	꾈 유 꾀다 · 유혹하다 · 속이다
		猶	오히려 유 오히려 · 마땅히 · ~부터		14	綏	갓끈 유 매미의 부리
		裕	넉넉할 유 너그럽다 · 관대하다			瘐	병들 유 근심하여 앓다
		愉	즐거울 유 기뻐하다 · 노래 · 즐겁다			窬	협문 유(협문 두) 작은 문
		揄	끌 유 질질 끌다 · 끌어내다			需	쓰일 수 쓰이다 · 기르다 · 괘 이름
		游	헤엄칠 유 헤엄치다 · 헤엄 · 뜨다			瑈	옥 이름 유 옥(玉)의 이름
		湇	물 이름 유 물의 이름 · 물		15	萸	수유나무 유 수유 · 풀이름

음	원획	한자	훈·음·뜻	음	원획	한자	훈·음·뜻
유	15	腴	살찔 유 아랫배가 살찌다	유	18	蕤	꽃 유 꽃이 축 늘어진 모습
		褕	고울 유 곱다 · 황후(皇后)의 옷			蕕	누린내풀 유 마편초과풀
		牖	들창 유 들창 · 성(姓) · 깨우치다			濡	적실 유 베풀다 · 윤(潤)이 나다
		糅	섞을 유 비빔 밥			癒	병나을 유 병이 낫다
		蝤	하루살이 유 하루살이 · 꽃게			鞣	가죽 유 부드럽다
		窳	이지러질 유 비뚤다			鼬	족제비 유 유서
	16	遊	놀 유 즐겁게 지내다 · 여행하다			曘	햇빛 유 햇빛 · 날이 어둡다
		逾	넘을 유 넘어가다 · 건너다			瘉	병 나을 유 병이 낫다 · 뛰어나다
		儒	선비 유 선비 · 유학 · 부드럽다		19	遺	남을 유 끼치다 · 후세에 전하다
		諛	아첨할 유 아첨하다 · 알랑거리다			壝	제단의 담 유 울타리
		諭	깨우칠 유 깨우치다 · 밝히다		23	讉	성낼 유(속임 퇴) 노하다
		踰	넘을 유 넘다 · 이기다 · 한층 더		26	龥	부를 유 부르짖다
		蹂	밟을 유 밟다 · 짓밟다		32	籲	부를 유(부를 약) 부르다 · 구하다 · 부드럽다
	17	孺	젖먹이 유 젖먹이 · 새끼를 낳다	육	6	肉	고기 육 고기 · 동물의 살
		鍮	놋쇠 유 놋쇠 · 자연동(自然銅)		10	育	기를 육 기르다 · 자라다 · 낳다
		黝	검푸른빛 유 검은 흙		11	堉	기름진땅 육 기름진 땅
		鮪	참다랑어 유 강 이름		14	毓	기를 육 기르다(育)

음	원획	한자	훈·음·뜻	음	원획	한자	훈·음·뜻
육·윤	17	儥	팔 육 팔다 · 사다	윤	16	橍	나무 이름 윤 나무의 이름
	4	尹	다스릴 윤 다스리다 · 벼슬아치		19	贇	예쁠 윤(빈) 예쁘다 · 아름답다
		允	허락할 윤(맏 윤) 진실로 · 아들 · 동의하다	율	6	聿	붓 율 붓 · 드디어 · 스스로
	8	沇	물흐를 연 강 이름 · 물 흐르는 모양		8	汩	흐를 율(빠질 골) 흐르다 · 빠지다 · 잠기다
		昀	햇빛 윤 햇빛		12	矞	송곳질할 율(속일 휼) 간사스럽고 교묘하다
	9	玧	붉은구슬 윤 붉은 구슬		13	颶	큰 바람 율 큰 바람 · 벼슬의 이름
	11	胤	익힐 윤 잇다 · 계승하다			建	걸어가는모양 율(건) 걸어가는 모양
		玧	자손 윤 자손 · 혈통 · 후손			潏	사주 율 사주(沙洲 · 砂洲)
	12	閏	윤달 윤 윤달 또는 윤년		16	燏	빛날 율 빛나다 · 불빛
		鈗	창 윤 근신(近臣)이 가지는 창			獝	빨리 날 율 빠르다
		阭	높을 윤 높다	융	6	戎	병장기 융 오랑캐 · 무기의 총칭
	13	荺	연뿌리 윤 연뿌리 · 대순		10	狨	물깊고넓은모양 융 물이 깊고 넓은 모양
		閆	윤 윤 윤 · 윤달이 들다		12	絨	융단 융 융 · 감이 두툼한 모직물
		閏	윤달 윤 윤달		16	融	화할 융 화합하다 · 화락하다
	15	奫	물깊고넓을 윤 물 깊고 넓다		20	灩	물깊고넓은모양 융 물이 깊고 넓은 모양
		鋆	금 윤 금 · 쇠 · 황금(黃金)	은	7	听	웃을 은 입을 벌리고 벙글거리다
	16	潤	윤택할 윤 젖다 · 적시다 · 물기		7	圻	지경 은(경기 기) 경기(京畿) · 끝 · 지경

음	원획	한자	훈·음·뜻	음	원획	한자	훈·음·뜻
은	9	垠	언덕 은 땅 끝·벼랑·낭떠러지	은	16	憖	억지로 은 억지로·무리하게
	10	浪	물가 은 물가		16	蒑	풀빛푸른 은 풀의 빛깔이 푸르다
	10	恩	은혜 은 은혜·인정·동정		16	蒽	풀이름 은 풀이름
	10	殷	성할 은 성하다·많다·크다		17	檃	도지개 은 도지개·바로잡다
	10	圁	물 이름 은 물의 이름·고을의 이름		17	嶾	산 높을 은 산(山)이 높다
	10	垽	앙금 은 찌꺼기		18	濦	강이름 은 강 이름·溵와 同字
	10	訔	언쟁할 은 시비하다		18	檼	마룻대 은 마룻대·도지개
	11	珢	옥돌 은 옥돌		18	鄞	고을 이름 은 땅 이름
	11	狺	으르렁거릴 은 개가 짖는 소리		18	嚚	어리석을 은 말을 못하다
	11	訢	화평할 은 화평(和平)하다		19	齗	잇몸 은(싸울 인) 잇몸·치은(齒齦)
	14	溵	물소리 은 물 이름·물소리		22	隱	숨길 은 가리다·비밀로 하다
	14	溽	물소리 은 물 이름		22	癮	두드러기 은 두드러기
	14	銀	은 은 은·화폐·돈·도장		23	蘟	은총 은 은총
	14	慇	괴로워할 은 괴로워하다·은근하다		19	誾	즐거울 은 誾의 통용어
	15	誾	화평할 은 온화하다·화기애애하다		27	齾	웃을 은 이가 드러나게 웃다
	15	璁	옥 은 사람이름	을	1	乙	새 을 새·십간(十干)의 둘째
	16	儨	기댈 은 기대다·남에게 기대다		6	圪	흙더미우뚝할 을 흙더미가 우뚝하다

음	원획	한자	훈·음·뜻	음	원획	한자	훈·음·뜻
을	12	鳦	제비 을(알) 제비	읍	11	浥	젖을 읍(흐를 압) 적시다 · 감돌다
음	7	吟	읊을 음 읊다 · 끙끙 앓다 · 노래		13	揖	읍할 읍 읍하다 · 사양하다
	9	音	소리 음 소리 · 음악 · 가락	응	16	凝	엉길 응 엉기다 · 춥다 · 굳다
	11	崟	험준할 음 봉우리		17	應	응할 응 응하다 · 받다
	12	淫	음란할 음(장마 음) 음란하다 · 탐하다 · 과하다		19	膺	가슴 응 가슴 · 안다 · 받다
		喑	벙어리 음 입을 다물다		22	瞪	물끄러미 볼 응 물끄러미 바라보다
	13	愔	화평할 음 화평하다		24	鷹	매 응 매 · 송골매
		飮	마실 음 마시다 · 잔치 · 음료	의	6	衣	옷 의 옷/예복 · 덮는 것
	14	廕	덮을 음 감싸다		7	矣	어조사 의 ~었다 · ~도다! · 어조사
	16	陰	응달 음 음(陰) · 습기 · 축축함		8	依	의지할 의 의지하다 · 힘이 되다
	17	蔭	그늘 음 그늘 · 지하실 · 해 그림자			宜	옳을 의 마땅하다 · 마땅히
	19	霪	장마 음 눈물이 끊임없이 흐름		9	姨	여자의 자 의 여자 이름자
	20	馨	소리화할 음 소리가 화하다		10	倚	의지할 의 치우치다 · 기울다
읍	7	邑	고을 읍 고을 · 마을 · 서울		12	猗	불깐 개 의 잔물결 · 의지하다
	9	泣	울 읍 울다 · 울음 · 눈물 · 근심			椅	의자 의 의나무 · 걸상 · 의자
	11	悒	근심할 읍 답답하다			漪	눈서리 쌓일 의 눈서리 쌓이다
		挹	뜰 읍 당기다			猗	아 의(기울 기) 감탄사

음	원획	한자	훈·음·뜻	음	원획	한자	훈·음·뜻
의	13	義	옳을 의 옳다 · 바르다 · 평평하다	의	20	議	의논할 의 의논하다 · 문의하다
		意	뜻 의 뜻 · 생각하다 · 정취		21	饐	쉴 의(목멜 열) 목이 메다
	14	疑	의심할 의 의심하다 · 의혹하다		22	懿	아름다울 의 좋다 · 훌륭하다 · 기리다
	15	漪	잔물결 의 물놀이	이	2	二	두 이 둘 · 두 번 · 두 마음
		儀	모양 의 거동 · 예절 · 본받다		3	已	이미 이 이미 · 그치다 · 버리다
		誼	옳을 의 옳다 · 의논하다 · 정분		5	以	써 이 써 · ~로써 · 부터 · ~에서
		毅	굳셀 의 의지가 강하다 · 과감하다			尔	너 이 그대 · 가깝다
	16	儗	참람할 의 분수에 넘쳐 너무 지나치다		6	耳	귀 이 청각 기관 · 귀에 익다
		劓	코 벨 의 쪼개다			而	말이을 이 순접/역접의 접속사
		螘	개미 의 말개미			夷	오랑캐 이 오랑캐 · 평평하다
	17	嶷	산 이름 의 영리하다 · 총명하다			伊	저 이 그녀 · 또 · 이(발어사)
	18	醫	의원 의 의원 · 치료하다			弛	늦출 이 늦추다 · 활 부리다
		擬	추측할 의 견주다 · 비교하다		7	杝	피나무 이 피나무 · 바자울
		礒	바위 의 돌모양		8	佴	버금 이(성씨 내) 돕는다
	19	艤	차릴 의 배가 떠날 준비를 갖추다			隶	미칠 이 일정한 선에 닿다
		蟻	개미 의 개미 · 검다 · 흑색			易	쉬울 이(바꿀 역) 바꾸다 · 무역하다
		薏	율무 의 율무 · 연꽃의 열매		9	怡	기쁠 이 기쁘다 · 기뻐하다

음	원획	한자	훈·음·뜻	음	원획	한자	훈·음·뜻
이	9	姨	이모 이 이모·아내의 자매	이	12	羡	고을 이름 이(부러워할 선) 사모하다·풍요롭다
		咿	선웃음 칠 이 억지로 웃다			㚈	기쁠 이 기쁘다
		姬	아름다울 이(즐거워할 희) 아름답다·성장하다			胣	힘줄이질길 이 힘줄이 질기다
		姌	여자이름 이 여자 이름		13	肄	익힐 이 익히다·노력하다
	10	洟	콧물 이(콧물 체) 눈물		14	爾	너 이 이(此)·뿐·그러하다
		栮	목이버섯 이 목이버섯			飴	엿 이 엿·단 맛
		訑	으쓱거릴 이 으쓱거리다			廙	공경할 이(천막 익) 삼가다
		珆	옥무늬 태(옥돌 이) 옥돌·옥 무늬·옥 이름		15	頤	턱 이 위턱과 아래턱의 총칭
	11	異	다를 이 다르다·딴 것·달리하다		16	彝	떳떳할 이 떳떳하다·彝의 俗字
		移	옮길 이 변하다·움직이다		17	鴯	제비 이 제비
		痍	상처 이 상처·깎다·베다		18	彛	떳떳할 이 떳떳하다·제기(祭器)
		苡	질경이 이 질경이·율무		21	邇	가까울 이 거리/관계가 가깝다
		珥	귀막이옥 이 귀고리·귀걸이	익	3	弋	주살 익 잡다
	12	迤	비스듬할 이(잇닿을 타) 경사지다·이어지다		10	益	더할 익 더하다·증가·느는 일
		荑	벨 이 베다·깎다		11	翊	도울 익 보좌하다·나는 모양
		貽	끼칠 이 끼치다·남기다·전하다			翌	다음날 익 다음날·이튿날
		貳	두 이 두·둘·두 마음		17	翼	날개 익 새의 날개·곤충의 날개

음	원획	한자	훈·음·뜻	음	원획	한자	훈·음·뜻
익	17	謚	웃는모양 익 웃는 모양 · 웃다	인	9	姻	혼인할 인 혼인 · 시아버지 · 연분
	21	瀷	스며흐를 익 강 이름 · 물 이름			咽	목구멍 인 목구멍 · 목 · 목메다
		鷁	익조 익 새이름		10	洇	빠질 인(막힐 연) 잠기다
	15	熤	사람이름 익 사람 이름 · 빛나다			蚓	지렁이 인 지렁이
인	2	人	사람 인 사람 · 인간 · 백성			氤	기운 어릴 인 천지 기운이 어리다
		儿	사람 인 사람			茵	씨 인 씨 · 풀이름
	3	刃	칼날 인 칼날 · 칼 · 베다		11	寅	범 인 셋째 지지 · 동관(同官)
	4	引	이끌 인 끌다 · 인도하다 · 맡다			絪	벼꽃 인 벼꽃 ·
		仁	어질 인 어질다 · 자애			茵	요 인 까는 침구
	5	仞	길 인 높이			茵	자리 인 수레 안에 까는 자리
	6	因	인할 인 말미암다 · 근본 · 유래			絪	수심 인 기운이 성(盛)한 모양
		印	도장 인 도장 · 찍다 · 찍히다		12	堙	막을 인 막히다
		忈	사랑할 인 사랑하다 · 친애하다			婣	혼인 인(시집갈 인) 인척
	7	忍	참을 인 참다 · 견디어내다			靭	질길 인 질기다 · 부드럽다
		牣	찰 인 차다 · 충만하다 · 살찌다			靱	질길 인 질기다 · 靭과 同字
		忎	어질 인 어질다		13	靷	가슴걸이 인 가슴걸이 · 잡아당기다
		洇	끈적거릴 인 끈적거리다			湮	잠길 인 잠기다 · 막히다 · 스미다

인명용 한자(人名用漢字) | 249

음	원획	한자	훈·음·뜻	음	원획	한자	훈·음·뜻
인	14	認	알 인 인식하다 · 승인하다	일	12	軼	앞지를 일(수레바퀴 철) 뛰어나다 · 우수하다
		夤	조심할 인 연관되다		14	逸	편안 일 逸 통용어
		禋	제사 지낼 인 천제를 제사(祭祀)하다			溢	넘칠 일 넘치다 · 차다 · 가득하다
		𪔗	작은북 인 작은 북 · 작은 북의 소리			馹	역말 일 역말 · 역마(驛馬)
		𪔛	작은 북 인 소고치는		15	𨓜	달아날 일 숨다 · 놓다
	15	戭	창 인(창 연) 무기 · 장창(長槍)		18	鎰	중량 일 중량 · 무게의 단위
	16	璌	사람이름 인 사람 이름	임	4	壬	북방 임 아홉째 천간 · 성대하다
		諲	공경할 인 공경하다 · 삼가다		6	任	맡을 임 맡기다 · 맡은 일 · 재능
	17	膍	등심 인 등골뼈		7	妊	아이밸 임 아이 배다
	18	瀙	물줄기 인 물문		9	姙	아이밸 임 아이 배다 · 妊과 同字
일	1	一	한 일 하나 · 한 번 · 처음		10	衽	옷섶 임 옷섶 · 솔기 · 요
	4	日	해 일 해 · 태양 · 햇볕 · 햇살			恁	믿을 임 생각하다 · 이같이
	7	佚	편안할 일 편안하다 · 숨다 · 실수		11	訫	생각할 임 생각하다
		劮	기쁠 일 방탕하다		12	荏	들깨 임 들깨 · 부드럽다 · 점점
	8	佾	춤 일 춤			絍	짤 임 베를 짜다
	9	泆	음탕할 일 끓다		13	賃	품삯 임 품팔이 · 더부살이
	12	壹	한 일 오로지 · 한결같이			稔	곡식익을 임 곡식이 익다 · 쌓다

음	원획	한자	훈·음·뜻	음	원획	한자	훈·음·뜻
임	13	飪	익힐 임 삶다	**하**	9	昰	여름 하(옳을 시) 是의 本字·夏의 古字
		恁	믿을 임 생각하다			抲	지휘할 하(멜 타) 지휘하다·메다
	14	銋	젖을 임 수분이 베어들다		10	夏	여름 하 여름·하나라·중국
입	2	入	들 입 들이다·입성(入聲)		12	賀	위로할 하 하례하다·경축·경사
	3	卄	스물 입 스물·이십(二十)			厦	문간방 하 큰 집·헐소청·곁방
	4	廿	스물 입 스물·이십(二十)		13	荷	멜 하(꾸짖을 하) 짊어지다·책임·꾸짖다
잉	4	仍	인할 잉 인하다·거듭하다·거듭			廈	큰집 하 큰 집·헐소청·곁방
	5	孕	아이밸 잉 아이 배다·품어 가지다			閜	크게열릴 하 크게 열리다·크다
	10	芿	새풀싹 잉 새 풀싹·묵은 풀·잡초			煆	데울 하 덥다·빛나다
	12	剩	남을 잉 남다·나머지·더구나		14	瑕	티 하 티·옥에 티·허물
	13	賸	줄 잉 주다·따라보내다·잉첩			碬	숫돌 하 숫돌·울퉁불퉁함
하	3	下	아래 하 아래·아랫사람·뒤			瘕	기생충병 하(뱃병 가) 기생충병(寄生蟲病)·티
	7	何	어찌 하 어찌·꾸짖다·메다			嘏	클 하 크다·장대하다·복
		呀	입벌릴 하 입을 벌리다·높이 솟다		15	蝦	두꺼비 하(새우 하) 새우·두꺼비
		岈	산골 휑할 하(산 이름 아) 산의 모양·깊다		16	遐	멀 하 멀리·멀어지다·가다
	9	呵	껄껄 웃을 하(숨을 내쉴 가) 크게 웃다·숨을 내쉬다		17	霞	노을 하 노을·아득하다·새우(鰕)
		河	물 하 강 이름·황하·강·운하			罅	틈 하 빈틈·갈라지다

음	원획	한자	훈·음·뜻	음	원획	한자	훈·음·뜻
하	17	鍜	경개 하 목·투구	학	17	壑	골 학 골·산골짜기·도랑
		嗬	웃음소리 하 감탄사(感歎詞)·웃다		21	鶴	학 학 학·두루미
	16	𬞗	붉을 하 붉은 빛·아침놀·저녁놀			皬	흴 학 희다
		啁	웃을 하 껄껄 웃다		24	鷽	비둘기 학 메까치
	18	㦑	속일 하 공갈하다	한		汗	땀 한 땀·땀을 흘리다
	19	蕸	연잎 하 이삭이 아직 나지 않은 갈대		7	扞	막을 한(펼 간) 덮다
		謣	사람의 이름 하 이름자			旱	가물 한 가물다·가뭄
	20	鰕	새우 하 새우·도롱뇽·암코래			忓	방해할 간(아름다울 한) 방해하다·아름답다
학	8	学	배울 학 배우다·흉내내다·학교		9	罕	그물 한 그물·새그물
	9	虐	사나울 학 사납다·해치다·모질다		10	邗	땅 이름 한 운하(運河)의 이름
	10	狢	오소리 학 오랑캐			恨	한할 한 원통하다·억울하다
	12	确	자갈땅 학(굳을 확) 돌산·석산·견고하다			悍	사나울 한 사납다·성급하다
	13	嗃	엄할 학 엄하다·냉엄하다		11	捍	막을 한(몽둥이 간) 사납다
	14	郝	땅 이름 학 고을 이름			閈	이문 한 마을
		瘧	학질 학 말라리아			閑	한가할 한 한가하다·조용하다
	16	學	배울 학 배우다·학문·학자		12	寒	찰 한 차다·차갑다·얼다
		謔	희롱거릴 학 희롱거리다·희롱·농담			閒	틈 한 틈·사이·받아들이다

음	원획	한자	훈·음·뜻	음	원획	한자	훈·음·뜻
한	14	限	한계 한 한계 · 지경 · 경계 · 구역	할	12	割	나눌 할 나누다 · 쪼개다 · 빼앗다
		僩	굳셀 한 노하다 · 너그러운 모양		15	瞎	애꾸눈 할 어둡다
	15	漢	한수 한(한나라 한) 한수(漢水) · 은하수		17	轄	비녀장 할(다스릴 할) 비녀장 · 관리하다
		嫺	우아할 한 우아하다 · 단아하다	함	7	含	머금을 함 머금다 · 넣다 · 품다
		嫻	우아할 한 정숙하다		8	函	함 함 함 · 상자 · 편지 · 술잔
		暵	마를 한 덮다		9	咸	다 함(짤 함) 모두 · 소금기 · 차다
	16	澖	넓을 한 넓다		11	啣	재갈 함 재갈 · 銜의 俗字
		翰	편지 한 날개 · 편지 · 빠르게 날다		12	涵	젖을 함 젖다 · 적시다 · 담그다
		橺	큰나무 한 큰 나무			喊	소리 함 소리 · 고함지르다
		閑	익힐 한 익히다 · 법		13	菡	꽃술 함 꽃봉우리 · 연꽃
	17	澣	빨 한 빨래하다 · 발을 씻다		14	莟	연꽃 함 연꽃 봉우리 · 연꽃
		韓	한국 한(나라 한) 나라 이름			銜	머금을 함 재갈 · 머금다 · 받들다
		駻	사나울 한 안장		15	緘	봉할 함 봉하다 · 묶다 · 새끼줄
		鼾	코 고는 소리 한 잠자는 숨결 · 코 골다		16	陷	빠질 함 떨어지다 · 추락하다
		嶰	높을 한 산 모양			諴	화동할 함 저성 · 화할
	20	瀚	넓고큰모양 한 넓고 큰 모양		18	檻	우리 함 짐승을 가두어 두는 곳
	23	鷴	백한 한 소리개 · 흰 꿩		20	艦	싸움배 함 싸움배 · 군함

인명용 한자(人名用漢字) | 253

음	원획	한자	훈·음·뜻	음	원획	한자	훈·음·뜻
함	20	鹹	짤 함 짜다 · 짠맛 · 소금기	**항**	4	亢	목 항 목 · 목구멍
		闞	범 소리 함(바라볼 감) 범의 소리 · 개의 소리		5	夯	멜 항 나무로 달구질하다
	21	轞	함거 함 수레소리		6	伉	짝 항 짝 · 부부 · 겨루다
합	6	合	합할 합 여럿이 모여 하나가 되다			行	항렬 항(다닐 행) 행하다 · 관찰하다
	8	匌	돌 합 기운이 막히다		8	抗	막을 항 막다 · 저지하다
	9	哈	물고기많은모양 합 물고기가 많은 모양			沆	넓을 항 넓다 · 넓은 모양
		柙	우리 합(향나무 갑) 짐승우리			杭	건널 항 물을 건너다(航) · 배
	10	盍	덮을 합(할단새 갈) 그릇 · 찬합			炕	마를 항(마를 강) 마르다
	11	盒	합 합 음식을 담는 그릇의 하나			肛	항문 항 항문 · 부풀다 · 똥구멍
	12	蛤	대합조개 합 대합조개 · 조개		9	巷	거리 항 거리 · 마을 · 동네
	13	嗑	입 다물 합(말이 많을 갑) 웃음소리			姮	항아 항 달에 산다는 미인의 이름
		郃	고을 이름 합 일치하다			缸	항아리 항 항아리
	14	溘	갑자기 합(모래에 박힐 개) 이르다			恒	언제나 항 항상 · 언제나 · 늘
		閤	쪽문 합 대문 곁에 달린 작은 문		10	恆	항상 항 항상(恒常) · 64괘의 하나
		榼	통 합 칼 집			航	배 항 배 · 배다리 · 건너다
	15	陜	땅이름 합(좁을 합) 땅 이름 · 좁다			桁	차꼬 항 차꼬 · 횃대
	18	闔	문짝 합 문짝 · 문을 닫다		12	項	항목 항 목덜미 · 관(冠)의 뒤쪽

음	원획	한자	훈·음·뜻	음	원획	한자	훈·음·뜻
항	12	缿	투서함 항 벙어리 저금통	**해**	11	偕	함께 해 함께·굳세다·함께 있다
	13	港	항구 항 항구·도랑·뱃길			痎	학질 해 옴
		頏	새 날아 내릴 항 목구멍·목			解	풀 해 해부하다·이해되다
	14	降	내릴 강(항복할 항) 내리다·항복하다		13	該	갖출 해(마땅 해) 마땅히·갖추다
		嫦	달속선녀 항 달에 산다는 미인의 이름			楷	본보기 해 본보기·모범·바르다
해	6	亥	돼지 해 지지(地支)의 열두 번째		14	瑎	검은옥돌 해 검은 옥돌
	8	哈	비웃을 해 즐기다·비웃다		15	頦	아래턱 해 턱 밑
	9	咳	어린아이웃을 해 어린아이가 웃다·기침		16	廨	공해 해 관아·공관
		垓	지경 해 지경·경계·끝			諧	화할 해 화합하다·조화되다
		孩	어린아이 해 어리다·나이가 어리다			駭	놀랄 해 놀라게 하다·소란
		祄	도울 해 하늘이 돕다			骸	뼈 해 사람의 뼈·해골
		洍	바다 해 海의 통용어			嶰	골짜기 해 산골짜기 이름
	10	害	해칠 해 해치다·손해·훼방하다		17	獬	해태 해(억센 모양 개) 해태(獬豸)·굳센 모양
		奚	어찌 해 어찌·어느·무엇			懈	게으를 해 게으르다·느슨해지다
		欬	기침 해 천식			澥	바다 이름 해 골짜기 모습
		晐	갖출 해 겸하다			醢	육장 해 젓갈·절임·젓
	11	海	바다 해 바다·바닷물			鮭	어채 해(복어 규) 어채(魚菜)·복어·연어

음	원획	한자	훈·음·뜻	음	원획	한자	훈·음·뜻
해	19	蟹	게 해 게	향	9	香	향기 향 향기 · 향기롭다
		薤	염교 해 상엿소리		10	晑	밝을 향 밝다
	20	邂	만날 해 만나다 · 기뻐하는 모양		11	珦	옥구슬 향 옥 이름
		瀣	이슬기운 해 바다 기운		15	餉	보낼 향 배급하다 · 군량(軍糧)
핵	8	劾	꾸짖을 핵(힘쓸 해) 노력하다		17	鄕	시골 향 시골 · 마을 · 곳 · 장소
	10	核	씨 핵(풀뿌리 해) 실과		19	薌	곡식 향내 향 향기 · 쇠기름
	16	翮	깃촉 핵(솥 력) 죽지 · 세발솥			嚮	향할 향 향하다 · 대접 · 권하다
	19	覈	핵실할 핵 사실을 조사하다 · 엄하다		20	麛	사향사슴 향 사향 사슴
행	6	行	다닐 행(항렬 항) 행하여지다 · 관찰하다		22	響	울림 향 울림 · 음향(音響)
	7	杏	살구나무 행 살구나무 · 살구			饗	잔치할 향 잔치하다 · 연회하다
	8	幸	다행 행 다행하다 · 운이 좋다	허	11	許	허락할 허 받아들이다 · 승인하다
	10	倖	요행 행 요행 · 괴다 · 사랑하다		12	虛	빌 허 비다 · 없다 · 적다
	12	荇	노랑어리연꽃 행 마름 · 노랑어리연꽃		15	墟	언덕 허 언덕 · 기슭 · 噓의 俗字
		涬	기운 행 기운 · 끌다 · 당기다			噓	뿜을 허 탄식하다 · 흐느껴 울다
		悻	성낼 행 발끈성낼		16	歔	흐느낄 허 흐느끼다 · 두려워하다
향	6	向	향할 향 나아가다 · 누리다	헌	8	昍	밝을 훤(밝을 헌) 밝다
	8	享	누릴 향 누리다 · 제사 지내다		10	軒	집 헌 처마 · 집 · 가옥 · 수레

음	원획	한자	훈·음·뜻	음	원획	한자	훈·음·뜻
헌	16	憲	법 헌 법·가르침·명령	혁	9	弈	바둑 혁 도박
		軒	초헌 헌 초헌		10	洫	봇도랑 혁(넘칠 일) 개헌
	19	幰	수레 휘장 헌 수레 포장		11	焃	붉을 혁 붉다·밝다·빛나다
	20	獻	드릴 헌 바치다·나아가다		12	焱	불꽃 혁 불꽃·불똥
		櫶	나무이름 헌 나무 이름		14	赫	붉을 혁 붉은 빛·빛나는 모양
		憲	총명할 헌(한탄할 훤) 깨달을		17	嚇	웃음소리 하 감탄사(感歎詞)·웃다
		攇	죌 헌 물건을 매다		18	爀	붉을 혁 붉다·불빛이 붉은 모양
	23	巚	봉우리 헌 낭떠러지			鬩	다툴 혁(고요할 격) 다투다·울다·원망하다
헐	13	歇	쉴 헐 쉬다·휴식하다		21	爓	붉은 빛 혁 붉게 빛나다
험	16	嶮	험할 험 깨뜨리다	현	5	玄	검을 현 검은빛·하늘·깊다
	17	獫	오랑캐 이름 험 사냥개		7	見	볼 견 보다·생각해 보다
	21	險	험할 험 험하다·높다·위태롭다		8	呟	소리 현 큰 소리
	23	驗	증험할 험 증험·표징(標徵)·증거			弦	시위 현 시위·활시위
		玁	오랑캐 이름 험 부리·오랑캐의 이름			妶	여자의 자 현 절개 있음
혁	8	侐	고요할 혁 고요하다			泫	이슬빛날 현 이슬이 내리는 모양
	9	革	가죽 혁 피부(皮膚)·갑주(甲胄)		9	炫	빛날 현 비추다·자랑하다
		奕	클 혁 크다·아름답다·익히다			俔	염탐할 현 염탐하다·두려워하다

음	원획	한자	훈·음·뜻	음	원획	한자	훈·음·뜻
현	9	眩	아득할 현 깊고 아득한 모양	현	13	蜆	도롱이벌레 현 가막조개
		炫	팔 현 팔다			鉉	솥귀 현 솥귀·활시위·재상(宰相)
	10	玹	옥돌 현 옥돌·옥빛·옥 이름		14	誢	말다툼할 현 간하는 말
		峴	고개 현 재·고개·산 이름		15	銷	노구솥 현 노구솥·냄비·작은 동이
		昡	아찔할 현 아찔하다·현혹하다			賢	어질 현 어진 사람·선량하다
		娹	허리 가늘 현 여자의 이름자			儇	총명할 현 총명하다·빠르다
		痃	현벽 현 힘줄 당기는 병			睍	한정할 현 한정하다·한계
	11	舷	뱃전 현 뱃전		16	縣	매달 현 매달다·높이 걸다
		衒	팔 현 돌아다니면서 팔다			嬛	산뜻할 현(서고 환) 정수할·얌전할
		絃	악기줄 현 거문고/비파 등의 줄		17	駽	돗총이 현 검푸른 말
		晛	햇빛 현 햇살·햇빛·해가 나다		18	顯	나타날 현 나타나다
		弦	활 현 활·사람의 성(姓)		19	翲	날 현 급하다
	12	現	나타날 현 나타나다·밝다			繯	맬 현 얽을·올가미
		絢	무늬 현 무늬·문채·빠르다		20	懸	매달릴 현 매달다·달아매다
		睍	불거진눈 현 불거진 눈·훔쳐보다			譞	영리할 현 영리하다·슬기·지혜
		絃	땅 이름 현 땅의 이름		23	顯	나타날 현 드러나다·나타내다
		琄	옥모양 현 옥 모양·패옥(佩玉)		27	灦	물이 깊고 맑을 현 물이 깊고 맑다

음	원획	한자	훈·음·뜻	음	원획	한자	훈·음·뜻
혈	3	孑	외로울 혈 외롭다 · 작다 · 홀로	협		浹	두루미칠 협 널리 퍼지다 · 적시다
	5	穴	구멍 혈 구멍 · 움 · 구덩이		11	狹	좁을 협 좁다 · 좁아지다 · 좁히다
	6	血	피 혈 피 · 물들이다			悏	쾌할 협 뜻이 맞다
	9	頁	머리 혈 머리 · 首의 古字			莢	꼬투리 협 콩꼬투리 · 쥐엄나무
	12	絜	헤아릴 혈 헤아리다 · 묶다 · 깨끗하다		12	脅	옆구리 협 옆구리 · 갈빗대 · 곁
	13	趐	나아갈 혈 날아가다			脇	옆구리 협 옆구리 · 脅과 同字
혐	13	嫌	싫어할 혐 불만스럽다 · 불평		13	愜	쾌할 협 마음 상쾌함
협	5	叶	맞을 협(잎 엽) 맞다 · 화합하다		15	鋏	집게 협 집게 · 가위 · 칼
	7	夾	낄 협 끼다 · 부축하다 · 손잡이			篋	상자 협 좁고 긴 네모난 상자
	8	協	맞을 협 화합하다 · 적합하다		16	頰	뺨 협 뺨 · 얼굴의 양 옆
		洽	화할 협 화하다 · 젖다 · 윤택하다	형	5	兄	맏 형 맏이 · 형
	9	俠	의기로울 협 호협하다 · 가볍다 · 젊다		6	刑	형벌 형 형벌 · 형벌하다 · 죽이다
		匧	상자 협 옷상자 · 옷장		7	形	모양 형 모양 · 몸 · 육체 · 형세
		恊	화합할 협(으를 협) 화합하다 · 적합하다			亨	형통할 형 형통하다 · 제사 올리다
	10	峽	골짜기 협 골짜기 · 시내 · 땅 이름		8	侀	이룰 형 성취하다
		埉	물가 협 물이 있는 곳의 가장자리		9	泂	멀 형 멀다 · 깊고 넓은 모양
	11	挾	도울 협 끼우다 · 지키다 · 모이다			型	모형 형 거푸집 · 본보기 · 모범

음	원획	한자	훈·음·뜻	음	원획	한자	훈·음·뜻
형	9	炯	빛날 형 빛나다 · 불이 밝다	형	20	馨	향기 형 향기 · 향기가 나다
	10	娙	여관 형(날씬할 경) 맵씨가 예쁘다		22	瀅	물이름 형 물 이름
	11	邢	성씨 형 나라 이름 · 성(姓)	혜	2	匸	감출 혜 감추다 · 덮다
		珩	노리개 형 노리개 · 패옥(佩玉)		4	兮	어조사 혜 어조사 · 감탄사
	12	逈	깊을 형 멀다 · 뛰어나다 · 빛나다		9	盻	흘겨볼 혜 돌아보다
		荊	가시나무 형 가시나무 · 매 · 곤장		10	惠	은혜 혜 은혜
		詗	염탐할 형 똑똑하다		11	彗	비 혜 쓰는 비 · 쓸다
	13	逈	멀 형 멀다 · 빛나다			訡	진실한 말 혜(그러할 예) 정성된 말
	14	熒	등불 형 등불 · 빛나다 · 밝다		12	蕙	은혜 혜 은혜 · 은혜를 베풀다
		滎	실개천 형 실개천 · 못 이름			傒	가둘 혜 묶다
		夐	멀 형(구할 현) 아득하다		13	徯	기다릴 혜(샛길 혜) 좁은 길 · 기다림
	15	陘	지레목 형 산 이름 · 성		14	嘒	작은 소리 혜 별 반짝임
		瑩	밝을 형 투명하다 · 갈고 다듬다			慧	지혜 혜 슬기롭다 · 총명하다
	16	螢	개똥벌레 형 개똥벌레 · 반디			暳	별반짝일 혜 많은 별이 반짝이는 모양
		衡	저울대 형 달다 · 저울질하다		15	鞋	신 혜 신 · 짚신 · 목이 짧은 신
	18	鎣	줄 형 줄 · 그릇 · 꾸미다			槥	널 혜(위, 세) 작은 관
	19	瀅	물맑을 형 물이 맑다 · 개천			憓	밝힐 혜 밝히다 · 깨닫다

음	원획	한자	훈·음·뜻	음	원획	한자	훈·음·뜻
혜	16	憓	사랑할 혜 사랑하다 · 순종하다	**호**		虎	범 호 범 · 용맹스럽다
	18	蕙	풀이름 혜 혜초(蕙草) · 풀 이름		8	昊	하늘 호 하늘 · 큰 모양 · 밝다
	17	蹊	지름길 혜 지름길 · 질러가다			岵	산 호 산
		譓	꾸짖을 혜 간사하다			弧	활 호 나무로 만든 활
	19	醯	초 혜 초 · 식초		9	狐	여우 호 여우
		譓	슬기로울 혜 명확히 분별하다			怙	믿을 호(아버지 호) 믿다 · 의지하다
	20	鏸	날카로울 혜 날카롭다 · 세모창			祜	복 호 복 · 신이 주는 복
	22	譿	슬기로울 혜 슬기롭다 · 총명하다		10	瓳	반호 호 큰 기와 · 벽돌
호	4	戶	지게 호(집 호) 지게 · 구멍 · 출입구 · 방			芦	지황 호 芐와 同字 · 蘆의 俗字
		互	서로 호 서로 · 함께			胡	되 호(오랑캐이름 호) 턱밑 살 · 수염 · 되 · 멀다
	5	乎	어조사 호 어조사 · ~겠지? · 그런가			浩	클 호 크다 · 광대한 모양
		号	부를 호 부르다 · 號의 俗字			毫	가는털 호 가는 털 · 조금 · 붓의 촉
	6	好	좋을 호 좋다 · 아름답다 · 정분		11	晧	밝을 호 밝다 · 빛나다
		冱	얼 호 몹시 춥다			扈	따를 호(파랑새 호) 뒤따르다 · 파랑새 · 하인
	9	芐	지황 호 약초의 한 가지 · 부들			瓠	박 호 표주박 · 병 · 항아리
	8	冱	얼 호 얼어붙다 · 단단하다			婋	재치있을 호 재치 있다 · 영리하다
		呼	부를 호 부르다 · 숨을 내쉬다		12	淏	맑을 호 맑다

음	원획	한자	훈·음·뜻	음	원획	한자	훈·음·뜻
호	12	皓	흴 호 희다 · 깨끗하다 · 밝다	호	15	蝴	나비 호 나비
		琥	서옥 호 상서(祥瑞)로운 구슬			皞	밝을 호 밝다 · 희다 · 쾌적하다
		壺	병 호 병 · 단지 · 박			嚛	울부짖을 호 외치다
	13	湖	호수 호 호수			皜	흴 호 흰 모양
		猢	원숭이 호 짐승이름			熩	빛날 호 빛나다 · 빛
		號	부르짖을 호 부르짖다 · 닭이 울다			蒿	쑥 호 쑥 · 향기가 나다
		聕	들릴 호 긴 귀			滈	넉넉할 호 광대한 모양 · 浩와 同字
	14	瑚	산호 호 산호 · 호련(瑚璉)		16	縞	흰비단 호 명주 · 고운 빛깔 · 흰빛
		滈	장마 호(솟는 모양 학) 장마 · 솟는 모양			醐	우락 더껑이 호 제호(醍醐)
		豪	호걸 호 호걸 · 귀인 · 빼어나다			儫	호걸 호 영웅
		犒	호궤할 호 호궤하다 · 맛 좋은 음식		17	鄗	땅 이름 호 땅의 이름 · 산의 이름
		嫭	아름다울 호 예쁜 모습			壕	해자 호 해자(垓子) · 도랑
		嬅	아름다울 호 예쁜 모양			藋	빛 호 채색할 · 빛날
	15	葫	마늘 호 마늘 · 호리병박		18	濠	호주 호 오스트레일리아의 준말
		滸	물가 호 물 이름 · 물가 평지			濩	퍼질 호 퍼지다 · 풍류(風流) 이름
		滬	물 이름 호 어부 · 통발			鎬	호경 호 호경(鎬京) · 곡괭이
		糊	풀 호 붙이는 풀 · 끈끈하다			餬	죽 호(풀칠할 호) 죽(粥) · 바르다 · 흐릿하다

음	원획	한자	훈·음·뜻	음	원획	한자	훈·음·뜻
호	19	鬍	**오랑캐 이름 호** 구레나룻 · 오랑캐의 이름	혼	14	琿	**아름다운옥 혼** 아름다운 옥(玉)
	21	護	**보호할 호** 보호하다 · 감싸다			溷	**어지러울 혼** 흐려지다
		顥	**클 호** 크다 · 머리털이 흰 모양			魂	**넋 혼** 넋 · 마음 · 생각
	23	頀	**구할 호** 구하다 · 구제하다		16	閽	**문지기 혼** 대궐 문지기
	25	灝	**넓을 호** 넓다 · 콩물 · 밝고 맑다		19	顐	**둥글 혼** 얼굴 빛 · 훈훈함
혹	8	或	**혹 혹** 혹 · 혹은 · 있다 · 어떤 것	홀	7	囫	**온전할 홀** 막연하다
	12	惑	**미혹할 혹** 미혹하다 · 의심하다		8	忽	**갑자기 홀** 소홀히 하다 · 돌연
	14	酷	**심할 혹** 독하다 · 괴롭다 · 심하다		10	笏	**홀 홀** 홀 · 가락을 맞추는 모양
		熇	**뜨거울 혹** 엄하다 · 뜨겁다		12	惚	**황홀할 홀** 황홀하다 · 흐릿하다
혼	8	昏	**어두울 혼** 어둡다 · 저녁때 · 밤(夜)	홍	5	弘	**넓을 홍** 넓다 · 넓히다 · 널리
	9	俒	**완전할 혼(흔)** 완전하다 · 끝나다		7	汞	**수은 홍** 수은(水銀)
	10	圂	**뒷간 혼** 돼지우리		9	泓	**깊을 홍** 웅덩이 · 연지(硯池)
	11	婚	**혼인할 혼** 혼인하다 · 처가 · 사돈			紅	**붉을 홍** 붉은빛 · 붉은 모양 · 연지
	12	混	**섞을 혼** 섞다 · 흐리다 · 합하다			虹	**무지개 홍** 무지개 · 채색한 기(旗)
		焜	**빛날 혼(빛날 곤)** 밝다			哄	**떠들썩할 홍** 떠들썩하다 · 크게 웃다
	13	渾	**흐릴 혼(뒤섞일 혼)** 흐리다 · 혼탁하다 · 전부		10	洪	**큰물 홍** 큰물 · 크다
		溷	**어지러울 혼** 근심하다 · 걱정하다			烘	**횃불 홍** 횃불을 켜다 · 불을 쬐다

음	원획	한자	훈·음·뜻	음	원획	한자	훈·음·뜻
홍	10	訌	무너질 홍 무너지다 · 옥신각신하다	화	13	畵	채색 화 그림 · 그리다 · 채색
		哄	날 밝으려 할 홍 먼동이 트다		14	華	빛날 화 꽃 · 찬란하다 · 호화롭다
	14	銾	쇠뇌고동 홍 쇠뇌 고동 · 석궁			禍	재화 화 불행 · 재난 · 근심 · 죄
	15	篊	통발 홍 물받이		15	嬅	여자이름 화 여자 이름
	16	澒	수은 홍 혼돈하다			嘩	떠들썩 할 화(바뀔 와) 바뀌다
		鬨	싸울 홍(싸울 항) 투쟁하다		16	樺	자작나무 화 자작나무
	18	鴻	기러기 홍(원기 홍) 기러기 · 크다 · 성하다			澕	물깊을 화 물이 깊다
화	4	火	불 화 오행(五行)의 하나 · 타다		19	譁	시끄러울 화 시끄럽다 · 떠들썩하다
		化	될 화 되다 · 가르치다 · 따르다		22	驊	준마 화 빠르게 잘 달리는 말
	5	禾	벼 화 벼 · 곡물 · 곡식의 줄기			龢	화목할 화 풍류 조화될
	8	和	화할 화 서로 응하다 · 합치다	확	14	廓	클 확(둘레 곽) 클
	10	花	꽃 화 꽃답다 · 아름답다		15	確	굳을 확 굳다 · 강하다 · 확실하다
		俰	화할 화 화하다 · 뜻이 맞다			碻	굳을 확 굳다 · 굳세다
	11	貨	재화 화 재화 · 물품 · 뇌물을 주다		19	擴	넓힐 확 넓히다
	12	畵	그림 화 그림			穫	벼벨 확 벼를 베다 · 거두다 · 얻다
	13	話	말할 화 말하다 · 이야기하다		20	矍	두리번거릴 확 눈빛이 빛나다 · 다급(多急)
		靴	신 화 신 · 가죽신		21	癨	회초리 확 매

음	원획	한자	훈·음·뜻	음	원획	한자	훈·음·뜻
확	22	鑊	가마솥 확 발 없는 큰 솥	환	13	渙	흩어질 환 흩어지다 · 괘(卦) 이름
	24	攫	붙잡을 확 붙잡다 · 움키다			豢	기를 환 짐승을 기르다
	25	矍	창 확 송곳			煥	불꽃 환 불꽃 · 불빛 · 밝다
환	3	丸	알 환 알 · 환 · 약		16	寰	경기 고을 환(고을 현) 기내 · 대궐 담
	4	幻	변할 환(헛보일 환) 변하다 · 미혹하다			圜	둥글 환 두르다 · 에우다 · 둥글다
	9	宦	벼슬 환 벼슬 · 관직 · 벼슬아치		17	擐	꿸 환(걷을 선) 옷을 입다
		奐	빛날 환 빛나다 · 성대한 모양			鍰	여섯 냥쭝 환 무게단위 · 고리
		紈	흰비단 환 흰 비단 · 고운 비단		18	環	옥고리 환 둥근 옥 · 고리 · 돌다
	10	桓	굳셀 환 굳세다 · 위풍당당한 모양		20	還	돌아올 환 돌아오다 · 복귀하다
		洹	흐를 원 세차게 흐르다 · 물 이름			轘	거열할 환 형벌이름
	11	患	근심 환 근심 · 걱정 · 고통 · 재난		21	鐶	고리 환 고리 · 귀고리 · 가락지
		晥	밝을 환 환하다 · 밝은 모양			鰥	환어 환(홀아버지 환) 환어(鰥魚) · 홀아비
		睆	가득 찬 모양 환 별이 밝은 모양 · 바라보다		22	懽	기뻐할 환(재앙 환) 좋아하다 · 기쁨
	12	喚	부를 환 외치다 · 소리치다			歡	기뻐할 환 기뻐하다 · 즐거움
		皖	환할 환 샛별 · 현 이름		23	鬟	쪽 환 쪽진 머리
		絙	끈 환 느즈러지다		25	瓛	옥홀 환(재갈 얼) 옥홀(玉笏)
	13	換	바꿀 환 바뀌다 · 교체되다		28	驩	기뻐할 환(말이름 환) 기뻐하다 · 말의 이름

음	원획	한자	훈·음·뜻	음	원획	한자	훈·음·뜻
활	10	活	살 활 소생하다 · 생존하다	**황**		喤	울음소리 황 종소리 · 많다
	12	蛞	올챙이 활 괄태충			貺	줄 황 하사하다 · 선사하다
	14	滑	미끄러울 활(골) 미끄럽다 · 어지럽다		12	徨	노닐 황 노닐다 · 어정거리다
		猾	교활할 활 교활하다 · 어지럽다			堭	당집 황 벽이 없는 집 · 당(堂)집
	17	闊	넓을 활 트이다 · 너그럽다 · 멀다			媓	어머니 황 어머니
		豁	뚫린골 활 뚫린 골짜기 · 깨닫다			惶	두려워할 황 두려워하다 · 당황하다
	18	濶	트일 활 관대하다 · 闊의 俗字			湟	성지 황 해자(垓字) · 성지(城池)
황		肓	명치끝 황 명치끝 · 고황(膏肓)		13	煌	빛날 황 성하다 · 아름답다
	9	況	하물며 황 하물며 · 더구나			幌	휘장 황 휘장 · 포장 · 덮개
		怳	어슴푸레할 황 멍하다			榥	배 황 배
	9	皇	임금 황 훌륭하다 · 아름답다			滉	물깊고넓을 황 물이 깊고 넓다
	10	恍	황홀할 황 황홀하다 · 어슴푸레하다			愰	밝을 황 마음이 밝다 · 영리하다
		晃	밝을 황 밝다 · 빛나다		14	慌	어렴풋할 황 어렴풋하다 · 황홀하다
		晄	빛날 황 밝다 · 빛나다 · 晃과 同字			瑝	옥 소리 황 종소리
	11	凰	봉황새 황 봉황새			榥	책상 황 책상 · 창 · 천을 바른 창
	12	荒	거칠 황 거칠다 · 거칠게 하다			熀	불빛이글거릴 엽(황) 晃의 俗字 · 밝은 모양
		黃	누를 황 누른 빛 · 누레지다		15	篁	대숲 황 대숲 · 대 이름 · 피리

음	원획	한자	훈·음·뜻	음	원획	한자	훈·음·뜻
황	15	蝗	메뚜기 황 메뚜기 · 황충(蝗蟲)	**회**	11	晦	그믐 회 그믐 · 어둠 · 밤
	16	遑	허둥거릴 황 허둥거리다 · 바쁘다		12	茴	회향풀 회 회향풀 · 약 이름 · 방풍 잎
		潢	웅덩이 황 웅덩이 · 못 · 깊다			淮	회수 회 물이 빙 돌아 흐르다
	17	隍	해자 황 해자(垓字) · 산골짜기			蛔	거위 회 거위(기생충) · 회충
		璜	패옥 황 서옥(瑞玉) · 패옥(佩玉)			絵	그림 회 그림
	18	簧	혀 황 혀 · 피리 · 다급함			迴	돌아올 회 어긋나다
	18	鍠	종소리 황 방울			會	모일 회 모이다 · 모으다 · 모임
회	6	回	돌 회 돌다 · 돌아오다 · 돌리다		13	詼	조롱할 회 비웃다
		灰	재 회 재 · 재로 만들다			匯	물합할 회 물이 돌아 흘러 모이다
		会	가로 회 이르다 · 가라사대			賄	재물 회 뇌물 · 선물 · 예물
	8	徊	노닐 회 거닐다		14	誨	가르칠 회 가르쳐 인도하다 · 가르침
	9	廻	돌 회 빙빙 돌다 · 돌리다		16	頮	세수할 회 얼굴을 씻다
		徊	노닐 회 노닐다 · 어정거리다			澮	물흐를 회 봇도랑 · 물 이름 · 시내
	10	恢	넓을 회 넓다 · 넓히다 · 갖추다		17	獪	교활할 회 교활하다 · 어지럽게 하다
		洄	돌아흐를 회 물이 거슬러 흐르다			檜	전나무 회 노송나무 · 나라 이름
	11	悔	뉘우칠 회 뉘우치다 · 뉘우침 · 후회		19	膾	회 회 잘게 저민 날고기
		盔	주발 회 바리 · 투구			繪	그림 회 그림 · 그리다

음	원획	한자	훈·음·뜻	음	원획	한자	훈·음·뜻
회	20	懷	생각할 회 품다 · 위로하다 · 마음	효		效	본받을 효 본받아 배우다 · 드리다
	24	鱠	회 회 물고기 이름			哮	성낼 효 으르렁거리다 · 외치다
획	8	画	그림 화(그을 획) 그림 · 그리다 · 계획하다		10	虓	범 울부짖을 효 범이 울부짖다
	14	劃	그을 획 긋다 · 나누다 · 쪼개다			烋	아름다울 휴 경사롭다 · 행복
	17	嚄	깜짝 놀라는 소리 획 외치다			庨	높을 효 궁집이 드높다 · 깊다
	18	獲	얻을 획 짐승을 잡다 · 손에 넣다			洨	성씨 효 성(姓) · 물 이름 · 물가
횡	8	宖	집울릴 횡 집이 울리다		11	梟	올빼미 효 올빼미 · 꼭대기 · 영웅
	12	鈜	쇳소리 횡 쇠북 소리			崤	산 이름 효(산 이름 호) 산(山)의 이름
	16	橫	가로 횡 가로 · 동서 · 좌우			婋	재치있을 호 재치 있다 · 영리하다
		潢	물 삥 돌아나갈 횡 빙빙 돌아가는 모양			淆	요란할 효 뒤섞이다 · 어지러워지다
	20	鐄	종 횡 종 · 종소리		12	傚	본받을 효 본받다 · 배우다
	25	黌	학교 횡 글방 · 학사			殽	섞일 효 어지러움
효	4	爻	사귈 효(가로그을 효) 육효(六爻) · 본받다			窙	높은기운 효 기운이 올라 찌다
	7	孝	효도 효 효도 · 부모를 섬기다			酵	삭힐 효 술밑 · 효모 · 술지게미
	8	効	힘쓸 효 힘쓰다 · 보람 · 效의 俗字		14	歊	오를 효 김이 오르다 · 숨을 쉬다
	10	肴	안주 효 아주 · 술안주			熇	엄할 효(불꽃 일 학) 엄하다 · 불꽃 일다
		洨	강 이름 효 물이름		15	皛	나타날 효 나타나다 · 물빛이 희다

음	원획	한자	훈·음·뜻	음	원획	한자	훈·음·뜻
효	16	曉	새벽 효 새벽·동틀 무렵·밝다	후	9	垕	두터울 후 두께
	17	嚆	울릴 효 소리가 나다·외치다		10	候	물을 후 묻다·시중들다
		餚	섞일 효 반찬·안주			欨	즐거워할 후(호) 즐거워하다
	18	謼	부를 호 부르짖다		11	酗	주정할 후 탐닉하다
	20	斆	가르칠 효 가르치다·교육하다			珝	옥이름 후 옥 이름
	21	囂	들렐 효(많을 오) 시끄러움		12	喉	목구멍 후 목구멍·요충지(要衝地)
	22	驍	날랠 효 굳세다·용감하다			堠	돈대 후 돈대(墩臺)·흙성
후	6	后	임금 후 후(后)·왕비·후비			煦	불 후 아첨하여 웃는 모습
		朽	부패할 후 썩다·부패하다·쇠하다			帿	과녁 후 과녁
	7	吼	울 후 울다·아우성치다		13	逅	만날 후 우연히 만나다·터놓다
		吽	짖을 후 짖다·으르렁거리다			猴	원숭이 후 원숭이
	8	姁	아름다울 후 할미·예쁠			嗅	맡을 후 맡다·냄새를 맡다
		芋	토란 우 토란·덮다·가리다			煦	따뜻하게할 후 따뜻하게 하다
	9	後	뒤 후(임금 후) 뒤·늦다·왕후(王后)			詡	자랑할 후(허) 클·두루
		厚	두터울 후 두텁다·두터이 하다		15	篌	공후 후 하프 비슷한 악기
		侯	제후 후 오직·후작·임금		18	餱	건량 후 말린 밥
		垕	두터울 후 두텁다·厚의 古字		19	譃	거짓말할 후 망령된 말

음	원획	한자	훈·음·뜻	음	원획	한자	훈·음·뜻
훈	10	訓	가르칠 훈 가르치다·인도하다	훈	20	纁	분홍빛 훈 분홍빛 비단
	11	焄	향내날 훈 그을리다·냄새·향기		21	蘍	향기풀 훈 薰의 통용어
	12	勛	공 훈 공·업적·勳의 古字		22	鑂	금빛투색할 훈 금빛 투색하다
	13	熏	더울 훈 熏의 통용어	훌 홍 훤	12	欻	문득 훌 갑자기·일어남
		暈	무리 훈(어지러울 운) 달무리		19	薨	죽을 훙 죽다·제후(諸侯)가 죽다
		塤	풍류 훈 질나발·壎과 同字		8	旳	밝을 훤(밝을 헌) 밝다
		煇	빛날 훈 얼굴빛이 번드르르하다		10	烜	마를 훤(불 훼) 밝음·말리다
	14	熏	불기운 훈 연기·태우다·불길		12	喧	지껄일 훤 시끄럽다·슬피 울다
	15	葷	훈채 훈 매운 채소		13	愃	쾌할 선 쾌하다·너그럽다
		勳	공 훈 세운 업적·공적(功績)			暄	따뜻할 훤 따뜻하다·온난하다
	16	勲	공 훈 공			煊	따뜻할 훤 따뜻하다
	17	壎	질나발 훈 질나발		15	萱	원추리 훤 원추리·망우초(忘憂草)
	18	獯	오랑캐 이름 훈 오랑캐의 이름		16	諠	잊을 훤(지껄일 훤) 잊다·속이다·드러나다
		燻	연기낄 훈 연기가 끼다·熏의 俗字			諼	속일 훤 거짓·잊음
		曛	어스레할 훈 석양 빛	훼	5	卉	풀 훼 풀·초목
	19	薫	향초 훈 더울·향풀		6	卉	풀 훼 卉의 통용어
	20	薰	향풀 훈 향 풀(香草)·향내 나다		9	虺	살무사 훼(고달플 회) 도마뱀

음	원획	한자	훈·음·뜻	음	원획	한자	훈·음·뜻
훼	9	卉	풀 훼(성할 휘) 초목(草木)·많다	휴	9	庥	그늘 휴 쉬다
	12	喙	부리 훼 부리·주둥이			咻	신음 소리 휴 헐떡거리다·지껄이다
	13	毀	헐 훼 헐다·상처를 입히다		10	烋	아름다울 휴 경사롭다·행복
		毁	헐 훼 헐다·부수다·제거하다		11	畦	밭두둑 휴 밭두렁·쉰 이랑·지경
	17	燬	불 훼 화재		14	携	끌 휴 끌다·이끌다·들다
휘	13	揮	휘두를 휘 지휘하다·지시하다		16	髹	검붉은빛 휴 옻칠 할
		彙	무리 휘(고슴도치 휘) 무리·고슴도치·모으다		17	虧	이지러질 휴 이지러지다·모자라다
		暉	햇빛 휘 빛·광채·빛나다			鵂	수리부엉이 휴 수리부엉이
		煒	빛 휘 빛·빛나다		23	隳	무너뜨릴 휴(떨어질 타) 깨뜨리다
		煇	빛날 휘 얼굴빛이 번드르르하다	휼	8	卹	진휼할 휼(먼지 떨 솔) 진휼하다·구제하다
		輝	빛날 휘 빛나다·광채를 발하다		10	恤	불쌍할 휼 구휼하다·근심하다
	15	麾	대장기 휘 대장기(大將旗)·부르다		19	譎	속일 휼 속이다·속임수
		翬	훨훨 날 휘 꿩		23	鷸	도요새 휼 도요새·물총새·새매
	16	撝	찢을 휘(도울 위) 찢다·가리키다·겸손하다	흉	4	凶	흉할 흉 흉하다·재앙·재난
		諱	꺼릴 휘 싫어하다·피하다		6	兇	흉악할 흉 흉악하다·나쁜 사람
	17	徽	아름다울 휘(표기 휘) 아름답다·표기			匈	오랑캐 흉(가슴 흉) 오랑캐·시끄럽다·가슴
휴	6	休	쉴 휴 쉬다·그만두다·휴가		10	洶	물살세찰 흉 물살이 세차다

인명용 한자(人名用漢字) | 271

음	원획	한자	훈·음·뜻	음	원획	한자	훈·음·뜻
흉	10	恟	두려워할 흉 두렵다 · 떠들썩하다	흘	8	疙	쥐부스럼 흘 어리석음
	12	胸	가슴 흉 가슴 · 마음 · 뜻 · 의지		9	紇	질낮은명주실 흘 질이 낮은 명주실 · 묶다
		䯏	가슴 흉 마음 · 가슴속		10	訖	이를 흘 이르다 · 도달하다
흑	12	黑	검을 흑 오색(五色)의 하나 · 검다			迄	이를 흘 도달하다
흔	8	忻	기뻐할 흔 기뻐하다 · 즐거워하다		18	齕	깨물 흘 씹다
		欣	좋아할 흔 흠모하다 · 받들다	흠	4	欠	하품 흠 하품 · 하품하다
		炘	화끈거릴 흔(기뻐할 흔) 불사르다 · 기뻐하다		12	欽	공경할 흠 공경하다 · 존경하다
		昕	아침 흔 해 돋을 무렵 · 밝은 모양		13	歆	받을 흠 받다 · 대접하다
	9	很	패려궂을 흔 어기다 · 다투다		15	廞	벌여놓을 흠(꺼진 모양 감) 노하다 · 성내다 · 막히다
	11	痕	흉터 흔 흉터 · 흔적 · 자취		24	鑫	기쁠 흠 기쁘다
	12	掀	번쩍 들 흔(번쩍 들 헌) 치켜들다	흡	7	吸	숨들이쉴 흡 숨을 들이쉬다 · 마시다
		焮	태울 흔 기쁨 · 즐거워함		10	洽	윤택하게할 흡 윤택하게 하다
	25	釁	피 칠할 흔(틈 흔) 허물 · 죄			恰	마치 흡 마치 · 꼭 · 흡사
흘	5	仡	날랠 흘(흔들릴 올) 날래다 · 머리를 들다		12	翕	합할 흡 합하다 · 화합하다
	6	屹	산우뚝솟을 흘 산이 우뚝 솟다			翖	합할 흡 합하다 · 화합하다
		吃	말더듬을 흘 말을 더듬다 · 머뭇거리다		15	噏	숨 들이쉴 흡 숨 들이쉬다 · 거두다
	7	汔	거의 흘 수증기 · 거의		16	潝	물 빨리 흐르는 소리 흡 웅덩이에 빠지다

음	원획	한자	훈·음·뜻	음	원획	한자	훈·음·뜻
흡	16	歙	들이쉴 흡 줄이다	희	14	豨	돼지 희 멧 돼지
흥	15	興	흥할 흥 일어나다			熙	빛날 희 빛나다
희	7	希	바랄 희 동경하다·드물다			熙	빛날 희 빛나다
	9	姬	여자 희 여자·측실·천자의 딸		15	嬉	즐거울 희 즐거워하다·놀다
		姫	여자 희 아가씨·첩·가희			嘻	화락할 희(아 의) 웃다
		咥	웃을 희(깨물 질) 씹음			橲	나무이름 희 나무 이름
		俙	비슷할 희 비슷하다·송사하다			憘	기뻐할 희 기뻐하다·憙의 古字
	10	唏	훌쩍훌쩍 울 희 탄식하다			憙	기뻐할 희 기뻐하다(喜)·좋아하다
	11	悕	원할 희 슬퍼하다			羲	복희씨 희 복희(伏羲)씨·사람 이름
		晞	햇살치밀 희 말리다·햇볕에 쬐다		16	熹	밝을 희 성하다·희미하다·밝다
		烯	불빛 희 불빛·에틸렌			暿	몹시더울 희 몹시 덥다
		欷	한숨 쉴 희 탄식하다			熺	빛날 희(지을 희) 밥을 짓다·熹와 同字
	12	喜	기쁠 희 기쁘다·즐겁다·즐기다			噫	탄식할 희 탄식하다·아!·트림
		稀	드물 희 드물다·희소하다·극히			戯	놀 희 희롱하다·戲의 俗字
	13	熙	빛날 희 빛나다·말리다·넓히다		17	戲	놀이 희 희롱하다·놀이
		熙	빛날 희 빛나다·말리다·넓히다			禧	복 희 복·경사스럽다
	14	僖	기쁠 희 기쁘다			嬧	기쁠 희 즐거움

인명용 한자(人名用漢字)

음	원획	한자	훈·음·뜻	음	원획	한자	훈·음·뜻
희	18	爇	야화 희(야화 선) 들불				
	19	譆	감탄할 희 뜨겁다				
		餼	보낼 희 희생				
	20	爔	불 희 불·날빛·햇빛				
		曦	햇빛 희 햇빛·일광				
		犧	희생 희 희생·짐승				
	22	囍	쌍희 희 쌍희				
힐	7	犵	오랑캐 이름 힐 오랑캐의 이름				
	13	詰	물을 힐 힐문하다·따지다				
	15	頡	곧은 목 힐(겁략할 갈) 날아 오름				
	18	黠	약을 힐(약을 할) 영리함				
	21	襭	옷자락 걷을 힐 옷 깃				
		纈	홀치기 염색 힐 맺음				

# 金의 속성

ㅅ/ㅈ/ㅊ

음	원획	한자	훈·음·뜻	음	원획	한자	훈·음·뜻
사	3	巳	뱀 사 여섯째 지지·자식·태아	사	7	些	적을 사 적다·조금·어조사
		士	선비 사 선비·벼슬이름·남자			伺	살필 사 엿보다·찾다·돌보다
	4	四	넉 사 넷·네 번·사방(四方)		8	沙	모래 사 모래·사막·모래벌판
	5	仕	벼슬할 사 벼슬하다·일로 삼다			使	하여금 사(부릴 사) 하여금·시키다·하인
		史	역사 사 기록된 문서·사관(史官)			事	일 사 직업·일삼다·노력하다
		司	벼슬 사 맡다·벼슬·관리·관아			社	단체 사(모일 사) 모이다·토지신·단체
		乍	잠깐 사 잠깐·별안간·마침			祀	제사 사 제사·제사 지내다
	6	寺	절 사 절·부처를 모시는 곳			泗	물이름 사 물 이름·콧물
		死	죽을 사 죽다·죽음·죽은 이			卸	풀 사 옷끈을 풀다
		糸	가는실 사 가늘다·매우 적은 수			咋	잠깐 사 잠깐·금세·잠시(暫時)
	7	汜	지류 사 지류·웅덩이			姒	손위 동서 사 맏동서·언니
		私	사사 사 가신(家臣)·집안·홀로			舍	집 사(벌여놓을 석) 가옥(家屋)·쉴·성
		似	같을 사 같다·닮다·잇다		9	思	생각할 사 어조사·생각·뜻·마음

음	원획	한자	훈·음·뜻	음	원획	한자	훈·음·뜻
사	9	査	사실할 사 조사하다 · 뗏목 · 찌꺼기	사	11	笥	상자 사 상자(箱子) · 대밥그릇
		砂	모래 사(봉황 사) 모래알 · 봉황 · 목이 쉬다			捨	버릴 사 버리다 · 놓다 · 휴식하다
		俟	기다릴 사 기다리다 · 떼지어 가다			絲	실 사 실(糸) · 명주실
		柶	수저 사 주저 · 숟가락 · 윷		12	詞	말씀 사 말씀 · 알리다 · 고하다
	10	射	궁술 사 궁술 · 사궁(射宮)의 약칭			詐	속일 사 속이다 · 거짓말하다
		師	스승 사 스승 · 스승으로 삼다			斯	이 사(천할 사) 이것 · 쪼개다 · 낮다
		紗	비단 사 깁 · 비단 · 외올실			奢	사치할 사 사치하다 · 자랑하다
		娑	춤추는모양 사 춤추다 · 너풀거리다			痧	곽란 사 홍역 · 콜레라
		唆	부추길 사 부추기다 · 꼬드기다			竢	기다릴 사 기다리다 · 서행하는 모양
		祠	사당 사 사당(祠堂) · 제사 지내다			覗	엿볼 사 엿보다
		剚	칼 꽂을 사 일정(一定)한 곳에 두다			傞	춤출 사 취하여 춤추는 모습
	11	邪	간사할 사 간사하다 · 어긋나다			莎	사초 사(비빌 사) 사초 · 비비다
		蛇	뱀 사 뱀 · 자벌레		13	渣	찌꺼기 사 찌꺼기 · 강 이름
		斜	비낄 사 비스듬하다 · 기울다			嗣	이을 사 잇다 · 상속자 · 후임자
		徙	옮길 사 옮기다 · 귀양 보내다			肆	방자할 사 방자하다 · 극에 달하다
		赦	용서할 사 용서하다 · 사면(赦免)			裟	가사 사 가사 · 승려의 옷
		梭	북 사 북(베틀의 부속품)			楂	뗏목 사 까치우는 소리

음	원획	한자	훈·음·뜻	음	원획	한자	훈·음·뜻
사	14	獅	사자 사 사자(獅子)	**사**	21	麝	사향노루 사 사향노루 · 사향
		蜡	납제 사(구더기 저) 납제 · 구더기			鰤	방어 사 방어(魴魚) · 노어(老魚)
		飼	먹일 사 먹이다 · 사료 · 기르다	**삭**	9	削	깎을 삭 깎다 · 빼앗다 · 모질다
		榭	정자 사 사당		10	朔	초하루 삭 초하루 · 아침 · 시작되다
		皴	여드름 사 여드름 · 살이 트다			索	동아줄 삭(찾을 색) 찾다 · 동아줄 · 새끼 꼬다
	15	賜	줄 사 주다 · 하사하다 · 은덕		14	槊	동아줄 삭(찾을 색) 찾다 · 동아줄 · 새끼 꼬다
		寫	베낄 사 베끼다 · 옮겨 놓다			搠	바를 삭 바르다 · 찌르다
		瘵	잘게부술 사 잘게 부수다 · 성의 없다		15	數	자주 삭 산법(算法) · 역법(曆法)
		駛	달릴 사 빠르다		16	蒴	삭조 삭 말오줌때
		駟	사마 사 사마(四馬) · 사마수레		19	爍	빛날 삭 빛나다 · 덥다 · 꺼지다
		鯊	문절망둑 사 상어		23	鑠	녹일 삭 녹이다 · 녹다 · 달구다
	16	蓑	도롱이 사 도롱이 · 덮다	**산**	3	山	뫼 산 산 · 산신(山神) · 무덤
		篩	체 사 체 · 치다 · 체로 치다		7	汕	오구 산 그물의 한 가지 · 오구
	17	謝	사례할 사 사례하다 · 보답하다			刪	깎을 산 깎다
	18	鯊	문절망둑 사 모래무지		8	疝	산증 산 산증 · 배 아프다
	19	瀉	쏟을 사 쏟다 · 물을 쏟아 붓다			姍	헐뜯을 산(비트적거릴 선) 비방하다
		辭	말 사 말 · 논술 · 말하다		10	珊	산호 산 산호 · 패옥(佩玉) 소리

음	원획	한자	훈·음·뜻	음	원획	한자	훈·음·뜻
산	10	祘	셀 산 수를 세다	산	20	霰	싸라기눈 산 싸라기눈
		訕	헐뜯을 산 비방하다		22	孿	쌍둥이 산 이어지다
	11	狻	사자 산 사자(獅子)·개가 빠르다	살	8	乷	음역자 살 우리나라 한자
		産	낳을 산 낳다·태어나다		11	殺	죽일 살(감할 살) 죽이다·없애다·지우다
		產	낳을 산 낳다·생기다·태생		13	煞	죽일 살 죽이다·총괄하다·흉신
	12	散	흩을 산 헤어지다·내치다		16	撒	뿌릴 살 놓다·흩뜨리다·펼치다
		傘	우산 산 삿갓		20	薩	보살 살 나타날
	13	剷	깎을 산(깎을 찬) 베다	삼	3	三	석 삼 석·셋·세 번
	14	算	셀 산 세다·수·수효		7	杉	삼나무 삼 삼나무·삼
		酸	초 산 초·식초·시다		9	衫	적삼 삼 윗도리·의복의 통칭
	15	憃	온전한 덕 산 큰 은덕		10	芟	벨 삼 풀을 베다·제거하다
	16	蒜	달래 산 달래·작은 마늘		11	釤	낫 삼(날카로울 섬) 큰 대패
		潸	눈물 흐를 산 눈물이 줄줄 흐르는 모양			參	석 삼(참여할 참) 높다
		濟	눈물 흐를 산 눈물이 줄줄 흐르는 모양		12	森	나무빽빽할 삼 우뚝 솟다·성(盛)한 모양
		橵	산자 산 산자(橵子)		15	滲	스밀 삼 스미다·배다·새다
	18	繖	우산 산 일산		17	蔘	삼 삼 인삼·높이 솟은 모양
	19	鏟	대패 산 대패·낫·철판			糝	나물죽 삼 나물국

음	원획	한자	훈·음·뜻	음	원획	한자	훈·음·뜻
삼	21	鬖	헝클어질 삼 헝클어지다 · 늘어진 모양	상	8	牀	평상 상 평상 · 침상 · 마루
삽	4	卅	서른 삽 삼십		9	相	서로 상 서로 · 도움 · 이끌다
	11	唼	쪼아먹을 삽(헐뜯을 첩) 참소하다 · 헐뜯다			庠	학교 상 학교 · 침착하다 · 향학
	12	鈒	창 삽 창(槍) · 무기의 한가지			峠	고개 상 고개
	13	挿	꽂을 삽 꽂다 · 끼우다 · 찌르다		10	桑	뽕나무 상 뽕나무 · 뽕잎을 따다
		揷	꽂을 삽 박아 넣다 · 끼워 넣다			晌	정오 상(정오 향) 대낮
		歃	마실 삽(맛볼 합) 마시다		11	常	떳떳할 상(항상 상) 항상 · 법 · 일정하다
	14	颯	바람소리 삽 바람 소리 · 바람이 불다			商	장사 상 장수 · 장사 · 장사하다
		翣	불삽 삽 운삽 · 덮개			祥	상서로울 상 상서롭다 · 복 · 좋다
	15	霅	비올 삽(빛날 합) 비오다 · 번개치다			爽	맑을 상 마음이 맑고 즐겁다
	16	澁	떫을 삽 떫다 · 澀과 同字			徜	노닐 상 어정거리다 · 배회하다
		霎	가랑비 삽 빗소리		12	喪	죽을 상 복(服) · 복제(服制)
	17	鍤	가래 삽 흙파는 농기구			象	코끼리 상 코끼리 · 상아(象牙)
상	3	上	위 상 위 · 하늘 · 임금			翔	날 상 높이 날다 · 상서롭다
	7	床	상 상 牀의 俗字 · 밥상 · 책상			廂	행랑 상 행랑 · 곁채 · 곁간
	8	尙	오히려 상 오히려 · 자랑하다		13	湘	강이름 상 강 이름 · 물 이름 · 삶다
		狀	형상 상(문서 장) 형상(形狀) · 용모(容貌)			想	생각할 상 생각하다 · 생각

음	원획	한자	훈·음·뜻	음	원획	한자	훈·음·뜻
상	13	傷	상처 상 상처·닿다·이지러지다	상	18	觴	잔 상 잔·술잔의 총칭
		詳	자세할 상 자세하다·자세히 보다			鎟	방울 소리 상 방울 소리
		甞	맛볼 상 음식을 맛보다		19	顙	이마 상 머리
	14	嘗	맛볼 상 맛보다·시험하다		20	孀	홀어미 상 과부
		裳	치마 상 치마·아랫도리 옷		21	鬺	삶을 상 익히다
		像	모양 상 형상·본뜬 형상·닮다	새	13	塞	변방 새(막힐 색) 변방(邊方)·요새(要塞)
		塽	높고밝은땅 상 높고 밝은 땅		17	賽	치성드릴 새 굿하다
	15	賞	상줄 상 상을 주다·상(賞)		19	璽	도장 새 도장·천자의 도장·옥새
		箱	상자 상 상자·곳집·곁채		20	鰓	아가미 새(두려워할 시) 아가미·두려워하다
		殤	일찍 죽을 상 일찍 죽다·어려서 죽다	색	6	色	빛 색 빛깔·얼굴빛·색채·윤
		緗	담황색 상 담황색 비단		10	索	찾을 색(동아줄 삭) 찾다·동아줄·어질다
		樣	모양 양(상) 형상·상수리나무·무늬		13	嗇	아낄 색 아끼다·인색하다
		爽	성품밝을 상 성품이 밝다			塞	막힐 색(변방 새) 변방(邊方)·요새(要塞)
	16	潒	세찰 상 세차다·떠돌다·씻다		15	槭	앙상할 색(수레멍에목 축) 앙상하다·나뭇잎 소리
		橡	상수리나무 상 상수리나무·상수리		17	濇	꺼칠할 색 껄끄럽다
	17	霜	서리 상 서리·해·세월		18	穡	거둘 색 거두다·곡식·농사
		償	갚을 상 갚다·보상		19	瀒	깔깔할 색 떫다

음	원획	한자	훈·음·뜻	음	원획	한자	훈·음·뜻
생	5	生	날 생 태어나다 · 자식을 낳다	서	10	栖	깃들일 서 깃들이다 · 저장하다 · 집
	9	牲	희생 생 희생(犧牲) · 가축의 통칭		11	胥	서로 서 게장 · 함께 · 다 · 모두
		省	덜 생(살필 성) 허물			敍	차례 서 순서를 정하다
	10	眚	흐릴 생 눈에 백태(白苔) 끼다			庶	여러 서 여러 · 많다 · 살찌다
	11	笙	생황 생 생황 · 대자리			敘	차례 서 차례 · 敍의 俗字
	12	甥	생질 생 자매의 아들 · 사위			恕	잊을 여(느슨해질 서) 잊어버리다 · 풀어지다
	13	鉎	녹 생 쇠의 녹			偦	재주있을 서 재주 있다 · 도둑 잡다
서	6	西	서녘 서 서쪽으로 향하여 가다			揟	새겨들일 서 栖와 同字 · 棲와 同字
	7	序	차례 서 차례 · 차례를 매기다			舒	펼 서 펴다 · 펴지다 · 열리다
		忞	너그러울 서 너그럽다 · 용서하다			棲	쉴 서 살다 · 머무르다 · 집
	8	抒	풀 서 퍼내다 · 떠내다 · 풀리다			壻	사위 서 사위 · 사나이 · 남편
	9	叙	베풀 서 베풀다 · 쓰다 · 敍의 俗字		12	犀	무소 서 코뿔소 · 무소뿔 · 박씨
		芧	상수리나무 서 도토리			絮	솜 서 헌 풀솜 · 거친 풀솜
	10	書	쓸 서 쓰다 · 기록하다 · 글자			婿	사위 서 사나이 · 남편 · 壻와 同字
		徐	천천히할 서 천천히 · 평온하다 · 모두			黍	기장 서 기장 · 오곡(五穀)의 하나
		恕	용서할 서 용서하다 · 어질다 · 사랑			晳	밝을 서 밝다
		紓	느슨할 서 풀다		13	湑	거를 서 술을 거르다 · 맑다

음	원획	한자	훈·음·뜻	음	원획	한자	훈·음·뜻
서	13	暑	더울 서 덥다 · 무덥다 · 더위	서	16	撕	훈계할 서(찢을 시) 훈계하다 · 잡도리하다
		筮	점대 서 점대 · 점을 치다			諝	슬기 서 슬기 · 총명한 사람
		鼠	쥐 서 쥐 · 좀도둑 · 근심하다			噬	씹을 서 깨물다
		耡	호미 서 구실 이름		17	溆	물가 서 물녘
		鉏	호미 서 김 매다			嶼	섬 서 섬 · 작은 섬
		愊	지혜 서 슬기 · 지혜롭다			㠘	섬 서 작은 섬
		揟	고기잡을 서 고기를 잡다 · 거르다		18	曙	동틀 서 새벽 · 날이 밝다 · 때
	14	逝	갈 서 가다 · 뜨다 · 떠나다			薯	감자 서 마 · 감자 · 고구마
		瑞	상서 서 상서 · 길조 · 경사스럽다		20	藇	아름다울 서 아름답다 · 무성하다
		誓	맹세할 서 맹세하다 · 임명하다			遾	미칠 서 다다르다 · 닿다
		墅	농막 서 농막 · 별장(別莊)	석	3	夕	저녁 석 저녁 · 밤
		穑	가을할 서 거두어들인 곡식(穀食)		5	石	돌 석 돌 · 돌로 만든 악기
	15	署	관청 서 관청 · 베풀다 · 나누다		7	汐	조수 석 조수(潮水)
		緖	실마리 서 실마리 · 비롯함 · 시초		8	昔	예 석 예 · 옛 · 옛날 · 오래다
		鋤	호미 서 호미 · 김매다 · 없애다			析	가를 석 쪼개다 · 해부하다
		緖	서로 서 서로 · 나비 · 게장			矽	규소 석 실리콘의 역어
		諝	슬기로울 서 헤아리다		10	席	자리 석 자리 · 깔다 · 앉음새

음	원획	한자	훈·음·뜻	음	원획	한자	훈·음·뜻
석	10	秳	백이십근 석 백이십 근	선	5	仙	신선 선 신선·가볍게 날
	12	惜	아낄 석 아끼다·아까워하다			仚	신선 선 고상한 사람
		淅	쌀일 석 쌀을 일다·씻은 쌀		6	先	먼저 선 먼저·나아가다
		晳	밝을 석 밝다·분명한 모양			亘	뻗칠 긍(베풀 선) 뻗치다·베풀다
		晰	밝을 석 밝다·晳과 同字		9	宣	베풀 선 베풀다·임금의 말
		舃	까치 작(신 석) 신·까치·성(姓)·크다			洗	씻을 세 깨끗하다·결백하다
	13	鉐	놋쇠 석 구리와 아연과의 합금		10	洒	엄숙할 선(세) 상쾌하다·엄숙하다
	14	腊	포 석 포육(脯肉)·몹시·말리다			扇	부채 선 사립문·부채·성하다
		碩	클 석 크다·가득 차다		11	船	배 선 배·선박·술잔
		蜥	도마뱀 석 도마뱀			旋	돌 선 돌다·회전하다·돌리다
	15	奭	클 석 크다·성하다·성(姓)			珖	옥돌 선 옥돌
	16	蓆	자리 석 돗자리·넓고 많다·석곡		12	琁	아름다울 선 옥(璿)·구슬
		潟	개펄 석 개펄			善	착할 선 착하다·좋다·훌륭하다
		錫	주석 석 주석·구리·가는 베			筅	솔 선 밥솥 씻는 솔
		褯	자리 석(포대기 자) 포대기·기저귀			渲	물적실 선 바림·작은 흐름
	18	鼫	석서 석 날다람쥐·땅강아지		13	愃	쾌할 선 쾌하다·너그럽다
	20	釋	놓을 석 풀다·설명하다·내놓다			羨	넉넉할 선 부러워하다·탐내다

음	원획	한자	훈·음·뜻	음	원획	한자	훈·음·뜻
선	13	僊	춤출 선(신선 선) 춤추다 · 선인(仙人)	선	17	鮮	고울 선(생선 선) 곱다 · 뚜렷하다 · 날것
		詵	많을 선 많다 · 수가 많은 모양			禪	고요할 선 사양하다 · 고요하다
		跣	맨발 선 맨발 · 돌아다니다		18	膳	선물 선(반찬 선) 반찬 · 드리다 · 먹다
		尟	적을 선 적다 · 드물다 · 희소하다			繕	다스릴 선 다스리다 · 보수하다(補修)
	14	瑄	도리옥 선 도리옥 · 선옥(瑄玉)			蟬	매미 선(날 선) 매미 · 날다 · 펴지다
		銑	무쇠 선 윤이 나는 쇠 · 활고자			璲	옥 이름 수(아름다운 옥 선) 아름다운 옥(玉)
		煽	부칠 선 부채질하다 · 부추기다		19	選	가릴 선 분간하다 · 고르다 · 좋다
		綫	줄 선 실			璿	아름다운옥 선 아름다운 옥(玉)
		嫙	예쁠 선 예쁘다			譔	가르칠 선(지을 찬) 다르다
	15	腺	살구멍 선 샘			鏇	갈이틀 선 선반
		線	줄 선 줄 · 실		20	譱	착할 선 높다
		墡	백토 선 백토(白土) · 좋은 흙			騸	불깔 선 거세 말
		嬋	고울 선 곱다 · 잇닿다 · 아름답다			鐥	복자 선 복자(覆字) · 좋은 쇠
	16	璇	옥이름 선 아름다운 옥 · 별 이름		21	饍	반찬 선 반찬 · 膳과 同字
		敾	기울 선 보수하다 · 수선하다		22	癬	옴 선 옴 · 옮다 · 종기
		瞔	아름다울 선 눈이 아름답다 · 아리땁다		23	蘚	이끼 선 이끼
		歚	고울 선 고울			鱓	드렁허리 선 사선 · 선어

음	원획	한자	훈·음·뜻	음	원획	한자	훈·음·뜻
선	33	鱻	고울 선(생선 선) 드물다 · 적다	설	14	稧	볏짚 설(벤 벼 계) 볏단 · 푸닥거리
설	6	舌	혀 설 혀 · 언어 · 과녁의 부분			碟	가죽 다룰 설(접시 접) 가죽을 다루다
	9	泄	샐 설 새다 · 알려지다 · 줄다		15	暬	설만할 설 거만하다
		契	사람 이름 설(맺을 계) 약속하다 · 합치다			撕	찢어질 제(없앨 설) 찢어지다 · 없애다
	10	洩	샐 설 새다 · 비밀이 흘러나오다		17	藒	향풀 설 향 풀 · 풀이름 · 향기롭다
		屑	가루 설 가루 · 부스러기 · 부수다			褻	속옷 설 음란하다 · 내의(內衣)
	11	雪	눈 설 눈 · 눈이 오다 · 희다		19	薛	맑은대쑥 설 맑은대쑥 · 향부자(香附子)
		設	베풀 설 세우다 · 설립하다 · 주연			爇	불사를 설(불사를 열) 불타다
		紲	고삐 설(뛰어넘을 예) 매다 · 실마리		21	齧	물 설 물어뜯다 · 갉아먹다
		偰	맑을 설 맑다 · 깨끗하다 · 성(姓)	섬	10	剡	땅이름 섬 땅 이름 · 강 이름
		卨	은나라시조 설 사람 이름			閃	번쩍할 섬 번쩍이다 · 깜박이다
	12	卨	사람이름 설 사람 이름		13	睒	언뜻 볼 섬 언뜻 보다 · 훔쳐보다
		媟	깔볼 설 더럽히다 · 친압하다		14	銛	쟁기 섬 작살 · 날카롭다
	13	渫	칠 설 물 밑을 쳐내다 · 흩다		15	陝	땅이름 섬 고을 이름 · 땅 이름
		揲	셀 설(두드릴 엽, 접을 접) 맥을 짚다			摻	가늘 섬(잡을 삼, 칠 참) 가냘프다 · 가냘프고 여리다
		楔	문설주 설 문설주 · 떠받치다		16	暹	해돋을 섬 해가 돋다 · 나라 이름
	14	說	말씀 설(기뻐할 열) 이야기하다 · 진술하다		17	憸	간사할 섬(혐, 첨) 간사하다 · 교활하다

음	원획	한자	훈·음·뜻	음	원획	한자	훈·음·뜻
섬	17	韱	**부추 섬** 섬세하다	섭	24	躞	**걸을 섭** 걸어가는 모습
	19	蟾	**두꺼비 섬** 두꺼비·달빛·낙수받이		25	躡	**밟을 섭** 디디다·따르다
	20	贍	**넉넉할 섬** 넉넉하다·풍부하다		26	鑷	**족집게 섭** 뽑다
		孅	**가늘 섬(교활할 첨)** 죽이다·멸하다		27	顳	**관자놀이 섭** 관자놀이·귀밑 뼈
		譫	**헛소리 섬** 실없는 소리	성	6	成	**될 성** 이루다
	21	殲	**다죽일 섬** 다 죽이다·멸하다		7	成	**이룰 성** 이루다·이루어지다
	23	纖	**가늘 섬** 가늘다·고운 비단		8	姓	**성씨 성** 성·겨레·아들
섭	11	涉	**건널 섭** 건너다·거닐다·미치다		9	性	**성품 성** 성품·성질·생명·목숨
	14	紗	**비단 섭** 비단			星	**별 성** 별·오성(五星)
	15	葉	**땅 이름 섭(잎 엽, 책 접)** 꽃잎·갈래·후손			省	**살필 성(덜 생)** 살피다·명심하다
	17	燮	**불꽃 섭** 불꽃·화하다·익히다			城	**성 성** 성·나라·성을 쌓다
	18	聶	**소곤거릴 섭(칠 접)** 잡다		10	宬	**서고 성** 서고(書庫)·장서실
	21	囁	**소곤거릴 섭** 속삭이다			娍	**아름다울 성** 아름답다·헌걸차다
		欇	**삿자리 섭** 삿자리			晟	**밝을 성** 환하다·성(盛)하다
	22	攝	**당길 섭** 끌어당기다·잡다·쥐다			珹	**성곽 성** 나라·재
		懾	**두려워할 섭** 으르다		11	胜	**새이름 정(비릴 성)** 정우·비리다·날고기
		灄	**강 이름 섭** 뗏목			晠	**밝을 성** 밝다·빛나다·찬미하다

음	원획	한자	훈·음·뜻	음	원획	한자	훈·음·뜻
성	11	晟	밝을 성 빛나다	세	5	世	대 세(인간 세) 대(代)·생애·인간
	12	珹	옥이름 성 옥 이름·구슬 이름		7	忕	익숙해질 세 익히다·익숙해지다
		盛	성할 성 성대하다·두텁다·높다		9	姺	여자의 이름자 세 이름자
		胜	재물 성 재물(財物)		10	洗	씻을 세 깨끗하다·결백하다
		惺	영리할 성 영리하다·슬기롭다			洒	엄숙할 선(세) 상쾌하다·엄숙하다
		猩	성성이 성 성성이(猩猩)·붉은빛			帨	수건 세 손을 닦다
	13	誠	정성 성 정성·순수한 마음		11	涗	잿물 세 잿물·깨끗하게 닦다
		聖	성스러울 성 성스럽다·성인			細	가늘 세 가늘다·미미하다·작다
		筬	바디 성 바디·베틀·대나무 이름			彗	살별 세 쓰는 비·쓸다·혜성
		諴	정성 성 공경하다			笹	조릿대 세 조릿대
		聖	성스러울 성 슬기로움		12	稅	구실 세 구실·징수하다·두다
	14	瑆	옥빛 성 옥빛·빛나다			貰	빌릴 세 세내다·용서하다·외상
	15	腥	비릴 성 비리다·더럽다·날고기		13	勢	권세 세 권세(權勢)·기회(機會)
		睲	귀밝을 성 귀가 밝다			歲	해 세 해·새해·신념·세월
	16	醒	깰 성 술이 깨다·깨닫다			蛻	허물 세(허물 태) 매미·벗다
	17	聲	소리 성 소리·음향·음성·음악		14	說	달랠 세(말씀 설) 달래다·즐거워하다
		騂	붉은 말 성 붉은 말·붉은 소		15	鈯	구리 녹 날 세 구리가 녹이 나다

음	원획	한자	훈·음·뜻	음	원획	한자	훈·음·뜻
세 소	18	繐	베 세(베 혜) 가늘고 설핀 베	소	10	珶	아름다운옥 소 아름다운 옥
	3	小	작을 소 작다 · 적다 · 짧다			消	사라질 소 사라지다 · 쇠하다
	4	少	적을 소 적다 · 약간 · 조금			捎	덜 소 없애다 · 스치다
	5	召	부를 소 부르다 · 초래하다 · 부름		11	紹	이을 소 잇다 · 받다 · 소개하다
		邵	높을 소 높다 · 뛰어나다			巢	새집 소 집 · 깃들이다 · 모이다
	7	劭	힘쓸 소 힘쓰다 · 잇다 · 아름답다			梳	빗 소 빗 · 빗다 · 머리를 빗다
		佋	소목 소 소개하다 · 돕다			埽	쓸 소 털다
	8	所	바 소 일정한 곳이나 지역			疎	성길 소 트이다 · 뜨다 · 疏와 同字
		沼	늪 소 못			邵	고을이름 소 고을(邑) 이름
		泝	거슬러 올라갈 소 향하다 · 맞이하다			掃	쓸 소 비로 쓸다 · 버리다
	9	炤	밝을 소 밝다 · 비추다 · 비치다			訴	하소연할 소 하소연 · 호소 · 고하다
		咲	웃음 소 웃음 · 웃다 · 꽃이 피다		12	疏	소통할 소 소통하다 · 트이다 · 멀다
		昭	밝을 조(소) 빛나다 · 밝게 · 밝히다			傃	향할 소 향하다 · 지키다
		招	나무가흔들리는모양 소 나무가 흔들리는 모양			酥	연유 소(수) 연유(煉乳) · 매끄럽다
		素	흴 소 희다 · 흰빛 · 생명주			甦	긁어모을 소 긁어모으다 · 穌의 俗字
	10	笑	웃을 소 웃다 · 꽃이 피다		13	塑	토우 소 토우(土偶)
		宵	밤 소 밤 · 야간 · 초저녁 · 명주			嗉	모이주머니 소 멀떠구니

음	원획	한자	훈·음·뜻	음	원획	한자	훈·음·뜻
소	13	塐	흙 빚을 소 토우 · 허수아비	소	16	燒	사를 소 사르다 · 불태우다 · 타다
		翛	날개 찢어질 소(빠를 유) 날개가 찢어지다			穌	긁어모을 소 긁어모으다 · 가득 차다
		蛸	갈거미 소 사마귀 알			嘯	휘파람불 소 휘파람 · 읊조리다 · 이명
		筱	가는 대 소 화살대			篠	조릿대 소 조릿대 · 가는 대
	14	逍	노닐 소 거닐다 · 노닐다			艘	배 소 배의 총칭
		愫	정성 소 정성 · 참된 마음 · 진정			澨	멈출 어(깨끗할 소) 정결하다
		搔	긁을 소 긁다 · 손톱 따위로 긁다			遡	거슬러올라갈 소 과거 · 遡와 同字
		溯	거슬러올라갈 소 과거 · 遡와 同字		17	蔬	나물 소 나물 · 푸성귀 · 난
		韶	풍류이름 소 풍류 이름 · 아름답다			繅	고치 켤 소(옥받침 조) 고치를 켜다 · 문채(文彩)
		愬	하소연할 소 거스르다			魈	도깨비 소 산의 요괴
	15	銷	녹일 소 녹다 · 사라지다 · 쇠하다		18	鮹	문어 소(문어 초) 물고기 이름
		霄	거슬러올라갈 소 과거 · 遡와 同字			蠨	소금 소 소금
		瘙	종기 소 종기 · 부스럼			蕭	맑은대쑥 소 맑은대쑥 · 바쁘다 · 불다
		樔	풀막 소(끊을 초) 움막		19	簫	퉁소 소 퉁소 · 조릿대 · 활고자
		箾	퉁소 소(춤출 삭) 순 임금의 음악			霄	하늘 소(닮을 초) 구름
	16	膆	멀떠구니 소 멀떠구니 · 살찌다		20	騷	떠들 소 떠들다 · 떠들썩하다
		璑	옥돌 소 옥(玉)이 울리는 소리		21	瀟	강이름 소 강 이름 · 맑다

음	원획	한자	훈·음·뜻	음	원획	한자	훈·음·뜻
소	22	蘇	차조기 소 가득차다·소생하다	손	16	蓀	향풀이름 손 향풀의 이름·荃과 通字
속	7	束	묶을 속 묶다·동여매다·매다		17	遜	겸손할 손 겸손하다·몸을 낮추다
	9	俗	풍속 속 풍속·흔하다·관습	솔	9	帥	거느릴 솔(장수 수) 장수·통솔자·인솔자
	10	涑	비 올 속 큰 비바람			乺	솔 솔 솔
	11	涑	헹굴 속 헹구다·강 이름		11	率	거느릴 솔(우두머리 수) 거느리다·소탈하다
	12	粟	조 속 조·오곡의 총칭·벼		13	窣	구멍에서 갑자기 나올 솔 느릿느릿 걷다·갑자기
	14	速	빠를 속 빠르다·빨리 하다·빨리		17	蟀	귀뚜라미 솔 귀뚜라미
	17	謖	일어날 속 일어나다·일어서다		17	衞	거느릴 솔 인도하다
	18	遬	빠를 속 줄어든다		18	達	거느릴 솔(장수 수) 군사를 거느리다
	21	續	이을 속 이어지다·뒤를 잇다	송	7	宋	송나라 송 송나라
		屬	무리 속 동아리·혈족·나누다		8	松	소나무 송 소나무
	22	贖	속죄할 속 속바치다·바꾸다		11	悚	두려워할 송 두려워하다·당황하다
손	10	孫	손자 손 손자·자손·후손·새싹			訟	송사할 송 호소하다·송사·논쟁
	11	飱	저녁밥 손 저녁밥·짓다·먹다		12	淞	강이름 송 강 이름·상고대
	12	巽	부드러울 손 손괘·동남쪽·유순하다			竦	공경할 송 공경하다·우뚝솟다
		飧	저녁밥 손 저녁밥·간단한 식사		13	送	보낼 송 사람을 보내다·선물
	14	損	감할 손 덜다·줄이다·감소하다			頌	칭송할 송 기리다·칭송하다·시(詩)

음	원획	한자	훈·음·뜻	음	원획	한자	훈·음·뜻
송	14	誦	읽을 송 외다 · 암송하다 · 말하다	수	6	守	지킬 수 지키다 · 직무 · 정조
	17	憽	똑똑할 송 똑똑하다 · 정신이 또렷하다			收	거둘 수 거두다 · 익다 · 수확(收穫)
	18	鬆	소나무 송(더벅머리 송) 소나무 · 더벅머리			戍	지킬 수 지키다 · 병사(兵舍)
쇄	8	刷	쓸 쇄 쓸다 · 털다 · 닦다 · 씻다		7	秀	빼어날 수 빼어나다 · 높이 솟아나다
	11	殺	빠를 쇄(죽일 살, 감할 살) 죽이다 · 없애다			汓	헤엄칠 수 헤엄치다
	13	碎	부술 쇄 잘게 부수다 · 깨뜨리다			寿	목숨 수 목숨
	15	瑣	자질구레할 쇄 세분할		8	受	이을 수 얻다 · 이어받다 · 응하다
	18	鎖	쇠사슬 쇄 쇠사슬 · 자물쇠 · 잠그다			垂	드리울 수 드리우다 · 베풀다
		鏁	쇠사슬 쇄 자물쇠 · 가두다 · 항쇄			岫	산굴 수 암혈(岩穴) · 산봉우리
	23	灑	뿌릴 쇄 뿌리다 · 끼얹다 · 씻다			峀	산굴 수 산굴 · 산봉우리
		曬	쬘 쇄 말리다			泅	헤엄칠 수 헤엄치다
쇠	10	衰	쇠할 쇠 약해지다 · 늙다 · 여위다		9	首	머리 수 머리 · 시초(始初) · 먼저
		釗	쇠 쇠 사람 이름 · 쇠			帥	거느릴 솔(장수 수) 장수 · 통솔자 · 인솔자
수	4	水	물 수 물 · 오행(五行)의 하나		10	洙	물가 수 강 이름 · 물가
		手	손 수 손 · 사람 · 힘			狩	사냥할 수 사냥하다 · 정벌하다
		殳	몽둥이 수 창			修	닦을 수 닦다 · 뛰어나다 · 고치다
	5	囚	가둘 수 가두다 · 포로 · 인질			殊	죽일 수 죽이다 · 사형에 처하다

음	원획	한자	훈·음·뜻	음	원획	한자	훈·음·뜻
수	10	叟	늙은이 수 쌀 씻는 소리	수	13	睢	물이름 수 물 이름
		祟	빌미 수 앙화를 입다			睟	바로볼 수 바로 보는 모양
	11	袖	소매 수 소매 · 소매에 넣다			廋	숨길 수 숨다 · 찾다
		羞	바칠 수 바치다 · 드리다			竪	더벅머리 수 더벅머리 · 豎의 俗字
		售	팔 수 팔리다		14	腟	윤택할 수(무를 졸) 윤택하다 · 무르다
		宿	별자리 수(잘 숙) 잠을 자다 · 한 해 묵다			搜	찾을 수 탐구하다 · 빠르다 · 많다
	12	茱	수유 수 수유 · 수유나무의 열매			溲	반죽할 수 씻다 · 일다
		授	줄 수 주다 · 내려지다 · 받다(受)			壽	목숨 수 목숨 · 수명 · 장수(長壽)
		琇	옥돌 수 옥돌의 이름 · 아름답다			綬	끈 수 끈 · 실을 땋은 끈
		須	모름지기 수 모름지기 · 마땅히 · 본래			銖	저울눈 수 중량 이름 · 무디다
		晬	돌 수 1주년			粹	순수할 수 순수하다 · 아름답다
	13	脩	닦을 수 익히다 · 다스리다			嗽	기침할 수 기침하다 · 양치질하다
		愁	근심 수 시름 · 슬프다 · 근심하다			需	쓰일 수 쓰이다 · 기르다 · 괘 이름
		睡	졸음 수 자다 · 잠 · 졸다		15	漱	양치질할 수 양치질 하다 · 빨래하다
		綏	편안할 수 편안하다 · 안심하다			誰	누구 수 누구 · 어떤 사람 · 묻다
		酬	갚을 수 갚다 · 배상하다 · 보답			銹	녹슬 수 녹슬다 · 녹
		嫂	형수 수 형수 · 결혼한 여자			豎	세울 수 더벅머리 · 내시 · 아이

인명용 한자(人名用漢字)

음	원획	한자	훈·음·뜻	음	원획	한자	훈·음·뜻
수	15	瘦	여윌 수 파리하다·메마르다	수	18	璲	서옥 수 허리띠에 차는 옥
		瞍	소경 수(소) 총명하다			瑢	옥 이름 수 아름다운 옥(玉)
		穗	이삭 수 이삭			繡	수 수 수·수놓다·성(姓)
		睟	재물 수 재물·재화			獸	짐승 수 짐승·가축·말린 고기
		數	셈 수(촘촘할 촉) 산법(算法)·역법(曆法)		19	鵵	새매 수 새매
	16	陲	변방 수 경계·부근			髓	골수 수 뼛속 기름
		遂	이룰 수 성취하다·마치다·뻗다			颼	바람 소리 수 바람 소리·빗소리
		蒐	모을 수 꼭두서니·찾아내다		20	饈	드릴 수 바치다
		蓚	수산 수 수산			隨	따를 수 따르다·좇다·곧바로
		膄	파리할 수 여위다·줄다			隧	길 수 길·도로·굴·터널
		樹	나무 수 자라고 있는 나무·초목		21	邃	깊을 수 깊다·깊숙하다·멀다
		輸	나를 수 물건을 나르다·옮기다			藪	늪 수 덤불·구석진 깊숙한 곳
	17	隋	수나라 수 수나라			籔	조리 수 조리(笊籬)·16두(斗)
		濉	물이름 수 물 이름·睢의 本字			璹	구슬 수 구슬·구슬 이름
		雖	비록 수 그러나·~라 하더라도		22	鬚	수염 수 수염·식물의 수염·술
		穟	이삭 수 이삭·벼 이삭		23	髓	뼛골 수 골수·정수·뼛골
		燧	부싯돌 수 부싯돌·횃불·봉화			讎	원수 수 원수·갚다·주다·필디

음	원획	한자	훈·음·뜻	음	원획	한자	훈·음·뜻
수 숙	23	讐	**원수 수** 원수·갚다·당하다	숙	19	儵	**빠를 숙(갑자기 숙)** 검다
숙	6	夙	**이를 숙** 일찍·삼가다·어린 나이		23	驌	**말 이름 숙** 좋은 말
	8	叔	**아저씨 숙** 아재비·줍다·젊다		24	鸘	**신조 숙** 기러기 종류
	10	倏	**갑자기 숙** 문득	순	6	旬	**열흘 순** 열흘·열 번·십 년
		俶	**비로소 숙(기재 있을 척)** 정돈하다		7	巡	**돌 순** 순행하다·어루만지다
	11	孰	**누구 숙** 누구·어느·무엇		8	侚	**재빠를 순** 깊다
		宿	**묵을 숙** 하룻밤을 숙박하다			帕	**사귈 순** 시킬·하여금
		婌	**궁녀 벼슬 이름 숙** 궁녀(宮女)		9	徇	**주창할 순** 자랑하다·호령하다
	12	淑	**맑을 숙** 깨끗하다·착하다			盾	**방패 순** 방패·피하다·숨다
	13	琡	**옥이름 숙** 옥 이름·큰 홀			峋	**깊숙할 순** 후미질
		肅	**엄숙할 숙** 공경하다·정중하다			紃	**끈 순(끈 천)** 둥근 끈
	14	菽	**콩 숙** 콩·대두(大豆)·콩잎			姰	**미칠 순(여자가 단정할 현)** 영향을 미치다·단정하다
		塾	**글방 숙** 글방·학당·서당·과녁			盹	**졸 순** 앉아서 졸다
	15	熟	**익을 숙** 이루다·익숙하다·익히		10	胸	**광대뼈 순(정성스러울 순)** 광대뼈·새밥주머니
	17	橚	**줄지어설 숙** 줄지어 서다·무성하다			洵	**참으로 순** 참으로·진실로·고르다
		潚	**깊고맑을 숙** 깊고 맑다			恂	**진실할 순** 정성·미쁘다·진실하다
	19	璹	**옥그릇 숙** 옥 그릇·옥 이름			殉	**따라죽을 순** 따르다·순장(殉葬)하다

음	원획	한자	훈·음·뜻	음	원획	한자	훈·음·뜻
순	10	栒	가름대 순 나무 이름 · 고을 이름	순	16	駨	말이 달리는 모양 순 검푸른 무늬가 있는 말
		純	순수할 순(가선 준) 순박하다 · 가장자리			錞	악기이름 순 악기 이름 · 의거하다
	11	珣	옥이름 순 옥 이름 · 옥 그릇		17	橓	무궁화나무 순 무궁화나무
		眴	깜작할 순(어지러울 현) .			蒓	순채 순 순채 · 부들의 꽃
	12	荀	풀이름 순 풀 이름 · 사람 이름			瞬	눈깜작일 순 보다 · 잠깐 · 주시하다
		淳	순박할 순 순박하다 · 인정이 도탑다		18	蕣	무궁화 순 무궁화 · 목근
		順	순할 순 순하다 · 좇다 · 순응하다		19	鶉	메추라기 순(수리 단) 아름답다
		循	돌 순 좇다 · 말하다 · 크다			鬊	헝클어진 머리 순 헝클어진 머리
		筍	죽순 순 죽순 · 대 싹 · 대 껍질	술	6	戌	개 술 열한째 지지 · 온기(溫氣)
		舜	순임금 순 무궁화 · 뛰어나다		8	坬	높을 술 높다
		焞	밝을 순 밝다		11	術	꾀 술 꾀 · 계략 · 수단 · 방법
	13	脣	입술 순 입술 · 가장자리			絉	끈 술 계략 · 재주
		楯	난간 순 난간 · 방패(盾) · 빼내다		12	述	이을 술 잇다 · 계승하다
		詢	상의할 순 묻다 · 자문하다		13	銊	돗바늘 술 돗바늘 · 찌르다 · 이끌다
		馴	길들 순 길들이다 · 따르다	숭	11	崇	높을 숭 높게 하다 · 존중하다
	15	諄	타이를 순 보좌하다 · 알뜰하다			崧	우뚝솟을 숭 우뚝 솟다 · 산 이름
		醇	진한술 순 진한하다 · 도탑다		14	菘	배추 숭 배추

음	원획	한자	훈·음·뜻	음	원획	한자	훈·음·뜻
숭	13	嵩	높을 숭 높다 · 우뚝 솟다	습	22	隰	진펄 습 진펄 · 물가
쉬	10	倅	버금 쉬(백 사람 졸) 다음 · 수령(守令)			襲	엄습할 습 엄습하다 · 덮다 · 치다
	12	淬	담금질할 쉬(흐를 줄) 태우다	승	4	升	되 승(오를 승) 되 · 새 · 64괘의 하나
		焠	담금질 쉬 물들이다		5	永	받들 승 계승하다 · 承과 同字
슬	8	虱	이 슬 검은깨 · 잡거하다		6	丞	이을 승 돕다 · 정승 · 이어받다
	14	瑟	큰거문고 슬 큰 거문고 · 비파		8	承	이을 승 잇다 · 받들다 · 후계
	15	蝨	이 슬 이 · 참깨 · 섞이다			昇	오를 승 높은 지위에 오르다
	16	璱	푸른 구슬 슬 푸른 구슬			丞	정승 승(도울 승) 공경함
	17	膝	무릎 슬 무릎		10	乘	오를 승 타다 · 오르다 · 이기다
	18	璵	푸른구슬 슬 푸른 구슬		12	勝	이길 승 이기다 · 낫다 · 뛰어나다
	21	虉	붉고 푸를 슬 적청색			阩	오를 승 오르다
습	10	拾	주울 습(열 십, 오를 섭) 습득하다 · 모으다		13	塍	밭두둑 승 밭두둑
	11	習	익힐 습 익히다 · 연습하다 · 닦다		14	僧	중 승 중 · 마음이 편안한 모양
	15	慴	두려워할 습(두려워할 접) 두려워하다 · 으르다			縢	잉아 승 베틀의 굵은 실
		熠	틀 습 빛나다 · 선명하다		15	陞	오를 승 나아가다 · 전진하다
	17	褶	주름 습 주름		16	隥	오를 승 해가 돋다
	18	濕	축축할 습 축축하다 · 습기		19	繩	줄 승 줄 · 새끼 · 먹줄 · 법도

음	원획	한자	훈·음·뜻	음	원획	한자	훈·음·뜻
승	19	蠅	파리 승 파리·깡충거미	시		眂	볼 시 보다
	22	鬆	머리 헝클어질 승 머리 헝클어지다		9	枲	모시풀 시(삼 사) 모시풀·도꼬마리
시	2	媞	안존할 시(제) 안존하다·예쁘고 곱다			枾	감나무 시 감나무·柹의 俗字
	3	尸	주검 시 주검·시체·시동			柿	감나무 시 감나무·감·柹의 本字
	5	市	저자 시 상품을 팔고 사는 시장			泜	내 이름 시 현 이름
		示	보일 시 보이다·가르치다		10	恃	의지할 시 믿다·의뢰하다
		矢	화살 시 화살·곧다·맹세하다			時	때 시 때·때에·때맞추다
	7	豕	돼지 시 돼지			翅	날개 시 날개·나는 모양
	8	始	처음 시 비롯하다·근본·근원			豺	승냥이 시 승냥이
		侍	모실 시 시중들다·기다리다		11	匙	숟가락 시 숟가락·열쇠
		兕	외뿔소 시 들소			偲	굳셀 시 굳세다·책선(責善)하다
	9	是	이 시(옳을 시) 이것·여기·무릇			豉	메주 시 된장 따위
		施	베풀 시 베풀다·퍼지다·행하다			絁	깁 시 명주·비단
		柴	섶 시 섶·지키다·수비하다		12	猜	샘할 시 샘하다·원망하다·의심
		屎	똥 시 똥·끙끙거리며 앓다			視	본받을 시 보다·본받다·문안하다
		屍	주검 시 주검			媤	시집 시 시집·남편의 집
		柹	감나무 시 감나무·감			啻	뿐 시 다만

음	원획	한자	훈·음·뜻	음	원획	한자	훈·음·뜻
시	13	弑	죽일 시 죽이다	시	16	諰	두려워할 시 두려워하다
		詩	시 시 시·시경(詩經)			諟	이 시(살필 체) 이(지시어)·살피다
		試	시험할 시 시험하다·간을 보다		17	鍉	열쇠 시(살촉 적) 숟가락·창끝
		塒	홰 시 횃대·깃		18	顋	뺨 시(새) 볼·아가미
		翅	날개칠 시 날개를 편 모양		26	釃	술 거를 시(술 거를 소) 술을 거르다·나누다
		偲	책선할 시 책선하다	식	6	式	법 식 법·법규·규정·본받다
	14	厮	하인 시 종·천하다		9	食	밥 식 밥·먹을거리·먹다
		禔	복 시(편안할 제) 편안하다·행복·즐거움		10	拭	닦을 식 닦아서 깨끗하게 하다
		翄	날개 시 나는 모습			息	숨쉴 식 숨 쉬다·숨·호흡
	15	嘶	울 시 울다·흐느끼다			栻	점치는기구 식 점치는 기구·나무 이름
		漦	흐를 시 흐르다·거품		11	埴	찰흙 식 찰흙·점토·진흙
		廝	하인 시 종·천하다			植	심을 식 심다·뿌리를 땅에 묻다
		緦	삼베 시 상복에 쓰는 베		12	殖	번성할 식 자손을 번성하다
	16	蒔	모종낼 시 모종을 내다·옮겨 심다			寔	참 식 이·참으로·진실로
		蓍	톱풀 시 시초(蓍草)·서죽(筮竹)			湜	물맑을 식 물이 맑다·엄정하다
		澌	다할 시(물 잦을 사) 다하다		13	軾	수레앞턱가로나무 식 수레 앞턱 가로나무
		諡	시호 시 시호·시호를 내리다			媳	며느리 식 며느리

음	원획	한자	훈·음·뜻	음	원획	한자	훈·음·뜻
식	14	飾	꾸밀 식 꾸미다 · 단장하다 · 꾸밈	신	9	姺	걸을 신 걷다 · 걷는 모양
		熄	꺼질 식 꺼지다 · 그치다 · 망하다			矧	하물며 신 잇몸
	15	蝕	좀먹을 식 썩어 들어간 상처		10	迅	빠를 신 빠르다 · 신속하다
		篒	대밥통 식 대밥통			神	귀신 신 귀신 · 불가사의한 것 · 혼
	19	識	알 식(적을 지, 깃발 치) 지식(知識) · 식견(識見)			訊	물을 신 묻다 · 하문(下問)하다
신	5	申	거듭 신 아홉째 지지 · 되풀이하다			娠	애밸 신 애 배다 · 잉태하다
	6	臣	신하 신 신하가 되어 섬기다			宸	집 신 집 · 처마 · 대궐
		囟	정수리 신 숫구멍		11	晨	샛별 신 새벽을 알리다 · 별 이름
		汛	뿌릴 신 만조			紳	큰띠 신 큰 띠 · 묶다 · 다발 짓다
	7	身	몸 신 몸 · 신체 · 나 자신 · 몸소		13	脤	제육 신 날고기
		辛	매울 신 맵다 · 매운맛 · 고생하다			莘	족도리풀 신 길다 · 많다 · 나라 이름
		伸	펼 신 펴다 · 기지개 켜다			新	새 신 새로운 · 처음 · 새롭게
		辰	때 신(별 진) 수성(水星) · 시각(時刻)			蜃	큰조개 신 대합조개 · 이무기 · 제기
	8	侁	걷는모양 신 걷는 모양		14	愼	삼갈 신 삼가다 · 진실로 · 따르다
		呻	끙끙거릴 신 끙끙거리다 · 웅얼거리다			腎	콩팥 신 콩팥 · 오장의 하나
	9	信	믿을 신 믿다 · 진실 · 분명히 하다		15	頤	눈 크게 뜨고 볼 신(턱 이) 눈을 크게 뜨고 보다
		哂	웃을 신 비웃다		16	駪	많을 신 말이 많다

음	원획	한자	훈·음·뜻
신	18	燼	불탄끝 신 깜부기불 · 불똥 · 땔나무
	19	薪	섶나무 신 땔나무 · 풀 · 잡초
		璶	옥돌 신 옥돌
	20	藎	조개풀 신 벼과의 1년초 · 나아가다
	21	贐	전별할 신 예물
실	5	失	잃을 실 잃다 · 잘못하다 · 지나침
	8	実	열매 실 열매 · 차다 · 익다
	9	室	집 실 집 · 건물 · 방 · 거처
	11	悉	다할 실 다 · 모두 · 남김없이
	14	實	열매 실 열매 · 가득 차다 · 익다
	17	蟋	귀뚜라미 실 귀뚜라미
심	4	心	마음 심 마음 · 심장 · 가슴
	8	沁	물적실 심 스며들다 · 배어들다
		沈	가라앉을 침 가라앉다 · 침체하다
	9	甚	더욱 심 정도에 지나치다
	10	芯	골풀 심 등심초 · 골풀
	12	深	깊을 심 깊다 · 깊게 하다 · 매우
심	12	尋	찾을 심 찾다 · 생각하다 · 보통
	15	葚	오디 심 뽕나무 열매
		審	살필 심 살피다 · 자세하다
	16	潯	물가 심(젖어들 음) 소 · 못
		諶	믿을 심 믿다 · 참으로
		燖	삶을 심(삶을 섬) 삶다 · 데치다
	19	瀋	즙낼 심(성씨 심) 즙 · 성(姓)의 하나
	20	鐔	날밑 심(날밑 담) 작은 검
	23	鱏	철갑상어 심 심어
십	4	什	열 사람 십(세간 집) 열 사람 · 열 · 십(十)
	10	十	열 십 열 · 열 번 · 열 배
		拾	열 십(주울 습, 바꿀 겁) 줍다 · 습득하다
쌍	4	双	쌍 쌍 쌍 · 짝 · 雙의 俗字
	18	雙	쌍 쌍 쌍 · 유(類) · 짝이 되다
씨	4	氏	각시 씨 각시 · 성(姓) · 씨(氏)
자	3	子	아들 자 맏아들 · 자식 · 어조사
	5	仔	자세할 자 세밀하다 · 견디다 · 아이

음	원획	한자	훈·음·뜻	음	원획	한자	훈·음·뜻
자	6	字	글자 자 글자 · 암컷 · 기르다	자	10	恣	방자할 자 마음 내키는 대로 하다
		自	스스로 자 스스로 · 몸소 · 어조사			牸	암소 자 암컷
		孖	쌍둥이 자 쌍둥이 · 우거지다			眦	흘길 자(눈초리 제) 흘기다 · 보다
	7	孜	힘쓸 자 힘쓰다			眥	흘길 자(눈초리 지) 흘기다 · 눈초리
	8	姉	손윗누이 자 손윗누이 · 어머니			疵	흠 자 흠 · 결점 · 병(病)
		刺	찌를 자(수라 라) 찌르다 · 문의하다		11	者	놈 자 놈 · 사람 · 것 · 여러
		炙	구울 자(적) 고기 구이 · 가까이하다			茈	지치 자(시호 시) 지치 · 능소화나무
		呰	흠 자 야단을 치다			紫	자줏빛 자 자줏빛 · 자줏빛의 옷
		姊	손윗누이 자 맏누이 · 姉의 俗字			瓷	오지그릇 자 오지그릇 · 사기그릇
		秄	북돋울 자 벼의 뿌리를 북돋우다		12	茨	지붕일 자 지붕을 이다 · 쌓다 · 잇다
	9	泚	강 이름 자(맑을 체) 강(江)의 이름			孳	불을 자(이 자) 무성하다
		姿	맵시 자 맵시 · 모습 · 풍취 · 바탕			胾	고깃점 자 고깃점 · 산적(散炙)
		柘	산뽕나무 자 적황색			觜	별 이름 자(바다거북 주) 썩은 창자 · 바다거북
		咨	물을 자 묻다 · 상의하다 · 꾀하다			訾	헐뜯을 자 비방하다
		秶	북을 돋울 자 북돋우다			貲	재물 자 재화 · 자본
		蚱	며루 자 자방충			粢	기장 자(술 제) 곡식의 총칭
	10	兹	이 자 이에 · 검다 · 흐리다		13	滋	불을 자 붇다 · 번성하다 · 더하다

음	원획	한자	훈·음·뜻	음	원획	한자	훈·음·뜻
자		慈	사랑할 자 사랑·어머니·자식	자	21	鶿	가마우지 자 더펄새
	13	資	재물 자 재물·밑천·자본·비용		22	鷓	자고 자 꿩과의 새
		孳	부지런할 자 우거질	작	3	勺	구기 작 구기·잔·피리·푸다
		煮	삶을 자 삶다·익히다·삶아지다			汋	샘솟을 작(익힐 약) 샘솟다·떠내다
		雌	암컷 자 암컷·지다·쇠약해지다		7	作	지을 작 짓다·일어나다·행하다
	14	磁	자석 자 자석·사기 그릇			灼	사를 작 사르다·굽다·밝다
		莿	까끄라기 자(책) 까끄라기·풀의 이름			犳	표범 작 아롱짐승
	15	髭	윗수염 자 콧수염		8	岝	높을 작(산 이름 책) 산이 높다
		諮	부를 자 묻다·상의하다			芍	함박꽃 작 함박꽃·작약·요리하다
	16	赭	붉은 흙 자 붉은 빛			怍	부끄러워할 작 부끄러워하다·빨개지다
		鮓	생선젓 자 소금에 절인 어물		9	昨	어제 작 어제·옛날·지난날
		褯	자리 석(포대기 자) 자리·포대기·기저귀			斫	벨 작 베다·자르다·치다
		蔗	사탕수수 자 사탕수수·맛이 좋다			炸	터질 작 폭발하다·튀기다
	17	頿	윗수염 자 코밑 수염			柞	조롱나무 작(발매할 책) 나무 이름
		嬨	너그럽고 순할 자 여자의 성품이 너그럽다		10	酌	따를 작 따르다·액체를 퍼내다
	18	鎡	호미 자 괭이		11	雀	참새 작 참새·다갈색·뛰다
	20	藉	깔개 자 깔개·깔다·자리		12	焯	밝을 작 빛나다

음	원획	한자	훈·음·뜻	음	원획	한자	훈·음·뜻
작	12	舄	신 석(까치 작) 신 · 까치 · 성(姓) · 크다	잠	15	箴	바늘 잠 바늘 · 시침바늘 · 침
	13	碏	사람 이름 작 공경함		16	潛	잠길 잠 자맥질하다 · 깊다
		斮	벨 작 쪼개다			潛	잠길 잠 감추다 · 가라앉다 · 몰래
	14	綽	너그러울 작 너그럽다 · 여유가 있다		18	簪	비녀 잠 비녀 · 꽂다 · 찌르다
	18	爵	벼슬 작 술잔 · 벼슬 · 작위 · 참새		24	蠶	누에 잠 누에치다 · 양잠을 하다
	19	鵲	까치 작 까치	잡	5	卡	지킬 잡(음역자 가) 꼭 끼이다 · 음역자(音譯字)
	21	嚼	씹을 작 씹다 · 맛보다		10	眨	깜작일 잡 애꾸눈
잔	10	剗	깎을 잔 베다		17	磼	높을 잡 산(山)이 높은 모양
	12	殘	해칠 잔 해롭게 하다 · 손상하다		18	襍	섞일 잡 거칠다
		孱	잔약할 잔 잔약하다 · 나약하다			雜	섞일 잡 섞이다 · 뒤섞이다 · 섞다
		棧	사다리 잔 잔교 · 높다 · 쇠북잔		21	囃	메기는 소리 잡 장단 · 박자를 맞추다
	13	盞	잔 잔 옥으로 만든 술잔 · 등잔	장	3	丈	어른 장 길이의 단위 · 어른
	16	潺	물 흐르는 소리 잔 물 흐르는 소리		5	仗	무기 장 무기 · 호위 · 의지하다
	22	驏	안장 없는 말 잔 안장(鞍裝) 없이 타다			匠	장인 장 장인 · 기술자 · 우두머리
잠	7	岑	봉우리 잠 봉우리 · 높다 · 크다		6	庄	씩씩할 장 전장 · 정중하다 · 바르다
	11	涔	괸물 잠 괸물 · 큰물			壯	장할 장 장하다 · 성하다 · 젊다
	15	暫	잠시 잠 잠시 · 잠깐 · 갑자기		7	壮	장할 장 씩씩하다 · 기상이 굳세다

음	원획	한자	훈·음·뜻	음	원획	한자	훈·음·뜻
장	7	杖	지팡이 장 지팡이 · 짚다 · 잡다	장	13	裝	치장할 장 꾸미다 · 차리다
		妝	단장할 장 꾸미다			傽	두려워할 장 놀라다
	8	長	길 장(어른 장) 길다 · 어른 · 우두머리		14	萇	양도 장 나라 이름
		戕	죽일 장 살해하다			臧	착할 장 착하다 · 좋다 · 감추다
		狀	문서 장(형상 상) 형상(形狀) · 용모(容貌)			嶂	산봉우리 장 높고 가파른 산
	10	奘	클 장 몸집이 크다 · 튼튼하다			奬	장려할 장 권면함 · 도울
		牂	암양 장 괴이하다			葬	장사지낼 장 장사지내다
		羘	숫양 장(양 양) 숫양 · 양(胖)			腸	창자 장 창자 · 마음 · 충심
		将	장수 장 인솔자 · 발전하다 · 장차		15	漳	물이름 장 물 이름 · 막다 · 둑
	11	章	글 장 글 · 문장 · 악곡의 절(節)			奬	권면할 장 권면하다 · 칭찬하다
		將	장수 장 인솔자 · 발전하다			樟	예장나무 장 녹나뭇과의 상록 교목
		張	베풀 장 베풀다 · 넓히다 · 뽐내다			暲	밝을 장 해가 돋아오다 · 밝다
		帳	휘장 장 휘장 · 군막(軍幕) · 천막			漿	미음 장 미음 · 마실 것 · 음료
	12	場	마당 장 마당 · 신을 모신 곳 · 밭			獐	노루 장 노루
		粧	단장할 장 단장하다 · 꾸미다			璋	홀 장 반쪽 홀 · 구슬 · 밝다
		掌	손바닥 장 손바닥 · 발바닥 · 솜씨		16	墻	담 장 담 · 경계 · 牆과 同字
	13	莊	씩씩할 장 풀이 성한 모양 · 바르다			嬙	궁녀 장 궁녀(宮女)

음	원획	한자	훈·음·뜻	음	원획	한자	훈·음·뜻
장	16	廧	담 장(소신 색) 경례	재	4	才	재주 재 재주 · 재능이 있는 사람
		瘴	장기 장 풍토병		6	在	있을 재 존재하다 · 보다 · 묻다
	17	蔣	성씨 장(줄 장) 줄 · 깔개 · 나라 이름			再	두 재 재차 · 거듭 · 두 번
		檣	돛대 장 돛대			扗	있을 재 제멋대로 하다
		粧	단장할 장 꾸미다		7	材	재목 재 재목 · 건축 · 원료
		餦	엿 장 경단 · 산자 · 유과			災	재앙 재 재앙 · 화재 · 죄악
		牆	담 장 담 · 경계 · 관을 덮는 옷			灾	재앙 재 화재
	18	鄣	고을 이름 장(막을 장) 나라이름		9	哉	어조사 재 어조사 · 처음 · 재난
		醬	젓갈 장 젓갈 · 된장 · 간장			粂	재계할 재 공경하다
	19	薔	장미 장(여뀌 색) 장미(薔薇)			財	재물 재 재물 · 재료 · 재산 · 보물
		障	가로막을 장 가로막다 · 방어하다		10	栽	심을 재 심다 · 가꾸다 · 묘목
		鏘	금옥 소리 장 금옥(金玉) 소리 · 소리			宰	재상 재 벼슬아치 · 재상 · 주재자
	20	藏	감출 장 감추다 · 품다 · 저장하다		11	梓	가래나무 재 가래나무 · 판목(版木)
	21	贓	장물 장 장물 · 숨기다 · 수뢰하다			捚	손바닥에받을 재 손바닥에 받다
	22	欌	장롱 장 장롱 · 의장		12	裁	헤아릴 재 분별하다 · 결정하다
		麞	노루 장 노루(사슴과의 포유류)			崽	자식 재(새, 사) 어린이
	24	臟	오장 장 오장 · 내장		13	溨	맑을 재 맑다

음	원획	한자	훈·음·뜻	음	원획	한자	훈·음·뜻
재	13	載	실을 재 싣다 · 실어서 운반하다	저	5	宁	뜰 저(편안할 영) 쌓다
	14	滓	찌꺼기 재 앙금 · 때 · 더러운 것		5	氐	근본 저(땅 이름 지) 근심하다
		榟	가래나무 재(자) 목수		7	低	밑 저 밑 · 속 · 안
		溨	물 이름 재 강이름			佇	우두커니설 저 우두커니 서다 · 쌓다
	16	縡	일 재 일(事) · 싣다		8	底	밑 저 밑 · 바닥 · 내부 · 구석
		賊	재물 재 재물 · 재화			咀	씹을 저 씹다 · 저주하다
	17	齋	재계할 재 재계하다 · 정진하다			姐	누이 저 누이 · 여자 아이
	21	齎	가져올 재 가져오다 · 주다 · 보내다			杵	공이 저 공이 · 절굿공이 · 방망이
	23	纔	재주 재(잿빛 삼) 겨우 · 방금			岨	돌산 저(울퉁불퉁할 조) 험하다
쟁	8	爭	다툴 쟁 다투다 · 결판을 내다			柠	북 저(상수리나무 서) 얇다
	11	崢	가파를 쟁 높은 재		9	抵	거스를 저 막다 · 거절하다 · 밀다
	12	狰	짐승 이름 쟁 개털			沮	막을 저 막다 · 저지하다 · 그치다
	13	琤	옥 소리 쟁 옥(玉) 소리 · 거문고 소리			狙	원숭이 저 원숭이 · 교활하다
	14	箏	쟁 쟁 국악 현악기의 하나			柢	뿌리 저 뿌리 · 근본(根本) · 싹트다
	15	諍	간할 쟁 간하다 · 멈추다 · 다투다			牴	부딪힐 저(숫양 저) 만나다 · 대략(大略)
	16	錚	쇳소리 쟁 쇳소리 · 징		10	疽	등창 저 등창 · 악성 종기 · 침저
	18	鎗	종소리 쟁(창 창) 술 그릇		11	苧	모시 저 모시 풀

음	원획	한자	훈·음·뜻	음	원획	한자	훈·음·뜻
저	11	苴	깔 저 신바닥 창	저	15	著	분명할 저 분명하다 · 나타내다
		罝	그물 저(자) 짐승			褚	솜옷 저 주머니
		紵	모시 저 모시풀 · 모시 베			樗	가죽나무 저 가죽나무 · 쓸모없는 물건
		羝	숫양 저 양의 수컷			箸	젓가락 저 젓가락 · 대통(竹筒)
		蛆	구더기 저 지네		16	潴	웅덩이 저 물이 괴다
		袛	속적삼 저 속에 껴입는 적삼		17	陼	물가 저(담 도) 삼각주 · 모래성
	12	邸	집 저 집 · 묵다 · 다다르다		18	儲	쌓을 저 쌓다 · 저축하다 · 버금
		貯	쌓을 저 쌓다 · 저축하다			瀦	웅덩이 저 물이 괴다
		詛	저주할 저 저주하다 · 욕하다		20	躇	머뭇거릴 저 머뭇거리다 · 건너뛰다
		觝	닿을 저(칠 지) 닿다 · 이르다			齟	어긋날 저 어긋나다 · 맞지 않다
		詆	꾸짖을 저 비난하다		22	藷	감자 저 감자 · 고구마 · 마
	13	渚	물가 저 모래섬 · 강 이름 · 삼각주	적	6	吊	이를 적 도달하다 · 弔의 俗字
		猪	돼지 저 돼지 · 돼지 새끼 · 멧돼지		7	赤	붉을 적 붉다 · 붉은 빛 · 진심
		楮	닥나무 저 닥나무 · 종이 · 지폐 · 돈		8	狄	오랑캐 적 오랑캐 · 꿩의 깃 · 악공
		雎	물수리 저 물수리 · 징경이			的	과녁 적 과녁 · 표준 · 진실 · 목표
	14	這	이 저 이것 · 맞다 · 낱낱 · 이제			炙	구울 적(자) 구운 고기 · 가까이하다
		菹	김치 저 김치 · 절이다		11	寂	고요할 적 고요하다 · 평온함

308

음	원획	한자	훈·음·뜻	음	원획	한자	훈·음·뜻
적	11	笛	피리 적 피리	적	16	磧	서덜 적 자갈·사막
	12	迪	나아갈 적 계승하다·도덕·이끌다		17	績	길쌈할 적 깁다·뽑다·성과·사업
	13	迹	자취 적 행적·공적·흔적·소문		18	適	갈 적 가다·이르다·도달하다
		荻	물억새 적 물억새·쑥·갈잎 피리			謫	귀양갈 적 유배되다·꾸지람·견책
		賊	도둑 적 도둑·해치다·죽이다			蹟	자취 적 자취·좇다·따르다
		跡	자취 적 자취·흔적·뒤를 캐다		19	鏑	화살촉 적 화살촉·우는 살
		勣	공적 적 공·업적		20	籍	서적 적 서적·책·문서·장부
		馰	별박이 적 사나운 말		22	糴	쌀 살 적 쌀을 사들이다
	14	逖	멀 적 근심하다			覿	볼 적 면회·만나다
		菂	연밥 적 연실	전	5	田	밭 전 밭·경작지·농사짓다
		嫡	정실 적 본처·본처가 낳은 아이		6	全	온전할 전 온전하다·완전히
		翟	꿩 적 꿩·꽁지가 긴 꿩			甸	경기 전 구역·경계·교외(郊外)
	15	滴	물방울 적 물방울·방울져 떨어지다		7	佃	밭갈 전 밭을 갈다·소작인
		摘	딸 적 과일 따위를 집어 따다			吮	빨 전(빨 연) 빨다·핥다
		敵	대적할 적 원수·상대방·맞서다			典	법 전 법·규정·책·서적
		樀	추녀 적 처마		8	佺	신선이름 전 신선 이름
	16	積	쌓을 적 모으다·저축하다			屇	구멍 전(이를 계) 신고하다·불편하다

음	원획	한자	훈·음·뜻	음	원획	한자	훈·음·뜻
전	9	前	앞 전 나아가다 · 전진하다	전	13	揃	자를 전(기록할 전) 멸망시키다
		畋	밭 갈 전 사냥하다			湔	씻을 전 빨다 · 더럽히다
		畑	화전 전 화전			電	번개 전 번개 · 빠름의 비유
	10	展	펼 전 펴다 · 늘이다 · 발달하다			傳	전할 전 전하다 · 말하다 · 보내다
		栓	나무못 전 나무못 · 빗장 · 마개			殿	큰집 전 궁궐 · 천자의 거처
		旃	기 전 모직물			詮	갖출 전 갖추다 · 법칙 · 도리
		栴	단향목 전 단향목(檀香木) · 향나무			煎	달일 전 달이다 · 마음을 졸이다
	11	悛	고칠 전 고치다 · 깨닫다 · 차례			鈿	비녀 전 비녀 · 금장식
		專	오로지 전 오로지 · 마음대로 · 차다			輇	상여 전 저울질하다
		剪	자를 전 자르다 · 가위 · 翦의 俗字			雋	새살찔 전(영특할 준) 영특하다 · 새가 살찌다
		痊	나을 전 병이 낫다			塡	메울 전 메우다 · 채우다 · 북소리
	12	荃	향풀 전 겨자 무침 · 향초 · 통발			腆	두터울 전 이르다
		奠	전올릴 전 제사 지내다 · 바치다			銓	저울질할 전 저울질하다 · 저울
		筌	통발 전 물고기를 잡는 기구		14	塼	벽돌 전 벽돌 · 땅 이름
		牋	종이 전 장계			箋	부전 전 간단한 쪽지 · 글 · 문서
		飦	죽 전 죽(粥) · 된죽 · 범벅			嫥	오로지 전(아름다울 단) 한결같게 · 사랑스럽다
	13	瑱	귀막이 전 귀막이 · 옥 이름			戩	다할 전 멸망시키다

음	원획	한자	훈·음·뜻	음	원획	한자	훈·음·뜻
전	15	廛	가게 전 가게·터·집터·밭	전	17	餞	보낼 전 전별하다·송별연
		箭	화살 전 화살·대 이름·어살		18	轉	구를 전 구르다·회전하다
		篆	전자 전 전자·도장·관인			顓	오로지 전 전달하다·어리석다
		翦	자를 전 가위			癜	어루러기 전 어루러기·피부병(皮膚病)
		錪	새길 전(칼 찬, 송곳 첨) 내치다·폄출하다			饘	된죽 전 된죽·범벅
	16	戰	싸울 전 싸우다·싸움·전쟁		19	顚	꼭대기 전 정수리·산정(山頂)
		錢	돈 전 화폐·자금·비용·구실			鬋	귀밑머리 늘어질 전 깎다
		靛	청대 전 남색물감			羶	누린내 전(향기 형) 비린내
		靦	뻔뻔스러울 전 뻔뻔스럽다		20	遭	머뭇거릴 전 변천하다
		甎	벽돌 전 벽돌		21	纏	얽힐 전 얽히다·묶다·줄·새끼
		磚	벽돌 전(둥근 모양 타) 바닥에 까는 벽돌			鐫	새길 전 새기다·조각하다·끌
		銓	가마 전 저울 추			囀	지저귈 전 울림
	17	膞	저민 고기 전 조각			鄽	가게 전 상점
		澱	앙금 전 앙금·찌꺼기·물이 괴다		22	顫	떨릴 전 수족이 떨리다·놀라다
		澶	물 고요히 흐를 전 물 잔잔한 모양·멀다			巓	산꼭대기 전 떨어지다
		氈	모전 전 털로 짠 모직물·양탄자			籛	성씨 전 대이름·언치
		輾	돌아누울 전 구르다·돌다·타작하다			躔	궤도 전 돌다

인명용 한자(人名用漢字) | 311

음	원획	한자	훈·음·뜻	음	원획	한자	훈·음·뜻
전	24	癲	미칠 전 미치다·지랄병·정신병	점	8	岾	땅이름 점 땅 이름·절 이름
		鱣	잉어 전(드렁허리 선) 철갑상어			奌	점찍을 점 얼룩·고치다·검은 점
		鸇	송골매 전 맷과의 맹조		9	点	점 점 점·點의 俗字
절	4	切	끊을 절(온통 체) 베다·반절(反切)		10	玷	이지러질 점 허물
	7	岊	산굽이 절 산모퉁이			苫	이엉 점(약초 이름 첨) 거적·덮다
	8	折	꺾을 절 꺾다·자르다·쪼개다		11	粘	끈끈할 점 끈끈하다·끈기가 많다
	11	浙	강이름 절 강 이름·땅 이름			笘	회초리 점(대쪽 첩) 회초리·나뭇조각
		晢	밝을 절 총명하다·별이 빛나다			蛅	쐐기 점 쐐기(불나방의 애벌레)
	12	絶	끊을 절 막다·그만두다·없애다		12	覘	엿볼 점(첨) 몰래보다
			끊을 절 떨어지다		14	墊	빠질 점 잠기다
	14	截	끊을 절 말을 잘하다·다스리다			颭	물결 일 점 살랑거리다·흔들리다
	15	節	마디 절 마디·사물의 한 단락		15	漸	점점 점 차차·차츰 나아가다
	20	癤	부스럼 절 작은 부스럼·나력(瘰癧)		16	霑	젖을 점 젖다·적시다·잠기다
	22	竊	훔칠 절 훔치다·도둑·몰래			鮎	메기 점 메기
점	5	占	점령할 절(점칠 점) 차지하다·점·점치다			蔪	우거질 점(벨 삼) 싸다
	7	佔	엿볼 점(속삭거릴 첨) 엿보다·가볍다		17	點	점 점 점·문자의 말소(抹消)
	8	店	가게 점 가게·여관			黏	차질 점(녑, 염) 붙다

음	원획	한자	훈·음·뜻	음	원획	한자	훈·음·뜻
점	18	簟	대자리 점 삿자리·멍석	정		玎	옥소리 정 옥이 부딪쳐 울리는 소리
접	12	接	사귈 접 사귀다·교제하다			廷	조정 정 조정·관청·관아
		椄	접붙일 접 잇다		7	町	밭두둑 정 밭두둑·밭의 경계
		跕	밟을 접 떨어지다			呈	보일 정 드러내 보이다·나타내다
	13	楪	마루 접(창 엽) 평상(平牀)·접다			疔	정 정(병 녁) 헌데
	14	蜨	나비 접 나비			征	황급할 정 황급하다·황급한 모양
	15	摺	접을 접 접다·주름·꺾다			姃	엄전할 정 엄전하다
		蝶	나비 접 나비		8	定	정할 정 정하다·정해지다
	16	蹀	밟을 접 뛰다			徵	칠 정 정벌하다·순행하다
	20	鰈	가자미 접 넙치			姃	단정할 정 단정하다
정	2	丁	고무래 정(장정 정) 넷째 천간(天干)·일꾼			政	정사 정 나라를 다스리는 일
	4	井	우물 정 우물·정자형(井字形)			怔	황겁할 정 두려워하다
	5	正	바를 정 바르다·바로잡다			貞	곧을 정 곧다·정조·여자의 절개
		叮	신신당부할 정 부탁하다		9	亭	정자 정 정자·역참·여인숙
	6	汀	물가 정 물가·모래섬			訂	바로잡을 정 바로 잡다·고치다
		灯	열화 정 열화(烈火)·등불			桯	나무바를 정 나무가 바르다
		朾	칠 정 치다·두드리다·문설주			炡	빛날 정 빛나다·불이 번쩍거리다

인명용 한자(人名用漢字) | 313

음	원획	한자	훈·음·뜻	음	원획	한자	훈·음·뜻
정	9	穽	구덩이 정 허방다리·함정	정	11	彭	꾸밀 정 청정하다
		酊	술취할 정 술 취하다			情	뜻 정 뜻·정성·본성(本性)
		侹	평탄할 정 긴 모습			淨	깨끗할 정 깨끗하다·사념이 없다
	10	庭	뜰 정 뜰·집 안에 있는 마당			珽	패옥 정 아름다운 옥·옥홀
		釘	못 정 못·못을 박다·바로잡다			斑	옥이름 정 옥홀(珽)·옥 이름
		眐	바라볼 정 바라보다			淀	얕은물 정 얕은 물·배를 대다
	11	挺	당길 정 빼다·뽑다·이탈하다		12	程	법 정 단위·법칙·표준·규정
		頂	정수리 정 정수리·머리·꼭대기			幀	그림족자 정 그림 족자·그림틀
		停	머무를 정 머무르다·멈추다·묶			晶	맑을 정 환하다·빛·맑다
		桯	기둥 정 탁자·기둥			晸	해뜨는모양 정 해가 뜨는 모양
		偵	정탐할 정 정탐하다·염탐꾼·묻다			婷	예쁠 정 예쁘다·아름다운 모양
		旌	기 정 기·절(節)·나타내다			棖	문설주 정(사람 이름 장) 닿다
		梃	막대기 정 지팡이·지저깨비·지레			証	간할 정(증거 증) 증명서(證明書)·증거(證據)
		婧	날씬한 정(청) 날씬하다·정결하다			掟	벌릴 정 펼·떨칠
		涏	곧을 정 곧다·반드러운 모양		13	莛	풀줄기 정 대들보
		埩	밭갈 정 밭을 갈다			湞	물이름 정 물 이름
		胜	새이름 정(비릴 성) 새 이름·비리다·날고기			渟	물괼 정 물이 괴다·멈추다·물가

음	원획	한자	훈·음·뜻	음	원획	한자	훈·음·뜻
정	13	楨	광나무 정 광나무 · 쥐똥나무 · 기둥	정	15	鋥	칼갈 정 칼을 갈아 날을 세우다
		綎	가죽띠 정 가죽 띠 · 인끈			遉	엿볼 정 정탐하다
		鼎	솥 정 솥 · 괘 이름 · 현귀하다		16	靜	고요할 정 고요하다 · 맑다
		鉦	징 정 징			整	가지런할 정 가지런하다 · 정돈하다
		靖	다스릴 정 다스리다 · 진정시키다			錠	덩이 정 제기(祭器) 이름 · 은화
		睛	눈동자 정 눈동자 · 눈알 · 안구			頲	곧을 정 사람의 이름
		碇	닻 정 닻 · 닻을 내리다			諪	고를 정 조정하다 · 고르다
		艇	거룻배 정 거룻배 · 작은 배		17	檉	능수버들 정 위성류(渭城柳)
		筳	가는 대 정 줄기			顈	예쁠 정 아름다운 모양
	14	精	세밀할 정 정교하다 · 능통하다		19	鄭	나라 정 나라 이름 · 성(姓)
		禎	상서 정 상서(祥瑞) · 복 · 행복		20	瀞	맑을 정 맑다 · 깨끗함
		靘	검푸른빛 정 검푸른 빛 · 그늘진 곳	제	7	弟	아우 제 아우 · 나이 어린 사람
		酲	숙취 정 숙취(宿醉) · 술병		8	制	제도 제 금하다 · 짓다 · 바로잡다
		靜	조용할 정 조용하다		9	帝	임금 제 임금 · 하느님
	15	鋌	쇳덩이 정 쇳덩이 · 광석 · 동철			姼	예쁠 제(미녀 치) 아름답다
		靚	밝을 정 부르다 · 단장(丹粧) 하다		10	娣	손아래 누이 제 여동생
		霆	천둥소리 정 천둥소리 · 번개		11	悌	부드러울 제 공손하다 · 화락하다

인명용 한자(人名用漢字) | 315

음	원획	한자	훈·음·뜻	음	원획	한자	훈·음·뜻
제	11	第	차례 제 차례 · 등급을 매기다	제	15	除	버릴 제 섬돌 · 감면하다 · 나누다
		祭	제사 제 제사 지내다 · 사귀다			緹	붉을 제 붉은 비단
		梯	사다리 제 사다리 · 층계 · 실마리			諸	모두 제 모든 · 여러 · 말 잘하다
		晢	밝을 절 총명하다 · 별이 빛나다			劑	벨 제 베다 · 자르다 · 조절하다
		偙	준걸 제 못날 · 고달픔		16	踶	밟을 제(힘쓸 지, 달릴 치) 발로차다
	12	猘	미친개 제(미친개 계) 거칠다			蹄	굽 제 굽 · 짐승의 발굽
		濟	건널 제 건너다			醍	맑은술 제 맑은 술 · 우락 더껑이
		堤	막을 제 둑 · 제방 · 둑을 쌓다			儕	무리 제 동등하다 · 무리 · 함께
		睇	흘깃 볼 제 훔쳐보다		17	隄	둑 제 제방
		稊	돌피 제 싹 · 움			蹏	굽 제 토끼그물
		啼	울 제 새나 짐승들이 울다			鍗	큰 가마 제 가마솥 · 그릇
		媞	안존할 시(제) 안존하다 · 예쁘고 곱다			鯷	메기 제(복어 이) 큰 메기
	13	提	끌 제 끌다 · 끌고 가다		18	濟	정할 제 바로잡다 · 정해지다
	14	製	지을 제 짓다 · 옷/글/약을 짓다			擠	밀칠 제 물리침 · 떨어짐
		齊	가지런할 제 가지런하다 · 갖추다			題	제목 제 제목 · 머리말 · 이마
		禔	편안할 제(복 시) 편안하다 · 행복 · 즐거움		19	際	아울릴 제 사이 · 만나다 · 닿다
		瑅	옥이름 제 옥 이름			虀	회 제 양념

음	원획	한자	훈·음·뜻	음	원획	한자	훈·음·뜻
제	20	臍	배꼽 제 배꼽 · 외가 달린 꼭지	조	9	殂	죽을 조 생명이 끊어지다
		薺	냉이 제 냉이 · 납가새			昭	밝을 소(비출 조) 밝다 · 분명(分明)하게 하다
		鯷	메기 제 큰 메기		10	租	조세 조 구실 · 임대료 · 저축하다
	21	躋	오를 제 올리다			祖	조상 조 조상 · 사당 · 할아버지
	22	霽	갤 제 개다 · 비나 눈이 그치다			晁	아침 조 아침 · 처음 · 朝의 古字
조	2	刁	조두 조(칼 도) 바라			祚	복 조 하늘이 내리는 행복
	4	弔	조상할 조 조문하다 · 문안하다			凋	시들 조 시들다 · 슬퍼하다
		爪	손톱 조 손톱 · 깍지 · 메뚜기			蚤	벼룩 조 벼룩 · 일찍 · 손톱
	6	兆	조짐 조 조짐 · 점괘 · 점치다			笊	조리 조 쌀을 이는데 쓰는 도구
		早	새벽 조 새벽 · 이른 아침 · 이르다			厝	둘 조(섞일 착) 숫돌
	7	助	도울 조 돕다 · 도움 · 구조 · 구원			曹	성 조 성(姓) · 나라 · 무리
		皂	하인 조 마굿간		11	鳥	새 조 새 · 봉황 · 별 이름
	8	找	채울 조(삿대질 할 화) 보충하다			條	조목 조 가지 · 나뭇가지
		徂	갈 조(겨냥할 저) 비로소			組	끈 조 끈 · 짜다 · 베를 짜다
		佻	경박할 조(늦출 요) 방정맞다			彫	새길 조 새기다 · 꾸미다
		枣	대추나무 조 대추나무			窕	으늑할 조 정숙하다 · 깊숙하다
	9	俎	도마 조 도마 · 적대			釣	낚시 조 낚시질하다 · 꾀다

인명용 한자(人名用漢字)

음	원획	한자	훈·음·뜻	음	원획	한자	훈·음·뜻
조	11	曹	무리 조 마을·관아·관리·무리	조	13	僜	마칠 조(마칠 주) 마치다
		眺	바라볼 조 바라보다·살피다		14	造	지을 조 짓다·만들다·세우다
		粗	거칠 조 거칠다·쓿지 아니한 쌀			趙	나라 조(찌를 조) 나라 이름·넘다
		祧	천묘 조 조묘			肇	비로소 조 비롯하다·시초·기원
		胙	제육 조(나라 이름 작) 제 지낸 고기			嘈	들렐 조 시끄럽다
	12	措	둘 조 놓다·그만두다·베풀다			蜩	쓰르라미 조 매미·꿈틀거리다
		朝	아침 조 아침·처음·시작의 때			銚	가래 조(냄비 요) 깎다·베다
		詔	고할 조 고하다·알리다			嶆	깊을 조 산(山)이 깊은 모양
		棗	대추나무 조 대추나무·대추·빨강		15	漕	배로실어나를 조 배를 젓다·수레·배
		絩	실의 수효 조(오색실 도) 실의 수효(數爻)·올			嘲	비웃을 조 비웃다·조롱하다
		銱	낚을 조(낚시 조) 탐내다			槽	구유 조 구유·술통·개천·물통
	13	琱	아로새길 조 옥을 다듬다			調	고를 조 고르다·조절하다
		阻	막힐 조 험하다·막히다·고난		16	潮	조수 조 조수·흘러들어가다
		照	비출 조 비추다·비치다·햇빛			噪	떠들썩할 조 새 지저귐
		稠	빽빽할 조 빽빽하다·화하다			雕	독수리 조(새길 조) 독수리·조각하다
		絛	끈 조 납작한 끈			錪	불리지 않은 쇠 조 물건(物件)을 태우는 그릇
		誂	꾈 조 유혹하다		17	蔦	담쟁이 조 담쟁이 덩굴

음	원획	한자	훈·음·뜻	음	원획	한자	훈·음·뜻
조	17	操	잡을 조 잡다 · 쥐다 · 부리다	조	21	竈	부엌 조 조왕
		懆	근심할 조(가혹할 참) 근심하다 · 불안하다		22	藻	마름 조 그리다 · 무늬 · 옥받침
		澡	씻을 조 맑게 하다		25	糶	쌀팔 조 쌀을 내어 팔다
		燥	마를 조 마르다 · 말리다 · 마른 것	족	7	足	발 족 발 · 근본 · 산기슭 · 가다
		嬥	날씬할 조 춤추다		11	族	겨레 족 겨레 · 가계(家系) · 무리
		糟	지게미 조 술을 짜낸 찌꺼기 · 재강		16	瘯	옴 족 피부병 이름
		糙	매조미쌀 조 현미		17	簇	조릿대 족 조릿대 · 무리 · 화살촉
		艚	거룻배 조 돛이 없는 작은 배		19	鏃	살촉 족 살촉 · 화살촉 · 날카롭다
	18	遭	만날 조 만나다 · 두르다 · 바퀴	존	6	存	보전할 존 존재하다 · 보살피다
		鼂	아침 조(바다거북 조) 아침 · 바다거북		12	尊	존경할 존 높이가 높다 · 우러러보다
		璪	면류관드림옥 조 옥에 새긴 무늬		10	拵	의거할 존 의거하다 · 꽂다
		臊	누릴 조 돼지 · 개 기름	졸	8	卒	군사 졸 군사 · 하인 · 집단 · 무리
	19	繰	야청통견 조 무늬 · 야청빛 · 감색 비단		9	拙	옹졸할 졸 졸하다 · 서툴다 · 둔하다
		鯛	도미 조 도미 · 연하다		12	猝	갑자기 졸 갑자기 · 갑작스럽게
		鵰	독수리 조 독수리 · 수리	종	6	伀	허겁지겁할 종 두려워하다
	20	躁	성급할 조 성급하다 · 조급하다		8	宗	마루 종 일의 근원 · 향하다 · 갈래
		譟	떠들 조 시끄럽다		9	柊	나무이름 종 나무 이름 · 박달목서

인명용 한자(人名用漢字) | 319

음	원획	한자	훈·음·뜻	음	원획	한자	훈·음·뜻
종	10	倧	상고신인 종 상고(上古) 신인(神人)	종	16	踵	발꿈치 종 도달하다 · 계승하다
	11	終	끝날 종 끝나다 · 다되다 · 그치다			縱	세로 종 늘어지다 · 발자취 · 놓다
		從	좇을 종 따르다 · 모이다 · 일하다		17	鍾	종 종 종 · 쇠북 · 시계(時計)
	12	淙	물소리 종 물소리 · 물 흐르는 모양			螽	메뚜기 종 베짱이
		悰	즐길 종 즐기다 · 즐겁다		18	蹤	자취 종 뒤를 좇다 · 지휘하다
		棕	종려나무 종 종려나무 · 椶과 同字		20	鐘	종 종 종 · 쇠북
	13	琮	옥이름 종 옥홀 · 서옥(瑞玉) 이름	좌	5	左	왼 좌 왼 · 왼쪽으로 하다
		椶	종려나무 종 야자과에 속하는 교목		7	坐	앉을 좌 앉다 · 지키다 · 마침내
	14	種	씨 종 씨 · 곡식의 씨 · 핏줄			佐	도울 좌 돕다 · 도움 · 권하다
		綜	모을 종 잉아 · 통활(統轄)하다		9	剉	꺾을 좌 쪼개다
		瘇	수종다리 종 다리가 붓다		10	座	자리 좌 자리 · 좌 · 집 · 부처
	15	腫	부스럼 종 부스럼 · 부증(浮症) · 혹		11	挫	꺾을 좌 부러지다 · 창피를 주다
		慫	권할 종 권하다 · 놀라 두려워하다		12	痤	부스럼 좌 뾰루지 · 옴
		樅	전나무 종 들쭉날쭉하다		13	莝	여물 좌 경소할
		慒	생각할 종(어지러울 조) 심란하다		17	髽	북상투 좌 부인이 상중에 묶는 머리
		踪	자취 종 자취 · 발자취	죄	14	罪	허물 죄 허물 · 죄 · 형벌 · 재앙
	16	璁	패옥소리 종 패옥이 흔들리는 모양	주	5	主	주인 주 주인 · 임금 · 소유주

음	원획	한자	훈·음·뜻	음	원획	한자	훈·음·뜻
주	6	朱	붉을 주 붉다 · 붉은빛 · 적토(赤土)	주	9	炷	심지 주 심지 · 등잔의 심지
	6	舟	배 주 배 · 술통을 받치는 쟁반		9	姝	예쁠 주 곱다 · 연약하다 · 꾸미다
	6	州	고을 주 고을 · 섬 · 마을 · 동네		9	紂	껑거리끈 주 말고삐 · 창문(窓門)
	6	丟	아주 갈 주 던지다 · 잃어 버리다		9	洲	섬 주 섬 · 대륙(大陸)
	7	住	머무를 주 거처 · 살고 있는 사람		10	株	그루 주 그루 · 나무 · 그루터기
	7	走	달릴 주 빨리 가다 · 향하여 가다		10	酎	진한술 주 진한 술 · 술을 빚다
	8	宙	집 주 집 · 하늘 · 동량(棟梁)		10	胕	장부 부(팔꿈치 주) 장부(臟腑) · 종기(腫氣)
	8	周	두루 주 골고루 · 고루 미치다		10	酒	술 주 술 · 누룩으로 빚은 술
	8	侏	난쟁이 주 난쟁이 · 광대 · 동자기둥		10	珠	구슬 주 구슬 · 진주 · 둥근 알
	8	呪	빌 주 빌다 · 기원하다 · 주술		11	晝	낮 주 낮 · 대낮 · 땅이름
	8	侜	가릴 주 가리다 · 속이다		11	做	지을 주 짓다 · 만들다
	8	姓	계집예쁠 주 사람 이름 · 예쁘다		11	紬	명주 주 굵은 명주 · 실을 뽑다
	9	注	부을 주(주를 달 주) 붓다 · 모으다		11	絑	댈 주 이을 · 붙임
	9	拄	버틸 주 떠받치다 · 굄대를 세우다		11	硃	주사 주 붉은 물감
	9	柱	기둥 주 기둥 · 기러기발 · 버티다		11	蛀	나무굼벵이 주 나무좀
	9	奏	아뢸 주 아뢰다 · 상소 · 모이다		11	珟	구슬 주 질주
	9	胄	투구 주 투구		12	註	글뜻풀 주 뜻을 풀어 밝히다 · 해석

음	원획	한자	훈·음·뜻	음	원획	한자	훈·음·뜻
주	12	蛛	거미 주 거미	주	14	綢	얽힐 주 얽히다 · 싸다 · 숨기다
		尌	하인 주(세울 수) 세우다			聹	귀 주 귀 · 귀가 밝다
		椆	영수목 주 삿대			逎	닥칠 주 굳을
		詋	방자 주 빌다 · 저주하다			週	두루 주 돌다 · 회전하다
		晭	햇빛 주 햇빛		15	腠	살결 주 살갖
		絑	붉을 주 붉다(朱) · 분홍색의 비단			駐	머무를 주 머무르다
		貯	재물 주 재물			廚	부엌 주 부엌 · 요리인(料理人)
		晭	밝을 주 밝다			賙	진휼할 주 주다
	13	邾	나라이름 주 나라 이름 · 고을 이름			調	고를 조 고르다 · 조절하다
		湊	모일 주 물이 모이다 · 항구		16	遒	다가설 주 다가서다 · 접근하다
		誅	벨 주 베다 · 죄인을 죽이다			澍	물쏟을 주 단비 · 젖다
		鉒	쇳돌 주 쇳돌 · 손잡이 · 두다			儔	무리 주 짝 · 동아리
		稠	밝을 주 밝다 · 비단이 희다			輳	모일 주 모이다 · 다가가다
		輈	끌채 주 수레			霌	운우 모양 주 구름과 비
		趎	사람 이름 주 사람의 이름			霔	장마 주 장마 · 시우(時雨)
	14	裯	홑이불 주(속적삼 도) 속옷 · 헤진옷		17	簇	대주 주(섶 족, 작살 착) 모을 · 나아가다
		嗾	부추길 주 부추기다 · 개를 부리다			幬	휘장 주(비칠 도) 수레휘장 · 덮다

음	원획	한자	훈·음·뜻	음	원획	한자	훈·음·뜻
주	18	燽	밝을 주 밝다 · 드러나다	준	11	晙	밝을 준 밝다 · 이르다 · 일찍
	19	疇	밭두둑 주 밭두둑 · 밭 · 경계			焌	구울 준 태우다 · 불사르다
		鼄	거미 주 거미			埻	과녁 준 과녁 · 법 · 표준 · 기준
	20	籌	살 주 투호(投壺) 살 · 산가지		12	竣	마칠 준 마치다 · 끝나다 · 멈추다
	21	躊	머뭇거릴 주 머뭇거리다 · 주저하다			畯	농부 준 농부 · 권농관(勸農官)
		籒	주문 주 읽다			㡣	틀 준 주름 · 준법
	22	鑄	불릴 주 쇠를 부어 만들다 · 녹			準	준할 준 평평하다 · 고르다 · 법도
죽	6	竹	대 죽 대 · 대나무 · 피리			睃	볼 준 보다 · 사람 이름
	12	粥	죽 죽 죽 · 미음 · 허약하다			睿	밝을 예(준설할 준) 밝다 · 준설하다
준	9	俊	준걸 준 준걸 · 뛰어나다 · 크다		13	惷	어수선할 준 꿈틀거리다 · 어리석다
		峻	높을 준 높다 · 엄하다 · 훌륭하다			雋	새살찔 전(영특할 준) 영특하다 · 새가 살찌다
		准	준할 준 승인하다 · 본받다 · 법도			迿	앞설 준 앞서다 · 앞을 다투다
	10	隼	송골매 준 송골매 · 집비둘기			逡	빠를 준 빠르다 · 토끼 · 달의 운행
		埈	가파를 준 높이 솟다 · 陵과 同字			準	법도 준 의거하다 · 정확하다
		純	순수할 순(가선 준) 순박하다 · 가장자리		14	踆	마칠 준 그치다 · 물러나다
		逡	물러갈 준 머뭇거리다			僔	모일 준 모이다 · 많다 · 겸손하다
	11	浚	깊게할 준 깊다 · 치다 · 빼앗다			綧	어지러울 준 피륙

음	원획	한자	훈·음·뜻	음	원획	한자	훈·음·뜻
준	15	陖	가파를 준 높이 솟다 · 험하다	준	20	鐏	창 물미 준 창의 물미 · 창고달
		莰	클 준 크다 · 왕성하다 · 생강		21	蠢	꿈틀거릴 준 꿈틀거리다 · 어리석다
		儁	영특할 준 한결차다 · 뛰어나다		23	鱒	송어 준 준어
		壿	술 그릇 준 기뻐함	줄	9	湠	줄 줄 밧줄 · 끈 · 줄
	16	撙	누를 준 억제하다		11	茁	싹 줄 싹 · 싹이 트다
		雋	재주 준 모이다 · 재주 · 뛰어나다	중	4	中	가운데 중 치우치지 아니하다
		樽	술통 준 술통 · 술 단지		6	仲	버금 중 버금 · 가운데 · 둘째
		餕	대궁 준 먹다 남은 밥 · 익힌 음식		9	重	무거울 중 무겁게 하다 · 무게
	17	僔	똑똑할 준 슬기롭다		11	眾	무리 중 많은 사람
		駿	준마 준 준마(駿馬) · 뛰어난 사람		12	衆	무리 중 무리 · 많은 사람 · 백성
		噂	기쁠 준 기쁘다	즉	7	即	곧 즉 곧 · 가깝다 · 나아가다
	18	濬	깊을 준 파내다 · 깊다		9	卽	곧 즉 이제 · 끝나다 · 혹은
		駿	금계 준 관의 이름		12	喞	두런거릴 즉 두런거리다 · 물을 대다
		鐏	술두루미 준 술 단지	즐	19	櫛	빗 즐 빗다 · 빗질하다 · 긁다
		儁	뛰어날 준 뛰어나다		20	騭	수말 즐 오르다
	19	遵	좇을 준 거느리다 · 지키다	즙	6	汁	즙 즙 국물 · 눈물 · 진눈깨비
		蹲	쭈그릴 준 웅크리다		13	楫	노 집 노 · 배 젓는 기구

음	원획	한자	훈·음·뜻	음	원획	한자	훈·음·뜻
즙	15	葺	기울 즙 깁다 · 지붕을 이다 · 잡다	지	4	支	지탱할 지 버티다 · 가지 · 계산하다
	17	檝	노 즙(노 집) 배 젓는 기구			止	그칠 지 끝나다 · 사로잡다 · 한계
	19	蕺	삼백초 즙 메밀 나물			之	갈 지 도달하다 · ~의 · 어조사
증		拯	건질 증 건지다 · 구조하다 · 돕다		5	只	다만 지 다만 · 어조사 · 뿐
	10	症	증세 증 증세 · 병 증세		6	地	땅 지 땅 · 토지의 신
		烝	김오를 증 김 오르다 · 찌다 · 임금			至	이를 지 새가 땅에 내려앉다
	12	曾	일찍 증 일찍 · 일찍이 · 곧 · 이에			旨	맛있을 지 맛있다 · 맛있는 음식
	15	增	불을 증 붇다 · 늘다 · 더하다			劥	굳건할 지 굳을
		嶒	높을 증(높고 험할 쟁) 산이 높고 험하다		7	池	못 지 못 · 물을 모아 둔 곳
	16	蒸	찔 증 찌다 · 덥다 · 무덥다			志	뜻 지 뜻 · 의향 · 마음 · 본심
		憎	미워할 증 미워하다 · 미움			址	터 지 터 · 토대
	17	甑	시루 증 시루 · 고리 · 약초 이름			坻	숫돌 지 숫돌 · 갈다 · 도달하다
		矰	주살 증 짧은 화살			吱	가는소리 지 헐떡이며 가는 모양
	18	罾	그물 증 어망			坻	머무를 지 모래성 · 마당
		繒	비단 증 명주 · 견직물의 총칭		8	沚	물가 지 강 가운데의 조그마한 섬
	19	證	증거 증 증거 · 증명하다 · 알리다			泜	붙을 지 멈추다 · 가지런한 모양
		贈	보낼 증 선물하다 · 일러 보내다			抵	칠 지(막을 저) 때리다 · 곁매치다

음	원획	한자	훈·음·뜻	음	원획	한자	훈·음·뜻
지	8	枝	가지 지 가지 · 초목의 가지	지	10	舐	핥을 지 빨다
		知	알 지 알다 · 깨닫다 · 느끼다			秖	다만 지 마침
		坻	모래톱 지(비탈 저) 무너지다			矧	알지 지 분별하다
		怟	기댈 지(사랑할 기) 사랑하다 · 믿고 의지하다		11	趾	발 지 복사뼈 이하의 부분
	9	汦	물 이름 지(제, 치) 물의 이름			觗	만날 지 합하다
		祉	복 지 하늘에서 내리는 행복		12	脂	기름 지 기름 · 비계 · 기름을 치다
		咫	여덟치 지 길이 · 가깝다 · 짧다			阯	터 지 토대
		枳	탱자 지 탱자나무 · 가지 · 해치다			智	지혜 지 슬기 · 지혜 · 슬기롭다
	10	芝	지초 지 지초 · 영지 · 버섯 · 일산			軹	굴대 끝 지 두 갈래
		肢	사지 지 사지 · 팔다리			痣	사마귀 지 검은 사마귀
		芷	어수리 지 구릿대 · 백지 · 지초(芝)		14	搘	버틸 지 괴다 · 버티다
		指	가리킬 지 손가락 · 발가락 · 마음			誌	기록할 지 적어 두다 · 기억하다
		持	잡을 지 손에 쥐다 · 유지하다			蜘	거미 지 거미
		洔	섬 지 섬 · 조그마한 섬			榰	주춧돌 지 버티다 · 괴다
		紙	종이 지 종이 · 종이를 세는 말			禔	복 시(편안할 제) 편안하다 · 행복 · 즐거움
		祗	공경할 지 공경하다 · 존경하다			駤	굳셀 지 굳세다
		砥	숫돌 지 숫돌 · 수양하다 · 갈다		15	墀	지대뜰 지 섬돌의 뜰

음	원획	한자	훈·음·뜻	음	원획	한자	훈·음·뜻
지	15	漬	담글 지 담그다 · 적시다 · 스미다	직	18	織	짤 직 짜다 · 베를 짜다
		摯	잡을 지 손으로 쥐다 · 이르다	진	6	尽	다할 진 다하다
		誌	새길 지 마음에 새기다 · 명심하다		7	辰	별 진(때 신) 다섯째 지지
		踟	머뭇거릴 지 주저하다		8	枃	바디 진 바디(筬) · 사침대
	16	篪	피리 지(긴 대 호) 대 이름		9	挋	잡을 진 되돌리다 · 되돌아오다
		䂆	지혜 지 智의 통용어			殄	다할 진 다하다 · 모조리 · 끊다
	17	鮨	물고기젓 지(능성어 예) 물고기젓 · 참다랑어			昣	밝을 진 밝다
	18	贄	폐백 지 폐백(幣帛)			侲	아이 진 동자 · 어린이
	19	遲	늦을 지 더디다 · 게을리 하다		10	珍	보배 진 보배 · 진귀하다
		識	적을 지(알 식, 깃발 치) 알다 · 지식(知識)			津	나루 진 나루 · 나루터 · 언덕
	22	躓	넘어질 지(질) 부딪치다			眞	참 진 참 · 변하지 아니하다
		鷙	맹금 지(의심할 질) 사납다			秦	성씨 진 벼 이름 · 나라 이름
직	8	直	곧을 직 곧다 · 바른 도(道)			唇	놀랄 진 놀라다 · 놀라는 소리
	13	稙	옥벼 직 일찍 익는 벼 · 이르다			畛	두둑 진 두둑 · 지경 · 본 바탕
	15	稷	피 직 기장 · 곡신 · 빠르다			疹	홍역 진 홍역 · 두창(痘瘡) · 앓다
		禝	사람 이름 직 사람의 이름			真	참 진 진리 · 진실 · 정말로
	18	職	벼슬 직 벼슬 · 관직 · 임무 · 직분			晋	나아갈 진 삼가다 · 晉의 俗字

음	원획	한자	훈·음·뜻	음	원획	한자	훈·음·뜻
진	10	晉	조심할 진 성·진나라	진		盡	다할 진 최고에 달하다·완수하다
		振	떨칠 진 떨치다·떨쳐 일어나다			塵	티끌 진 티끌·흙먼지·속세(俗世)
		袗	홑옷 진 홑으로 된 여름 옷		14	賑	넉넉할 진 구휼하다·넉넉하다
		眹	눈동자 진 조짐			榛	개암나무 진 개암나무·덤불
	11	振	평고대 진 평고대·대청			槇	결고울 진 나무 끝·결이 곱다
		侲	다스릴 신 다스리다			陣	줄 진 줄·열·방비·진영
		珒	옥 이름 진 옥(玉)의 이름			進	나아갈 진 나아가다·오르다·선사
		趁	밝을 진 밝다			瑨	아름다운돌 진 아름다운 돌(瑉)
		軫	수레뒤턱나무 진 두둑·굽다·돌다·길			瑱	옥이름 전 귀막이 옥·옥 이름
	12	診	볼 진 보다·눈으로 보다		15	震	벼락 진 벼락·천둥·떨다
		趁	쫓을 진(년, 연) 나아가지 못하다			瞋	부릅뜰 진 눈을 부릅뜨다·성내다
		嗔	성낼 진 성내다			稹	빽빽할 진 촘촘하다·모이다
	13	鉁	보배 진 진귀하다·珍과 同字			禛	복받을 진 정성을 다하여 복을 받다
		塡	메울 전 메우다·채우다			瑨	옥돌 진 아름다운 돌
		靖	바를 진 전정할			蓁	우거질 진 우거지다·무성한 모양
	14	溱	성할 진 많다·많은 모양·성하다		16	陳	늘어놓을 진 늘어놓다·넓게 깔다
		搢	꽂을 진 꽂다·사이에 끼워 넣다			縝	맺을 진 맺다·촘촘하다·곱다

음	원획	한자	훈·음·뜻	음	원획	한자	훈·음·뜻
진	16	縉	붉은비단 진 꽂다 · 붉은 비단 · 분홍빛	질	12	迭	번갈아들 질 번갈아들다
		臻	이를 진 이르다 · 미치다 · 모이다			蛭	거머리 질 거머리 · 개밋둑
		儘	다할 진 완수하다 · 모든 · ~만			跌	넘어질 질 넘어지다 · 비틀거리다
	17	蔯	더워지기 진 더워지기 · 사철쑥			絰	질 질 상복 · 허리띠
		璡	옥돌 진 옥돌		13	郅	고을 이름 질(깃대 길) 크다
		鬞	설렐 진 불안한 모양			嫉	시기할 질 시기하다 · 미워하다
	18	鎭	진압할 진 진압하다 · 누르다 · 진영		15	質	바탕 질 바탕 · 진실 · 순진하다
	20	鬒	숱 많고 검을 진 ·		16	蒺	남가새 질 벌레이름
질	5	叱	꾸짖을 질 꾸짖다 · 성을 내는 소리		17	膣	새살돋을 질 새살이 돋다 · 음문(陰門)
	8	帙	책권차례 질 책갑 · 정리하다 · 책		20	瓆	사람이름 질 사람 이름
		侄	어리석을 질 어리석다 · 굳다 · 조카		23	鑕	도끼 질 모두 · 형구의 하나
	9	姪	조카 질 조카 · 조카딸	짐	10	朕	나 짐 나 · 천자의 자칭(自稱)
		垤	개밋둑 질 개미집		13	斟	짐작할 짐 술을 따르다 · 머뭇거리다
		秩	차례 질 차례로 쌓아 올리다		15	鴆	짐새 짐(새 이름 담) 독조(毒鳥) · 새의 이름
	10	疾	병 질 병 · 괴로움 · 버릇 · 틈	집	4	什	세간 집(열 사람 십) 열 사람 · 여러 가지
		桎	차꼬 질 차꼬 · 쐐기 · 막히다		9	咠	소곤거릴 집 귓속말하다
	11	窒	막을 질 막다 · 통하지 아니하다		11	執	잡을 집 잡다 · 가지다 · 처리하다

음	원획	한자	훈·음·뜻	음	원획	한자	훈·음·뜻
집	12	集	모일 집 모이다 · 만나다 · 모으다	차	6	次	버금 차 버금 · 다음 · 잇다 · 순서
	13	戢	거둘 집 병기를 모으다			此	이 차 이 · 이에(발어사)
		楫	노 즙 노 · 배 젓는 기구		7	車	수레 차(거) 수레의 바퀴 · 도르래
	15	緝	모을 집 길쌈하다 · 잇다 · 모으다			岔	갈림길 차(산이 높을 분) 갈림길 · 돌리다
	16	潗	샘솟을 집 샘솟다 · 물이 끓는 모양		8	侘	낙망할 차 실의하다 · 뽐내다
		輯	모을 집 모으다 · 모이다			佽	잴 차 재빠르다
		潗	샘솟을 집 潗의 통용어		9	姹	자랑할 차 자랑하다 · 소녀 · 아가씨
	20	鏶	판금 집 판금 · 금속판		10	借	빌릴 차 빌리다 · 빌려주다 · 타다
징	15	徵	부를 징 사람을 불러들이다			差	어긋날 차 어긋나다 · 실수 · 틀림
	16	澄	맑을 징 맑다 · 맑게 하다		11	偺	빌릴 차 빚
		澂	맑을 징 물이 맑다 · 맑고 깨끗하다		12	茶	차 다 차 · 차를 마시다
	17	瞪	바로 볼 징(쟁, 챙) 주시하다 · 바로 보다			硨	옥돌 차 옥돌
	19	瀓	맑을 징 맑고 깨끗하다 · 맑다		13	嗟	탄식할 차 탄식하다 · 감탄하다
		懲	혼날 징 혼내 주다 · 벌주다			嵯	우뚝솟을 차 우뚝 솟다
	20	癥	적취 징 밭에 난 부스럼		14	槎	나무 벨 차(떼 사) 나무를 베다 · 무구(武具)
차	3	叉	깍지낄 차 깍지 끼다 · 엇갈리다			箚	찌를 차 기록하다 · 이르다
	5	且	또 차 또한 · 장차 · 공경스럽다		15	瑳	옥빛깨끗할 차 곱다 · 웃다 · 연마하다

음	원획	한자	훈·음·뜻	음	원획	한자	훈·음·뜻
차	15	磋	갈 차 갈다	찬	16	撰	갖출 찬 시문을 짓다·규정·품다
	17	蹉	넘어질 차 넘어지다·실패하다			餐	밥 찬 밥·샛밥·음식·거두다
	18	遮	막을 차 막다·덮다·침범하다			篡	빼앗을 찬 빼앗다·篡의 俗字
	21	鹺	소금 차 차고		17	澯	맑을 찬 맑다·물이 출렁거리다
	24	皻	관대할 차 관대하다·풍부하다			燦	빛날 찬 빛나다·번쩍번쩍하다
착	10	窄	좁을 착 좁다·곤궁하다·비좁다			簒	빼앗을 찬 빼앗다·주살로 잡다
	11	捉	잡을 착 잡다			儹	모일 찬 모아서 일을 꾸미다
	12	着	붙을 착 붙다·입다·쓰다·신다		18	璨	옥빛찬란할 찬 빛나다·옥의 빛
	14	搾	짤 착 (現)짜다·짜내다			竄	숨을 찬 숨다·달아나다·숨기다
		斮	깎을 착 나무를 베다		19	贊	도울 찬 돕다·뵙다·이끌다
	16	錯	섞일 착 섞이다·어지러워지다		20	纂	모을 찬 모으다·붉은 끈·상투
	17	擉	작살 착 찌르다			饌	반찬 찬 반찬·차리다·먹다
	18	戳	찌를 착 도장을 찍다		21	劗	깎을 찬(전) 머뭇거리다
	22	齪	악착할 착 악착하다·촉박한 모양			攢	모일 찬 모이다·도모하다
	28	鑿	뚫을 착 뚫다·끊다·끝까지 캐다			巑	높이솟을 찬 높이 솟다
찬	13	粲	선명할 찬 밝다·환하다·곱다		22	讚	기릴 찬 돕다·찬조하다·기리다
	15	賛	도울 찬 밝히다			孏	희고 환할 찬 예쁘다

음	원획	한자	훈·음·뜻	음	원획	한자	훈·음·뜻
찬	23	攢	모일 찬 토롱(土壟)하다 · 뚫다	참	14	僭	주제넘을 참 참람하다 · 분에 넘치다
		欑	모일 찬 모이다 · 모으다 · 떼 짓다			塹	구덩이 참 구덩이 · 파다
	24	瓉	옥잔 찬 재기 · 술 그릇 · 옥잔			嶄	가파를 참 높다 · 뾰족하다
	25	纘	이을 찬 잇다		15	慘	참혹할 참 참혹하다 · 무자비하다
	26	讚	도울 찬 돕다 · 인도하다 · 밝다			慚	부끄러울 참 부끄러움 · 慙과 同字
	26	趲	놀라 흩어질 찬 놀라 흩어지다 · 내닫게 하다			慙	부끄러울 참 부끄러워하다 · 수치
	27	鑽	뚫을 찬 뚫다 · 파고들다 · 송곳			槧	판 참(건목 칠 첨) 편지 · 문서
	29	爨	부뚜막 찬(촌) 불을 때다		16	憯	비통할 참(첨) 슬퍼하다
찰	5	扎	편지 찰(뽑을 찰) 찌르다		17	毚	약은 토끼 참 탐하다
		札	편지 찰 패 · 공문서 · 뽑아내다			僭	어긋날 참 참견하다
	8	刹	절 찰 절 · 사원 · 탑		19	譖	참소할 참 어긋나다
	11	紮	감을 찰 감다 · 매다 · 묶다			鏨	새길 참(잠) 끌
	14	察	살필 찰 살피다 · 조사하다		20	巉	가파를 참 높고 험하다
	18	擦	비빌 찰 문지르다 · 마찰하다			懺	뉘우칠 참 뉘우치다
참	10	站	우두커니설 참 우두커니 서다 · 역 마을		21	攙	찌를 참 날카롭다
	11	參	참여할 참(석 삼) 뵈다			欃	살별 이름 참 혜성
	11	斬	벨 참 베다 · 끊어지다			驂	곁마 참 배승

음	원획	한자	훈·음·뜻	음	원획	한자	훈·음·뜻
참	23	黲	검푸르죽죽할 참 썩다	창		悵	원망할 창 슬퍼하다
	24	讒	참소할 참 참소·헐뜯다·해치다			惝	경황없을 창 실망하는 모습
		讖	예언 참 참서(讖書)·조짐·예언			創	비롯할 창 비롯하다·만들다
	25	鑱	침 참 보습·끌·돌침			敞	시원할 창 높고 평평하다·트이다
	26	饞	탐할 참 재물을 탐하다		12	傖	천할 창 문란하다
창	8	昌	창성할 창 번성하다·선량하다			凔	찰 창 춥다
		刱	비롯할 창(다칠 창) 처음·시작			窓	창 창(굴뚝 총) 창(窓)·창문(窓門)
	9	昶	밝을 창 밝다·환하다·해가 길다			淐	물 이름 창 물의 이름
		倉	곳집 창 곳집·옥(獄)·창고			唱	사람 이름 창 사람의 이름
	10	倡	광대 창 가무·기생·번창하다			菖	창포 창 창포
		倀	갈팡질팡할 창 갈팡질팡하다·성기다			脹	부을 창 부풀다·창자·늘어나다
		廠	울장주 창 술·활집			愴	슬퍼할 창 슬퍼하다·마음 아파하다
	11	唱	노래 창 노래·부르다		14	滄	찰 창 차다·싸늘하다
		窓	창 창 창·창문·지게문			搶	부딪칠 창 무기
		娼	창녀 창 몸 파는 여자			暢	화창할 창 막힘이 없다·자라다
	12	猖	미쳐날뛸 창 미쳐 날뛰다·어지럽다			彰	밝을 창 밝다·뚜렷하다·밝히다
		淌	큰 물결 창 흐르는 모양			槍	창 창 창·무기

음	원획	한자	훈·음·뜻	음	원획	한자	훈·음·뜻
창	14	戧	비롯할 창(다칠 창) 지탱하다	채	11	釵	비녀 채 비녀·인동덩굴
	15	漲	불을 창 물이 붇다			責	꾸짖을 책(빚 채) 빚·채무·꾸짖다·책임
		瑲	옥 소리 창 악기 소리			婇	여자의자 채 여자(女子)의 자(字)
		廠	헛간 창 헛간·공장·마구간			茝	어수리 채(궁궁이 싹 치) 향초의 이름
		瘡	부스럼 창 부스럼·종기·상처		12	採	캘 채 캐다·따다·파내다
		蒼	푸를 창 푸르다·푸른 빛깔			棌	참나무 채 상수리나무·원목
		艙	선창 창 선창·선실·부두			債	빚 채 빚·빌리다·빌림
	16	氅	새털 창 새털·새털옷		13	睬	주목할 채 주목하다
		閶	문 창 크다·천문			琗	옥빛 채 옥빛
		鎗	날카로울 창 예리하다			菜	나물 채 나물·푸성귀·반찬
	17	蹌	추창할 창 흔들리다		14	綵	비단 채 비단·무늬
	21	鶬	재두루미 창 왜가리			寨	목책 채 울짱·울타리·작은 성
채	8	采	풍채 채(캘 채) 캐다·따다·벼슬·무늬		17	蔡	성씨 채 거북·법·나라 이름
	10	砦	울타리 채 울타리	책	5	冊	책 책 책·문서·책을 세는 말
	11	彩	채색 채 무늬·채색·고운 빛깔			册	책 책 책
		埰	사패지 채 영지(領地)·무덤		9	柵	울타리 책 울짱·목책·성채
		寀	녹봉 채 녹봉(祿俸)		11	筞	채찍 책(책 책) 계략

음	원획	한자	훈·음·뜻	음	원획	한자	훈·음·뜻
책	11	蚱	메뚜기 책 말매미	척	8	刺	찌를 척(찌를 자) 찌르다·찔러 죽이다
		責	꾸짖을 책 빚·채무·꾸짖다			坧	터 척 터·기지(基地)
	12	策	채찍 책 채찍·채찍질하다		9	拓	넓힐 척(주울 척, 박을 탁) 넓히다·확장시키다
	14	嘖	들렐 책 외칠·말다툼하다		10	倜	대범할 척 대범하다·뛰어나다
		幘	머리쓰개 책 건·꼭대기			剔	바를 척 바르다·뼈를 바르다
	15	磔	찢을 책 찢다·책형·형벌			隻	외짝 척 새 한 마리·하나·쪽
	17	簀	살평상 책(술주자 채) 살평상·대자리		11	捗	칠 척(거둘 보) 때리다
처	8	妻	아내 처 아내로 삼다·시집보내다			戚	친척 척 근심하다·겨레·가깝다
	10	凄	쓸쓸할 처 쓸쓸하다·춥다·차갑다			脊	등마루 척 등골뼈·조리(條理)
	11	處	살 처 살다·거처하다		12	惕	두려워할 척 놀라다
	12	悽	슬퍼할 처 슬퍼하다·차갑다			跖	밟을 척 발바닥
		淒	쓸쓸할 처(찰 처) 초목(草木)이 우거진 모양		13	塉	메마른 땅 척 박토
	14	萋	우거질 처 풀이 무성함		14	蜴	도마뱀 척 속이다
	15	郪	땅 이름 처 고을이름			墌	터 척 터·땅 이름
	19	覰	엿볼 처 노리다			陟	오를 척 오르다·추천하다
척	4	尺	자 척 자·법·법도·길이		15	滌	씻을 척 씻다·빨다·헹구다
	5	斥	물리칠 척 물리치다·개척하다			摭	주울 척(석) 취하다

인명용 한자(人名用漢字) | 335

음	원획	한자	훈·음·뜻	음	원획	한자	훈·음·뜻
척	15	慼	근심할 척 근심하다 · 근심 · 슬프다	천	10	俴	얕을 천 엷다 · 맨몸
		瘠	파리할 척 파리하다 · 여위다			倩	남자의 미칭 천(사위 청) 빌리다
		慽	근심할 척 근심하다 · 서러워하다			洊	이를 천 자주
	18	蹠	밟을 척 밟다 · 나아가다 · 이르다		11	阡	두렁 천 밭두둑길 · 도로 · 무덤
	19	擲	던질 척 던지다 · 노름을 하다			釧	팔찌 천 팔찌
	22	躑	머뭇거릴 척 뛰어오르다		12	茜	꼭두서니 천 꼭두서니 · 빨강
천	3	千	일천 천 일천 · 천 번 · 많다			荐	천거할 천(꽂을 진) 거듭함 · 빈번히
		川	내 천 내 · 물귀신			淺	얕을 천 물이 얕다 · 소견
	4	天	하늘 천 하늘 · 천체 · 태양			喘	헐떡거릴 천 헐떡이다 · 기침 · 호흡
	5	仟	일천 천 일천 · 밭두렁 · 무성하다			荐	거듭 천 자주
	6	舛	어그러질 천 어그러지다 · 틀리다		14	僢	등질 천 어그러지다
	8	玔	옥팔찌 천 옥고리 · 옥팔찌			賤	천할 천 값이 싸다 · 신분이 낮다
	9	芊	우거질 천 풀이 무성하다		15	踐	밟을 천 밟다 · 걷다 · 실천하다
		泉	샘 천 샘 · 땅속에서 솟는 물			儃	머뭇거릴 천(찬찬할 단) 거닐다 · 고요하다
		穿	뚫을 천 뚫다 · 구멍 · 구멍이 나다		16	縴	꼭두서니 천 나무이름
		祆	하늘 천(하늘 현) 산 · 종교이름		17	擅	멋대로 천 마음대로 · 차지하다
	10	辿	천천히 걸을 천 천천히 걷다		18	蕆	신칙할 천 경계하다

음	원획	한자	훈·음·뜻	음	원획	한자	훈·음·뜻
천	18	靝	하늘 천 천체	철	14	綴	엮을 철 꿰매다 · 짓다 · 연결하다
		遷	옮길 천 위치를 바꾸어 놓다			飻	탐할 철 탐하다
	19	薦	천거할 천 천거하다 · 이겨내다		15	徹	통할 철 통하다 · 뚫다 · 거두다
		濺	흩뿌릴 천 ·			輟	그칠 철 그치다 · 버리다 · 깁다
	20	闡	넓힐 천 크게 하다 · 열다		16	澈	물맑을 철 물이 맑다
	24	韆	그네 천 그네			撤	거둘 철 거두다 · 치우다 · 폐하다
철	5	凸	볼록할 철 볼록하다			錣	바늘 철 산가지
		哲	밝을 철 밝다 · 총명하다 · 알다		17	瞮	눈밝을 철 눈이 밝다
	10	剟	깎을 철 찌르다		18	饕	탐할 철 식탐하다 · 탐하다
		埑	밝을 철 총명하다		19	轍	바퀴자국 철 바퀴 자국 · 흔적 · 행적
	11	悊	밝을 철 슬기롭다 · 밝다 · 알다			歠	들이마실 철 핥아먹다
		啜	먹을 철 맛보다 · 울다		21	鐵	쇠 철 검다 · 검은 빛 · 단단하다
		惙	근심할 철(숨이 찰 체) 속을 태우거나 우울해하다	첨	6	尖	뾰족할 첨 날카롭다 · 거칠다 · 끝
	12	掇	주을 철 삭제하다		8	㤿	더럽힐 첨 욕될
		喆	밝을 철 총명하다 · 哲과 同字		9	沾	더할 첨 더하다 · 첨가하다
	13	銕	쇠 철 검은 쇠 · 단단하다 · 무기		11	甜	달 첨 달다 · 잘 자다
	14	銕	쇠 철 땅이름			甛	달 첨 달다 · 만나다 · 낮잠

음	원획	한자	훈·음·뜻	음	원획	한자	훈·음·뜻
첨	12	添	더할 첨 더하다 · 보태다	첩	9	怗	고요할 첩 고요하다 · 복종하다
		惉	가락 어지러울 첨 패다		10	倢	빠를 첩 건강하다
	13	僉	다 첨 모두 · 도리깨 · 돕다		12	捷	이길 첩 이기다 · 싸움에 이기다
		詹	이를 첨 도달하다 · 바라보다			堞	성가퀴 첩 성가퀴
	15	諂	아첨할 첨 아첨하다 · 알랑거리다			貼	붙을 첩 붙다 · 접근하여 닿다
	16	幨	수레 휘장 첨 끊다			喋	재재거릴 첩(쪼아먹을 잡) 수다스럽다 · 밟다
	17	檐	처마 첨(질 담) 지다		13	牒	서판 첩 서판 · 기록 · 공문서
	18	瞻	볼 첨 쳐다보다 · 우러러보다			睫	속눈썹 첩 속눈썹 · 깜박이다
	19	襜	행주치마 첨(부족 이름 담) 행주치마 · 휘장(揮帳)		14	輒	문득 첩 문득 · 갑자기
		簽	제비 첨 제비 · 쪽지 · 서명하다		16	諜	염탐할 첩 염탐하다 · 염탐꾼
		簷	처마 첨 갓모자		17	褺	겹옷 첩 고을이름
	21	瀸	건수 첨(적실 첨) 적실 · 멸하다		22	疊	겹쳐질 첩 겹쳐지다 · 포개다
		櫼	쐐기 첨(삼목 삼) 비녀장	청	8	靑	푸를 청 푸른빛 · 녹청(綠靑)
	23	籤	제비 첨 대꼬챙이 · 꿰매다			青	푸를 청 푸르다 · 젊다 · 대껍질
첩	8	妾	첩 첩 첩 · 계집종		10	凊	서늘할 청(정) 차갑다
		帖	문서 첩 장부 · 두루 · 마리휘장		11	圊	뒷간 청 변소
		呫	소곤거릴 첩(소곤거릴 첩) 작은 모양			婧	날씬한 정(청) 날씬하다 · 정결하다

음	원획	한자	훈·음·뜻	음	원획	한자	훈·음·뜻
청	12	淸	맑을 청 맑다 · 빛이 선명하다	체	12	替	쇠퇴할 체 쇠퇴하다 · 폐하다
		清	맑을 청 맑다			棣	산앵두나무 체(익숙할 태) 산앵두나무 · 익숙하다
		晴	갤 청 개다 · 마음이 개운하다			彘	돼지 체 돼지 · 풀의 이름
		晴	갤 청 개다 · 비가 그치다		15	逮	미칠 체 미치다 · 이르다
	14	菁	우거질 청 우거지다			蒂	꼭지 체(밑 대) 가시
		蜻	잠자리 청 잠자리 · 귀뚜라미 · 곤충			滯	막힐 체 막히다 · 쌓이다 · 남다
	15	請	청할 청 초청하다 · 청탁 · 뵈다			締	맺을 체 맺다 · 연결하다
		請	청할 청 請과 同字			疐	나른할 체(나른할 혜) 고단하다
	19	鯖	청어 청 청어 · 고등어			髢	머리털 깎을 체 땋은 머리
		鶄	푸른 백로 청 푸른 백로(白鷺)		16	諦	살필 체 살피다 · 조사하다
	22	聽	들을 청 듣다 · 자세히 듣다			諟	살필 체(이 시) 이(지시어) · 살피다
	25	廳	관청 청 관청 · 마을 · 관아		17	遞	갈릴 체 갈마들다 · 번갈아
체	4	切	온통 체(끊을 절) 온통 · 베다 · 간절히			蔕	꼭지 체(밑 대) 가시
	9	剃	머리깎을 체 머리를 깎다		23	體	몸 체 몸 · 신체(身體) · 수족
		砌	섬돌 체 겹쳐 쌓다		24	靆	구름 낄 체 밝지 않다
	10	玼	흉 자(옥빛 깨끗할 체) 옥의 티	초	6	艸	풀 초 풀 · 거친 풀
	11	涕	눈물 체 눈물 · 울다		7	初	처음 초 처음 · 시작 · 첫 · 처음의

음	원획	한자	훈·음·뜻	음	원획	한자	훈·음·뜻
초	8	抄	가릴 초 떠내다·뽑다·베끼다	초	12	迢	멀 초 아득하다
		炒	볶을 초 볶다·떠들다·시끄럽다			草	풀 초 풀·잡초·시작하다
		岧	산높을 초 산이 높은 모양			超	넘을 초 뛰어 넘다·밟고 넘다
		杪	나무 끝 초 작다			焦	그을릴 초 그을리다·애태우다
	9	肖	닮을 초 본받다·모양이 같다			椒	산초나무 초 후추나무·향기롭다
		招	부를 초 부르다·오라고 손짓하다			硝	화약 초 초석(硝石)·질산칼륨
		怊	슬퍼할 초 실의			稍	점점 초 끝·점차·작다·적다
		秒	분초 초 시간의 단위인 분과 초			貂	담비 초 담비·족제빗과에 동물
		俏	거문고탈 초 거문고 타는 소리			酢	초 초 초·신맛이 나는 조미료
	10	哨	망볼 초 망보다·날카롭다			軺	수레 이름 초(요) 작은 차
		峭	가파를 초 엄하다			鈔	노략질할 초 베끼다
		耖	써레 초 거듭 갈다·두벌갈이하다		13	愀	근심할 초(쓸쓸할 추) 정색하다
	11	苕	완두 초 능소화(凌霄花)·이삭			剿	노곤할 초 노곤하다·괴로워하다
		悄	근심할 초 급함·고요하다			勦	노곤할 초(끊을 초) 죽이다
		梢	나뭇가지끝 초 말단(末端)·꼬리·치다			綃	생사 초(건 소) 얇은 비단
		鈔	좋은쇠 초 좋은 쇠·좋다			楚	고을 초 나라
		愀	인정 없을 초 근신하는 모습		14	誚	꾸짖을 초 책망하다

음	원획	한자	훈·음·뜻	음	원획	한자	훈·음·뜻
초	14	僬	밝게 볼 초 명찰하다	초	19	譙	꾸짖을 초(누구 수) 망루
	15	醋	초 초 초 · 식초(食醋)		20	齠	이 갈 초 이를 갈다
		趠	넘을 초(멀 탁) 멀리 달리다		21	顤	야윌 초 야위다
		噍	지저귈 초(새 소리 추) 씹다		23	鷦	뱁새 초 황작
		嫶	야윌 초 수척하다			觕	오색 고운 빛 초 곱다
		髫	늘어뜨린 머리 초 다박머리	촉	9	促	재촉할 촉 촉박하다 · 다그치다
		嶕	높을 초 산꼭대기		13	蜀	나라이름 촉 나라 이름 · 고을 이름
	16	憔	수척할 초 수척하다 · 애태우다		17	燭	촛불 촉 촛불 · 등불 · 화톳불
		樵	나무할 초 나무하다 · 나무꾼 · 장작		19	蠋	접시꽃 촉 풀이름
		鞘	칼집 초 말채찍의 끝		20	觸	닿을 촉 닿다 · 범하다 · 물고기
		燋	그을릴 초(불 안 켤 초 착) 불사르다 · 횃불			躅	머뭇거릴 촉(자취 탁) 밟다
	17	礁	암초 초 숨은 바윗돌 · 암초(暗礁)		23	髑	해골 촉(독) 해골 · 머리뼈
		鍬	가래 초 괭이		24	囑	부탁할 촉 부탁하다 · 맡기다
		鏊	가래 초 괭이			矗	우거질 촉 우거지다 · 무성하다
	18	蕉	파초 초 파초(芭蕉) · 땔나무		25	爥	촛불 촉 등불
		礎	주춧돌 초 주춧돌			矚	비출 촉 빛을 비추다
	19	醮	제사지낼 초 제사 지내다 · 기원하다		26	矚	볼 촉 자세히 보다

음	원획	한자	훈·음·뜻	음	원획	한자	훈·음·뜻
촌	3	寸	마디 촌 마디·치·촌수·조금	총	17	聰	귀밝을 총 귀가 밝다·총명하다
	6	吋	마디 촌(꾸짖을 두) 마디·길이의 단위		18	叢	떨기 총 모이다·떨기·번잡하다
	7	忖	헤아릴 촌 헤아리다·쪼개다·덜다		19	寵	사랑할 총 괴다·사랑하다·은혜
		邨	마을 촌 꾸밈이 없다·村과 同字			鏦	창 총(칠 창) 찌르다
	11	村	마을 촌 마을·시골·촌스럽다		21	驄	총이말 총 청총마
총	10	冢	무덤 총 무덤·산꼭대기·봉토	찰 최	16	撮	모을 찰 취(取)하다·사진을 찍다
	11	悤	바쁠 총 바쁘다·급하다		11	崔	성씨 최 높다·성(姓)·섞이다
	13	塚	무덤 총 무덤·산꼭대기		12	最	가장 최 가장·제일·최상
	14	銃	총 총 총·우렛소리·도끼 구멍		13	催	재촉할 최 재촉하다·열다·베풀다
		緫	다 총 거느리다·모으다			朘	불알 최(오그라질 선) 갓난아이 음부
		聡	귀밝을 총 총명하다		14	榱	서까래 최 서까래
		葱	파 총(짐수레 창) 푸르다		15	摧	꺾을 최(꼴 좌) 누르다
	15	憁	분주할 총 바쁘다·분주하다			漼	깊을 최(무너질 최) 눈물 흘리다
		摠	합할 총 모두·거느리다·묶다			嘬	물 최 탐하다
	17	蔥	파 총 파·부들·푸른색			璀	빛날 최 옥빛 찬란하다
		蓯	우거질 총(육종용 종) 순무		16	嶉	높을 최 산 높고 험한 모습
		總	합할 총 종합하다·묶다·모으다			縗	상복 이름 최 깃 옷

음	원획	한자	훈·음·뜻	음	원획	한자	훈·음·뜻
추	8	帚	**비 추** 쓸다 · 별이름	추	14	僦	**품삯 추** 빌다
		隹	**새 추(높을 최)** 뻐꾸기			甃	**벽돌 추** 꾸미다
	9	抽	**뺄 추** 빼다 · 뽑다 · 없애다			箠	**채찍 추** 태형
		秋	**가을 추** 가을 · 결실 · 성숙한 때			萩	**사철쑥 추** 사철쑥 · 개오동나무
		酋	**우두머리 추** 묵은 술 · 뛰어나다 · 익다			樞	**지도리 추** 지도리 · 근원 · 계기
	10	芻	**꼴 추** 꼴꾼 · 짚 · 풀 먹는 짐승		15	墜	**떨어질 추** 떨어지다 · 잃다
	11	娵	**별 이름 추(장가들 취)** 물고기			皺	**주름 추** 주름 · 주름 잡히다
		推	**가릴 추** 분간하다 · 고르다 · 막다			諏	**꾀할 추** 꾀하다 · 모여서 의논하다
		惆	**실심할 추** 실망하다			陬	**구석 추** 모퉁이 · 굽어진 곳
	12	捶	**때릴 추(부릴 타)** 채찍			蒭	**꼴 추** 풀을 베다
		啾	**어린애의 작은 소리 추** 웅얼거리다			錐	**송곳 추** 송곳 · 바늘 · 작은 화살
		椎	**쇠몽치 추** 몽치 · 등골 · 순박하다		16	錘	**저울 추** 저울추 · 무게의 단위
	13	追	**쫓을 추** 쫓다 · 내쫓다			瘳	**나을 추** 병이 낫다
		湫	**다할 추** 다하다 · 바닥나다			縋	**매달 추** 줄 매어달다
		楸	**가래 추** 호두나무 · 가래 · 바둑판			縐	**주름질 추(축)** 주름지다 · 주름지게 짠 직물
		揫	**모을 추** 묶다		17	鄒	**추나라 추** 나라 이름 · 마을 · 추나라
	14	搥	**칠 추(던질 퇴)** 두드리다			醜	**추할 추** 추하다 · 나쁘다

음	원획	한자	훈·음·뜻	음	원획	한자	훈·음·뜻
추	17	篘	버금 자리 추 가지런하다	축	8	妯	동서 축(두근거릴 추) 움직이다
		趨	달릴 추 달리다 · 성큼성큼 걷다			豖	발 얽은 돼지의 걸음 축 못 걷다
	18	鎚	쇠망치 추 쇠망치 · 망치질하다		10	祝	빌 축 빌다 · 기원하다
		雛	병아리 추 병아리 · 아이 · 최초			畜	쌓을 축 쌓다 · 모으다 · 비축하다
		鞦	밀치 추 그네		11	舳	고물 축(이물 유) 배의 뒤쪽
		雔	오추마 추 성		12	軸	굴대 축 굴대 · 북 · 나아가다 · 축
		騅	몽치 머리 추(퇴곰 퇴) 사람이름			筑	악기이름 축 악기 이름 · 쌓다 · 짓다
	19	鶵	비둘기 추 호도애 · 매추라기		14	逐	쫓을 축 쫓다 · 내쫓다 · 물리치다
	20	騶	마부 추 기수(騎手) · 승마 · 원유		16	蓄	쌓을 축 쌓다 · 모으다 · 저축하다
		鰍	미꾸라지 추 밟다 · 능가(凌駕)하다			築	쌓을 축 성을 쌓다 · 집을 짓다
		鷲	무수리 추 독추		17	縮	줄일 축 줄어들다 · 수축하다
		鰌	미꾸라지 추 미꾸라지 · 鰍와 同字			蹙	닥칠 축 긴박하다 · 삼가다 · 밟다
	21	鶵	난새 추 원추리 · 병아리		18	蹜	종종걸음칠 축 종종걸음치다 · 오그라들다
		穐	가을 추 결실			鼀	두꺼비 축(추) 두꺼비
	33	麤	거칠 추(매조미쌀 추) 클 · 짚신		19	蹴	찰 축 발로 물건을 차다 · 밟다
축	4	丑	소 축 12지의 둘째 · 수갑(手匣)	춘	9	春	봄 춘 봄 · 남녀(男女)의 정(情)
	8	竺	나라이름 축 대나무 · 나라 이름		13	椿	참죽나무 춘 참죽나무 · 아버지

음	원획	한자	훈·음·뜻	음	원획	한자	훈·음·뜻
춘	14	瑃	옥이름 춘 옥 이름	췌	13	惴	두려워할 췌(꿈틀거릴 천) 두려워하다 · 꿈틀거리다
	16	賰	넉넉할 춘 넉넉하다			揣	헤아릴 췌(때릴 추) 헤아리다 · 가지다
출	5	出	날 출 나다 · 나타나다 · 나가다			瘁	병들 췌 여위다
		朮	차조 출 차조 · 삽주		14	萃	모을 췌 모이다 · 도달하다 · 무리
	10	秫	차조 출 찹쌀		17	顇	야윌 췌(야윌 취) 파리하다 · 병들다
	17	黜	물리칠 출 물리치다 · 떨어뜨리다		18	膵	췌장 췌 췌장 · 소화 기관의 하나
충	6	充	채울 충 차다 · 채우다 · 살찌다			贅	혹 췌 혹 · 군더더기 · 쓸모없다
		虫	벌레 충 벌레 · 좀먹다 · 蟲의 俗字	취	7	吹	불 취 불다 · 부추기다 · 바람
		冲	화할 충 담백하다 · 沖의 俗字		8	取	취할 취 가지다 · 골라 뽑다 · 돕다
		沖	화할 충 따뜻하고 부드럽다			炊	불땔 취 불 때다 · 짓다 · 불다
	8	忡	근심할 충 근심하다 · 걱정하다		10	臭	냄새 취 냄새 · 후각을 통한 감각
		忠	충성 충 충성 · 진심 · 참마음			冣	모을 취(가장 최) 쌓다
	10	衷	속마음 충 속마음 · 정성스러운 마음		11	娶	장가들 취 장가들다 · 아내를 맞다
	11	珫	귀고리 충 귀고리 옥(充)			脆	연할 취 무르다 · 약하다 · 가볍다
	15	衝	찌를 충 찌르다 · 향하다 · 거리		12	就	이룰 취 이루다 · 나아가다
	18	蟲	벌레 충 벌레 · 구더기 · 충해			毳	솜털 취 새의 배에 난 털
췌	12	悴	파리할 췌 시들하다 · 야위다		14	翠	비취 취 물총새 · 비취색 · 꽁지 살

음	원획	한자	훈·음·뜻	음	원획	한자	훈·음·뜻
취	14	聚	모일 취 모이다 · 모여들다 · 무리	치	8	侈	사치할 치 거만하다 · 분수에 넘다
	15	醉	취할 취 취하게 하다 · 취기(醉氣)		9	治	다스릴 치 관리하다 · 바로잡다
		趣	뜻 취 뜻 · 풍취 · 향하다			峙	우뚝솟을 치 우뚝 솟다 · 언덕 · 쌓다
		嘴	부리 취 부리 · 주둥이			哆	입 딱 벌릴 치 너그러운 모습
	16	橇	썰매 취(썰매 교) 진흙썰매			致	이를 치 도달하다 · 전하다
	23	鷲	수리 취 수리 · 독수리			値	값 치 값 · 값하다
	24	驟	달릴 취 빠르다 · 신속하다		10	恥	부끄러워할 치 부끄러워하다 · 욕보이다
측	4	仄	기울 측 기울다 · 어렴풋이 · 측운			蚩	어리석을 치 어리석다 · 업신여기다
	8	昃	기울 측 오후			阤	비탈 치(허물어질 타) 비탈 · 고개 · 낭떠러지
	11	側	곁 측 곁 · 옆 · 가			時	제사터 치(모종 낼 시) 쌓다 · 경계(境界)
		厠	뒷간 측 뒷간 · 廁과 同字		11	梔	치자나무 치 치자나무
	12	廁	뒷간 측 뒷간 · 돼지우리 · 물가			痔	치질 치 치질
	13	測	잴 측 재다 · 헤아리다			瘈	악할 치 손발에 쥐가 나다
		惻	슬퍼할 측 슬퍼하다		12	淄	검은빛 치 검은빛 · 검게 물들이다
층	15	層	층 층 층 집 · 계단 · 층			寘	둘 치(메울 전) 일정한 곳에 두다
치	5	卮	잔치 술잔		13	雉	꿩 치 꿩 · 장원(牆垣) · 베다
	7	豸	벌레 치(해태 태) 발 없는 벌레			絺	칡베 치 갈포 홑옷

음	원획	한자	훈·음·뜻	음	원획	한자	훈·음·뜻
치	13	馳	달릴 치 달리다 · 질주하다 · 쫓다	치	17	鵄	올빼미 치 수리부엉이
		嗤	비웃을 치 비웃다 · 웃음 · 웃음거리			穉	어릴 치 어리다 · 稚와 同字
		踟	그칠 치 머뭇거리다		19	薙	목련 치(깎을 체) 백모련
		稚	어릴 치 어리다 · 어린 벼			癡	어리석을 치 어리석다
		痴	어리석을 치 어리석다 · 癡의 俗字			鯔	숭어 치 치어
	14	菑	묵정밭 치(재앙 재) 고목	칙	9	則	법칙 칙 법칙 · 법 · 모범으로 삼다
		置	놓을 치 배치하다 · 베풀다 · 사다			勅	칙서 칙 조서(詔書) · 다스리다
		緇	검은비단 치 검은 비단 · 검은 옷		11	敕	칙서 칙(신칙할 칙) 조서
	15	齒	이 치 이 · 음식을 씹는 기관		13	飭	신칙할 칙 훈계하다 · 질책하다
		幟	기 치 깃발 · 표기 · 표지 · 기치	친	16	親	친할 친 친하다 · 사이좋게 지내다
		輜	짐수레 치 짐수레 · 수레의 범칭		20	櫬	무궁화나무 친(널 츤) 시체를 넣는 관이나 곽
		緻	고울 치 곱다 · 촘촘하다 · 이루다		22	襯	속옷 친(속옷 츤) 가까이 하다
	16	褫	빼앗을 치 벗다	칠	2	七	일곱 칠 일곱 · 일곱 번
		熾	성할 치 성하다 · 기세가 세다		9	柒	옻칠할 칠 漆과 同字 · 七과 同字
		錙	저울눈 치 적은 양		15	漆	옻 칠 옻 · 옻나무 · 옻칠하다
		鴟	올빼미 치 소리개 · 소리부엉이	침	8	沈	가라앉을 침 가라앉다 · 침체하다
		鴙	꿩 치(송골매 골) 새매			忱	정성 침(정성 심) 정성(精誠) · 참마음

음	원획	한자	훈·음·뜻	음	원획	한자	훈·음·뜻
침	8	枕	베개 침 베개 · 베다 · 잠자다 · 잠				
	9	侵	침노할 침 엄습하다 · 습격하다				
	10	針	바늘 침 바늘 · 바느질하다				
		砧	다듬잇돌 침 다듬잇돌				
	11	浸	담글 침 담그다 · 물에 적시다				
	12	棽	무성할 림(침) 무성하다 · 뒤덮이다				
	13	琛	보배 침 보배 · 옥(玉) · 진귀하다				
		寖	잠길 침 젖다				
		椹	모탕 침(오디 심) 과녁				
	14	寢	잠잘 침 잠자다 · 눕다				
	15	郴	고을 이름 침 고을의 이름 · 성(姓)의 하나				
		鋟	새길 침(첨예할 첨) 새기다 · 조각하다				
	17	鍼	침 침 침 · 의료용 침 · 찌르다				
		駸	달릴 침(모일 참) 빠르다 · 말 달리다				
칩	17	蟄	숨을 칩 숨다 · 겨울잠 · 고요하다				
칭	10	秤	저울 칭 저울 · 稱의 俗字				
	14	稱	일컬을 칭 일컫다 · 설명하다				

348

의 속성

ㅁ/ㅂ/ㅍ

음	원획	한자	훈·음·뜻	음	원획	한자	훈·음·뜻
마	10	馬	말 마 말·크다·큰 것의 비유	막	13	莫	없을 막 없다·저물다·고요하다
	11	麻	삼 마 삼실·삼베·요질(腰絰)		14	幕	마귀 마 마귀·악귀·마술·요술
	13	痳	저릴 마 저리다·마비·홍역			寞	쓸쓸할 막 쓸쓸하다
		媽	어미 마 어미·여자 종·암말		15	漠	사막 막 사막·조용하다
	14	麽	작을 마(요) 작다·잘다·가늘다		16	瞙	흐릴 막 백태·눈 흐림
	15	瑪	옥돌이름 마 마노(瑪瑙)		17	膜	막 막 막·얇은 꺼풀
		摩	갈 마 갈다·비비다·연마하다		19	鏌	칼 이름 막 칼의 이름
		碼	마노 마 마노·저울의 추·나루터		21	邈	멀 막 멀다·아득히 멀다
	16	磨	갈 마 갈다·숫돌에 갈다	만	3	万	일만 만 일만·성(姓)
		螞	말거머리 마 왕개미		6	卍	만자 만 부처 가슴에 있는 표시
	17	蟇	두꺼비 마 두꺼비		10	娩	순산할 만 해산하다·순박하다
	21	魔	마귀 마 마귀·악귀·마술·요술		11	挽	당길 만 당기다·말리다
		劘	깎을 마(나눌 미) 베다·갈다			晚	저물 만 저물다·해 질 무렵·늦다

음	원획	한자	훈·음·뜻	음	원획	한자	훈·음·뜻
만	11	曼	끌 만 끌다 · 길다 · 아름답다	만	21	鬘	머리의 장식 만 꽃의 이름
	14	輓	끌 만 끌다 · 만사(輓詞)			巒	뫼 만 뫼
		墁	흙손 만 벽의 장식		22	彎	굽을 만 굽다 · 당기다
		嫚	업신여길 만(아름다울 원) 업신여기다 · 아름답다			鰻	뱀장어 만 뱀장어
		幔	막 만 장식없는 수레		25	蠻	오랑캐 만 미개 민족의 총칭
	15	萬	일만 만 일만 · 수의 많음 · 다수		26	灣	물굽이 만 활등처럼 쑥 들어온 모양
		滿	가득할 만 차다 · 가득하다 · 넉넉하다	말	5	末	끝 말 끝 · 나무 끝 · 지엽(枝葉)
		慢	게으를 만 게으르다 · 거만하다		8	帕	머리띠 말(휘장 첩) 머리띠 · 싸매다 · 휘장(揮帳)
		漫	질펀할 만 질펀하다 · 넘쳐흐르다		9	抹	바를 말 바르다 · 칠하다 · 쓰다듬다
	16	瞞	속일 만 속이다 · 눈을 감은 모양			沫	거품 말 거품 · 물방울
	17	蔓	덩굴 만 덩굴 · 자라다 · 뻗어 나가다		10	秣	꼴 말 말먹이
		縵	무늬 없는 비단 만 합주하다			靺	끝 말 끝음
	18	謾	속일 만(속일 면) 헐뜯다		11	茉	말리 목서과(木犀科)의 상록 관목
		蹣	넘을 만(비틀거릴 반) 비틀거리며 가는 모양		14	靺	버선 말 북방 종족 이름 · 오랑캐
	19	鏋	금 만 금 · 금덩기		21	襪	버선 말 버선 · 족의(足衣)
		鏝	흙손 만 날이 없는 창	망	3	亡	망할 망 망하다 · 달아나다 · 죽다
	20	饅	만두 만 만두		6	妄	허망할 망 허망하다 · 거짓 · 무릇

음	원획	한자	훈·음·뜻	음	원획	한자	훈·음·뜻
망	7	忙	바쁠 망 바쁘다 · 겨를이 없다	매	7	呆	어리석을 매(지킬 보) 보호하다 · 지키다
		汒	황급할 망 경황(景況)이 없는 모양		8	妹	누이 매 누이 · 소녀
		忘	잊을 망 잊다 · 건망증 · 다하다			枚	줄기 매 줄기 · 나무줄기 · 서까래
	9	芒	까끄라기 망 까끄라기 · 털 · 털끝 · 바늘		9	沬	지명 매(물 이름 미) 지명(地名) · 물의 이름
		罔	그물 망 그물 · 잡다 · 맺다 · 얽다			玫	매괴 매 아름다운 돌 · 옥 이름
	10	邙	허망할 망 허망하다 · 거짓 · 무릇			昧	새벽 매 새벽 · 동틀 무렵 · 어둡다
	11	望	바랄 망 바라다 · 기대하다 · 원하다		10	埋	묻을 매 묻다 · 메우다
		朢	보름 망 보름			眛	어두울 매 눈이 어둡다
	12	茫	아득할 망 아득하다 · 사물의 모양		11	苺	딸기 매 딸기
		惘	멍할 망 멍하다 · 심심하다			梅	매화나무 매 매화나무 · 매우(梅雨)
		莽	우거질 망 우거지다 · 풀 · 잡초			買	살 매 사다 · 성(姓)
	14	莽	우거질 망 우거지다 · 풀 · 잡초		12	媒	중매 매 중매 · 중매하다 · 매개
		網	그물 망 그물 · 규칙 · 법			寐	잠잘 매 잠자다 · 곤들매기(鮇)
	15	漭	넓을 망 평평(平平)하고 넓다			莓	나무딸기 매 이끼
		輞	바퀴테 망 바퀴 테		13	煤	그을음 매 그을음 · 먹 · 석탄
	18	魍	도깨비 망 도깨비			楳	매화나무 매 신맛
매	7	每	매양 매 매양 · 늘 · 그때마다 · 자주		14	酶	술밑 매 누룩을 섞어 버무린 지에밥

음	원획	한자	훈·음·뜻	음	원획	한자	훈·음·뜻
매	15	賣	팔 매 팔다 · 내통하다 · 넓히다	맹	12	猛	사나울 맹 사납다 · 날래다 · 용감하다
		魅	도깨비 매 도깨비 · 홀리다 · 미혹하다		13	盟	맹세할 맹 맹세하다 · 약속
		霉	매우 매(곰팡이 매) 매우(梅雨) · 창병(瘡病)		14	萌	싹 맹 싹 · 움 · 죽순 · 싹트다
	16	罵	욕할 매 욕하다 · 꾸짖다		16	甍	용마루 맹 용마루기와
	20	邁	갈 매 가다 · 힘쓰다 · 노력하다	멱	11	覓	찾을 멱 찾다 · 곁눈질
맥	11	麥	보리 맥 보리 · 작은 매미		13	幎	덮을 멱 물건 덮는 보
	12	脈	맥 맥 맥 · 혈맥 · 수로(水路)		16	冪	덮을 멱 덮다 · 막(幕) · 누승(累乘)
		貊	맥국 맥 맥국 · 맹수(猛獸)	면	7	免	면할 면 면하다 · 벗다 · 해직하다
	13	貘	북방종족 맥 북방 종족 이름 · 고요하다		8	沔	물가득할 면 혜택을 받다 · 이익을 얻다
	14	陌	두렁 맥 두렁 · 거리 · 경계(境界)		9	勉	힘쓸 면 힘쓰다 · 권하다 · 강요하다
	18	貘	짐승 이름 맥 북방 종족			面	낯 면 낯 · 얼굴 · 앞 · 겉 · 표면
	21	驀	말탈 맥 말을 타다 · 갑자기 · 금새			眄	애꾸눈 면 애꾸눈
맹	8	孟	맏 맹 맏 · 맏이 · 첫 · 처음			俛	힘쓸 면(숙일 부) 부지런하다
		盲	소경 맹 소경		10	眠	잠잘 면 잠자다 · 시들다
		氓	백성 맹 백성 · 이주민		11	冕	면류관 면 면류관
		甿	백성 맹 농부		12	棉	목화 면 목화
	9	虻	등에 맹 패모(貝母) · 등에		13	湎	빠질 면 술에 빠지다

인명용 한자(人名用漢字) | 353

음	원획	한자	훈·음·뜻	음	원획	한자	훈·음·뜻
면	14	綿	이어질 면 이어지다 · 잇다 · 연속하다	명	12	梬	홈통 명 홈통 · 절 이름
	15	緬	가는실 면 가는 실 · 멀다		13	酩	술취할 명 술에 취하다
		麪	밀가루 면 밀가루 · (現)국수		14	溟	어두울 명 어둡다 · 남북의 극(極)
		緜	햇솜 면(깃 술 묘) 이어지다 · 잇다			暝	어두울 명 어둡다 · 어둑어둑하다
	20	麵	밀가루 면 밀가루 · 麪과 同字			鳴	울 명 울다 · 음향이 나다
멸	14	滅	멸할 멸 멸하다 · 제거하다			銘	새길 명 새기다 · 조각하다
	17	蔑	업신여길 멸 업신여기다 · 버리다 · 없다			慏	맘너그러울 명 맘이 너그럽다
		篾	대껍질 멸 대 이름		15	瞑	눈감을 명 눈을 감다 · 소경
	21	衊	업신여길 멸 모독		16	蓂	명협 명 명협풀 · 약초의 이름
명	5	皿	그릇 명 그릇 · 그릇의 덮개			螟	마디충 명 마디충 · 배추벌레 · 모기
	6	名	이름 명 이름 · 외관 · 외형		19	鵬	초명 명 초명 · 새 이름
	8	命	목숨 명 목숨 · 운수 · 운 · 명하다	메	10	袂	소매 메 소매
		明	밝을 명 밝다 · 밝히다 · 환하게	모	4	毛	털 모 털 · 열매 등에 난 털
	9	眀	밝게볼 명 밝게 보다 · 밝다(明)		5	母	어미 모 어미 · 할미 · 암컷
	10	洺	강이름 명 강 이름			矛	창 모 창 · 자루가 긴 창
		冥	어두울 명 어둡다 · 어둠 · 아득하다		6	牟	소우는소리 모 소가 우는 소리
	12	茗	차싹 명 차의 싹 · 차(茶)		7	皃	모양 모(모사할 막) 안면(顔面) · 자태(姿態)

음	원획	한자	훈·음·뜻	음	원획	한자	훈·음·뜻
모	7	牡	수컷 모 수컷·양(陽)·왼쪽	모	12	帽	모자 모 모자
	8	姆	여스승 모 여스승·맏동서·어미		13	募	모을 모 모으다·부름·뽑음
		侔	가지런할 모 벌레이름			瑁	서옥 모 서옥(瑞玉)·대모
	9	某	아무 모 아무개·자기의 겸칭		14	貌	얼굴 모 얼굴
		冒	무릅쓸 모 무릅쓰다·덮다			嫫	추녀 모 못생긴 여자
		侮	업신여길 모 업신여기다·깔보다			髦	다팔머리 모(오랑캐 무) 다팔머리·갈기
		眊	흐릴 모 늙은이			摸	찾을 모 찾다·본뜨다(摹)
		姥	할머니 모(외조모 로) 늙은 여자			暮	저물 모 저물다·해 질 무렵
	10	茆	풀우거질 모 풀이 우거지다		15	模	법 모 법·법식·본·본보기
		悙	탐할 모(탐할 무) 아끼다			慕	생각할 모 사모하다·바라다
		旄	깃대 장식 모 깃대의 장식(裝飾)			摹	베낄 모 베끼다·본뜨다·본받다
		耄	늙은이 모 늙은이·혼몽하다			蝥	해충 모(집게벌레 무) 해충(害蟲)·가뢰
		耗	줄 모 줄다·줄이다·다하다			慔	힘쓸 모 힘쓰다
	11	茅	띠 모 띠·띠를 베다		16	謀	꾀할 모 꾀하다·권모술수
		眸	눈동자 모 눈동자·눈·자세히 보다			橅	법 모(무) 법·규범·어루만지다
		軞	병거 모 임금이 타는 수레		17	蟊	해충 모(집게벌레 무) 해충(害蟲)·가뢰
	12	媢	강샘할 모 노려보다		18	謨	꾀할 모 꾀·계책·꾀하다

인명용 한자(人名用漢字) | 355

음	원획	한자	훈·음·뜻	음	원획	한자	훈·음·뜻
목	4	木	나무 목 나무 · 오행(五行)의 첫째	몽	18	濛	가랑비 올 몽 흐릿하다
	5	目	눈 목 눈 · 안구 · 눈여겨보다			朦	풍부할 몽 풍부하다 · 큰 모양
	8	沐	머리감을 목 머리를 감다 · 다스리다			曚	어두울 몽 청맹과니
		牧	칠 목 치다		19	矇	청맹과니 몽(어두울 몽) 청맹과니 · 먼눈 · 소경
	11	苜	거여목 목 거여목		20	艨	싸움배 몽 군함
	13	睦	화목할 목 화목하다 · 공손하다		25	鸏	물새 새끼 몽 새 이름
	16	穆	화목할 목 화목하다 · 공경하다	묘	5	卯	넷째지지 묘 넷째 지지 · 무성하다
	20	鶩	집오리 목 집오리 · 순일(純一)하다		7	妙	묘할 묘 묘하다 · 젊다
몰	8	沒	가라앉을 몰 가라앉다 · 잠기다		8	杳	어두울 묘 어둡다 · 멀다
		歿	죽을 몰 죽다 · 끝나다			昴	별자리이름 묘 별자리 이름
몽	13	雺	안개 몽 아지랑이		9	眇	애꾸눈 묘 애꾸눈 · 외눈질하다
	14	夢	꿈 몽 꿈 · 꿈꾸다 · 공상 · 환상			玅	땅이름 묘 땅 이름
		濛	이슬비 몽 이슬비 · 가랑비		10	畝	이랑 묘(무) 이랑 · 전답의 면적 단위
	16	蒙	입을 몽 입다 · 입히다 · 덮다		11	苗	모 묘 모 · 곡식 · 싹
		曹	어두울 몽(먼눈 맹) 부끄러워하다		12	淼	물 아득할 묘 물이 아득하다 · 넓은 물
	17	幪	덮을 몽 덮어 씌우다		13	描	본뜰 묘 그리다 · 그림을 그리다
	18	懞	어두울 몽 후하다			渺	아득할 묘 아득하다 · 물이 끝없이 넓다

음	원획	한자	훈·음·뜻	음	원획	한자	훈·음·뜻
묘	13	猫	고양이 묘 고양이	무	13	珷	옥돌이름 무 옥돌
	14	墓	무덤 묘 무덤·묘지			楙	성할 무 무성하다·훌륭하다
	15	廟	사당 묘 조상의 신주를 모신 곳		14	舞	춤출 무 춤추다·춤
	16	貓	고양이 묘 고양이·살쾡이·삵			誣	무고할 무 무고하다
	17	錨	닻 묘 닻		15	憮	분명하지 않을 무 모호(模糊)한 모양
	20	藐	멀 묘(아득할 막, 지치 모) 작다·어둡다			廡	집 무(무성할 무) 처마·지붕·복도
무	4	毋	말 무 말라·금지사		16	撫	어루만질 무 어루만지다·누르다
	4	无	없을 무 없다·(佛)발어사			憮	어루만질 무 어루만지다·애무하다
	5	戊	다섯째천간 무 다섯째 천간·무성하다			橅	법 모(무) 법·규범·어루만지다
	7	巫	무당 무 무당·의사(醫師)			儛	춤 출 무 춤추다·날아다니다
	8	武	굳셀 무 굳세다·용맹하다		17	懋	힘쓸 무 힘쓰다·노력하다
	9	拇	엄지손가락 무 엄지손가락			繆	얽을 무 삼(麻) 열 단·묶다
	10	畝	이랑 묘(무) 이랑·전답의 면적 단위			蕪	거칠어질 무 거칠어지다
	11	茂	우거질 무 우거지다·무성하다		18	鵡	앵무새 무 앵무새
		務	일 무 일·힘쓰다·권장하다			膴	포 무 크게 저민 고기
	12	無	없을 무 없다·허무(虛無)의 도		19	霧	안개 무 안개·어둡다
		貿	바꿀 무 바꾸다·무역하다			騖	달릴 무 질주하다

음	원획	한자	훈·음·뜻	음	원획	한자	훈·음·뜻
묵	15	墨	먹 묵 먹·검다	문	12	雯	구름무늬 문 구름무늬
		嘿	고요할 묵 입을 다물다		14	聞	들을 문 듣다·가르침을 받다
	16	黙	묵묵할 묵 묵묵하다·고요하다		16	璊	붉은 옥 문 붉은 옥(玉)
문	4	文	글월 문 글월·문장·어구		18	懣	번민할 문(번민할 만) 번거롭다
	6	刎	목벨 문 목 베다·자르다·끊다	물	4	勿	말 물 말다·말라·아니다
	7	吻	입술 문 입술·입 끝·입가·말투		8	沕	아득할 물 아득하다·그윽하다
	8	汶	내이름 문 내 이름·성(姓)			物	만물 물 만물·일·무리·종류
		抆	닦을 문 닦다·문지르다	미	5	未	아닐 미 아니다·여덟째 지지(地支)
		門	문 문 문·출입문·문간·문전		6	米	쌀 미 쌀·meter의 취음
		炆	따뜻할 문 따뜻하다		7	尾	꼬리 미 꼬리·등·등 뒤
	10	紋	무늬 문 무늬·직물의 문채·주름		8	味	맛 미 맛·맛보다·뜻·의의
		們	무리 문 살찐 모양·무리			侎	어루만질 미 어루만지다
		紊	어지러울 문 어지럽다·어지럽히다			宷	점점 미 더욱 더
		蚊	모기 문 모기			弥	활지을 미 활부리다·彌와 同字
	11	悗	잊을 문(의혹할 만) 잊어버리다		9	美	아름다울 미 아름답다·맛이 좋다
		問	물을 문 묻다·물음·질문			眉	눈썹 미 눈썹·노인·가장자리
	12	捫	어루만질 문 비틀다			弭	활고자 미(그칠 미) 각궁

음	원획	한자	훈·음·뜻	음	원획	한자	훈·음·뜻
미	10	娓	장황할 미 장황하다 · 예쁘다	미	13	嫩	착할 미 아름답다
		敉	어루만질 미 편안하다		14	瑂	옥돌 미 옥돌
		洣	강이름 미 강 이름		16	躾	가르칠 미 예절을 가르치다
	11	茉	맛 미 맛보다		17	彌	활지을 미 휘감기다 · 널리 · 퍼지다
		梶	나무끝 미 나무 끝 · 우듬지			謎	수수께끼 미 수수께끼 · 헛갈리게 하다
		冞	깊이 들어갈 미 깊다			麊	큰 사슴 미 부서지다
	12	媄	빛고울 미 빛 곱다 · 아름답다			糜	죽 미(문드러질 미) 된죽 · 싸가지
		媚	사랑할 미 아름답다 · 아양 부리다			縻	고삐 미 얽어매다 · 줄
		嵋	산이름 미 산 이름			溦	이슬비 미(물가 미) 이슬비 · 가랑비 · 물가
		嵄	깊은산 미 산 · 산 이름 · 깊은 산		18	瀰	치렁치렁할 니(미) 많다 · 넘치다
	13	迷	미혹할 미 미혹하다 · 헤매게 하다		19	薇	장미 미 장미 · 고비
		渼	물놀이 미 물놀이 · 파문(波紋)			靡	쓰러질 미 쓰러지다 · 쏠리다
		湄	물가 미 물가 · 더운물 · 탕(湯)		21	瀰	물 넓을 미 물이 깊다
		微	작을 미 작다 · 자질구레하다			獼	원숭이 미 원숭이
		楣	문미 미 문미 · 처마 · 차양(遮陽)		22	亹	힘쓸 미(골어귀 문) 힘쓰다 · 부지런하다
		嬍	착하고아름다울 미 착하고 아름답다		23	蘪	천궁 미 궁궁이
		媚	빛날 미 빛나다 · 불꽃			黴	곰팡이 미 곰팡이 · 검다 · 썩다

인명용 한자(人名用漢字) | 359

음	원획	한자	훈·음·뜻	음	원획	한자	훈·음·뜻
미	25	蘪	장미 미 천궁	민	12	悶	번민할 민 번민하다 · 어둡다
민	5	民	백성 민 백성 · 역(易)에서의 곤(坤)			脗	물결가없는모양 민 물결 가없는 모양
	8	忟	힘쓸 민 힘쓰다 · 忞과 同字			愍	근심할 민 근심하다 · 근심 · 걱정
		旻	하늘 민 하늘			暋	강할 민 굳세다 · 강하다 · 애쓰다
		旼	화할 민 화락하다 · 온화하다		13	罠	힘쓸 민(고을 이름 면) 힘쓰다 · 노력하다
		岷	봉우리 민 산 이름 · 강 이름			鈱	철판 민 철판 · 도끈
		忞	힘쓸 민 힘쓰다 · 노력하다			瑉	옥돌 민 옥돌 · 珉과 同字
		玫	옥돌 민 옥돌 · 돌 이름			瑉	옥돌 민 옥돌 · 珉과 同字
	9	泯	물맑을 민 물이 맑다 · 멸망하다			瑉	옥돌 민 옥돌
		敃	강할 민 강인하다 · 힘쓰다			頣	강할 민 강하다 · 굳세다
		昒	볼 민 보다		14	閩	종족이름 민 종족의 이름
		砇	옥돌 민 옥돌			緡	낚싯줄 민(연이을 면) 낚싯줄 · 새끼줄
	10	珉	옥돌 민 옥돌 · 아름다운 돌			碈	옥돌 민 옥돌 · 珉과 同字
	11	罠	낚싯줄 민 낚싯줄 · 토끼그물		15	憫	총명할 민 총명하다 · 영리하다
		敏	재빠를 민 재빠르다 · 민첩하다			緡	낚시줄 민 낚시줄 · 돈꿰미 · 입다
		苠	속대 민 많은 모양		16	憫	근심할 민 근심하다 · 고민하다
	12	閔	위문할 민 위문하다 · 근심			潤	물졸졸흘러내릴 민 물이 졸졸 흘러내리다

음	원획	한자	훈·음·뜻	음	원획	한자	훈·음·뜻
민	18	罠	강할 민(병들 혼) 강하다	박	13	雹	누리 박 누리·우박
	22	鱉	다금바리 민 다금바리·민어(民魚)			鉑	금박 박 금박(金箔)
밀	11	密	빽빽할 밀 빽빽하다·촘촘하다			箔	발 박 발(簾)·잠박(蠶箔)
	14	蜜	꿀 밀 꿀·벌꿀		14	駁	얼룩말 박 얼룩말·섞이다
	15	樒	침향 밀 침향(沈香)			髆	박공 박 두꺼운 널판자
		滵	빨리 흐르는 모양 밀 물이 빨리 흐르다			膊	포 박 포·고기를 말린 것
	17	謐	고요할 밀 고요하다·조용하다			撲	칠 박 치다·때리다·넘어지다
박	6	朴	후박나무 박 후박나무·나무껍질		16	樸	통나무 박 통나무·다듬다
	9	泊	배댈 박 배 대다·머무르다			縛	묶을 박 묶다·동여매다·감다
		拍	칠 박 치다·박자·음악의 리듬			駮	논박할 박(얼룩말 박) 논박하다·치우치다
		珀	호박 박 호박		17	璞	옥돌 박 옥돌·본바탕·진실
	10	剝	벗길 박 벗기다·괘 이름		18	鎛	종 박 괭이
		亳	땅 이름 박 성(姓)의 하나·땅의 이름		19	薄	엷을 박 엷다·적다·가볍다
	11	舶	큰배 박 큰 배·당도리·장삿배		20	髆	어깻죽지뼈 박 어깻죽지뼈·종지뼈
		粕	지게미 박 지게미·술을 짠 찌꺼기		21	欂	두공 박(두공 벽) 두공(枓栱)·중깃
	12	迫	다칠 박 닥치다·다그치다	반	4	反	되돌릴 반 되돌리다·뒤집다
		博	넓을 박 넓다·넓히다·평평함		5	半	반 반 반·한창·절정·조각

음	원획	한자	훈·음·뜻	음	원획	한자	훈·음·뜻
반	7	伴	짝 반 짝·따르다·한가한 모양	반	13	媻	비틀거릴 반 절뚝거리다
	8	扳	끌어당길 반 오르려고 잡아당기다		14	搬	옮길 반 옮기다·이사를 가다
		朌	나눌 반(머리 클 분) 나누다·구실			槃	쟁반 반 쟁반·소반
		攽	나눌 반 나누다·나뉘다			頖	학교 이름 반 학교(學校)의 이름
	9	拌	버릴 반 버리다·내버리다			撆	덜 반(터 닦을 파) 없애다·옮기다
		泮	녹을 반 (얼음이)녹다·풀리다		15	盤	소반 반 소반·대야·밑받침
		叛	배반할 반 배반하다·배반			磐	반석 반 너럭바위·웅장하다
		盼	눈예쁠 반 눈이 예쁘다			瘢	흉터 반 흉터·자국·흔적
	10	般	많을 반 나르다·나누어 주다		16	潘	물이름 반 뜨물·소용돌이
		畔	두둑 반 두둑·논밭의 경계			螌	가뢰 반 반모·잔딧물
	11	返	돌아올 반 돌아오다·되돌아오다		17	磻	강 이름 반(돌살촉 파) 반계(磻溪)·돌살촉
		胖	클 반(희생 반쪽 판) 갈빗살			豳	나라이름 반(빈) 나라 이름·성(姓)
		班	나눌 반 나누다		18	蟠	서릴 반 서리다·두르다
		絆	줄 반 줄·얽어매다		19	攀	더위잡을 반 더위잡다·달라붙다
	12	斑	아롱질 반 얼룩진 무늬·나누다		20	礬	명반 반 명반(明礬)
	13	飯	밥 반 밥·밥을 먹다·먹이다	발	9	拔	뺄 발 빼다·쳐서 빼앗다
		頒	나눌 반 나누다·구분하다			勃	노할 발 노하다·발끈하다

음	원획	한자	훈·음·뜻	음	원획	한자	훈·음·뜻
발	9	炦	불기운 발(불기운 별) 불기운	**방**		妨	방해할 방 방해하다 · 거리끼다
	10	哱	어지러울 발 혼란해지다		7	坊	막을 방 막다 · 사찰(寺刹)
	11	浡	일어날 발 샘솟다			彷	거닐 방 거닐다 · 어정거리다
	12	發	쏠 발 쏘다 · 가다 · 떠나다			尨	삽살개 방 삽살개 · 섞이다 · 크다
		跋	밟을 발 밟다 · 비틀거리다 · 넘다			房	방 방 방 · 방성(房星)
	13	脖	배꼽 발 목줄기		8	放	놓을 방 놓다 · 내치다
		渤	바다이름 발 바다 이름			昉	밝을 방 밝다 · 본받다 · 찾다
		鉢	바리때 발 바리때 · 승려의 밥그릇			枋	다목 방 다목 · 활엽 교목의 하나
		鈸	방울 발 동발		9	厖	두터울 방 클 · 섞이다
	15	髮	터럭 발 터럭 · 길이의 단위			芳	꽃다울 방 꽃답다 · 향기풀 · 향기
		魃	가물귀신 발 한발(旱魃)의 신(神)			肪	살찔 방 기름 · 비계 · 살찌다
	16	潑	뿌릴 발 뿌리다 · 물을 튀기다			倣	본받을 방 본뜨다 · 배우다 · 닮다
		撥	다스릴 발 다스리다 · 덜다		10	旁	클 방 두루 · 널리 · 도움
	18	鵓	집비둘기 발 집비둘기			紡	길쌈 방 잣다 · 실을 뽑다 · 매달다
	19	醱	술괼 발 술이 괴다			舫	배 방 배 · 뗏목 · 쌍배(艕)
방	4	方	모 방 모 · 각(角) · 사방(四方)			蚌	방합 방 방합 · 민물조개 · 씹조개
	6	仿	본뜰 방(헤맬 방) 본뜨다 · 모방하다		11	邦	나라 방 나라 · 서울 · 수도(首都)

음	원획	한자	훈·음·뜻	음	원획	한자	훈·음·뜻
방	11	訪	뵈올 방 찾다 · 구하다 · 방문하다	**방**	16	螃	방게 방 방게(바위겟과의 하나)
		旊	옹기장 방 옹기 그릇을 굽는 사람		17	謗	헐뜯을 방 헐뜯다 · 비방하다 · 비방
		梆	목어 방 목탁			幫	도울 방 돕다 · (現)동업 조합
	12	防	막을 방 둑 · 막다 · 말리다		18	鎊	깎을 방 영국 화폐이름
		傍	의지할 방 곁 · 방(傍) · 기대다		19	龐	클 방 크다 · 높다 · 어지럽다
		幇	도울 방 돕다 · 패거리 · 幫과 同字	**배**	5	北	달아날 배(북녘 북) 북쪽 · 분리하다
		舫	배 방 선박(船舶)		6	扒	뺄 배(깨뜨릴 파) 빼다 · 깨뜨리다
	13	徬	헤맬 방(시중들 방) 따라다니다		7	坏	언덕 배(무너질 괴) 깔보다
		滂	비퍼부을 방 비가 퍼붓다		7	貝	조개 패 조개 · 돈 · 무늬
	14	搒	배 저을 방(매질할 방) 배를 젓다 · 휴식하다		8	杯	잔 배 잔 · 그릇
		榜	매 방 매 · 매질하다 · 떼 · 배		9	拜	절 배 절 · 절하다 · 감사하다
		膀	패 방 게시판 · 액자			盃	잔 배 잔 · 杯의 俗字
		髣	비슷할 방 닮다			倍	곱 배 곱 · 갑절 · 등지다
	15	磅	돌떨어지는소리 방 돌이 떨어지는 소리		10	配	아내 배 아내 · 술(酒)의 빛깔
		魴	방어 방 방어(魴魚)			俳	광대 배 광대 · 장난 · 스러지다
	16	艕	쌍배 방 쌍배 · 배를 나란히 하다		11	背	등 배 등 · 뒤 · 등 쪽 · 양(陽)
		蒡	우엉 방 인동(忍冬) 동굴 · 흰 쑥			胚	아이밸 배 아이 배다 · 엉기다

음	원획	한자	훈·음·뜻	음	원획	한자	훈·음·뜻
배	11	培	복돋울 배 북돋우다·불리다	**백**	8	佰	일백 백 일백·밭두둑(陌)
		徘	노닐 배 노닐다			帛	비단 백 비단·풀이름
	12	排	밀칠 배 밀치다·물리치다		9	柏	측백나무 백 나무 이름·측백나무
		焙	불에쬘 배 불에 쬐다·배롱(焙籠)			珀	호박 박 호박
	13	湃	물소리 배 물결치다·물결 소리			栢	나무이름 백 나무 이름·柏의 俗字
		琲	구슬꿰미 배 꿰뚫다		11	苩	성 백 성(姓)·꽃
	14	裴	옷치렁치렁할 배 옷이 치렁치렁하다		12	趙	넘칠 백 급함·넘다
		裵	옷치렁치렁할 배 裴의 本字		15	魄	넋 백 넋·몸·형체·달·달빛
	15	褙	배접할 배 속적삼·배접(褙接)하다	**번**	11	袢	속옷 번(차려입을 반) 속옷·차려입다
		輩	무리 배 무리·동류·동아리		12	番	차례 번 차례·횟수
		賠	물어줄 배 물어주다·배상하다		13	煩	괴로워할 번 괴로워하다·답답하다
	16	陪	따를 배 모시다·보좌하다		15	幡	기 번 기·표기·나부끼다
		蓓	꽃봉오리 배 풀이름			樊	울 번 울·울타리·에워싸다
	17	蕾	꽃봉오리 배 꽃봉오리		16	燔	구울 번 굽다·사르다·말리다
백	5	白	흰 백 흰 빛·희다·날이 새다		17	繁	성할 번 많다·번성하다
	6	百	일백 백 일백·모든·백 번 하다			磻	강 이름 번(돌살촉 파) 반계(磻溪)·돌살촉
	7	伯	맏 백 맏·우두머리		18	蕃	많을 번 우거지다·불어나다

음	원획	한자	훈·음·뜻	음	원획	한자	훈·음·뜻
번	18	膰	제사 고기 번(큰 배 반) 제사(祭祀) 고기 · 제육(祭肉)	범	7	机	수부나무 범 수부나무
		繙	되풀이할 번 번역하다		9	泛	뜰 범 뜨다 · 물이 가득 찬 모양
		翻	날 번 날다 · 번드치다 · 뒤집다		10	訉	말 많을 범 말이 많다 · 수다스럽다
	21	藩	덮을 번 덮다 · 지키다		11	范	풀이름 범 풀이름 · 벌 · 거푸집
		飜	뒤칠 번 뒤치다 · 엎어지다 · 날다			梵	범어 범 범어 · 더러움이 없다는 뜻
	23	蘩	산흰쑥 번 머위			笵	법 범 법률
벌	6	伐	칠 벌 치다 · 베다 · 공적 · 공훈			釩	떨칠 범 떨치다
	12	筏	떼 벌 떼 · 뗏목		13	渢	풍류 소리 범 물소리 · 물에 뜨는 모양
	14	閥	공훈 벌 공훈(功勳) · 문벌(門閥)		15	範	법 범 법 · 본 · 골 · 틀
	15	罰	죄 벌 죄 · 벌 · 형벌			滼	뜰 범 뜨는 모습
	16	罸	죄 벌 죽이다		19	颿	달릴 범 돛 · 말이 질주하다
		橃	뗏목 벌(뗏목 발) 큰 배	법	9	法	법 법 법 · 예의 · 도리 · 모범
범	3	凡	범상할 범 평범하다 · 보통 · 관습		13	琺	법랑 법 법랑 · 불투명 유리질 물질
	6	犯	범할 범 범하다 · 어긋나다 · 죄	벽	13	辟	임금 벽 임금 · 법 · 허물
		氾	넘칠 범 넘치다 · 물로 씻다		14	碧	푸를 벽 푸르다 · 푸른 옥돌
		帆	돛 범 돛 · 돛단배 · 돛달다		15	僻	후미질 벽 후미지다 · 치우치다
	7	汎	뜰 범 뜨다 · 물 위에 뜨다			劈	쪼갤 벽 쪼개다 · 깨뜨리다

음	원획	한자	훈·음·뜻	음	원획	한자	훈·음·뜻
벽	16	壁	벽 벽 벽·울타리·벼랑	변	8	忭	기뻐할 변 기뻐하다·좋아하다
	17	擗	가슴 칠 벽 슬퍼하다·가슴 치다			抃	손뼉 칠 변 손뼉을 치다·박자를 맞추다
		擘	엄지손가락 벽 엄지손가락·쪼개다		9	便	똥오줌 변(편할 편) 똥오줌·아첨하다
		檗	황벽나무 벽 황벽나무		13	骿	더할 변(더할 병) 더하다·늘다
	18	璧	구슬 벽 둥근 옥·아름다운 옥		14	胼	살갗 틀 변 못이 박히다
		癖	적취 벽 적취·버릇·습관		16	辨	분별할 변 분별하다·분명히 하다
		甓	벽돌 벽 기와			骿	나란히 할 변(나란히 할 병) 군살
	19	襞	주름 벽 접다·치마주름			鴘	매 변 두살된 매
	20	擘	가를 벽 나누다			骿	통갈비 변 굳은 살
	21	闢	열 벽 열다·열리다·물리치다		20	辮	땋을 변 땋은 머리
		霹	벼락 벽 벼락·천둥·뇌신(雷神)		21	辯	말잘할 변 말 잘하다·다스리다
	23	蘗	황경나무 벽 황경나무·승검초		22	邊	가 변 가·가장자리·근처
	24	鸊	논병아리 벽 되강오리		23	變	변할 변 변하다·달라지다
	26	鼊	거북 벽 거북		25	籩	제기 이름 변 과실을 담는 제기(祭器)
변	4	卞	조급할 변 조급하다·맨손으로 치다	별	7	別	나눌 별 나누다·갈라짐
	5	弁	고깔 변 고깔·빠르다·서두르다		9	炦	불기운 별(불기운 발) 불기운
	7	采	분변할 변 분별하다·辨의 本字		12	勯	클 별 힘쎈 모습

음	원획	한자	훈·음·뜻	음	원획	한자	훈·음·뜻
별	13	莂	모종낼 별 모종내다 · 씨뿌리기	병	9	昞	빛날 병 밝다 · 빛나다 · 환하다
		馝	향기 별(향기날 함) 향기롭다			昺	밝을 병 밝다 · 빛나다 · 昞과 同字
	15	彆	활 뒤틀릴 별 활짱이 뒤틀리다			抦	잡을 병 잡다
	17	馪	짙지 않은 향기 별 짙지 않은 향기(香氣)			病	병 병 병 · 질병 · 흠 · 근심
		瞥	언뜻볼 별 언뜻 보다 · 잠깐 보다		10	竝	아우를 병 아우르다 · 나란히 하다
	18	撇	털 별 털다 · 옷을 털다			倂	겸할 병 아우르다 · 나란히 하다
	23	鷩	붉은꿩 별 붉은 꿩		11	屛	병풍 병 병풍 · 울 · 담
		鱉	금계 별 금계(錦鷄 · 錦雞)		12	棅	권세 병 근본 · 권세 · 柄과 同字
	25	鼈	자라 별 자라 · 고사리			迸	흩어져 달아날 병 물리치다
병	5	丙	남녘 병 남녘 · 십간(十干)의 셋째		13	甁	병 병 병 · 단지 · 항아리
	6	幷	어우를 병 어우르다			鈵	굳을 병 단단하다
	7	兵	군사 병 싸움 · 전쟁 · 무기 · 병기			絣	이을 병(명주 붕) 줄무늬베
	8	拼	어우를 병 어우르다 · 어울리다		14	缾	두레박 병 술 담는 그릇
		秉	잡을 병 잡다 · 손으로 잡다			鉼	가마솥 병 가마솥
		並	아우를 병 아우르다 · 竝과 同字		15	軿	수레 병(수레 변) 수레 · 거마(車馬)의 소리
	9	炳	밝을 병 밝다 · 빛나다 · 단청 색		16	鋲	판금 병 판금
		柄	자루 병 자루 · 근본 · 권세 · 권력		17	餠	떡 병 떡 · 떡처럼 얇고 편편한 것

음	원획	한자	훈·음·뜻	음	원획	한자	훈·음·뜻
병	18	騈	나란히할 병 나란히 하다	보	13	湺	보 보 보·사람 이름
보	7	步	걸음 보 걸음·걷다		14	菩	보리 보 보리·모사(茅沙)풀·깨
		甫	클 보 크다·아무개칭·사나이			輔	도울 보 덧방나무·돕다·보좌
	8	宝	보배 보 보배·寶의 俗字		15	葆	더부룩할 보 움돋이
		步	걸음 보 걸음·보폭			褓	포대기 보 포대기
		玞	옥그릇 보 옥돌			鴇	능에 보 너새·오총이
	9	保	지킬 보 지키다·돕다		16	潽	끓을 보 끓다
		俌	도울 보 돕다		18	簠	제기 이름 보 기장과 피를 담는 그릇
	10	洑	물막을 보 보·나루·배를 대는 곳		19	黼	수 보 보물·수 놓은 옷
	11	珤	보배 보 보배·보물옥쇄		20	寶	보배 보 보배·보물·신(神)
		琝	보배 보 보배·보물옥쇄		27	靌	보배 보 보배롭게 여기다
		報	갚을 보 갚다·갚음·알리다		19	譜	계보 보 계보·족보·악보(樂譜)
	12	普	넓을 보 널리·두루·널리 미치다	복	2	卜	점 복 점·길흉을 알아내다
		堡	작은성 보 작은 성·둑·제방		6	扑	칠 복(칠 박) 치다·때리다
		睶	볼 보 보다			伏	엎드릴 복 엎드리다·숨다
		盙	제기 이름 보 기장과 피를 담는 그릇		8	服	옷 복 옷·의복·입다
	13	補	도울 보 채우다·보탬·돕다			宓	성 복 성(姓)·편안하다·몰래

인명용 한자(人名用漢字)

음	원획	한자	훈·음·뜻	음	원획	한자	훈·음·뜻
복	11	匐	길 복 기다 · 엎드려 기어가다	**복**	18	濮	강 이름 복 성(姓)의 하나
	12	茯	복령 복 복령(茯笭) · 한약 이름			覆	뒤집힐 복 뒤집히다 · 반전하다
		復	돌아올 복(다시 부) 다시 · 돌아오다 · 덮다			馥	향기 복 향기 · 향기가 풍기다
	14	菔	무 복 칼집		19	鵬	수리부엉이 복 수리부엉이 · 올빼미
		福	복 복 복 · 복 내리다 · 돕다		20	鰒	전복 복 전복 · 떡조개
		僕	종 복 종 · 마부 · 자신의 겸칭	**본**	5	本	밑 본 밑 · 뿌리 · 기초 · 근본
		箙	전동 복 화살 넣는 통	**볼**	8	乶	땅이름 볼 땅 이름 · 우리나라 한자
	15	腹	배 복 배 · 창자 · 앞쪽	**봉**	4	丰	예쁠 봉(풍채 풍) 예쁘다 · 어여쁘다
		複	겹옷 복 겹옷 · 솜옷 · 겹치다		7	夆	끌 봉 이끌다 · 봉우리
		墣	흙덩이 복(박) 흙덩이		8	奉	받들 봉 받들다 · 기르다 · 돕다
		幞	보자기 복 두건		9	芃	무성할 봉 풀이 무성하다
		蝠	박쥐 복 살무사			封	봉할 봉 봉하다 · 봉지(封地)
		蝮	살무사 복 구렁이 · 큰 뱀			峯	봉우리 봉 봉우리 · 뫼 · 산
	16	輻	바퀴살 복(몰려들 부) 바퀴살 · 다투어 모이다		10	俸	녹 봉 녹 · 봉급 · 급료
		輹	복토 복 복토			峰	봉우리 봉 봉우리 · 산 · 峯과 同字
	17	蔔	무 복 무 · 나복(蘿蔔) · 치자꽃		11	浲	봉우리 봉 봉우리 · 산 · 峯과 同字
		鍑	솥 복 솥 · 아가리가 오므라진 솥			烽	봉화 봉 봉화 · 경계

음	원획	한자	훈·음·뜻	음	원획	한자	훈·음·뜻
봉	12	捧	받들 봉 받들다(奉)·들다	부	4	不	아닐 부(아닐 불) 아니다·아니하다
		棒	몽둥이 봉 몽둥이·막대기		5	付	줄 부 주다·청하다·붙이다
	13	琫	칼집장식 봉 칼집 장식·받치다		6	缶	장군 부 장군·용량(容量)의 단위
		蜂	벌 봉 벌·창날		7	否	아닐 부 아니다·부정하다
		縫	꿰맬 봉 꿰매다			孚	기를 부 자라다·알이 깨다·씨
	14	逢	만날 봉 만나다·맞다·영합하다		8	扶	도울 부 돕다·떠받치다·붙들다
		菶	풀 무성할 봉 열매가 많이 열리다			抔	움킬 부 움키다·움켜쥐다
		鳳	봉새 봉 봉새·봉황새			府	곳집 부 곳집·마을·관청
	15	漨	내이름 봉 내 이름·물이 모이는 모양			阜	언덕 부 언덕·대륙·크다
		鋒	칼끝 봉 칼끝·병기의 날			呼	분부할 부 분부하다·숨을 내쉬다
		熢	연기자욱할 봉 연기가 자욱하다·불기운			斧	도끼 부 도끼·베다·도끼로 베다
		鵬	봉새 봉(꿩 궉) 봉황(鳳凰)·꿩		9	拊	어루만질 부 악기이름
	17	蓬	쑥 봉 쑥·흐트러지다·봉래			玞	옥돌 부 아름다운 돌
		縫	꿰맬 봉 꿰매다·깁다·붙이다			負	질 부 지다·등에 짐을 지다
		簑	뜸 봉 쑥			赴	나아갈 부 나아가다·알리다
부	4	夫	지아비 부 지아비·사나이·장정			俘	사로잡을 부 포로
		父	아비 부 만물을 나게 하여 기르는 것			訃	부고 부 부고·죽음을 알리는 통지

음	원획	한자	훈·음·뜻	음	원획	한자	훈·음·뜻
부	10	芙	연꽃 부 부용 · 목부용(木芙蓉)	부	11	袝	나들이옷 부 나들이 할 때 입는 깨끗한 옷
		苿	질경이 부 꽃이 성한 모습			掊	그러모을 부(성씨 배) 헤치다
		罘	그물 부 토끼그물			涪	물거품 부 강이름
		釜	가마 부 가마 · 발 없는 큰 솥			趺	발등 부 받침 · 꽃받침
		俯	구푸릴 부 구푸리다 · 구부리다			鈇	도끼 부 큰 도끼 · 작두
		剖	쪼갤 부 쪼개다 · 다스리다		12	復	다시 부(돌아올 복) 다시 · 돌아오다 · 덮다
		祔	합사할 부 합장하다			富	가멸 부 재물이 많고 넉넉하다
		蚨	파랑강충이 부 파랑강충이			傅	스승 부 스승 · 후견인 · 시중들다
	11	荷	귀목풀 부(연못 이름 포) 귀목풀 · 갈대속의 흰 껍질			媍	며느리 부 여자
		胕	장부 부(팔꿈치 주) 창자 · 종기			附	가까울 부 붙다 · 친근하다 · 맞추다
		浮	뜰 부 뜨다 · 떠오르다			莩	풀이름 부 풀이름 · 갈대청
		婦	며느리 부 며느리 · 아내 · 여자			罦	그물 부 덮치기
		符	부신 부 부신(符信) · 수결(手決)		13	鳧	오리 부 오리 · 산 이름
		副	버금 부 버금 · 다음 · 도움 · 돕다			艀	작은배 부 작은 배
		趺	책상다리할 부 책상다리하다 · 발등			蜉	하루살이 부 왕개미
		埠	선창 부 선창			裒	모을 부(자락 큰 옷 보) 모으다 · 줄다 · 덜다
		桴	마룻대 부 북채			筟	대청 부 대속 흰 꺼풀

음	원획	한자	훈·음·뜻	음	원획	한자	훈·음·뜻
부	14	腑	장부 부 장부(臟腑)·오장 육부	분	4	分	나눌 분 나누다·구별하다
		溥	넓을 부 넓다·광대하다		7	吩	뿜을 분 뿜다·명령하다
		腐	썩을 부 썩다·썩히다			体	용렬할 분(몸 체) 용렬하다·거칠다
		孵	알깔 부 알을 까다·자라다			坌	먼지 분 티끌
		榑	부상 부 부상(榑桑)·뽕나무			帉	걸레 분 행주
	15	部	거느릴 부 거느리다·나누다		8	汾	물이름 분 물 구르는 모양·물 이름
		賦	구실 부 구실·조세·부역			扮	꾸밀 분 꾸미다·매만져 차리다
		敷	베풀 부 나누다·펴지다			奔	달릴 분 달리다·패주하다
		駙	곁마 부 곁마·부마(駙馬)			氛	기운 분 길흉의 징조
		頫	구부릴 부(볼 조) 머리숙여 살펴보다			忿	성낼 분 성내다·원망하다
		麩	밀기울 부 밀가루찌기			肦	머리 클 분(나눌 반) 큰 머리·나누다
	16	鮒	붕어 부 두꺼비			枌	흰느릅나무 분 흰느릅나무·마룻대
	17	膚	살갖 부 살갖·피부·표피			盼	날빛 분 햇빛
		蔀	빈지문 부 덮개·작다		9	盆	동이 분 동이·밥 짓는 그릇
		賻	부의 부 부의·부의를 보내다			砏	큰소리 분 돌 구르는 소리
	19	簿	장부 부 장부·회계부·홀(笏)		10	芬	향기로울 분 향기롭다·향기
북	5	北	북녘 북(달아날 배) 달아나다·북녘			紛	어지러워질 분 어지러워지다·섞이다

음	원획	한자	훈·음·뜻	음	원획	한자	훈·음·뜻
분	10	粉	가루 분 가루 · 쌀가루 · 분	분	17	鼢	두더지 분 전서
		畚	삼태기 분 둥구미		18	蕡	들깨 분 삼씨
	11	笨	거칠 분 조잡하다		19	轒	병거 분 전차
	12	犇	달릴 분 소가 놀라다			臏	고깃국 분(고깃국 비) 곰국
		焚	불사를 분 불사르다 · 타다	불	4	不	아닐 불(아닐 부) 아니다 · 아니하다
		賁	클 분 크다 · 날래다 · 지다		5	弗	아닐 불 아니다(不) · 빠른 모양
		雰	안개 분 안개		7	佛	부처 불 부처 · 어렴풋하다
		棼	마룻대 분 어지럽다		8	彿	비슷할 불 비슷하다
		棻	향내 나는 나무 분 마룻대 · 어지럽다			岪	산길 불 첩첩하다
	13	湓	용솟음할 분 목소리		9	拂	떨 불 떨다 · 먼지 따위를 떨다
	15	墳	무덤 분 무덤 · 언덕 · 둑 · 제방		10	祓	푸닥거리할 불 푸닥거리하다 · 굿하다
		噴	뿜을 분 뿜다 · 뿜어내다 · 꾸짖다			茀	풀 우거질 불 풀이 우거지다 · 제초하다
	16	憤	결낼 분 결내다 · 성을 내다		11	紱	인끈 불 제복 · 입다
		濆	뿜을 분 물가 · 솟다			艴	발끈할 불(발끈할 발) 발끈하다 · 색을 칠하다
		奮	떨칠 분 떨치다 · 흔들리다		14	韍	폐슬 불 인끈
		黺	수놓을 분 옷에 그린 그림		15	髴	비슷할 불(비비 비) 흐트러진 모습
	17	糞	똥 분 똥 · 떨다 · 소제하다		17	黻	수 불 수를 놓다

음	원획	한자	훈·음·뜻	음	원획	한자	훈·음·뜻
붕	8	朋	**벗 붕** 벗·친구·무리	비	7	伾	**힘셀 비** 힘세다·겹치다
	11	崩	**무너질 붕** 무너지다·흩어지다			妣	**죽은 어머니 비** 죽은 어머니·할머니
		堋	**묻을 붕** 벗			屁	**방귀 비** 방귀
	12	棚	**시렁 붕** 시렁·선반·누각		8	批	**칠 비** 치다·손으로 때리다
	13	硼	**붕사 붕** 붕산·돌 이름·붕사(硼砂)			沘	**강 이름 비** 강(江)의 이름
	15	漰	**물결치는 소리 붕** 물결치는 소리·보(洑)			非	**아닐 비** 아니다·부정(否定)의 조사
	17	繃	**묶을 붕** 묶다·감다·포대기			卑	**낮을 비** 낮다·낮은 사람·천하다
	18	髼	**머리털 흐트러질 붕** 헝크러지다·더벅머리			枇	**비파나무 비** 비파나무·비파
	19	鵬	**붕새 붕** 붕새·큰 새		9	沸	**끓을 비** 끓다·끓이다·끓는 물
비	2	匕	**비수 비** 비수·수저·화살의 촉			狒	**비비 비** 아프리카 원숭이
	4	比	**견줄 비** 견주다·본뜨다·모방하다			泌	**샘물흐르는모양 비(필)** 샘물 흐르는 모양
	5	丕	**클 비** 크다·으뜸			飛	**날 비** 날다·오르다·빨리 가다
		庀	**다스릴 비** 다스리다·갖추다			毖	**삼갈 비** 삼가다·근신하다·멀다
	6	妃	**왕비 비** 왕비·여신(女神)의 높임말			毗	**도울 비** 돕다·힘을 보태다
		仳	**떠날 비(추할 비)** 헤어지다			砒	**비상 비** 비상·(現)원소의 하나
		圮	**무너질 비** 무너지다·무너뜨리다			秕	**쭉정이 비** 쭉정이·질이 나쁜 쌀
	7	庇	**덮을 비** 덮다·감싸는 도움			毘	**도울 비** 돕다·毗와 同字

음	원획	한자	훈·음·뜻	음	원획	한자	훈·음·뜻
비	9	犻	삵의 새끼 비 삵의 새끼 · 떼지어 달리다	비		悱	표현 못할 비 표현하려고 애쓰다
	10	肥	살찔 비 살찌다 · 걸우다 · 거름			淝	강 이름 비 강(江)의 이름
		苉	당아욱 비 풀이름			湃	강 이름 비(움직일 패) 강(江)의 이름 · 움직이다
		茀	작은 모양 비(우거질 불) 우거지다 · 슬갑(膝甲)			悲	슬플 비 슬프다 · 슬픔 · 비애
		祕	귀신 비 귀신 · 비밀하다			備	갖출 비 갖추다 · 갖추어지다
		匪	대상자 비 대상자		12	費	쓸 비 쓰다 · 금품을 소비하다
		粃	쭉정이 비 쭉정이 · 모르다 · 아니다			琵	비파 비 비파
		俾	더할 비 흘겨본다			扉	문짝 비 문짝 · 집 · 주거(住居)
		莿	발 벨 비 발을 베다			斐	오락가락할 비 오락가락하다 · 여신(女神)
		紕	가선 비(잘못할 비) 쭉정이			棐	도지개 비 도지개 · 보좌하다
		蚍	왕개미 비 당아욱			椑	술통 비(널 벽) 시체를 넣는 관이나 곽 · 술통
		秘	숨길 비 숨기다 · 비밀 · 祕의 俗字			痞	결릴 비 결리다 · 앓다 · 답답하다
	11	婢	여자종 비 여자 종 · 소첩		13	碑	돌기둥 비 돌기둥 · 비석
		埤	더할 비 담비			痱	암메추라기 비 암메추라기
		庳	낮을 비 집이 낮다			閟	문 닫을 비 멎다
		棐	클 비 크다			痺	저릴 비 류머티즘
	12	邳	클 비 언덕			睥	흘겨볼 비 흘겨보다 · 엿보다

음	원획	한자	훈·음·뜻	음	원획	한자	훈·음·뜻
비	14	脾	지라 비 지라·오장의 하나	비	17	貔	비휴 비 표범의 일종
		菲	엷을 비 엷다·보잘것없다			馡	향기로울 비 향내음
		腓	장딴지 비(피할 비) 다리 베는 형벌(刑罰)		18	鄙	다라울 비 다랍다·인색(吝嗇)하다
		萆	비해 비(가릴 폐) 도롱이			濞	물소리 비 물소리
		裨	도울 비 돕다·보좌하다·보태다			騑	곁마 비 세살된 말
		鼻	코 비 코·구멍			髀	넓적다리 비(넓적다리 폐) 장딴지
		榧	비자나무 비 비자나무		19	臂	팔 비 팔·쇠뇌 자루
		緋	붉은빛 비 붉은빛			轡	말에 채비할 비 길 떠날 채비를 하다
		翡	물총새 비 물총새			騛	빠른 말 비 준마의 이름
		蜚	바퀴 비 바퀴·메뚜기·곤충 이름		20	羆	큰곰 비 큰곰·말곰
	15	鄪	고을 이름 비 읍(邑)의 이름			譬	비유할 비 비유하다·깨우치다
		誹	헐뜯을 비 헐뜯다·비방하다		21	贔	힘쓸 비 큰 거북
	16	陴	성가퀴 비 돕다		21	鼙	마상고 비 작은북·비파
		蓖	아주까리 비 개사철쑥		22	轡	고삐 비 재갈
		憊	고달플 비 고달프다·피곤하다	빈	6	牝	암컷 빈 암컷·음(陰)·골짜기
		霏	눈 펄펄 내릴 비 조용히 오는 비·안개			份	빛날 빈 빛나다·한 부분·일부분
		篦	빗치개 비 통발·참 빗		9	玭	소리나는진주 빈 구슬 이름

음	원획	한자	훈·음·뜻	음	원획	한자	훈·음·뜻
빈	11	邠	나라이름 빈 나라 이름 · 빛나다	**빈**	19	馪	향기 빈 향기
		浜	물가 빈 물가 · 선거 · 배를 맬 곳			璸	옥무늬 빈 옥 무늬가 아롱아롱하다
		貧	가난할 빈 가난하다 · 가난 · 곤궁			霦	옥광채 빈 옥(玉)의 광채
		彬	빛날 빈 빛나다 · 밝다			臏	종지뼈 빈 정강이 뼈
	12	斌	빛날 빈 빛나다 · 뒤범벅이 된 모양		20	瀕	물가 빈 물가 · 따르다 · 임박하다
	14	賓	손 빈 손 · 손님			繽	어지러울 빈 어지럽다 · 성(盛)한 모양
	16	頻	연이을 빈 자주 · 빈번히 · 물가(濱)		22	蘋	네가래 빈(개구리밥 평) 네가래 · 개구리밥
		儐	인도할 빈 인도하다 · 대접하다			鑌	강철 빈 강철 · 광내다
	17	嬪	아내 빈 아내 · 부인의 미칭(美稱)		23	馩	향내 물큰 날 빈 향내가 물큰 나다
		豳	나라이름 반(빈) 나라 이름 · 성(姓)		24	顰	찡그릴 빈 얼굴을 찡그리다
	18	濱	물가 빈 물가 · 끝 · 임박하다			鬢	살쩍 빈 귀밑털 · 빈모
		擯	물리칠 빈 물리치다 · 인도(引導)하다	**빙**	5	氷	얼음 빙 얼음 · 얼다 · 기름
		檳	빈랑나무 빈 빈랑나무		8	凭	기댈 빙 의지하다
		殯	염할 빈 염하다 · 대렴하다 · 묻다		10	娉	장가들 빙(예쁠 병) 장가들다 · 예쁘다
		嚬	찡그릴 빈 찡그리다		13	聘	찾아갈 빙 찾아가다
	19	矉	찡그릴 빈 노려보다		16	憑	의지할 빙 기대다 · 의거하다
		贇	예쁠 윤(빈) 예쁘다 · 아름답다		17	騁	달릴 빙 말을 달리다

음	원획	한자	훈·음·뜻	음	원획	한자	훈·음·뜻
파	4	巴	**땅이름 파** 땅 이름 · 파조(巴調)의 약칭	파	11	婆	**할미 파** 할미 · 사물의 형용
	5	叵	**어려울 파** 불가능하다		12	跛	**절뚝발이 파** 절뚝발이 · 절뚝거리다
	7	妑	**새앙머리 파** 여자 이름		13	琶	**비파 파** 비파
	8	把	**잡을 파** 잡다 · 한 손으로 쥐다		14	菠	**시금치 파** 시금치
		坡	**고개 파** 고개 · 비탈 · 둑 · 제방			頗	**자못 파** 자못 · 조금 · 약간 · 매우
		杷	**비파나무 파** 비파나무 · 상록 교목		15	葩	**꽃 파** 꽃 모양의 쇠 장식
		爬	**긁을 파** 긁다 · 기다		16	播	**뿌릴 파** 뿌리다 · 씨를 뿌리다
		岥	**비탈질 파** 고객			罷	**방면할 파** 방면(放免)하다 · 그치다
		爸	**아버지 파(아비 파)** 아버지 · 아빠		17	皤	**흴 파** 머리 센 모양
	9	波	**물결 파** 물결 · 물결이 일다			鄱	**고을 이름 파** 땅이름
		怕	**두려워할 파(담담할 백)** 아마도		19	擺	**열릴 파** 열리다 · 벌여 놓다
	10	芭	**파초 파** 파초 · 향기풀이름 · 꽃			簸	**까부를 파** 까불리다
		派	**물갈래 파** 물갈래 · 갈라져 흐르다		25	灞	**물 이름 파** 강이름
		玻	**유리 파** 파리	판	7	判	**판가름할 판** 판가름하다 · 나누다
		破	**깨뜨릴 파** 깨뜨리다			坂	**비탈 판** 비탈 · 둑 · 제방
		笆	**가시대 파** 대바자		8	板	**널조각 판** 널빤지 · 판목(版木)
		耙	**써레 파** 쇠스랑			版	**널 판** 널 · 널빤지 · 담틀 · 책

음	원획	한자	훈·음·뜻	음	원획	한자	훈·음·뜻
판	11	販	팔 판 팔다 · 매매하다 · 장사	패		悖	어그러질 패 어그러지다 · 도리 · 사리
	12	阪	비탈 판 비탈 · 제방 · 산골짜기		11	狽	이리 패 이리 · 허겁지겁하다
		鈑	금박 판 얄팍한 판자 모양의 황금			珮	찰 패 노리개
	16	辦	힘쓸 판 힘쓰다 · 갖추다			敗	깨뜨릴 패 깨뜨리다 · 부수다
	19	瓣	외씨 판 외씨 · 외씨의 핵(核)		12	牌	패 패 패 · 방 · 명찰
팔	5	叭	입벌릴 팔 입을 벌리다 · 나팔		13	稗	피 패 피 · 돌피
	6	汃	물결치는 소리 팔 물결치는 소리		15	霈	비 쏟아질 패 큰비
		朳	고무래 팔 삼태기 · 쓰레받기		19	覇	으뜸 패 으뜸 · 霸의 俗字
	8	八	여덟 팔 여덟 · 팔자형(八字形)		21	霸	으뜸 패 으뜸 · 우두머리 · 달의 넋
	11	捌	고무래 팔 깨뜨리다 · 갈퀴 · 나누다	팽	9	祊	제사 팽 제사(祭祀) · 읍(邑)의 이름
패	7	孛	살별 패(안색 변할 발) 혜성(彗星) · 성(盛)한 모양		10	砰	돌 구르는 소리 팽 물결치는 소리
		貝	조개 패 조개 · 돈 · 무늬		11	烹	삶을 팽 삶다 · 익힌 음식
	8	沛	늪 패 늪 · 습지 · 성대한 모양		12	彭	성 팽 성(姓) · 나라 이름
		佩	패옥 패 차다 · 노리개 · 지니다		16	澎	물결부딪는기세 팽 물결 부딪는 기세
	10	唄	찬불 패 찬불(讚佛)			膨	부풀 팽 부풀다
		旆	기 패 깃 발		18	蟚	방게 팽 방게 · 蟛과 同字
	11	浿	강이름 패 강 이름			蟛	방게 팽 방게 · 蟚과 同字

음	원획	한자	훈·음·뜻	음	원획	한자	훈·음·뜻
퍅	13	愎	괴팍할 퍅 괴팍하다 · 어긋나다	편	16	諞	말 잘할 편 말을 교묘하게 하다
편	4	片	조각 편 한쪽 · 조각 · 납작한 조각		18	鞭	채찍 편 채찍 · 매질하다
	9	便	편할 편(똥오줌 변) 편하다 · 아첨하다		19	騙	속일 편 속이다 · 기만하다
		扁	넓적할 편 넓적하다 · 납작하다	폄	10	砭	돌침 폄 돌침 · 침을 놓다
	11	偏	치우칠 편 치우치다 · 절반 · 한쪽			窆	하관할 폄 무덤구덩이
		匾	납작할 편 얇은 그릇		12	貶	떨어뜨릴 폄 떨어뜨리다 · 낮추다
	12	徧	두루 미칠 편(두루 변) 널리 · 돌다	평	5	平	평평할 평 평평하다 · 바르다 · 곧다
	13	愊	편협할 편 조급하다		8	坪	평평할 평 평평하다 · 평(땅의 면적)
	15	萹	마디풀 편(마디풀 변) 마디풀 · 흔들리는 모양		9	泙	물소리 평 물소리 · 거센 물결의 모양
		褊	좁을 편(휘날릴 변) 좁다 · 성급하다			怦	곧을 평 두근거리다
		篇	책 편 책 · 시문을 세는 단위			抨	탄핵할 평 탄핵하다 · 스치다
		編	엮을 편 엮다 · 기록하다			枰	바둑판 평 바둑판 · 쌍륙판 · 의자
		翩	빨리날 편 빨리 날다 · 나부끼다		11	苹	개구리밥 평(부릴 병) 개구리밥 · 네가래
		緶	꿰맬 편 삼을 꼬다		12	評	평할 평 품평 · 됨됨이를 평하다
		艑	거룻배 편 배 이름		14	萍	부평초 평 부평초 · 개구리밥 · 쑥
		蝙	박쥐 편 박쥐		16	鮃	넙치 평 비목어
	16	遍	두루 편 두루 · 고루 미치다		17	蕱	부평초 평 개구리 밥

음	원획	한자	훈·음·뜻	음	원획	한자	훈·음·뜻
폐	7	吠	짖을 폐 짖다 · 개가 짖다	포	8	抛	던질 포 던지다 · 내던지다
	10	肺	허파 폐 허파 · 마음 · 충심(衷心)			咆	으르렁거릴 포 으르렁거리다 · 성을 내다
	11	狴	감옥 폐(감옥 비) 짐승이름			庖	부엌 포 요리사
		閉	닫을 폐 닫다 · 닫히다 · 잠그다			抱	안을 포 안다 · 품다 · 품에 안기다
	12	敝	해질 폐 깨지다			怖	두려워할 포 두려워하다 · 떨다
	15	陛	섬돌 폐 섬돌 · 계단 · 순서 · 차례		9	泡	거품 포 거품 · 물거품 · 성하다
		廢	폐할 폐 폐하다 · 그만두다			拋	버릴 포 버리다 · 던지다
		弊	해질 폐 폐단			匍	길 포 기다 · 힘을 다하다
		幣	비단 폐 비단 · 예물 · 돈			炮	통째로 구울 포 터지다
	16	嬖	사랑할 폐 사랑하다 · 친압하다			炰	통째로 구울 포 고개를 통채로 굽다
		獘	넘어질 폐(짐승 이름 폐) 넘어지다 · 해어지다		10	砲	돌쇠뇌 포 돌쇠뇌 · 포거(抛車)
	17	癈	폐질 폐 고질			哺	먹을 포 먹다 · 먹이다
	18	蔽	덮을 폐 덮다 · 싸다 · 숨기다			圃	밭 포 밭 · 들일 · 넓다 · 크다
		斃	넘어질 폐 넘어지다 · 쓰러지다			疱	천연두 포 천연두 · 마마 · 붓는 병
포	5	布	벌릴 포 벌여놓다 · 조세(租稅)		11	胞	태보 포 태보 · 삼 · 종기(腫氣)
		包	쌀 포 싸다 · 꾸러미 · 보따리			苞	그령 포 그령 · 밑동 · 싸다(包)
	7	佈	펼 포 펴다			浦	개 포 개 · 물가 · 바닷가

음	원획	한자	훈·음·뜻	음	원획	한자	훈·음·뜻
포	11	捕	사로잡을 포 사로잡다·구하다·찾다	포	17	儤	번 설 숙직
		袍	핫옷 포 핫옷·도포 따위			暴	사나울 포(앙상할 박) 사납다·난폭하다
		匏	박 포 박·바가지·악기(樂器)		18	鯆	돌고래 포(큰 물고기 부) 돌고래·큰 물고기
		晡	신시 포 신시(申時)·저녁나절	폭	12	幅	폭 폭 폭·너비·단위·넓이
	13	脯	포 포 포·저미어 말린 고기		15	暴	사나울 폭 사납다·해롭게 하다
		鉋	대패 포(발굴할 포) 대패·발굴하다·파다		16	輻	바퀴살 폭(몰려들 부) 바퀴살·몰려들다
	14	逋	달아날 포 달아나다·체납하다		19	瀑	폭포 폭 폭포·소나기·거품
		飽	물릴 포 물리다·싫증이 나다			爆	터질 폭 터지다·폭발하다
		鞄	혁공 포 가죽 다루는 사람			曝	쬘 폭 쬐다
		誧	도울 포 말이 크다	표	7	杓	자루 표 자루·구기의 자루
	15	葡	포도 포 포다·포르투갈의 약칭		9	表	겉 표 겉·거죽·겉면·밝히다
		褒	기릴 포 기리다·襃의 俗字			豹	표범 표 표범
		鋪	펼 포 펴다·늘어놓다·베풀다		10	俵	흩을 표 흩다·나누어 주다
		暴	사나울 폭 사납다·해롭게 하다			髟	늘어질 표(처마 삼) 머리털이 늘어진 모습
	16	蒲	부들 포 부들·향포·창포·왕골			票	불똥튈 표 불똥이 튀다
		鮑	절인어물 포 절인 어물·전복		11	彪	칡범 표 무늬·범 가죽의 무늬
		餔	저녁밥 포 새참			殍	주려 죽을 표(주려 죽을 부) 굶어죽을

인명용 한자(人名用漢字) | 383

음	원획	한자	훈·음·뜻	음	원획	한자	훈·음·뜻
표	13	剽	빠를 표 빠르다 · 사납다	표	21	飇	폭풍 표 폭풍 · 회오리바람
		僄	날랠 표(가벼울 표) 날래다 · 재빠르다			飈	폭풍 표 폭풍 · 飇와 同字
		勡	으를 표 강제로 빼앗다		22	鰾	부레 표 어표
	14	褾	목도리 표 소매 끝		23	鑣	재갈 표 말 재갈
		嘌	빠를 표 흔들리다	품	9	品	물건 품 물건 · 품별을 하다
		嫖	날랠 표(음탕할 표) 음탕하다 · 날래다		13	稟	줄 품 주다 · 내려 주다 · 녹
	15	漂	떠들 표 떠돌다 · 물에 떠돌다	풍	9	風	바람 풍 바람 · 불다 · 바람이 불다
		慓	날랠 표 날래다 · 재빠르다		12	馮	성 풍 성 · 타다 · 오르다
		摽	칠 표 떨어지다		13	楓	단풍나무 풍 단풍나무 · 신나무
		標	우듬지 표 우듬지 · 높은 나뭇가지			豊	풍성할 풍 풍성하다 · 豐의 俗字
		熛	불똥 표 빛나다 · 회오리		14	瘋	두풍 풍 미치광이
	16	瓢	박 표 박 · 박으로 만든 그릇		16	諷	욀 풍 외다 · 풍자하다
	17	縹	휘날릴 표(옥색 표) 휘날리다 · 나부끼다 · 옥색		18	豐	풍년 풍 풍년 · 넉넉하다
		瞟	들을 표 겨우 듣다	피	5	皮	가죽 피 가죽 · 껍질 · 겉 · 거죽
	19	鏢	칼집 끝 장식 표 칼집 · 푼끝		8	彼	저이 피 저 · 삼인칭 대명사 · 그
	20	飄	회오리바람 표 회오리바람 · 질풍		9	披	나눌 피 나누다 · 쪼개다 · 열다
	21	驃	표절따 표 표 · 표절따 · 표마(驃馬)		10	疲	지칠 피 지치다 · 피로 · 힘이 없다

음	원획	한자	훈·음·뜻	음	원획	한자	훈·음·뜻
피	11	被	이불 피 이불·잠옷·미치다	필	12	弼	도울 필 돕다·돕는 사람·도지개
	12	詖	치우칠 피 기울·간사하다			滭	샘이 용솟을 필(봇도랑 혁) 봇도랑·해자(垓子)
	13	陂	비탈 피 비탈·고개·보·못		13	鉍	창자루 필 창의 자루
	14	鞁	가슴걸이 피 고삐		14	馝	향기로울 필 향기롭다
	15	髲	다리 피 가발·월자			潷	용솟음할 필 용솟음하다
	20	避	피할 피 피하다·회피하다		15	駜	살찔 필 말이 건장한 모습
픽	13	腷	답답할 픽 물건의 소리			熚	다할 필 불 모양
픽 필	4	匹	필 필 필(疋)·짝·맞서다		16	觱	피리 필 피리의 일종
	5	必	반드시 필 반드시·전일(專一)하다			蓽	콩 필 가시
		疋	발 필 짝·끗·작다		17	篳	사립짝 필 울타리·사립문
	7	佖	점잖을 필 점잖다·가득 차다			罼	족대 필 토끼그물
	8	呹	향내 날 필 말이 명확(明確)하지 않다		18	蹕	벽제할 필 길 치우다
	9	泌	샘물흐르는모양 필(비) 샘물 흐르는 모양		19	鵯	직박구리 필(직박구리 비) 직박구리·떼까마귀
	10	珌	칼장식옥 필 칼 장식 옥		20	韠	슬갑 필 폐슬
	11	苾	향기로울 필 향기롭다·풀이름			轊	슬갑 필 수레 밧줄
		畢	마칠 필 마치다·끝내다·죄다	핍	5	乏	모자랄 핍 가난하다·무력하다
	12	筆	붓 필 붓·쓰다·덧보태어 쓰다		11	偪	핍박할 핍(나라 이름 복) 핍박하다·독촉(督促)

음	원획	한자	훈·음·뜻	음	원획	한자	훈·음·뜻
핍	16	逼	핍박할 핍 닥치다 · 가까이 다가오다				

한글 이름 짓기

시대의 흐름에 따라 순 한글로 이름을 지으려는 사람들도 늘어가는 추세에 있으며 한글 이름이라고 하면 사람 이름뿐 아니라 상품 이름이나 회사 이름 및 모임 이름까지도 포함한다. 이런 여러 종류의 한글 이름은 나름대로의 특성에 맞게 짓는 방법이 달라지게 된다. 그러나 한자를 중심으로 하는 작명법은 학문적인 체계가 서 있는 반면 한글 이름은 그렇지 못하다. 따라서 본 장에서는 우리 고유의 순수한 토박이 말로 짓는 방법과 음양오행의 이론에 부합하는 한글 이름을 짓는 방법으로 분류하여 낱낱이 논하기로 한다.

순수한 토박이 말로 짓는 방법

이는 타고난 선천적인 운명에서 넘치고, 모자라는 음양오행의 구성 비율을 이름으로 정도에 맞추어 조절해 주는 것과는 달리 순수한 우리말 중에서 흔하지 않으며, 뜻이 좋고 맑은 소리가 나는 글자를 성씨에 맞추어 짓는 것이 대개의 원칙이다.

흔히 한글 이름을 지을 때는 예쁘고, 부르기 좋고, 귀엽고, 뜻이 좋은 이름을 찾게 된다. 그러나 순수한 토박이 말로 이름을 짓기 때문에 반드시 예쁜 이름이나 귀여운 이름이어야 한다는 생각은 버려야 한다. 그것은 우리가 한자 이름을 지을때 귀엽고 예쁜 이름만을 찾지 않고 아기의 선천운명에 부합되는 이름을 짓는 것과 같은 이유에서이다. 또 너무 아이들에게만 어울리는 이름을 지어 어른이 되었을 때 놀림거리가 되는 경우도 있으니 유념해야 한다. 이름은 어렸을 때만 부르는 것이 아닌데도 아이 같은 이름을 짓는 것은 작명을 제대로 이해하지 못하기 때문이다. 또 귀엽고 예쁜 이름만 찾고 노력없이 이름을 지으려고 하기 때문에 자연스레 같은 이름이 많이 나타나게 되는데 이것은 사람과 사람을 구별해 주는 이름으로서의 역할을 제대로 할 수 없게 만든다.

1) 한글 이름 짓는 방향

한자 이름의 경우 그 뜻을 중요하게 생각하듯이 한글 이름의 경우도 마찬가지이다. 나아가 한글 이름은 뜻과 함께 소리의 아름다움도 생각해서 작명을 해야 한다.

한글 이름을 짓는 것은 찾기가 아니라 짓기이다. 한글 이름을 지으려면 국어사전이나 그 외의 자료에서 낱말을 찾아야 한다. 그렇지만 그 낱말을 그대로 쓰려는 생각은 피해야 한다. 그대로 따 온 이름은 한정되어 있고 따라서 같은 이름을 가진 사람이 많이 나오기 때문이다. 특히 우리나라와 같이 한자어가 많은 경우에는 한글 이름의 폭은 더욱 제한적이다. 한자 이름의 경우 한자 한자가 의미를 지니기 때문에 두 개의 한자어를 조합할 수 있어 그래도 많은 이름을 지을 수 있는 반면 한글 이름은 낱말 위주로 이름을 지으면 외자 낱말이 별로 없으므로 결국 낱말 하나가 이름 하나를 이루는데 그 낱말도 이름으로 쓰기에 적당한 토박이 말은 얼마되지 않는다. 따라서 한글 이름을 낱말 찾기 방법으로 지어서는 안 되며 이름짓기를 해야 한다.

2) 한글 이름 짓는 법

한글 이름 짓는 법의 구분은 딱히 정해진 것은 아니지만 명사를 이용한 이름짓기, 동사나 형용사를 이용한 이름 짓기, 두 가지 이상의 낱말을 합성한 이름 짓기, 성씨와 연결해서 이름 짓기 등으로 구분할 수 있다.

(1) 명사를 이용한 이름 짓기

이는 명사를 중심으로 해서 만들어진 이름을 말한다. 이것은 한글 이름 짓기의 가장 일반적인 형태의 이름 짓기 방식이며 주로 국어사전의 낱말 찾기식 이름 짓기에 많이 나타나는 이름이다.

㉠ 명사를 그대로 사용한 이름

가을·겨울·겨레·기쁨·나래·노을·다래·믿음·바다·보람·사랑·여름·이슬·누리·여울…… 등

㉡ 명사와 명사가 결합된 이름

아침이슬·대솔·봄내음·꿈여울·해솔·바다맘·별누리·솔봄·하늘마당·참솔·해빛…… 등

㉢ 명사에 조사를 붙여 만든 이름

보미봄+이·보미나 봄이·나·해랑·해와·나랑·나와·솔아·새랑·새와…… 등

㉣ 동사와 형용사를 명사형으로 바꾼 이름

맑음·다움답다·새롬새롭다·푸름푸르다·파름파랗다·헤아림·세움·밝음·예쁨…… 등

㉤ 관형사·접두어·형용사·동사가 결합한 명사형 이름

푸르내푸른내·찬울가득찬 울타리·이름봄·단비·찬솔알찬솔·산가람·새움새싹·한일큰일…… 등

(2) 동사나 형용사를 이용한 이름 짓기

이는 동사나 형용사를 중심으로 낱말의 전부를 그대로 쓰거나 잘라 쓴 형태를 말한다. 이 밖에 부사를 이용한 이름도 여기에 속한다.

예를 들어 다영글이란 이름의 낱말은 국어사전에는 나오지 않는다. 이 이름은 영글다 어물다에서 어간만을 따 온 후 다모두를 결합하여 만들어졌다.

㉠ 동사나 형용사를 이용한 이름

가시리·고운·귀염·당찬·다운·다워·빛나라·참한·힘찬·노울·하얀·어진·영글·조은좋은·새롬새로움 …… 등

㉡ 명사와 동사, 형용사를 합쳐 만든 이름

해빛나·솔찬·힘찬·꿈찬·빛들·꿈자을·해든해가 들다 …… 등

㉢ 부사로 만든 이름

가득·다롱·방글·도란·보송·새록·무럭·오손·도손·안다로·소록 …… 등

(3) 두가지 이상의 낱말을 합성한 이름짓기

이는 크게 두 가지로 나눌 수 있는 데 두 낱말을 과감하게 줄여 지은 이름과, 이어쓴 말이나 문장을 줄여서 지은 이름이다.

예를 들면 예쁘고 슬기롭다의 앞 글자를 따서 지은 예슬이라는 이름을 들 수 있고, 이어쓴 말이나 문장을 줄여서 지은 예지슬예쁘게 지내자 슬아이라는 이름을 들 수 있다. 이런 형태의 이름은 동사나 형용사를 이용한 이름 짓기와 함께 중복되는 한글 이름을 피할 수 있는 방법이다.

㉠ 낱말을 줄여 쓴 이름

다예다 예쁘다·모랑모두 사랑·슬아 슬기롭고 아름답다·예슬 예쁘고 슬기롭다·예별예쁜 별·하래하늘 아래·예아예쁜아이·해아해 같은 아이·해람 해+사람 …… 등

ⓒ 이어 쓴 말이나 문장을 줄인 이름

예섬여기에 서 있음・**예지슬**예쁘게 지내자 슬아・**함지슬**함께 지내자 슬아・**해리**해처럼 빛나리・**서랑**서로 사랑 …… 등

(4) 성씨와 연결해서 이름 짓기

한글 이름을 지을 때 유념할 점은 성씨와 한데 섞이어 조화를 이루는지 생각해야 한다는 것이다. 이름은 성과 떼어서 뜻을 갖는 것이 좋다고 했지만 성씨와의 어울림도 고려해야 한다. 까닭은 성씨와 이름은 같이 따라 다니는 것이고 성과 이름을 같이 부를 때 이상한 뜻으로 들리면 서로의 입장이 난처해지기 때문이다. 또 성과 아울려 이름을 지을 때도 되도록이면 이름만으로도 뜻이 있고 성씨와 따로 불렀을 때도 부르기 편한 이름이 좋은 이름이다.

㉠ 성씨와 어울려 지은 이름, 맨 앞 글자가 성씨이다

강나루・강산여울・강시내・강줄기・강한별・강한빛・고아라・고운해・고우리・고은비・박넝쿨・박덩이・방그레・배우리・봉으뜸・손모아・신나라・신나리・안뜰에봄・양버들・윤나리・윤이나라・이겨라・이루리・이슬・이슬비・이슬아・이어진나라・임일레나・장한이・정겨운・정다와・정다운・조아라・조은별・지세울・진달레・하나래・하리라・한마음・한송이・한아름・한여름・한우리・한줄기 …… 등

ⓒ 성씨와 어울려 지은 이름의 예 가운데 강시내・고아라・이슬아・조은별・한송이・한우리 등의 이름은 성씨와도 어울려지고 이름만으로도 뜻이 있으며, 또 부르기도 좋아서 잘 지은 한글 이름이라고 할 수 있다. 그러나 방그레・나비랑・노다지・도레미・임일레나・추은이・양버들 등의 이름은 이름만으로 뜻을 나타내기 어렵고 더욱이 부르기가 어려운 이름들이라서 잘 지은 한글 이름이라 할 수 없다.

이상의 한글 이름 짓는 법은 우주의 근간이 되는 음양오행의 기氣를 전혀 고려하지 않고 이름 자체에만 의미를 둔 것이라 할 수 있다.

음양오행의 이론에 부합하는 한글 이름 짓는 방법

 음양오행에 바탕을 둔 기氣란 무엇인가

근래에 이르러 명상·단전호흡·뇌호흡·선도仙道 등 각종 기 수련 도장이 많이 늘어나고 있는 추세이며, 국민들의 기에 대한 관심도 그만큼 높아지고 있는 게 작금의 현실이다. 「그렇다면 기란 과연 무엇인가」 그 예를 들면 문명의 이기인 전기電氣는 현대 과학 문명의 뿌리이자 생명이다. 제아무리 품질이 뛰어나고 값비싼 고급 기계라 할지라도 전기가 없으면 그 기계는 생명력이 없는 고철덩어리와 다름없다. 그렇듯이 기는 우리 인간 더 나아가 모든 생명체의 뿌리이자 생명 그 자체이다.

기절초풍하다, 기가 막히다, 기겁하다, 기가 빠지다, 기력이 쇠하다, 기분이 나쁘다, 생기生氣가 없다는 등 우리의 일상 언어에는 기와 관련된 단어들이 너무나 많고 우리는 일상적으로 그 말들을 사용해 왔다. 이것은 그 동안 기에 대해서 아무것도 모른 체 무심히 살아왔으나 사실상으론 기의 소중함을 우리 모두 너무나 잘 알고 있었다는 뜻이 아니겠는가. 이와 같이 이 우주의 모든 생명체는 나름대로 고유의 기를 가지고 있다.

설령 생명체가 아닌 광물체라 하더라도 지구상의 모든 사물은 나름대로의 기를 가지고 있다. 우리가 아침마다 밥상에서 대하는 밥그릇마저도 예외

가 아니다. 사기 그릇이든 유리 그릇이든 아니면 광물질의 놋그릇이든 물체 고유의 기운이 없다면 그릇으로서의 형체를 유지할 수 없을 것이다.

이럼에도 불구하고 기에 대한 과학적인 연구는 너무나 부족하다. 아니 부족한 정도가 아니라 아예 기의 실체는 전혀 규명되지 않고 있다고 말해도 과언은 아니다. 기의 실체를 모두 인정하면서도 현대 과학은 기의 본질에 대하여 전혀 접근하지 못하고 있다. 기는 어떤 형체를 하고 있는지, 색은 있는지, 무게는 있는지, 기의 종류는 얼마나 다양한지 어쩌면 그 모든 의문들은 인류가 영원히 풀지 못하고 사라져 갈지도 모른다.

그러나 오늘날의 발달된 현대 과학으로도 정확히 규명하지 못하는 기도 역학易學의 시각으로 볼 때는 분류가 가능해진다. 바로 음양오행을 활용하여 사람들 개개인이 지니고 있는 기의 분포 상황을 표기할 수 있다는 사실이다.
즉 사람이 태어난 생년·월·일·시로 사주四柱의 기둥을 세운 여덟 글자가 바로 그 사람이 지닌 고유의 기를 음양오행으로 풀이하여 문자화 한 표식인 것이다. 사람에 따라 사주를 바라보는 시각이 다를 수 있겠지만 수천 년의 세월 동안 여러 검증을 거치며 성장해 온 사주학이 사실을 증명해 주고 있다. 최근에는 사주를 보고 보약을 지어 주는 한의원이 문전성시를 이루고 있으며 환자를 진료할 때 사주를 참고로 하는 의사도 많이 있다는 소리가 들린다 각설하고, 기란 사람의 생명인 동시에 사람의 마음이라는 사실을 말하고 싶다. 사주 역시 그 사람의 기이며 동시에 그 사람의 마음이다. 곧 사주팔자는 그 사람의 현재의 마음을 나타내고 있는 기의 도면인 것이다. 이와같은 이치에 근거하여 이름 짓는 방법도 사주팔자라는 기의 분포도를 활용하여 선천적으로 타고난 운명에서 남거나 모자라는 음양오행의 기를 이름에서 조절해 주는 것이 작명의 기본적 원리이다.

1) 소리(음령오행)의 분류

우주는 음양오행으로 이루어져 있는데 음양을 크게 구분하면 기氣와 질質로 나눌 수 있다. 여기에서 기는 양을 가리키고 질은 음을 가리킨다.

오행이란 쉽게 얘기해서 우리가 달력에서 늘상 보는 목木·화火·토土·금金·수水가 오행의 기본이라고 생각하면 된다.

소리는 공기 속에서는 어디에서나 파생되는데 이 음파 작용을 성명학에서는 소리의 분파 작용이라 하고 이 소리를 음양오행의 원리에 부합하여 목·화·토·금·수의 다섯 가지로 나누어 활용한다. 이를 도표로 정리하면 다음과 같다.

오행	한글 자음	한글 모음	소리	음성音性
목	ㄱ·ㅋ	가·카	어금니 소리	아음牙音
화	ㄴ·ㄷ·ㄹ·ㅌ	나·다·라·타	혓소리	설음舌音
토	ㅇ·ㅎ	아·하	목구멍 소리	후음喉音
금	ㅅ·ㅈ·ㅊ	사·자·차	잇 사이 소리	치음齒音
수	ㅁ·ㅂ·ㅍ	마·바·파	입술 소리	순음脣音

본장의 한글 이름 짓는 방법의 과정과 앞장의 한자 이름을 짓기 위한 한글이름 선정까지의 과정이 거의 동일하다. 따라서 한자 이름이든 한글 이름이든 음양오행의 궁통이 작명의 관건이므로 이에 대한 내용은 앞 장의 이름을 짓기 위한 기초 지식 편을 숙지하기 바란다.

2) 한글의 획수 산정

한글도 한문과 같이 해자체 정자로 획수를 산정하면 된다.

자음(닿소리)의 획수

획수	단자음單字音	복자음複字音
1획	ㄱ·ㄴ·ㅇ	
2획	ㄷ·ㅅ·ㅈ·ㅋ	ㄲ
3획	ㄹ·ㅁ·ㅊ·ㅌ·ㅎ	
4획	ㅂ·ㅍ	ㄸ·ㅆ·ㅉ
8획		ㅃ

모음(홀소리)의 획수

획수	단자음單字音	복자음複字音
1획	ㅡ·ㅣ	
2획	ㅏ·ㅓ·ㅗ·ㅜ	
3획	ㅐ·ㅔ·ㅚ·ㅟ	ㅑ·ㅕ·ㅛ·ㅠ·ㅢ
4획		ㅘ·ㅝ·ㅒ·ㅖ
5획		ㅙ·ㅞ

한글은 쓰기 쉽고 간단하여 획수를 볼 때 제일 많은 글자의 획수는 11획이며 한문과 달리 1획의 글자는 없다.

3) 수의 음양 구분

음수 : 2·4·6·8·10
양수 : 1·3·5·7·9

글자의 획수가 짝수이면 음이고, 홀수이면 양이다. 10수 이상이 되는 획수는 10을 공제하고 남는 수로 음양을 구분한다.

4) 한글 이름 짓는 순서

학설은 구구하나 저자가 선호하는 한글 이름 짓는 방식은 앞에서 설명한 바와 같이 음양오행의 기를 파악한 후 음양의 구성과 음령오행의 배열이 아기의 기운에 알맞도록 작명을 하는 것이 가장 적절한 방법이라고 확신한다.

한글 이름 짓는 순서는 다음과 같다.

① 타고난 선천운명인 사주를 산출하여 기의 분포를 헤아린 후 아기에게 필요한 오행을 산출한다.
② 선천운명인 기의 분포도를 참고하여 음양의 구성에 알맞게 이름자를 선정한다.
③ 아기의 이름자를 선정할 시에 아기에게 필요한 산출된 오행을 참고하여 성씨와 이름자의 음령오행 배열이 좋은 배열이 될 수 있도록 구성한다.

만물이 존재하는 지구상에는 여러 종류의 소리들이 공존하고 있다. 그 소리 중에는 듣기 좋은 소리, 듣기 싫은 소리, 그저 보통의 소리 등 그 소리의 음색에 따라서 사람마다 느끼는 감정이 다를 수 있다. 같은 노래이지만 아름다운 목소리로 박자와 음정이 어울리는 소리는 듣기가 좋지만, 제아무리 아름다운 목소리라 할지라도 박자와 음정이 서로 엇갈리면 듣기 거북스러운 것은 자명한 일이다. 이와 같이 같은 소리의 종류라도 어떻게 연결하느냐에 따라서 느끼는 감정이 달라질 수 있다는 것이다.

그런 고로 이름을 지을 때도 소리의 연결음이 매끄러워 듣고 부르기가 편리하도록 하는 것이 매우 중요하다. 그래서 한자 이름이든 한글 이름이든 간에 소리의 연결 즉 음령오행의 배열에 중점을 두는 것이 좋은 이름을 짓는 핵심이 된다.

5) 한글 이름 짓는 실습

지금까지 설명한 바와 같이 한글 이름도 타고난 선천운명에서 남거나 모자라는 음양오행의 기운을 보완하는 방향으로 작명을 해야 한다.

예1) 이름이 한 자인 경우
2010년 양력 6월 2일 寅시생, 성씨는 한, 여자아이

일간 : 癸수
일간과 같은 오행 : 수 1개
일간을 생하는 오행 : 금 1개

乙	癸	壬	庚
木	水	水	金
卯	未	午	寅
木	土	火	木

일간이 극하는 오행 : 화 1개
일간을 극하는 오행 : 토 1개
일간을 설기하는 오행 : 목 3개

음양의 구성 : 음 4개, 양 4개
타고난 적성 : 예술 분야

㉠ 일간의 환경 분석

일간 癸수는 휴수사월에 해당하는 午월에 생하고, 일간을 생조하는 오행인 금·수는 2개이며, 일간을 극루하는 오행은 5개나 되므로, 일간에게 필요한 오행은 신약한 일간의 기운을 생조하는 금·수이다.

㉡ 한글 이름의 선정

일간에게 필요한 오행이 금·수이므로, 오행 한글에 소속된 글자 중에서 이름자를 선정해야 하는데 아기의 성씨가 한 이므로 음령오행의 배열을 중시하여 금의 오행 한글에 소속된 글자 중에서 솔이라는 이름자를 선택하여 도표로 정리하면 다음과 같다.

구분	성씨	이름
한글	한	솔
획수	6	7
음양	●	○
음령오행	토	금

ⓒ 지은 이름의 분석

첫째 : 선천운명에서 음양의 기운은 4대 4이므로 균형 있게 잘 타고났다. 그러므로 작명에서도 음양의 비율을 성씨 한은 6획이므로 음에 해당하고 이름자인 솔은 7획이므로 양에 해당하여 음양의 비율이 1대 1로 구성되어 아주 양호하다.

둘째 : 선천운명의 분포도를 보면 목·화·토·금·수의 오행이 골고루 분포되어 좋은 사주이지만 목·화·토의 기운이 왕성하여 사주의 주인인 일간 癸수가 말라 붙어 버릴 지경이다. 그러므로 일간에게 필요한 용신은 금 또는 수이므로 음령오행의 배열을 헤아려 금의 오행 소속에서 솔이라는 이름자를 선정하여 오행의 배열이 토생금·금생수로 일간 癸수를 생하므로 한솔이라는 이름은 아기의 타고난 선천운명에 부합하는 대길한 이름이다.

셋째 : 한글로 이름을 짓는 데는 한문으로 이름을 지을 때 참고로 했던 원·형·이·정격의 수리구성을 결부시킬 방법이 난해하지만 다행스럽게도 6획 복덕격, 7획 발달격, 총 합계의 획수 13획 발전격으로 수리의 구성 또한 대길하다.

넷째 : 솔이라는 이름자는 소나무를 뜻하고, 이름의 해석은 세찬 비바람 속에서도 꿋꿋하게 버티는 소나무처럼 굳세게 살아가라는 의미가 함축된 이름자로서 장래에 크게 빛날 이름이다.

예2) 이름이 두 자인 경우
2009년 양력 9월 30일 寅시생, 성씨는 이, 남자아이

일간 : 戊토
일간과 동일한 오행 : 2개
일간을 생하는 오행 :

일간이 극하는 오행 : 1개
일간을 극하는 오행 : 3개
일간을 설기하는 오행 : 1개

음양의 구성 : 음 4개, 양 4개
타고난 적성 : 법학 계열

㉠ 일간의 환경 분석

일간 戊토는 휴수사월에 해당하는 酉월에 생하고 일간의 조력자인 동일한 오행은 2개이지만 일간을 극하고, 일간의 기운을 누설하는 오행은 5개나 되므로 타고난 선천적 운명에서 사주의 주인인 일간에게 필요한 용신의 오행은 화·토이다.

㉡ 한글 이름의 선정

사주의 주체인 일간에게 필요한 오행이 화·토이므로 화·토의 오행 한글에 소속된 글자 중에서 이름자를 선정해야 한다. 아기의 성씨가 이이므로 음령오행의 배열을 토·토·화로 정하고, 토·화의 오행 한글에 소속된 글자 중에서 남자아이이므로 우람이라는 이름자를 조합하여 도표로 그려 보면 다음과 같다.

구분	성씨	이름의 첫자	이름의 끝자
한글	이	우	람
획수	2	3	8
음양	●	○	●
음령오행	토	토	화

ⓒ 지은 이름의 분석

첫째 : 음양의 비율이 음·양·음으로 구성되어 양호하다. 이름을 한 자로 하는 경우보다는 두 자로 하는 것이 선택의 폭이 넓어 여러 가지로 좋은 점이 많다.

둘째 : 수리의 구성도 이름의 첫자인 우가 3획으로 명예격이고, 이름의 끝자인 람이 8획으로 공명격이며, 이름의 총 획수가 13획으로 발전격에 해당하므로 대길하다.

셋째 : 선천운명의 분포를 보면 남자아이로서는 심약한 명이므로 부족한 오행의 기운을 보완하고 음령오행의 배열에 맞추어서 웅장하고 튼튼하다는 의미를 지니고 있는 우람이라는 이름자를 선정해 보았다.

넷째 : 이름의 음령오행이 토·토·화로서 심약한 일간 戊토를 생하고, 이 우람의 뜻은 웅장하다, 튼튼하다라는 의미를 함축하고 있으므로 유약한 본 남자아기의 명에 알맞은 매우 대길한 이름이다.

예3) 이름이 석 자인 경우
2009년 양력 6월 26일 亥시생, 성씨는 박, 여자아이

일간 : 壬수
일간과 동일한 오행 : 1개
일간을 생하는 오행 : 2개

辛	壬	庚	己
金	水	金	土
亥	寅	午	丑
水	木	火	土

일간이 극하는 오행 : 1개
일간을 극하는 오행 : 2개
일간을 설기하는 오행 : 1개

음양의 구성 : 음 4개, 양 4개
타고난 적성 : 법학계열

㉠ 일간의 환경분석
 사주의 주인인 일간 壬수가 휴수사월에 해당하는 午월에 생하고, 일간을 극하고 설기하는 오행이 4개나 되어 신약인 듯하나, 일간과 동일하고 생하는 오행도 3개이며, 대운이 일로 서북방 금수운으로 향하고 또 여자아이이므로 사주는 일단 중화가 되었다. 따라서 음양과 음령오행의 배열도 고루 섞이도록 배치하는 것이 중요하다.

㉡ 한글 이름의 선정
 성씨인 박이 수에 해당하므로 음양과 음령오행의 배열이 고루 섞여 조화를 이루도록 찬슬아라는 이름자를 조합하여 도표로 정리하면 다음과 같다.

구분	성씨	이름의 첫자	이름의 중간자	이름의 끝자
한글	박	찬	슬	아
획수	7	6	6	3
음양	○	●	●	○
음령오행	수	금	금	토

ⓒ 지은 이름의 분석

첫째 : 이름이 한 자인 경우·두 자인 경우와 비교해 볼 때 작명의 방법적인 문제는 동일하나, 이름이 한 자인 경우와 두 자인 경우보다 이름자의 조합이 다소 복잡한 것을 알 수 있다. 음양의 비율이 2대 2로서 아주 적절하게 배열되어 양호하다.

둘째 : 음령오행의 배열은 수·금·금·토하여 다소 부족한 일간의 기운을 생조하고 오행의 흐름 또한 상극이 전혀 없어 물 흐르듯 매끄러워 길하다.

셋째 : 찬슬아라는 이름자의 뜻은 슬기와 아름다움으로 가득 찬 사람이 되라는 의미로써 아기의 적성인 법학계열의 타고난 선천운명과도 부합이 되는 아주 대길한 이름이다.

이상으로 설명한 바와 같이 한글 이름도 타고난 음양오행의 기를 파악하여 아기의 선천운명과 중화를 이룰수 있는 이름을 지을 수 있다는 것이다. 순수한 한글이름은 지금까지 전해 내려오는 이름에 대한 관습과 비교해 볼 때 어색하다는 느낌이 들수도 있겠으나 세월이 흐르다 보면 보편화가 될 것으로 생각한다.

상 받은 이름

참고 삼아 서울대학교와 연세대학교의 동아리 모임에서 주최하는 한글이름 짓기 대회에서 입상한 이름을 소개하고자 한다. 이는 음양오행의 기운과는 아무 관련이 없는 순수한 한글 이름이다. 이 내용을 참고로 하여 아기의 타고난 선천운명과 음양오행의 기운이 조화를 이룰 수 있도록 한글 이름을 짓는다면 매우 좋은 이름이 될 것으로 사료된다.

1) 서울대학교 「고운 이름 자랑하기」 대회에서 입상한 이름
① 첫번째 고운 이름 자랑하기 (1967년)
- 금상 : 금나라(남), 금난새(남), 금내리(여), 금누리(남), 금노상(남)
- 은상 : 민달래(여), 오귀염(여)
- 장려상 : 김송이(남), 박한마리(남), 박한누리(남), 박한서리(남), 박한기리(남), 박한수리(남), 신몸메(여), 장푸르메(여), 장슬기로(남), 장다사로(남), 장하아루(남))

② 두 번째 고운 이름 자랑하기 (1968년)
- 금상 : 권시내(여), 권한솔(남)
- 은상 : 김어질이(여), 김꽃답이(여), 김구슬이(여), 송이정이(여),

송어지니(남), 송열리미(여), 송언더기(여), 송움지기(남), 송송송이(남)
- 장려상 : 유한별(남), 이사랑(여), 이구슬(여), 이서울(남)

③ 세 번째 고운 이름 자랑하기 (1969년)
- 금상 : 금초슬(여), 금보슬(여), 금이슬(여), 금한슬(여), 금귀슬(여)
- 은상 : 채별파래(남), 채강버들(여), 채파라내(남)
- 장려상 : 김가람(남), 김푸른아(남), 김달해(남), 이한별(남), 이슬기(남)

④ 네 번째 고운 이름 자랑하기 (1970년)
- 금상 : 이잔디(여), 이한메(남)
- 은상 : 김다슬(남), 정시내(여), 정시원(여), 정한송(여)
- 장려상 : 이하얀(여), 양버들(여)

⑤ 다섯 번째 고운 이름 자랑하기 (1972년)
〈개인 이름〉
- 으뜸상 : 전담비(여)
- 소리상 : 고그리나(여), 유아롱(남), 진달래(여))
- 뜻상 : 김붓셈(여), 김한얼(남), 박한아름(남)
- 한글 집안상 : 김일곱(남)·김이오(남), 김주리(여)·김나리(여)·김싱글(여),
　　　　　　　 유버들(여)·유한들(여), 김한돌(남)·김차돌(남),
　　　　　　　 김봄내(여)·김들내(여), 오한샘(남)·오한나(여)

⑥ 여섯 번째 고운 이름 자랑하기 (1973년)
- 으뜸상 : 김새로미(여)
- 소리상 : 윤새라(여), 우스미(여), 장한(남)
- 뜻상 : 채새미(여), 우찬돌(남), 남열매(여)
- 한글 집안상 : 맹나래(여)·맹나섬(남)·맹나리(여), 전바름(남)·전아름(여),

이한나(여)·이두나(여)·이세나(여)

⑦ 일곱 번째 고운 이름 자랑하기 (1974년)
- 으뜸상 : 최예니(여)
- 소리상 : 유아리(여), 김메아리(여)
- 뜻상 : 김새힘(남), 장한빛나라(여), 심채림(여), 허단비(여), 봄비(여), 꽃비(여)
- 한글 집안상 : 박미리(여)·박해미루(남)·박가을(여)·박유리(여)

⑧ 여덟 번째 고운 이름 자랑하기 (1975년)
〈개인 이름〉
- 으뜸상 : 없음
- 소리상 : 김지으나(여), 진보라(여)
- 뜻상 : 채운들(남), 민서울(여)

〈집안 이름〉
- 으뜸상 : 박꽃바위(여)·박최바위(남)·박샘바위(남)
- 소리상 : 박설나(여)·박은나(여)·박금나(여)
- 뜻상 : 권한길(남)·권한실(여),·권한일(여)

⑨ 아홉 번째 고운 이름 자랑하기 (1976년)
〈개인 이름〉
- 으뜸상 : 한바다(남)
- 금상 : 한마음(남), 정우람(남), 정빛나(여)
- 은상 : 이은솔(여), 양달샘(남), 이하루(여)
- 동상 : 지한봉(남), 박세리(여), 박슬예(여)

〈집안 이름〉
- 으뜸상 : 정귀염(여)·정소담(여), 정알찬(남)·정힘찬(남)
- 금상 : 정슬람(남)·정파람(남), 강여울(남)·강보람(여), 강자람(여)·강한물(남)

- 은상 : 한솔아(남)·한울아(남)·한빛아(여),
  　　　김참(남)·김아름(남)·김다운(여), 방그래(여)·방시래(여)
- 동상 : 박보리나라(남)·박유리나라(여)·박새미나라(남),
  　　　최훤나래(남)·최훤누리(여), 최갈매(여)·최어진(남)

⑩ 열 번째 고운 이름 자랑하기 (1977년)
〈개인 이름〉
- 으뜸상 : 이한미루
- 소리상 : 남미리나, 정비오리, 함초롬
- 뜻상 : 김미덥, 박바로가, 윤솔내음

〈집안 이름〉
박새암·박가람, 이꽃개울·이한얼·이새움, 홍알벗·홍달샘·홍봄내

⑪ 열한 번째 고운 이름 자랑하기 (1978년)
〈개인 이름〉
- 고운 이름상 : 김봄소리
- 맑은 이름상 : 김새한별, 지애띠
- 밝은 이름상 : 임뿌리, 강열매, 김한비

〈집안 이름〉
- 고운 이름상 : 박달샘·박달나무·박달내
- 맑은 이름상 : 최아름·최새롬
- 밝은 이름상 : 김새잎·김하얀·김세라·김봄해,
  　　　　　　　한미나·한봄·한별·한솔,
  　　　　　　　홍희라·홍나리·홍세라·홍보라

⑫ 열두 번째 고운 이름 자랑하기 (1979년)

〈개인 이름〉
- 고운 이름상 : 이아름누리
- 맑은 이름상 : 이보리, 최눈솔
- 밝은 이름상 : 유다하리, 배하늬, 한떨기

〈집안 이름〉
- 고운 이름상 : 김아롱·김다롱
- 맑은 이름상 : 정비오리·정잠자리
- 밝은 이름상 : 김새봄·김새뉘·김새누리·김한별
- 장려상 : 박유이나·박글이나·박셋이나·박속·박차고나온노미새미나

⑬ 열세 번째 고운 이름 자랑하기 (1982년)

〈개인 이름〉
- 으뜸상 : 정이든
- 버금상 : 배아롱새미, 정예슬
- 딸림상 : 온누리, 우예소라, 정아리따
- 추킴상 : 황새미보답, 김바로니, 이예다나, 이하나로

〈집안 이름〉
- 으뜸상 : 차유리나·차보미나·차비우나
- 버금상 : 김훨출·김영글, 유다하리·유다보미
- 딸림상 : 송하예진·송하슬린,
  김빛나라·김슬기론·김보라미·김슬바센다,
  금기둥·금나리·금노을·금노아
- 추킴상 : 송봄이누리·송한빛누리, 김아름가라뫼·김어진가라뫼,
  이보람·이아람·이우람·이나람

⑭ 열네 번째 고운 이름 자랑하기 (1983년)

〈개인 이름〉
- 으뜸상 : 허산여울
- 버금상 : 김슬옹, 성은나래
- 딸림상 : 임예솔, 박꽃보라, 이고우라
- 추킴상 : 서늘해, 최재마로, 박새미누리, 김별마루

〈집안 이름〉
- 으뜸상 : 이새록·이새난·이새미·이새배
- 버금상 : 강한고요·강하고든, 심그린이·심보라미
- 딸림상 : 이겨라·이어라·이계레, 박예슬·박난슬,
  김한밝·김봄들·김샘곬·김송미
- 추킴상 : 한마음·한아름·한바다, 최이슬·최한솔·최한별,
  이아미·이달하, 장새줄기·장새누리

⑮ 열다섯 번째 고운 이름 자랑하기 (1984년)

〈개인 이름〉
- 으뜸상 : 김해든
- 버금상 : 정새난슬, 김도담
- 딸림상 : 박하얀꽃하나, 금초롱, 안솔마로
- 추킴상 : 정미롱

〈집안 이름〉
- 으뜸상 : 서새라·서동마로·서동미네
- 버금상 : 서고운·서고을·서우람, 박조은·박알뜨리·박꽃새미
- 딸림상 : 방온솔·방느티나무·방아람드리, 문어울·문매지,
  송큰돌·송차돌
- 추킴상 : 김아름·김다운

⑯ 열여섯 번째 고운 이름 자랑하기 (1985년)

〈개인 이름〉
- 으뜸상 : 안뜰에봄
- 버금상 : 김새미랑
- 딸림상 : 정해빛나, 서그리운달님, 라세움, 옥찬샘

〈집안 이름〉
- 한글 집안상 : 강나루·강두루·강고루, 강아름보라·강푸른나래,
  김맑음이·김밝음이

⑰ 열일곱 번째 고운 이름 자랑하기 (1986년)

〈개인 이름〉
- 으뜸상 : 이다영글
- 버금상 : 박차오름, 이보다미
- 딸림상 : 최해든나라, 박으뜸나리, 신새라
- 추킴상 : 강산에꽃님아씨

〈집안 이름〉
- 으뜸상 : 유새아름·유새아라
- 버금상 : 김아름솔·김으뜸솔, 안예슬·안예로미
- 딸림상 : 정메아리·정우람히너른바희
- 추킴상 : 이소라·이새봄·이시내, 이흙·이가을, 이하나별·이큰뿌리

고운 이름 자랑하기 대회는 아름다운 우리말의 얼을 되찾고 쉬운 한글만을 쓰자는 국어 운동의 일환으로 마련된 행사이나 동아리가 해체되면서 계속 이어져 오지 못한 것은 아쉬운 일이다.

2) 연세대학교 「한글 이름 짓기 큰 잔치」 대회에서 입상한 이름

① 첫번째 한글 이름 짓기 큰 잔치 (1990년)
- 으뜸상 : 해울(아침 해가 뜰때 풀잎에 맺힌 맑은 물방울)
- 버금상 : 슬아(슬기롭고 아름답게)
- 딸림상 : 하랑

② 두 번째 한글 이름 짓기 큰 잔치 (1991년)
- 으뜸상 : 해랑(해와 더불어)
- 버금상 : 대솔(대처럼 곧고 솔처럼 푸른 삶을 바라며)
- 그 밖 : 나름(자기 나름대로), 초롱, 누리큰빛, 솔이

③ 세 번째 한글 이름 짓기 큰잔치 (1992년)
- 으뜸상 : 꿈자을(꿈을 잣다)
- 버금상 : 소슬(솟다), 다울(답다)
- 딸림상 : 한음, 민나래피오, 고은놀, 나래울, 스란, 달이, 하늘담, 도담, 바우나·보미나·유리나

④ 네 번째 한글 이름 짓기 큰 잔치 (1993년)
- 으뜸상 : 함지슬(함께 니재나스라), 예지슬(예쁘게 지내자스라)
- 버금상 : 예나지나(옛날이나 지금이나 서로 사랑하며 살자)
  예섬(언제나 여기 서 있음)
- 딸림상 : 보듬(보드랍고 듬직하게 모든 것을 보듬어 안다)
  정다운·정겨운·정스런(정 많은 사람이 되라)
  찬들·한들(가득 찬 들, 넓은 들판)
  하제(내일의 토박이 말), 찬울(가득 찬 울타리)
  별다래(별처럼 빛나고, 달같이 은은하고 해처럼 세상을 돌보라)
  드래(사람의 됨됨이로서 점잖음과 무게)

연세대학교에서 행해지고 있는 한글 이름 짓기 큰 잔치는 연세대학교 학생이면 누구나 참여할 수 있으며, 1993년부터는 그 대상을 연세대학교 학생과 정신여고 학생으로까지 넓혔다. 행사 기간은 매년 한글날을 며칠 앞두고 시작하여 한글날에 시상식을 거행함으로써 끝을 맺는다.

고난과 역경을 이겨내고
운명을 개척하는 힘을 길러주는 생활 수리학.

숫자와 운세와의
연관성을 풀어쓴 지혜서

生 活 數 理 學

생활 수리학

유림 강경옥 지음 / 293쪽 / 정가 16,000원

우리가 원하든 원하지 않든 의식할 수 없는
무아적(無我的)인 상태에서 나타나는 현상을 운(運)이라고 하며,
팔자라고 부르기도 한다. 그러나 팔자 운운하다 보면 인간의 운명은
자신도 모르는 사이에 외길로 정해져 있어 어쩔 수 없다는 체념으로
흐르게 되고, 그것은 또 다른 부작용을 낳기도 한다.
그러나 어떠한 악운이 닥쳐도 빠져나갈 길은 반드시 있다.
이 점이 우리가 수리학(數理學)을 공부하는 이유이다.

인생을 살아가는 최상의 방법은
물의 속성과 같이 살아가는 것이다.

현재의 시련과 고통을
극복할 수 있는 지혜서!

곽동훈의 주역

청암 곽동훈 역해 / 686쪽 / 정가 45,000원

운명이란 우리가 알지 못하는 현실의 부재 속에서
예측하기 힘든 곳으로 흘러가는 것은 항다반(恒茶飯)이다.
주역은 이러한 흐름을 파악하여 삶을 좀더 영위롭게 하기 위해
꼭 필요한 학문이라 할 수가 있다.

자신의 운명을 스스로 개척하는 자기계발서!

백100퍼센트 성공하는 방법

청암 곽동훈 지음 / 240쪽 / 정가 16,000원

이 글을 쓰게 된 동기는 필자가 수많은 사람들을 상담한 결과, 사주팔자나 관상이 아무리 좋아도 못사는 사람도 많았고, 관상·사주팔자가 나빠도 의외로 삶을 넉넉하게 꾸려나가는 사람도 많았다. 그래서 긴 세월 이 사람들을 지켜본 결과, 인간사의 흥망성쇠는 반드시 사주팔자나 관상에 매여 있는 것이 아니고, 본인의 마음먹기·습성·행동의 여하에 의해서 결정이 된다는 것을 알게 되었다.
이는 타고난 생년월일시인 숙명은 어찌할 수 없지만, 앞으로 닥쳐올 운명은 얼마든지 바꿔 새로운 인생을 살 수 있다는 뜻이다.
그리하여 이 책은 모든 사람들이 절박하게 급변하는 지금 이 사회에 지혜롭게 대처해 나가고 인생을 주도 면밀하게 살아갈 수 있게끔 필자의 경험 그대로를 정리하여 논하였다.